U0560823

2012 年版

上海服装零售商圈白皮书

组编：上海服装行业协会　　编著：鲁　成

SHANGHAI GARMENT TRADE ASSOCIATION

东华大学出版社

图书在版编目 (CIP) 数据

上海服装零售商圈白皮书：2012 年版 / 鲁成编著；上海服装
行业协会组编 – 上海：东华大学出版社，2013.2
ISBN 978-7-5669-0230-6

Ⅰ．①上... Ⅱ．①鲁...②上... Ⅲ．①服装 – 零售商业
– 白皮书 – 上海市 –2012 Ⅳ．① F717.5
中国版本图书馆 CIP 数据核字（2013）第 036077 号

责任编辑：谭　英

封面设计：Des：glory

上海服装零售商圈白皮书（2012 年版）
Shanghai Fuzhuang Lingshou Shangquan Baipishu

上海服装行业协会　组编
鲁成　编著
东华大学出版社出版
上海市延安西路 1882 号
邮政编码：200051　电话：（021）62193056
新华书店上海发行所发行
苏州望电印刷有限公司印刷
开本：889×1194　1/16　印张：20.25　字数：710 千字
2013 年 3 月第 1 版　2013 年 3 月第 1 次印刷
ISBN 978-7-5669-0230-6/TS·384
定价：168.00 元

组编委员会名单

名誉顾问： 王天凯　周禹鹏
主　　任： 席时平
执行主任： 戴自毅
副 主 任： 孙金海　袁　炜
作　　者： 鲁　成
高级顾问（按姓氏拼音首字母排序）：

陈忠伟	陈贾赟	陈　琳	杜双信	范娟芬	谷　平
黄伟国	黄珏仁	黄鼎其	金建华	蒋智威	李一峰
罗　欣	吕立毅	祁　琪	沈　婕	汤建华	谭志平
王新东	王志刚	汪　泓	王卫民	虞剑芬	俞建勇
徐伟民	徐瑞波	钟伟民	钟政用	郑碧浩	张玉祥

责任编辑： 谭　英
参编人员： 陈　颖　郭黎阳　姜迪珺　刘佩芳　李琰华　谢莉莉

支持机构：

上海市经济和信息化委员会
上海市商务委员会
上海市现代服务业联合会
上海市黄浦区商务委员会
上海市徐汇区商务委员会
上海市长宁区商务委员会
上海市徐汇区商业联合会
东华大学出版社有限公司
上海纺织控股（集团）公司
恒源祥(集团)有限公司
上海世贸商城
上海嘉荣记丝绸有限公司
上海品牌交易中心
上海米兰城市奥莱企业管理有限公司
上海丝绸集团品牌发展有限公司
东华大学
上海工程技术大学

协作发行机构： 上海赋德文化传播有限公司

序一： 服装品牌的春风

欣闻《上海服装零售商圈白皮书》出版,为服装品牌的销售工作提供了强大的基础资讯服务。这或许是服装业再一次的创举。

服装品牌运营是最淋漓尽致表现出"终端为王"的行业。前期选址、装饰、货品准备、人力资源储备等,到开店的宣传推广,到进入经营期的产品陈列、形象表现、促销、运营以及背后不断进行的物流、信息化、移动互联、品牌文化传播等,都是服装品牌的核心工作内容。所以,选择品牌展示与零售效果最佳、与品牌定位最相适应的地址,就成了服装品牌最重要的工作了。

而中国的商业有着自身的国情特色。首先,中国30年走过了西方发达国家100多年的零售变革历史。超市、专业店、特许经营、购物中心、电子商务以及传统的百货商场等业态混杂,同步在中国发展。这使得品牌面对的渠道呈现出多样化的选择机遇与困扰。其次,中国正处于服务业快速发展、都市竞相扩容、城镇化提速的阶段,商圈尚未真正稳定。再加上一些主流商圈的核心龙头商业体的主动升级,故大多数的商圈呈现出动态性。第三,商业成本上涨较快。改革开放30年来,中国经济高速增长,房地产价格指数节节高升,构成商圈的主要零售物业成本增长很快。最后,中国本土的品牌还处于成长期,品牌文化的沉淀还不够。于是,商圈内的经营品牌也更为动荡。所有这些,都对品牌的商圈选址创造了机遇、也提出了新的挑战。

在全球化背景下,本土服装品牌需要继续保持,并提高我们在商业终端的竞争力,不能在疯狂进入的海外品牌面前丧失地位,从而在一个个的优秀商圈中退场。我们需要壮大自身,在最好的商圈也能站稳脚跟。那么,我们需要对商圈进行更深入、全面的了解,特别是在上海这样的具有高度示范效应的都市。

作为时尚前沿的行业,服装率先进入成熟起来的消费市场。而中国的服装类协会也是最早能够按照市场经济规律进行服务的行业组织。上海服装行业协会组编的《上海服装零售商圈白皮书》也是全国领先的为行业品牌走向商业终端的推动举措。

白皮书不但对上海各区县的商圈进行了详尽的介绍,还图文并茂地讲述了几个主流品牌的商圈布局案例,并且还有着透彻的分析。这让白皮书的价值大大得以提升。

白皮书给我的另一点重要感受,就是其带来的启发。比如为全国其他城市服装零售商圈的分析提供了很好的参照,也为其他类似服务工作的开展开阔了思路。

行业组织需要继续加强服务。所以,我不但要祝贺《上海服装零售商圈白皮书》的出版,更要特别感谢上海服装行业协会为行业所做的贡献。

在我看来,它就是吹向服装品牌的一缕春风。我相信,我们的服装品牌自然能从中感受到来自市场前沿的春意。

中国纺织工业联合会会长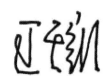

序二

　　《上海服装零售商圈白皮书(2012年版)》是我会员单位——上海服装行业协会编发的首本旨在反映本市服装零售商圈全貌的"百科辞典"。此书通过对申城黄浦、徐汇、静安等17个区域的服装商圈的调查研究,用详实的数据阐述了上海服装零售商圈分布的环境特征、商场分布特征以及品牌分布特征。此书还对整个上海服装零售行业进行了分析说明。

　　多种业态的浑然天成、多样化的现代服务内容、大量发生的商业交易以及各自独特的空间结构等,构成了商圈的生态系统。早年的商圈大多是随着经济的发展自然形成的。后来,有些地方政府出于推动发展当地经济发展的目的,开始研究、学习、借鉴世界知名商圈的成功经验,在商业的定位、规划、准入政策、公共管理等方面做了大量的引导工作,从而使得商圈的发展进入了一个新的时代。原有的一些商圈进一步得以完善、升级发展,一些新型商圈孕育诞生,形成了国家级甚至世界级的大商圈品牌。

　　服装与每个人的日常生活息息相关,不论是商圈中的百货商场,还是街边店,占据最大空间与品类的始终是服装。服装由此成为零售商业中体量占比最大的领域,成为商圈时尚的主要推动力。可以毫不夸张地说,服装品牌的零售空间塑造了商业乃至城市的时尚性。认真研究、剖析商圈时尚服装品牌设计、产生、流行、消退乃至泯灭的过程,无疑是研究现代市场经济发展的一条有效捷径,特别是探索现代服务业更好发展的一个很好入门。

　　编辑出版《上海服装零售商圈白皮书(2012年版)》,是上海服装行业协会苦练内功,坚持服务企业、服务政府、服务社会宗旨的具体体现,也是行业协会工作不断推陈出新而迈出的一大步,对推动本市现代服务业的发展也必定会产生十分积极的影响。我衷心希望更多的企业和行业协会能像服装行业协会那样,多做深入的调查研究工作,并据此成为本行业发展的引路人和领跑者。

上海现代服务业联合会会长　周禹鹏

2013年1月

序三： 从上海到全国

服装无疑是走在时尚最前沿的产业,是大时尚产业中的先导与核心内容。

从现代商业流通与消费形态来看,服装品牌的流通可以有多种模式,但在大都会占领市场高地,再燎原似地走向全面市场,显然堪称主流模式。

上海,一百年前就是东方的时尚焦点。在纽约、米兰等城市远未成长起来之时,上海在20世纪初就已经成为一个国际化的大都市,并在20世纪30年代成为与当时的巴黎并立的国际时尚中心。

过去20年,上海再度见证了全球化的时尚时代。城市的不断扩容、商业的高度成熟、资讯的快速传播、服务的日渐完善……一切都在不断成就上海城市影响力的高企以及商业的繁荣。于是,品牌在这里风云聚会,形成全球化的商业市场形态。本埠的、外省市的、海外的各方品牌汇集于此。至少在时装市场上,上海又重现了万方来仪、四海一家的盛景。

上海已成为品牌发展的制高点,时走向全国的桥头堡。在上海市场站稳脚跟,已成为一个品牌的竞争力的重要标志。品牌在上海市场的耕耘,有时甚至不追求短期的营业绩效,而更强调对全国的示范效应。于是,到上海来管窥世界潮流与中国市场,已成为时尚商业人士的共识。

上海服装行业协会一直为业界提供信息交流平台。从1993年参与创办上海国际服装文化节到2003年参与创办上海时装周,从连年发布上海商场各类服装品牌销售排行榜到积极组织工商对接……行业协会的功能在上海服装领域得以彰显。

多年前,上海就确立了"服务长三角、服务全国"的使命,并在这种服务价值中实现城市地位的提升。协会参与构建的上海服装文化节与上海时装周已成为海外品牌进入中国的平台,也是中国各地域服装品牌走向全国市场的桥梁。

为此,帮助所有有特色、有竞争力的服装品牌更快地在上海市场站稳脚跟、获得发展,就成了我们上海服装行业协会的重要工作内容。

《上海服装零售商圈白皮书》就是工商对接内容的一个新的深化项目。我们期冀这种集合全上海商圈资讯、品牌选址案例、商业地产发展介绍等内容的书,能在更广泛的层面上为业界提供有价值的参考。

选址是商业中非常重要的内容。

商圈的形成有着各自不同的、甚至迥异的历史演变过程。地理位置、区域人口结构、历史底蕴、消费习惯、地方政策等多种因素的交集,导致了不同商圈的差异化特点。商圈的地位有着些许武侠中的江湖气息,是一种无形中被公认的成就与风采。比如南京路、淮海路这样在全国享有盛誉的商业街,比如徐家汇甚至被尊为中国第一商圈。

有的商圈历史悠久,如南京路;有的商圈则快速形成,如大宁国际。有的商圈主力消费群以游客为主,如豫园;有的则以本地区周边社区居民为主,这样的案例就不胜枚举。有的商圈以批发流通模式成名,如曹安路;大多数商圈则还是以零售为主。有的商圈偏重于高档精品店的布局,如外滩;有的则以休闲娱乐业起步,如新天地。有的商圈受益于城市交通建设事业的发展,如四条地铁线交汇的世纪大道、三条地铁线交汇的中山公园以及几个火车站商圈;有的商圈则完全属于新社区的配套建设,如浦东花木商圈的大拇指广场。有的商圈是多个主力商场群集的效应,如五角场;有的则几乎是一个大型购物中心以一己之力构筑,如百联西郊购物中心。有的商圈几乎是独一无二的、不可复制的,这样的商圈有着迷人的独特魅力,如外滩,享有世界级的知名度;有的则比较容易受到模仿,如新天地。

对每个商圈进行深入地了解是重要的商业功课。对商圈中的人流量、人流特征、消费文化等多种要素达至更全面的掌握,无疑更有利于选址的理性化。而企业的销售人员往往难以对全国所有市场、每个城市的所有商圈都了如指掌。尤其是销售新人不断加入,缺乏阅历与经验则更放大了这种缺憾。由此,我们相信,白皮书将对大多数销售人员都有一定的参考价值。

协会的服务功能是否健全、服务项目是否顺应时代趋势、服务人才是否有竞争力,似乎是决定协会地位与价值的根本要素。我们把《上海市服装零售商圈白皮书》的编撰当作我们协会行业服务职能和能力的体现方式之一。

为了这部白皮书的编写以及基于具象化、时效性的考虑,协会投入了大量的人力,利用协会的会员基础,广泛征集了许多品牌的案例。所有这一切,都让白皮书增加了市场化的生动描述,而不仅仅局限于各商圈数据资料的简单汇总。我要感激我的同事们的辛勤工作。

白皮书由在学术界具有声誉的上海工程技术大学鲁成老师主刀撰著,使我们对白皮书的商业价值和学术价值充满了信心。

此书的编著,还得到了上海市经信委、商务委,以及各区政府相关职能部门有关领导的大力支持。我们对此表示由衷的感谢。

当然,从产业到商业是一个不小的跨度,而时间的紧迫也容易造成挂一漏万的情况。所以,我们还要恳请各位专家、读者提出宝贵的意见与建议,以让白皮书在日后再版时获得更多的助益。

上海服装行业协会会长

专家推荐：实践的智慧与力量

所有脱离实际的研究都是空谈。

这既是我作为学者的思想，更是作为管理者的呼吁。

所以，当我拿到这本书的书稿时，我欣喜地看到了另一种相互倾听的交流方式。无论是作为政府管理者还是作为市场营销专业人士，都期待着对市场的全面了解。然而遗憾的是，"对市场全面了解"是一项脑力加体力的基础工作，甚至常常很枯燥，它需要对市场有充分的预判，然后一步一个脚印的把数据一一记录下来。而这本书正是这样一本认真用实际说话的书，它在发表任何观点之前，先真实地记录市场每一个角落的状态，安静地整理这些数据，用事实表达研究结论。

我担任了十余年的大学校长、博士生导师，现在转型成为政府领导，而所有的这些工作其实只有一个核心——让教育科研与地方政府、企业全方位合作，主动为地方经济服务。我最大的成就感，一方面来自于看到那些理论和实践相结合的研究直接转化成为生产力，另一方面看到它们成为了政府职能部门决策的思想库和智囊。现在，很高兴地看到又一个青年人能踏实地做研究，并认真地跑遍全上海，对上海服装零售商圈做了细密的梳理。这些数据分析不仅对政府决策部门全面掌握上海服装零售行业起到有效的支撑作用，也能为服装企业、商业地产企业的市场分析与品牌定位提供最直接的依据。

期待看到《上海服装零售商圈白皮书（2012年版）》的持续性研究！更期待看到这本书能够在企业、协会和政府手中发挥出它应有的价值！

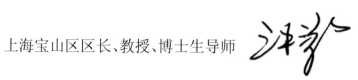

上海宝山区区长、教授、博士生导师

目　录

1　服装零售行业综述

中国商业中心的变迁

商业中心是指担负一定区域的商业活动中心职能的城市,或一个城市内部商业活动集中的地区。其特点是具有易于成为商品集散中心的优良的地理位置。例如,有的位于几条河流的汇合处,如天津、汉口;有的位于河流下游入海的海口,如上海、伦敦;有的是若干条铁路的交点,如郑州、芝加哥;有的则属于海陆运输的中转港口,如大连、旧金山;等等。国际上的自由港,也往往因交通位置及自由贸易条件而成为超越国家范围的商业中心,如中国香港、新加坡。中国商业中心的形成、发展经历了古代、近代、新中国的历史演变过程。

在古代先秦时代,中国在商业经济活动发达的黄河流域出现了一些不具有完全商业中心意义的商品集散中心,如大梁(今开封)、蓟(今北京)、洛阳等地,这是中国商业中心的萌芽。

隋唐时期,开始出现了一些商业中心。隋唐前期,以黄河流域为中心,商业中心集中于北方和内地,如西京长安、东都洛阳。随着全国经济的繁荣,商业中心的地域分布向南扩展,长江中下游地区逐渐出现了新的商业中心,例如建康(今南京)、苏州、杭州、扬州等,但当时长安仍是全国最大、最繁荣的商贸中心。

宋、元、明、清时期,中国商业中心进一步发生变化,商业中心进一步增加,多以南方商业中心为主,如宋代的临安(今杭州)成为当时全国最大的商业中心;明清时期,全国商业中心城市达50多座,北方除北京、盛京(今沈阳)由于先后成为京都所在地而是全国性的商业中心外,南方商业中心以江南、东南沿海和运河沿线三个地带最为兴旺,出现了一些商业名城,如明、清时期的"四大名镇"——河南朱仙镇、江西景德镇、广东佛山镇、湖北汉口镇(今武汉)等。

近代,从鸦片战争到中华人民共和国成立前的100多年间,由于西方列强发展起来,从而使中国商业中心偏集于东部沿海地区,内陆偏少,地域分布不平衡。这一时期商业中心主要是广州、上海、天津、厦门、青岛、大连,并以上海最为繁荣,自此,上海成为现代中国当之无愧的最著名的商业中心之一。

新中国成立以来,除对东南沿海商业中心进行技术改造,调整商业经济结构卓有成效从而继续扩展外,广大内地尤其是西北、西南地带发展工矿企业、交通运输使之迅速崛起一批新的商业中心,如兰州、西安等。商业中心的地域分布由东部沿海逐步向内地发展,以上海为首的沿海地区继续保持其商业中心的优势地位。

2011年09月,商务部公布《城市商业中心等级划分国家标准(征求意见稿)》,将城市的商业规模和城市的商圈规模划分为国际商业中心、都市商业中心、城市商业中心、市级商业中心、区级商业中心和社区商业中心六个不同等级。根据意见稿,不同级别的商业中心将以城区内常住人口、年入境旅游者人次数、在国内外的知名度、城市商业中心内的商业营业用房建筑面积比例、城市商业中心内的百货店等零售业态是否齐全、城市商业中心内所拥有的国际知名大型百货店等业态数量和营业收入情况、客流量和交通情况作为划分依据。其中,国际商业中心必须同时满足所在城市的城区内常住人口在700万以上、年入境旅游者人次数在100万以上、国际知名品牌商品营业收入不低于该城市商业中心商品营业总收入的20%等9个标准。按照新的划分标准,北京、上海这样的城市就可以建立国际商业中心城市,而像武汉、长沙则可以建立能够辐射到周边城市的区域商业中心,这种划分反映了城市的管理水平和商业体系的构建水平。

根据2011年万事达信用卡国际公司发表的报告,上海从去年调查中的全球商业中心第32名跃居为第24

名,跻入全球主要商业中心行列,成为全球 25 大商业中心中的 8 个亚洲城市之一。 进行这项研究的小组成员马努·巴斯卡兰说:"上海依然保持其以往作为亚洲金融和物流门户的牢固地位,而且在今后 15～20 年内很可能将跻身全球商业中心前三名。"除了上海,北京居全球第 57 位,深圳居第 60 位,成都和重庆分别位居第 72 和第 73 名。

2012 年 2 月,上海市商务委披露的统计数据显示,截至 2011 底,上海商业网点总数超过 40 万个,平均每万人拥有 57.6 个商业网点,网点密度与便利程度保持全国中心城市领先地位。2011 年虽然受诸多不利情况影响,但上海商业还是保持了流通和消费的持续增长。根据市统计局快报数据,2011 年上海共完成社会消费品零售总额 6777.11 亿元、同比增长 12.3%,超额完成社会消费品零售总额计划目标,消费规模创下历史新高,分别保持了 2004 年以来连续 8 年两位数增长势头,以及全国中心城市消费规模的领先地位。在就业方面,上海商业目前的从业人员约为 230 万人,分别占全市和第三产业从业人数的 21% 和 38%,是第三产业中提供就业岗位最多的行业。

零售行业的中国式崛起

在经济全球化和消费型发展模式转型的背景下,零售业变得越来越重要,不仅是商业更是经济的重要组成部分,其发展可以反映一个城市甚至是一个国家的经济走向和历程。

西方零售业的发展有近百年历史,各种零售组织业态与经营形式的产生、发展、衰退,都对应着城市化进程的不同阶段,与时代的脉搏同进退。自 1852 年开始法国出现了第一家百货商店,城市化集中化的进程促进了零售业在市中心的集聚;1859 年在美国出现的连锁商店形式又促进了零售业的连锁化的组织创新;1930 年开始出现超级市场,使得消费者从拥挤的市中心被解放,向提高郊区生活性能的方向发展;二战后自动贩卖机的出现、数字化时代电子商务的兴起,零售业开始关注消费者购物的便捷性,注重覆盖消费者的多种生活方式。

西方零售业用了整整一个世纪才完成的各种零售业态的变迁,在中国只用了短短三十年就完成,高速发展的中国经济充分浓缩了的城市化进程,进而在中国的都市经济中呈现了多种零售业态相继兴起与赶超的势态。多业态的跳跃式发展,使得中国的零售业态与国外相比,不论是在吸引特色品牌还是在经营管理上仍存在一定的差距。加入 WTO 之后,零售业作为最先开放的领域,呈现出国外和国内共同发展的局面。从大型百货的集聚,到超级市场分离出生活必需品的零售业态,到大型购物中心的锚定效应,再到网络营销、手机支付、客户端直接沟通的便利式购物渠道的出现,国内的零售业多业态的发展几乎是同时间进行。因此产生了很多与西方零售业不同的模式。比如,在西方被称之为夕阳模式的百货公司在国内仍然大有人气;城市郊区化带来的购物中心却在国内的市中心地段纷纷驻扎;便捷式购物渠道被充分重视却还都在初探期,没有形成稳定的发展与服务模式。中国的零售行业不能仅仅依靠西方的发展理论模型,亟待基于中国市场现状上的深入研究。

中国服装行业的品牌零售视角

(1) 从 OEM 向 ODM 向 OBM 转变。世界各服装出口竞争国的外贸加工价格都已经相当透明,加上我国服装生产受到人力、土地、能源等因素影响,加工成本一再升高,继续走单纯贴牌加工路线的利润空间越来越小。多年来外贸加工经验的积累和设计力量的不断发展壮大,使得我国一部分服装企业具备了由 OEM(Original Equipment Manufacture,来样加工制造商)向 ODM(Original Design Manufacturer,原始设计制造商)转变的实力,甚至于开始 OBM(Original Brand Manufacturer 原始品牌制造商)。越来越多的出口企业加入到ODM 队伍中来。自主设计开发组货的能力得到了提升,具备了整合产品形成品牌的基本条件。

(2)从生产向市场转变。中国的服装行业,随着外销市场的萎缩与环境的恶化,纷纷把市场目光从进出口贸易转移至国内销售上来。同时,国内经济增长带来的消费力提升,使得内需不断扩大,价格指数持续上升,内需切切实实成为了我国服装行业发展的原动力。这些迫使企业从市场的需求考虑问题,发展自己的品牌零售渠道。但是,国际服装名牌蜂拥而入,更多海外品牌对中国零售市场跃跃欲试,也为国内服装企业的零售之路带来了强势的竞争环境。

中国服装行业的变化使得我们必须从服装品牌零售业发展的视角开始思考,选择合适的商业模式,进驻合适定位的商场和店铺,选择合适的竞争伙伴,分享合适的信息。

2 上海服装零售商圈发展特征

上海市行政区域与零售商圈

上海零售业在经过多年的发展后,基本形成了以中心城区商业为核心,以郊区城镇商业开展延伸式发展的商业总体布局模式。整体来看依旧还是单核中心结构,零售商业区域布局与经济发展相关性最为密切。但这一核心辐射式的格局正在逐步被打破中。就2011年的统计数据分析,中心城区的零售优势依然显著,特别是黄浦区、徐汇区、长宁区、静安区、普陀区、浦东新区;而上海的郊区随着郊区内各个新城小区的建设与扩展也开始表现出发展零售业的重要性,特别是闵行区、宝山区、嘉定区;上海惟一的郊县崇明县在零售上的表现尚不明显,这也和其相对较偏远的地理位置以及长期以生态农业为主的发展思路有关。

表 2.0.1 上海区域综述

类型	行政区域	面积（平方公里）	户籍人口／常住人口（万）	GDP（亿元）	社会消费品零售总额（亿元）	服装零售指数*
中心城区	黄浦区	20.5	90.5631/68.04	1291.57	643.62	★★★★★
	徐汇区	55	91.46/109.50	956.67	395.46（其中徐家汇商圈79.71）	★★★★★
	长宁区	38	62.05/69	720.74	233.70	★★★★★
	静安区	8	30.51（2010年）/24.36	–	237.12（2010年）	★★★★★
	普陀区	55.47	88.11/129.72	619.98	339.4	★★★★☆
	闸北区	29	69.21（2010年）/83.80	444.65（2010年）	180.05（2010年）	★★★☆☆
	虹口区	23	79.05/85.16	–	228.66	★★★☆☆
	杨浦区	61	109.23/132.43	1126.89	275.04（其中五角场商圈50.15）	★★★☆☆
	浦东新区	1210	–/517.50	4707.5（2010年）	1036.88（2010年）	★★★★☆
郊区	闵行区	372	98.48/248.40	920	500.21	★★★☆☆
	宝山区	300	89.51/193.5	745.73	382.06	★★★☆☆
	嘉定区	459	56.2/150.6	914.8	350.7	★★★☆☆
	金山区	586	73.24/75.87	425	250	★★☆☆☆
	松江区	605	57.92/165.00	934.17	342.12	★★★☆☆
	青浦区	676	108.10/111.76	665.2	299.2	★☆☆☆☆
	奉贤区	687	46.3/110.30	–	808.3	★★☆☆☆
郊县	崇明县	1185	68.8/72.50	224.1	54.7	★☆☆☆☆

说明:

1. 据来源:上海市各区县统计局.上海市各区县区2011年国民经济和社会发展统计公报,中国统计信息网(http://www.tjcn.org),2012年12月21日

2. 所有数据均为2011年年末统计数据,有标注的除外。

3. 带*数据为本此调研获得的指标性数据。

上海市零售商圈发展特点

每个零售业中心的形成与发展一般会有自身的侧重点。如南京西路在解放前的基础上发展起来的,偏重历史的延续;五角场在政府规划的指导下,定位于都市副中心发展而兴起;人民广场则在公共建筑基础上形成了政策性集聚;淮海路继承了霞飞路的商业传统并不断升级;南京东路及外滩利用一百多年前的欧式建筑开发历史性印迹开创成为商业步行街;徐家汇零售业中心是以五条道路交叉、地铁一号线为依托,依靠周围稳定的居民社区、良好的历史氛围下发展起来的城市中心;火车站"不夜城"拥有显著的交通枢纽优势,依托火车站、地铁、公交的交汇带来的巨大人流,但业态以中低档零售、餐饮为主;陆家嘴商业区前期开发偏重政府规划引导,其借鉴了美国曼哈顿的CBD的"分区规划",但最初对商业的规划不够重视,因此零售业规模性、辐射性不足。

基于上海零售商圈的特点,本书对上海主要商业中心进行了广泛的数据采集,覆盖上海全部17个区县,48个商圈,150座商场,万余家服装服装品牌。本次调研的数据取自2012年7～8月的上海市场,全面反映了上海零售商圈及商场的发展现状。

表 2.0.2 上海零售商圈调研对象

类型	行政区域	商圈	商场
中心城区	黄浦区	南京东路	百联世茂国际广场、置地广场、上海时装商店、353广场、宏伊国际广场、永安百货、东方商厦、恒基名人购物中心、宝大祥青少年儿童购物中心、第一百货商店
		人民广场	来福士广场、新世界城、迪美购物中心、香港名店街
		淮海路	无限度广场、香港新世界广场、中环广场、东方商厦淮海店、二百永新、OPA百货、九海百盛、巴黎春天淮海店、锦江迪生商厦、新天地南里商场、新天地时尚
		打浦桥	日月光中心广场
	徐汇区	徐家汇	太平洋百货徐汇店、港汇恒隆广场、汇金百货、东方商厦、第六百货、汇联商厦(天钥桥路店)、飞洲国际广场、星游城、光启城时尚购物中心
		上海南站	盛泰购物中心
	长宁区	中山公园	龙之梦购物中心、巴黎春天新宁店
		天山虹桥	友谊商城、百盛购物中心(虹桥店)、百盛购物中心(天山店)、汇金百货(虹桥店)、上服商厦
		北新泾	百联西郊购物中心、馥邦购物中心、友谊百货
	静安区	南京西路	梅龙镇广场、开欣商厦、818广场、金鹰国际购物中心、久光百货、恒隆广场、中信泰富广场
		曹家渡	悦达889广场
	普陀区	曹杨路	长风景畔广场、118广场、国盛时尚、我格广场、曹杨商城
		中环商圈	百联中环购物广场、东方商厦(百联中环店)
		长寿路	巴黎春天(陕西路店)、亚新生活广场
	闸北区	大宁国际	大宁商业广场
		大悦城	大悦城
		不夜城	太平洋百货、友谊服饰商场
	虹口区	四川北路	天兴百货、东宝百货、壹丰广场、巴黎春天虹口店、春天百货、嘉杰国际商业广场、凯德龙之梦购物中心、凯鸿广场
		江湾镇	东方商厦
		临平路	瑞虹生活广场、正大生活馆

类型	行政区域	商圈	商场
中心城区	杨浦区	五角场	百联又一城购物中心、万达广场、东方商厦(杨浦店)、巴黎春天、大西洋百货、特力时尚汇、宝大祥青少年儿童购物中心
		控江路	假日百货
	浦东新区	八佰伴	巴黎春天(浦建店)、96广场、第一八佰伴、华润时代广场、新梅联合广场、浦东嘉里城
		三林上南	巴黎春天(成山店)、浦东商场(成山店)、浦东商场(昌里店)、中房金谊广场
		惠南镇	浦东商场(南汇店)
		金桥	金桥国际商业广场
		川沙	绿地东海岸、浦东商场(川沙店)、浦东商场(华夏东路店)
		花木	大拇指广场、联洋广场
		陆家嘴	正大广场
郊区	闵行区	莘庄	莘庄凯德龙之梦购物中心、莲花国际广场
		七宝	巴黎春天七宝店、七宝购物广场、汇宝购物广场
		虹莘路	百联南方购物中心、漕宝购物中心
	宝山区	大华	大华虎城嘉年华广场、巴黎春天(宝山店生活馆)
		淞宝	安信商业广场
		友谊路	宝钢商场
		美兰湖	美兰湖奥特莱斯
		庙行	万达广场(宝山店)、万达百货
	嘉定区	嘉定镇	罗宾森购物广场、嘉定商城、中鸿百货
		江桥	嘉莲华国际商业广场、万千百货
	金山区	卫清西路	百联金山购物中心、东方商厦
		石化卫零路	瑞鑫百货、石化百货
	松江区	松江老城	松江商城、平高世贸中心、第一百货(松江店)、鹿都国际商业广场
		松江新城	开元地中海商业广场
	青浦区	公园路	东方商厦、桥梓湾购物中心、成泰百货
		奥特莱斯	奥特莱斯
	奉贤区	南桥	百联南桥东方商厦、百联南桥购物中心二期
郊县	崇明县	城桥新城	上海博澜精品商厦

本书导读及重要指数解读

　　本书以行政区域作为上海服装零售市场的划分基础,因为每个服装零售商圈的发展和其行政区域的地理位置、社会经济发展环境、政府战略规划等相关。而且不同行政区域内的服装零售商圈发展彼此之间基本互相独立,因此本书将每个行政区域的服装零售商圈分列分析,每个区域的内容按照4层次进行。

　　• 区域简介:区域的中英文名称、位置地图、下辖地区、政府驻地、地理位置、面积、人口、著名景点、火车站、著名学府、身份证区划、战略规划、主要商业区。

- 区域内的商圈分布:该行政区域内的商圈名称、商圈中的商场分布地图、商圈发展概况。

- 区域内的商场分析:该行政区域内商场的中英文名称、所属集团、所属国家、地址、区域、商圈、营业、电话、网址、总楼层、建筑面积、服装经营面积、建设时间、公交线路、停车位数量、消费者年龄范围(商场整体定位的目标顾客)、服装产品价格范围、经营全部品牌数量、经营服装品牌数量、服装展示指数、交通指数、环境指数、价格指数、时尚指数、人气指数、商场概要、商场楼层定位与入驻品牌。

- 商场内的服装品牌分布:经营服装品牌数量、服装品牌经营面积、最大店铺及占地面积、最小店铺及占地面积、平均服装品牌经营面积、经营服装品牌数量(其中男、女、童装数量)、经营服装风格、实际消费者年龄段(实际调研中观察到的主要消费者)、经营的服装产品单品价格分布。

说明:

1. "商场的消费者年龄段"与"服装品牌卖场的主要消费者年龄段"可能不相同,因为商场的消费者年龄段是商场的整体定位,它涵盖了服装以及其他娱乐、家用等领域的消费者,而服装品牌卖场的主要消费者年龄段则只分析服装的消费群体。

2. "商场中的服装品牌经营数量"不一定等于"商场中的经营男装品牌数量"+"商场中的经营女装品牌数量"+"商场中的经营童装品牌数量"。因为可能一个服装品牌同时经营男装、女装或童装,以不同类型分别统计入数据。

为了更加清晰地帮助读者理解商圈和商场的定位与消费者评价,本书制定了以下指数标准,并在本书中按照这一指数标准为各个商场进行了评分(见正文及附表),梳理出一套服装商场的评价标准,下面是对各个指数的说明。

- 服装零售指数:对行政区域的服装零售活跃性的评分,根据该区域服装销售在社会消费品中的比重以及服装零售商场分布而评分,指数范围为 0 ～ 5 颗星,最低 0 颗星表示该区域的服装零售不活跃,最高 5 颗星表示该区域的服装零售活跃。

- 服装展示指数:对商场的服装展示视觉效果的评分,根据该商场的服装展示时尚性、展示充分性和服装展示量而评分,指数范围为 0 ～ 5 颗星,最低 0 颗星表示该商场的服装展示不充分不美观,最高 5 颗星表示该商场的服装展示充分且美观。

- 交通指数:对商场的交通便捷性的评分,根据该商场的公共交通枢纽、交通指引、停车场而评分,指数范围为 0 ～ 5 颗星,最低 0 颗星表示该商场的服装交通不方便,最高 5 颗星表示该商场能够非常便捷到达。

- 环境指数:对商场的购物环境的评分,根据该商场的内饰空间、公共卫生、消费者的购物舒适度而评分,指数范围为 0 ～ 5 颗星,最低 0 颗星表示该商场的购物环境不舒适,最高 5 颗星表示该商场的购物环境非常舒适。

- 价格指数:对商场的商品价格的评分,根据该商场的整体定位、入驻品牌定位、产品售价而评分,指数范围为 0 ～ 5 颗星,最低 0 颗星表示该商场的产品价格非常便宜,最高 5 颗星表示该商场的产品价格非常贵。

- 时尚指数:对商场的时尚度的评分,根据该商场的整体形象、入驻品牌形象、产品时尚度而评分,指数范围为 0 ～ 5 颗星,最低 0 颗星表示该商场及经营产品完全不时尚,最高 5 颗星表示该商场及经营产品时尚,对潮流有引导力。

- 人气指数:对商场的消费者人气的评分,根据该商场的客流量、消费者满意度、消费者回头率而评分,指数范围为 0 ～ 5 颗星,最低 0 颗星表示该商场人气低迷,最高 5 颗星表示该商场在消费者心中有非常好的吸引力。

2.1　黄浦区服装零售商圈

区域简介

表 2.2.1　黄浦区简介

中文名称	黄浦区
外文名称	Huangpu District
下辖地区	10 个街道办事处：外滩街道、南京东路街道、半淞园路街道、小东门街道、老西门街道、豫园街道、打浦桥街道、淮海中路街道、瑞金二路街道、五里桥街道
政府驻地	延安东路 300 号
地理位置	上海市中心
面　　积	20.5 平方公里
人　　口	90.6 万人（2011 年）
著名景点	外滩、新天地、南京东路、淮海中路、豫园、思南路、茂名南路等
火车站	无
著名学府	无
身份证区划	310101
战略规划	功能重塑、资源整合、优势互补，实现倍增效应
主要商业区	南京东路商圈、人民广场商圈、淮海路商圈、打浦桥

黄浦区位于上海市市中心。东和南隔黄浦江与浦东新区相望；西与静安区接壤；北以苏州河为界，与虹口区、闸北区为邻。

黄浦区是上海的行政文化中心。上海市政府、市人大及市政府众多机构都设在该区。区内有上海大剧院、上海博物馆、上海自然博物馆、市工人文化宫、上海城市规划展示馆、上海美术馆等著名文化设施，以及大世界游乐中心,中国剧场、人民大舞台、共舞台、逸夫舞台等"上海四大剧场",还有著名的大光明电影院等专业影剧场。

　　黄浦区是上海主要的交通集散中心之一。上海轨道交通 1 号线、2 号线和 8 号线在人民广场站交会。上海的公交线路在该区形成网络中枢。上海的内环线高架道路中的延安高架道路和南北高架道路在该区相交。地上、地下和空中的立体交通网络使该区的交通运行四通八达、十分便捷。

　　黄浦区是上海的旅游热点之一。号称万国建筑博览会的外滩,使中外游人流连忘返。民族风格浓郁且古色古香的豫园商业旅游区吸引了四海宾客。新建成的南京路步行街是国内外旅游者购物、休闲、观赏的好去处。

　　黄浦区万商云集、市场繁荣,是全国闻名的商贸购物中心。百联世茂国际广场、置地广场、永安百货、东方商厦、宝大祥青少年儿童购物中心、中环广场等上海有名的老字号商店和恒基名人购物中心、来福士广场、日月光中心广场等新开商场均开设在黄浦区。南京路是蜚声中外的"中华商业第一街"。福州路、北京路、西藏路、金陵路、黄河路、云南路等著名特色商业街造就了区域经济的活跃和繁华。

　　2011 年全区全年批发和零售业增加值 284.32 亿元,比上年增长 9.1%。全年实现商品销售总额 4279.79 亿元,比上年增长 12.8%。至年末,全区共有商品交易市场 54 个,全年成交额 23.01 亿元。全年实现社会消费品零售总额 643.62 亿元,比上年增长 5.7%。分行业看,批发和零售贸易业实现零售额 544.22 亿元;住宿餐饮业实现零售额 99.40 亿元。

商圈分布

表 2.1.2　黄浦区商圈分布及商场

商圈	商场	地址
南京路	百联世茂国际广场	黄浦区南京东路 819 号(近西藏中路)
	置地广场	黄浦区南京东路 409 ～ 459 号(近山西南路)
	上海时装商店	黄浦区南京东路 650 ～ 690 号(近广西北路)
	353 广场	黄浦区南京东路 353 号(近河南中路)
	宏伊国际广场	黄浦区南京东路 299 号(河南中路口)
	永安百货	黄浦区南京东路 635 号(近浙江中路)
	东方商厦(南京东路店)	黄浦区南京东路 800 号(近西藏中路)
	恒基名人购物中心	黄浦区南京东路 300 号(近河南中路)
	宝大祥青少年儿童购物中心(南京东路店)	黄浦区南京东路 685 号(近广西北路)
	第一百货商店	黄浦区南京东路 830 号(近西藏中路)
人民广场	来福士广场	黄浦区西藏中路 278 号(近福州路)
	新世界城	黄浦区南京西路 2 ～ 68 号(近西藏中路)
	迪美购物中心	黄浦区人民大道 221 号(近武胜路)
	香港名店街	黄浦区人民大道 9 号

续表

商圈	商场	地址
人民广场	无限度广场	黄浦区淮海中路 138 号（近普安路）
	香港新世界广场	黄浦区淮海中路 300 号
	太平洋百货(淮海店)	黄浦区淮海中路 333 号
	中环广场	黄浦区淮海中路 381 号（近马当路）
	东方商厦(淮海店)	黄浦区淮海中路 755 号（近瑞金二路）
	OPA 百货	黄浦区淮海中路 900 号（陕西南路口）
	九海百盛	黄浦区淮海中路 918 号久事复兴大厦
	巴黎春天(淮海店)	黄浦区淮海中路 939 号（近陕西南路）
	锦江迪生商厦	黄浦区长乐路 400 号（近茂名南路）
	新天地南里商场	黄浦区兴业路 123 弄 1～7 号
	新天地时尚	黄浦区马当路 245 号（近复兴中路）
打浦桥	日月光中心广场	黄浦区徐家汇路 618 号（近瑞金二路）

A— 南京东路

南京东路是上海十大商业中心之一,位于上海市中心,东起外滩中山东一路,西至西藏中路,全长 1599 米。其中河南中路以西部分为南京路步行街。大店名店林立,百业兴盛繁荣,各式商厦、优秀建筑聚集交汇,商街中西方文化相互融合。正是这种多样性的包容,互相渗透与吸收,涵盖古今中外精粹,海纳百川的博大胸怀,发展向前的坚定,使南京路充满勃勃生机,展现出它百余年

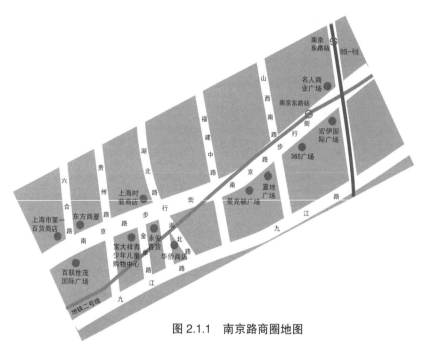

图 2.1.1　南京路商圈地图

不落的繁华。作为上海绝对的"黄金地段",它也是经营者必争之地,旅游者必到之处。历史上它是政治风云迭起之地,今天更是上海城市现代化建设的展示之地。

1999 年,南京路东起河南中路、西至西藏中路路段,改建成为全天候步行街,禁止机动车东西向行驶。改建后的步行街,路面最宽处达 28 米,总长 1200 多米。步行街路面铺设彩色砖石,并以 4.2 米宽的金带为主线,金带所使用的材料是意大利进口的印度红花岗岩,金带上另有 37 个雨水窨井盖,盖面刻有上海不同时期的建筑。路面上还设有无障碍盲道。

街,车行道路主要以南北向为主,主干道是西藏中路和河南中路,因为地处市中心核心地段所以交通十分的发达,有多条轨道交通经过此地,在南京东路西面,地铁1、2、8号线在该地段设有人民广场站,如今人民广场站已经成为上海人流量最大的车站,同时在南京东路的东面地铁2号线还设有南京东路站,可以直达南京路步行街,在公交方面,离南京东路一路之隔的九江路上有多条公交线路像20、37、921路等,在西藏中路也有多条公交线路经过此地,如18、108、518、17路等,而河南中路还有地铁10号线经过,成为2号线与10号线的换乘之地。

图 2.1.2　人民广场商圈地图

B——人民广场

人民广场东起西藏中路西侧人行道,西至黄陂北路东侧人行道,南起延安东路北侧人行道,北至上海大剧院和人民大道200号外墙沿线范围内的公共区域。作为传统的核心中央商务区,以及轨道交通枢纽型商业中心,目前已有十多家大型商场及数十家知名企业总部和上百家物流、贸易、信息产业、网络等企业落户在此。

上海人民广场位于上海黄浦区,成形于上海开埠以后,原来称上海跑马厅,是当时上层社会举行赛马等活动的场所。广义上的人民广场主要是由一个开放式的广场、人民公园以及周边一些文化、旅游、商业建筑等组成。人民广场是上海的经济政治文化中心、交通枢纽、旅游中心,也是上海最为重要的地标之一。位于上海市中心的人民广场总面积达14万平方米。

被誉为“城市绿肺”的人民广场位于市中心,是一个金融行政、文化、交通、商业为一体的园林式广场。　广场北侧是上海市人民政府所在地,西北侧为上海大剧院,东北侧为上海城市规划展示馆,南侧为上海博物馆,人民大道穿越其中。广场两侧各设17米宽的绿化带,绿化总面积达8万平方米。

C——淮海路

淮海路是与南京路齐名的旅游、购物街。从20世纪30年代起,淮海路以霞飞路之名,与繁华、典雅及法国情调联系在一起而驰名海内外,是一条繁华而又高雅的大街,一条堪与巴黎的香榭丽舍大道、纽约的第五大道、东京的银座、新加坡的乌节路媲美的大街,号称东方香榭丽舍。1949年后,为纪念淮海战役而改名为“淮海路”。这里有茂密的法国梧桐、极富艺术气

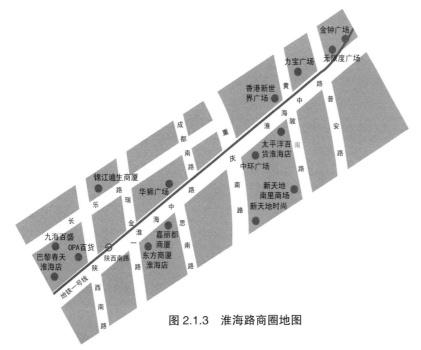

图 2.1.3　淮海路商圈地图

息的建筑；这里广纳世界精品，如巴黎春天、美美百货、中环广场以高雅的姿态展现着国际顶级名牌，它就站在时尚的前沿……每当入夜的时候，淮海路华灯齐放，不锈钢拱型跨街灯组成的灯光"隧道"形成火树银花的景象。流光溢彩的淮海路延续着旧时霞飞路的风情情影，飘落的梧桐叶诉说着隔世的繁华。上海六大中央商务区之一的淮海路商务区主要是东起淮海东路西藏路口，西至淮海中路常熟路、宝庆路口，南起肇家浜路，北至延安中路范围内的公共区域。其中办公楼主要集中在淮海中路及淮海东路沿线，淮海路东段是集商务和商业于一体，包括瑞安广场、中环广场、企业天地、香港新世界大厦、香港广场、力宝广场等顶级写字楼，是众多国际知名公司进驻上海的办公首选。

图 2.1.4　打浦桥商圈地图

D——打浦桥

打浦桥街道东起重庆南路、鲁班路，西至日晖东路、肇嘉浜路、陕西南路，南沿斜土路，北靠建国西路、建国中路。

2010 世博会为卢湾（现黄浦区）南部滨江地区带来了大开发的直接利好，而且全面辐射卢湾中部和北部。卢湾中部打浦桥商圈发展全面加快，在肇嘉浜路东端再造一个"徐家汇"。打浦桥商圈发展规划，打浦桥地区以南部世博园区开发和轨道交通 9 号线、13 号线建设为契机，接受南部世博地区辐射，为淮海路产业链延伸配套，以新新里地区和建国东路地区商业商务项目建设为重点，进一步促进功能提升、形态开发和结构优化，打造交通便捷、配套完善的现代都市商住区。重点推进项目包括新新里地区的日月光中心广场、田子坊、建国东路地区的 65 街坊。

日月光中心广场一期项目 2003 年启动动迁，2007 年初结合 9 号线地铁站点开工，它将成为距浦西世博园区最近的商业航母，2010 年底整个项目竣工交付使用。该广场最大的商业经营优势是将轨道交通 9 号线打浦桥站与地下商业空间结合，连通徐家汇商圈、世博会址及陆家嘴金融 CBD。二期项目为瑞金二路西侧、肇嘉浜路以北的 52 街坊，占地面积约 2.4 万平方米，规划地上商业商务面积约 9.5 万平方米。

商场分析

1）百联世茂国际广场

表 2.1.3　百联世茂国际广场概况

中文名称	百联世茂国际广场
外文名称	BAILIAN SHIMAO INTERNATIONAL PLAZA
所属集团	上海百联集团股份有限公司
所属国家	中国

地　　　址	黄浦区南京东路 819 号(近西藏中路)
区　　　域	黄浦区
商　　　圈	上海 南京东路商圈
营　　　业	10:00 ~ 22:00
电　　　话	021-33134718
网　　　址	http://www.blsmmall.com/
总　楼　层	1F ~ 10F
建筑面积	580000 平方米
服装经营面积	7775 平方米
建设时间	2004 年
公交线路	公交 20、37、46、64、108、136、210、451、518、583、584、801、916、921、939 路,隧道 3 线,地铁 1 号、2 号、8 号线(人民广场站)
停车位数量	300 个
消费者年龄范围	0 ~ 40 岁
服装产品价格范围	100 ~ 10000 元
经营全部品牌数量	195 个
经营服装品牌数量	151 个
服装展示指数	★★★★☆
交通指数	★★★★★
环境指数	★★★★☆
价格指数	★★★☆☆
时尚指数	★★★☆☆
人气指数	★★★★☆

　　百联世茂国际广场是由上海百联集团股份有限公司负责经营管理的,集购物、餐饮、休闲、娱乐为一体的都市型购物中心。作为浦西第一高楼的世茂国际广场,它以独具创意的建筑风格成为申城建筑的一个新的亮点。主楼部分是超五星级世茂皇家艾美酒店;裙楼为商业广场,以高档时尚的经营定位,给百年南京路注入了卓越新元素,展示百联世茂与时俱进的崭新风貌。

表 2.1.4 百联世贸国际广场经营定位与品牌分布表(2012 年)

楼层	楼层定位	经营内容	具体品牌
10F	娱乐	KTV	好乐迪 KTV
9F	餐饮	餐饮	俏江南
8F	餐饮	餐饮	厚味香辣馆
7F	Sport100	运动男装、运动女装、鞋包、运动器具、泳装	adidas、LACOSTE、AIR WALK、VANS、LEVI'S、LEE、APPLE、CAT、NAUTICA、Cabbeen、GXG、FIJEANS、SKEGHERS、made in world、MRKT、WAARRIOR、天王表、CASIO、CITIZEN、VBALCO、吉蒂屋、NIKE、PUMA、New Balance、LACOSTE、ANVERSE、Kappa、Mizuno、Reebok、PONY、Kolumb、THE NORTH FACE、Columbia、FILA、Samsnite、Diplomat、Hosa、Wilson、YONEX、k style、SWISS WIN、Telent、AVIA、ERKE、鸿星尔克、李宁、ZOKE、NIKKO、骆驼、安踏
6F	运动、休闲	运动男装、休闲男装	Dickies、Wrangler、I'm David、ERATAT、ZOLO、JACK JONES、CABBEEN、LEE、Ganesh、英卓数码、韩膳宫、松下体验馆、JANSPORT、KEEN、必瘦站、诚美媛

续表

楼层	楼层定位	经营内容	具体品牌
5F	休闲男装	休闲男装、鞋包、饰品	马克华菲、卡丹狄诺、SATCHI、Renato Mouteforte、brush finch、L2、Chris&Roeder、VSKONNE、ACEGENE、VALLEVERDE、Byford、UCLA、Jeep、SHARMOON、GREIFF、Baniss、VICUTU、Goldlion、F. F. OLVEA、LEONARDO、BONI、YEN ROWLAND、SELECTED、WEST COAST、美丽田园、MENHARDUM、SAINT ANGELO、Du Muiel、过路人、柒牌
4F	青春少淑	休闲女春装、内衣	EHOMME、E&JOY、ES、蕉叶咖喱屋、VERO MODA、PRICH、EXPRESS、OLIVE des OLIVE、Bata、淑女屋、POLL FILY、OMEY、La Chapelle、Soap Opera、衣臣、永恒颜色、La go go、KAKO STUDIO、ONLY、Anna Lice、TGGC、Candies、Nemow、ET BOITE、爱美菲露、HELLY HANSEN、MICKY MOUSE
3F	高级女装	高级女装、鞋包、饰品	伊芙心悦、Oyana、POCTTE、INSUN、STACCATO、美花红、FAIOSH、Sogna、LANAFAY、ICICLE、ELLE、EASY SHOP、CHIC LIFE、SIERLI COLLECTION、SAINT JACK、MEINGRACE、SOFEYA、SCOFIELD、宝罗莉卡、Nazely、伊丝艾拉、凯喜雅、LZZ、马威斯、In Touch、V. FRAAS、贵环、GUARDIAN PENCUIN、嘉葆、CD NADA、WATER WORKS、WANLIMA
2F	休闲女装	化妆品、休闲男装、休闲女装、鞋包、饰品	Mind Bridge、雅天妮、VOLL、LACOSTE、Goldlion、Kisscat、雅莹、茂昌眼镜、Ama、KANAWA、DIESEL、JELLO、GEOX、Clarks、WE、U. S. POLO ASSN、Oilily
1F	时尚休闲	化妆品、时尚男装、时尚女装、鞋包、饰品、餐饮	CERRUTI、GIVENCHY、MONT BLANC、S. T. DUPONT、DANIEL CREMIEUX、面包新语、哈根达斯、MEPHISTO、Brooks Brothers、NIKE、丽姿、Apple、JAGUAR、金数码、Imo、WE、SEPHORA、星巴克

百联世茂国际广场经营服装品牌分布特点:

服装品牌经营面积约 7775 平方米。其中,最大店铺为 WE,占地 140 平方米;最小店铺为 JAGUAR,占地 6 平方米;平均服装品牌经营面积为每家 51 平方米。经营服装品牌 151 家,其中经营男装 71 家,经营女装 78 家,经营童装 4 家。经营服装风格包括时尚、基本、休闲、运动。

主要消费者年龄为 20 ～ 40 岁。

经营的服装产品单品价格在 100 ～ 10000 元之间,其中主要单品价格为 298 ～ 3760 元。

2) 置地广场

表 2.1.5　置地广场概况

中文名称	置地广场

外文名称	SHANGHAI LANDMAR DEPARTMENT STORE
所属集团	上海置地广场商厦有限公司
所属国家	中国(沪港合资)
地　　址	黄浦区南京东路 409～459 号(近山西南路)
区　　域	黄浦区
商　　圈	上海 南京东路商圈
营　　业	周一至周四、周日 9:30～22:00,周五至周六 9:30～22:30
电　　话	021-63513828
网　　址	http://www.landmark-sh.com/
总 楼 层	B2～8F
建筑面积	25000 平方米
服装经营面积	2897 平方米
建设时间	1997 年 1 月
公交线路	公交 14、17、20、21、37、49、64、66、123、167、220、584、801、802、946 路,旅游 10 号线,地铁 2 号线(南京东路站)
停车位	无
消费者年龄范围	0～40 岁
服装产品价格范围	100～6000 元
经营全部品牌数量	257 个
经营服装品牌数量	166 个
服装展示指数	★★★☆☆
交通指数	★★★★★
环境指数	★★★☆☆
价格指数	★★★☆☆
时尚指数	★★★☆☆
人气指数	★★★★☆

　　上海置地广场商厦是一家沪港合资的大型综合性百货商厦,创立于 1997 年 1 月 9 日。商厦位于沪上最具商业价值的黄金地段——繁华的南京路步行街中段,毗邻外滩,周边有地铁 2 号线及多条公交线路环伺左右。商厦占地总面积为 3918 平方米,营业面积 25000 平方米,共有 10 个楼面,地下两层,地上八层,是一家定位于时尚消费且流行聚焦的超高型单体购物商厦。

表 2.1.6　置地广场经营定位与品牌分布表(2012 年)

楼层	楼层定位	经营内容	具体品牌
7F	童装家居	童装、家居、箱包	ACE、兄妹猫、NEW BALANCE、新秀丽、E. LAND KIDS、松下、飞利浦、博朗、银舸家纺
6F	休闲男装	休闲男装、运动装、运动鞋包	ESPRIT、AEEIKA、GXG、gxg. 1978、Jack&Jones、VISCAP、UGIZ、马克华菲、Zippo、SCOFIELD、NIKE、adidas、CONVERSE、Denizen、Braxton、5th STREET、VANS、LEE、JANSPORTS、THE NORTH FACE、Cat、OZARK、Columbia、TOREAD、MIZUNO、ANYWALK

楼层	楼层定位	经营内容	具体品牌
5F	商务男装	商务男装、休闲男装、男鞋、箱包、饰品	LAMPO UOMO、Chisdien Deny、SHERIDAN、Le Saunda、BELLE、ECCO、GOEX、Clanks、SENDA、FGN、STONEFLY、FORTEI、CARTELO、Pierre cardin、ZOTENO、DELSEY、JBENATO、Satchi、BOSS sanwen、BONI、CARDEENDINO、PAL ONGACO、BEVERLY、SCHIESSER、NINORIVA、八仟代、Baniss、Sartore、浪肯、SELON、C&R、Yev RowLand、JIOVA LINO、FOLLNSI、BOGEA SENI、VSKONNE
4F	名媛新贵	女装、饰品	JANECO、安莉芳、Amer、NAERSI、SHOW LONG、Ordfen、CHILIER、Rosemaid、奇妮孕妇装、Maniforn、伊丝芬、三枪、ELINA CREATEUR、MY FENO、RIMO、YINER、BROINA、DOLAND、ESOUL、Sfenth、Emely、TANGY、SHOWBAYOU、SIERLI COLLECTION、J.S.F.R、IBYI、V.NADA、D.NADA、Koradior、DUNNU
3F	青春淑女	休闲女装、手表、香水、饰品	ITL、JIGA、HEYIN、FIVE PLUS、Mind Bridge、G2000、Roem、Honeys、YIGUE、CIELBLELL、Etam、K style、P&F、Siqin、Emmri、均佳、Silhonette latelle、PRICH、Chaber、Etam weekend、PSALTER、Viscap、ARMERSY、Betu、FOREVER NEW、SLARE'S、COLOVE、T.EN、La Chapelle、Kp.shish、eni:d、Anna Lice、OFUON、SCOFIELD、lam kaff
2F	休闲女装	休闲女装、手表、香水、饰品	NINA RUCCI、LANVIN、Calvin Klein、CASIO、DAZZLE、Ochirly、TEENIE WEENIE、iiMK、KLEIN PLUS、VERO MODA、La go go、淑女屋、FUNNY LOVE、LILY、ESQ、ET BOICE、ES、E.LAND、ESPRIT、B.C.R、BASIC HOUSE、EXPRESS、Candy、a02、scat、ONLY、UGIZ、Mikibana
1F	流行名品	化妆品、女鞋、眼镜、饰品	AUPRES、L'OREAL、MAYBELLINE、Za、red earth、Neutrogena、红星眼镜、茂昌眼镜、LANEIGE、Kanabo、VICHY、Avene、OLAY、MGPIN、YUE SAI、MAXFACTOR、佰草集、自然堂、ENZO、LONGINES、OMEGA、巴黎三城、le saunda、STACCTO、Millies、ST&SAT、BELLE、AAA、DG、c.banner、TATA、EBLAN、FBL、FGN、ce、PRECIS、AS、HARSON、Roberta di Camerine、Kadina、Kiss Cat、COMELY、BASTO、JOY&PEACE、Nine West、CITIZEN、上海故事
B1	时尚鞋包	鞋、箱包、餐饮	KAI SER、REX、GALADAY、DISSONA、CARVES、Ealio、La pagayo、ELLE、HILLY、COBO、PILAKS、FION、Why、西村名物、COUBER.G、WALKER SHOP、KISS KITTY、VANSSI、AERO SOLES、SKAP、LESELE、HUSH PUPPIES、CITY SUNDAY、CLANKS、Sundance、ECCO、SAFIYA、Teemix、DAPHNE、CHIAO、Bata、SUBWAY、快乐柠檬、久留米寿司、bread papa's、美珍香、唐饼家、DAIRY QUEEN、争鲜外带寿司、百味林、来伊份、立丰食品、马哥波罗面包、宜芝多

置地广场经营服装品牌分布特点:

服装品牌经营面积约2897平方米。其中,最大店铺为ESPRIT,占地80平方米;最小店铺为GALADAY,占地5平方米;平均服装品牌经营面积为每家18平方米。经营服装品牌166家,其中经营男装37家,经营女装70家,经营童装1家。经营服装风格包括时尚、休闲。

主要消费者年龄为20～40岁。

经营的服装产品单品价格在100～6000元之间,其中主要单品价格为288～1699元。

3）上海时装商店

表 2.1.7　上海时装商店概况

中文名称	上海时装商店
外文名称	无
所属集团	上海百联集团股份有限公司 / 上海友谊集团有限公司
所属国家	中国
地　　址	黄浦区南京东路 650～690 号（近广西北路）
区　　域	黄浦区
商　　圈	上海 南京东路商圈
营　　业	9:00～19:30
电　　话	021-63225445
网　　址	http://www.blszsd.com/
总 楼 层	1F～5F
建筑面积	11230 平方米
服装经营面积	2377 平方米
建设时间	不详
公交线路	公交 20、37、49、921、167、14、66、220、123、503、980、18、573、167、518、108 路，隧道 3 线、6 线，地铁 1 号线、2 号线、8 号线
停车位数量	20 个
消费者年龄范围	0～60 岁
服装产品价格范围	100～6000 元
经营全部品牌数量	121 个
经营服装品牌数量	118 个
服装展示指数	★★★☆☆
交通指数	★★★★★
环境指数	★★★☆☆
价格指数	★★★☆☆
时尚指数	★★★☆☆
人气指数	★★★★☆

　　上海时装商店是"中华商业第一街"上的著名老字号企业，也是全国最大的时装专业特色商店。坐落南京路步行街，一幢有着 80 多年历史的具有古罗马建筑风格的大楼内。古典建筑的神韵与当代大商场的现代

化设施融为一体,古朴典雅中透射出无限生机与活力。商店经营有羊毛衫、羊绒衫、少淑女装、淑女装、职业女装、男装、儿童装、羽绒服装等,有五个经营楼面、七大主题经营商场,建筑面积为11230平方米,经营面积为10000平方米。

表2.1.8 上海时装商店经营定位与品牌分布表(2012年)

楼层	楼层定位	经营内容	具体品牌
5F	羊绒制品	男士羊绒衫、女士羊绒衫、童装	波司登、雅鹿、Znigar、雪韵飘、凡尼斯特、PLAYBOY、玖帛、嗒嘀嗒、永新. 百圣鸟、凤意、顶瓜瓜、寒布仕、上海佳立、杰灵、红孩儿、雅鹿、未来之星、Bodi Bear、PENCIL CLUB、爱斯戴尔、四季童乐、博士蛙、雅多、SMILING、宜贝、Beaume
4F	优雅绅士	男式西装、衬衫、商务男装、休闲男装	IMPERATORE CESARE、POLOARISTOCRACY、NAN JREN、花花公子、W. PENG、Znigar、CARDIL、法国百圣鸟、杉杉、PLAYBOY COLLECTION、利郎、一见棒、GEKYLLOWEN、川弘服饰、宽鼎、泰埃艾、PL-WOLF、培罗蒙、五环服饰、GEORGIMANIYA
3F	精品女装	高级女装、女式套装	JEROEA、斯尔丽、诗织、奥妮妃思、Stephanie、佩娜、捷菲妮、梦迪诗、罗德斯兰、Kekebeili、欧美伦尼、福太太、派尚、圣凯罗、寒布仕、依梵哲、佩柏莱恒、莱. 诗贝丝、曼妮菲、莱珂、威兰西
2F	优雅休闲	休闲女装	T. EN、X-GE、F. NY、洛克夏. 澜儿、AIGEMILAN、MZFS、凤蝶、Mingwu、三枪、凯迪. 米拉、KAJA、37°、Ban Nong、EDEMEGA、艾琳贝琳、木子名、Qiu Er、纸米、JONG、Fanny、典娜、Jalize
1F	经典休闲	羊毛衫、休闲女装	ONLY、b. style、Snoopy、LUV SYMBOLS、Betty Boop、VERO MODA、OLIVE des OLIVE、PAGE ONE、Ochirly、ES、La Chapelle、Edc、ESQ、Etam、上海故事、千圣禧、东阳、开开、RANKE、金羽、金兔、雪山乐、双鹿、金绒豪、靓亮、沃佩柯、秦梦特、稻草人、褚老大、赛兔、扬帆、比其

上海时装商店经营服装品牌分布特点:

服装品牌经营面积约2377平方米。其中,最大店铺为未来之星,占地36平方米;最小店铺为雪山乐,占地6平方米;平均服装品牌经营面积为每家20平方米。经营服装品牌118家,其中经营男装28家,经营女装87家,经营童装11家。经营服装风格包括时尚、职业、休闲。

主要消费者年龄为20～40岁。

经营的服装产品单品价格在100～6000元之间,其中主要单品价格为178～2880元。

4) 353广场

表2.1.9 353广场概况

中文名称	353广场

外文名称	Plaza 353
所属集团	麦格理集团与阿布扎比投资局的合资公司
所属国家	外国,澳大利亚麦格理集团与中东阿布扎比投资集团
地 址	黄浦区南京东路 353 号（近河南中路）
区 域	黄浦区
商 圈	上海南京东路商圈
营 业	10:00～22:00
电 话	021-63535353
网 址	http://www.plaza353.com/
总 楼 层	1F～5F
建筑面积	30000 平方米
服装经营面积	2069 平方米
建设时间	2008 年 10 月
公交线路	公交 66、929、66 区间、220、921 路,地铁 2 号、10 号线（南京东路站）
停车位	无
消费者年龄范围	20～40 岁
服装产品价格范围	100～6000 元
经营全部品牌数量	74 个
经营服装品牌数量	44 个
服装展示指数	★★★☆☆
交通指数	★★★★★
环境指数	★★★☆☆
价格指数	★★★☆☆
时尚指数	★★★☆☆
人气指数	★★★★☆

　　353 广场前身为具有 70 多年历史的"东海大楼",曾是 20 世纪 30 年代上海最为喧嚷和繁华的大厦。到 20 世纪 90 年代,东海大楼渐渐失去当年的风采与活力,多次更换经营者但始终不尽如人意,被业界称为南京路上的"商业百慕大"。东海大楼曾被它的大东家友谊集团几度转手,成为众多商家必争的要塞,直到 2006 年春天,东海大楼才被外资背景的基汇资本以 9 亿元代价从温州商人手中拿下,变为 353 广场。基汇资本接手这栋建筑后,邀请海外知名设计公司参与这栋历史大楼的改造,斥资 4 亿元进行重新装修,并将东海商都重新定位为 353 广场。2012 年 12 月,位于南京路商圈的 353 广场迎来第二任外资主人——澳大利亚麦格理集团与中东阿布扎比投资集团,以 24 亿元的价格从基汇资本收购了上海南京路上的 353 广场。

　　考虑到定位以及消费能力,353 广场此次引进的服饰品牌更加年轻化,多为流行品牌。在南京东路上虽然已有上海一百、百联国际广场以及永安百货,这些国际高端品牌足以满足消费者所需,但 353 广场服装风格各异,从哈韩、哈日、欧美流行服饰到本土设计师品牌一应俱全,充分体现了时尚与创意。

表2.1.10　353广场经营定位与品牌分布表（2012年）

楼层	楼层定位	经营内容	具体品牌
5F	运动娱乐	书城、休闲女装。运动装、泳装、箱包	上海书城、皇家橡皮筋、休闲地带、Zippo、Coolma、DICKIES、adidas、NIKE、Hosa、Diplomat、LAVA、Beaume
4F	轻松休闲	休闲女装、餐饮、内衣	Eastern Camel、Honeys、EUROMODA、氧气生活、w closet、Tecgar、颂阁岚、艾克尼诗、莱特妮丝、IDF、爱美菲露、Boree、BALENO、Ebase、歌诗玛、Yvanna、Crocs、萨莉亚、be.U
3F	配饰站	饰品、箱包、休闲女装	SIERLI.COLLECTION、2%、EXPRESS、just us、HELEN SHIRLEY、SWISS WIN、Wanko、Body pops、FAIRWHALE、配帽站、LOVE&LOVE、COFFEE、THREE SEASONS、林清轩、碧卡蔓、SESE
2F	潮流女装	化妆品、时尚女装	绝代佳人、谜尚、Swatch、SAK&CO、LOVE it、Ninesix NY 96、Enc、SELLECTED、LIAEN.VILLAGE、Theme、时尚密码
1F	休闲时尚	时尚女装、饰品、珠宝、休闲男装	香啡缤、天梭、Solvil et Titus、OPTICAL、SSIMO、RABEANCO、CK Jeans、卡帝乐鳄鱼、PONY、SEBAGO、ZARA、VISCAP、Levi's、Cabvin Klein、GUESS、FILA

353广场经营服装品牌分布特点：

服装品牌经营面积约2069平方米。其中，最大店铺为ZARA，占地450平方米；最小店铺为CK Jeans，占地8平方米；平均服装品牌经营面积为每家47平方米。经营服装品牌44家，其中经营男装15家，经营女装33家，经营童装0家。经营服装风格包括时尚、基本、休闲。

主要消费者年龄为20～40岁。

经营的服装产品单品价格在100～6000元之间，其中主要单品价格为238～2180元。

5）宏伊国际广场

表2.1.11　宏伊国际广场概况

中文名称	宏伊国际广场
外文名称	HONGYI PLAZA
所属集团	上海宏伊置业有限公司
所属国家	中国

地 址	黄浦区南京东路 299 号(河南中路口)
区 域	黄浦区
商 圈	上海南京东路商圈
营 业	10:00 ~ 22:00
电 话	021-51699166
网 址	http://www.hongyiplaza.com/
总 楼 层	B1 ~ 6F
建筑面积	63453 平方米
服装经营面积	1562 平方米
建设时间	2007 年
公交线路	公交 66、20、37、929 路,地铁 2 号、10 号线(南京东路站)
停车位	无
消费者年龄范围	20 ~ 40 岁
服装产品价格范围	100 ~ 6000 元
经营全部品牌数量	70 个
经营服装品牌数量	27 个
服装展示指数	★★★★☆
交通指数	★★★★★
环境指数	★★★☆☆
价格指数	★★★☆☆
时尚指数	★★★☆☆
人气指数	★★★★☆

由上海宏伊置业有限公司投资建造宏伊国际广场位于市区繁华商业中心,南京东路步行街东端。该项目由美宏伊国际广场国凯利森(Callison)建筑设计事务所设计,主体由塔楼和裙楼组成,地面 29 层、地下 3 层,总建筑面积 63453 平方米,总建筑高度 142 米。其中地下 1 层至裙楼 7 层为高档时尚购物和休闲餐饮中心,塔楼 8 ~ 29 层为国际甲级办公区,是一幢综合了购物、休闲、餐饮和办公功能的智能化楼宇。

表 2.1.12 宏伊国际广场经营定位与品牌分布表(2012 年)

楼层	楼层定位	经营内容	具体品牌
6F	餐饮	餐饮	釜山料理、巴贝拉、望湘园
5F	美容美发	美容、美发、餐饮	澳西奴、芸楠健发、伦特微、伊美娜、豆捞坊、century sight、MILILY、东瀛造型
4F	休闲男装	休闲男装、箱包、饰品、餐饮	Samsnite、海盗船、阿努比斯银饰、YISELLE、港丽餐厅、SELECTED、LEE、JZZ、GY、UTC、FAIRWHALE、Jack&Jones、GXG

续表

楼层	楼层定位	经营内容	具体品牌
3F	休闲女装	休闲女装、化妆品、餐饮	林清轩、La Chapelle、Anna Lice、King King、老克勒上海菜、艾耐儿、candie's、ADEN、ebase、Honey、Viscap、ONLY、VERO MODA
2F	时尚女装	化妆品、时尚女装	EVE'S TEMPTATION、ELEGENT PROSPER、SANDWICH、欧美药妆、玖姿、SOFEYA、La go go
1F	饰品站	饰品、休闲男装、休闲女装、手表	西铁城、天梭、美度、test-tube、DUNKIN' DOUNTS、TOUGH、金艺华、ENZO、SWATCH、浪琴、GUCCI、CASIO、ALFEX、GAP
B1	餐饮	餐饮	面包新语、每日新鲜水果吧、冰雪皇后、唐饼家、摩提工坊、西树工房、丸来玩趣、Hotwind、趣味风、咖喱工房、鲜芋仙、札幌

宏伊国际广场经营服装品牌分布特点:

服装品牌经营面积约 1562 平方米。其中,最大店铺为 GAP,占地 260 平方米;最小店铺为 YISELLE,占地 14 平方米;平均服装品牌经营面积为每家 58 平方米。经营服装品牌 27 家,其中经营男装 11 家,经营女装 20 家,经营童装 0 家。经营服装风格包括时尚、休闲。

主要消费者年龄为 20 ~ 40 岁。

经营的服装产品单品价格在 100 ~ 6000 元之间,其中主要单品价格为 228 ~ 1780 元。

6) 永安百货

表 2.1.13　永安百货概况

中文名称	永安百货
外文名称	YONGAN DEPARTMENT STORE
所属集团	上海百联集团股份有限公司
所属国家	中国
地　　址	黄浦区南京东路 635 号(近浙江中路)
区　　域	黄浦区
商　　圈	上海南京东路商圈
营　　业	9:30 ~ 22:00
电　　话	021-63224466
网　　址	http://blyabh.blemall.com/
总 楼 层	1F ~ 7F
建筑面积	32000 平方米
服装经营面积	4043 平方米

建设时间	1918 年
公交线路	公交 14、15、37、49、921、108、167、518、584、864、916、980 路,隧道 3 线、6 线、上川线,地铁 1 号、8 号线
停车位	无
消费者年龄范围	20 ～ 60 岁
服装产品价格范围	100 ～ 3000 元
经营全部品牌数量	285 个
经营服装品牌数量	171 个
服装展示指数	★★★☆☆
交通指数	★★★★★
环境指数	★★★☆☆
价格指数	★★★☆☆
时尚指数	★★★☆☆
人气指数	★★★☆☆

　　永安百货,简称永安,创办于 1907 年 6 月 28 日,是香港其中一间历史最悠久的连锁百货店,既是香港第二大华资百货公司,也是早年上海南京路四大华资百货公司之一(当年先施公司、永安公司、新新公司和大新公司被合称为后四大公司)。

　　永安百货有限公司是百联集团的下属企业。公司创建于 1918 年,历经上海永安公司、上海第十百货商店、上海华联商厦,2005 年翻牌为永安百货有限公司。

　　上海永安公司以经营"环球百货"为特色,,解放前是上海高雅、时尚、尊贵的象征,是上海首屈一指的高档百货商店。1969 年改名国营上海市第十百货商店,1988 年改建更名为上海华联商厦,并成功以服饰商品为企业经营特色,"穿在华联"饮誉沪上,闻名全国。1992 年,企业改制为上海华联商厦股份有限公司,上海华联商厦则成为其下属企业。2003 年,上海华联商厦成为刚组建的百联集团旗下一支重要的生力军。

表 2.1.14　永安百货经营定位与品牌分布表(2012 年)

楼层	楼层定位	经营内容	具体品牌
7F	餐饮	餐饮	绮云阁
6F	折扣馆	品牌折扣	品牌折扣
5F	家电家居	家纺、家电、家居用品	飞利浦、虎牌、ESPRIT、水星家纺、LOFTEX、锦杰、M-JBABY、丽羽、梦洁家纺、堂皇、MENGLAN、阿芙萝、三联家纺、SONY、Nikon、OLYMPUS、佳能、Apple、松下、金数码、苏泊尔、九阳、博朗、天际、惠家、Electrolux、COOKPLUS、艾美龙、Fissler、康宁餐具、三洋、傲胜
4F	运动馆	运动装、鞋、箱包	李宁、MIZUNO、Sevlae、Reebok、NIKE、乔丹、鸿星尔克、NIKE 360、Kappa、adidas、CONVERCE、PUMA、Rapido、萨洛蒙、Lafuma、Kolumb、骆驼、Wilson、YONEX、PEAK、CROWN、新秀丽、ACE、外交官、U. S. POLO. ASSN
3F	商务男装	西装、休闲男装	雅戈尔、地牌、天牌、威派、杉杉、虎牌、毕加索、Levi's、GOODIO、APPLE SHOP、BOTON、SEPTWOLYES、W. PENG、利郎、L2、Jeep、NAUTICA、马克华菲、ESPRIT、Vangodipon、VONCLOUD、Jack&Jones、VLOV、过路人、圣大保罗、日驰尼、墨达人、5th STREET、SCHIESSER、三枪、宜而爽、安德露、GOOD LUCK CLADIUS、金鲨鱼、Byford、Pierre Cardin、U. S. POLO、开开、CONCH、沙驰、威斯康尼、蔓哈顿、比毕利保罗、伊夫罗兰、保罗世家、八仟代、金利来、依文、CARDEENDINO

续表

楼层	楼层定位	经营内容	具体品牌
2F	高级女装	高级女装	鄂尔多斯、鹿王羊绒、依利欧、黛安芬、帝高羊绒、群工羊绒、桑扶兰、齐丽尔、曼妮芬、安莉芬、皮皮狗、春竹羊绒、梦特娇、古今、艾黛妮、兆君、金兔羊绒、华歌尔、稻草人、圣雪绒、艾特凡斯、ES、ONLY、拉夏贝尔、贝拉维拉、ESPRIT、凯迪米拉、东西浪、繁莹、秀、美加美、寒布仕、顿玛、圣凯罗、ANEMEGA、蔓楼兰、阁兰苏珊、添香防辐射、蒲、达尔丽、古源、伊丝芬、TANGY、飘鹰、福太太、中南岑、可可贝莉、川弘裤业、费劳拉、法典娜、EDEMEGA、MORELINE、维杰妮娅、莱迪雅、ESOUL、PASQUIER、莎莎、ELLE、钡萱、Ballice、in TOUCH、璎珞珠玑、诗凡吉、丽莱、思尼卡、MY FENO、凯撒、佩柏莱坦、娜尔思、STYLEWOMAN、罗德斯兰、F、I、影儿
1F	名品珠宝	化妆品、珠宝、手表、箱包	OMEGA、TISSOT、LONGINES、TUDOR、RADO、ROLEX、LANEIGE、Kanebo Tokyo、NINA RICCI、KOSE、～H20+、ENZO、Calvin Klein、BVLGARI、BOSS、GIORGIO ARMANI、CHANEL、SK–II、SHISEIDO、SWAROVSKI、LANCOME、周生生、永安珠宝、周大福、谢瑞麟、玛贝尔、东华美钻、潮宏基珠宝、TESIRO、AIO、天美钻、老凤祥、老庙黄金、瑞恩钻石名店、翠城珠宝、ENICAR、CITIZEN、Emile Chouriet、ERNEST BOREL、TITONI、ORIS、飞亚达、星巴克、Chrisdien Deny、Satchi、penha、Ecco、J. Beuato、FORTER、CROCODILE、CLANKS、SHERIDAN、pierre cardin、GEOX、Lug Da、花雨伞、思贝蒂、le saunda、欧美药妆、CNE、DAPHNE、TATA、BASTO、ST & SAT、VANSSI、APHRODITE、FGN、HARSON、CITYSUNDAY、蔚莱妮凯、KS、BELLE、Teemix、Qiannu、AOKANG、WALKER SHOP、Bata、STACCATO、JOY & PEACE、AUPRES、OLAY、LOREAL、natunal beauty、MAY BELINE、CHANDO、Mamoude、REVION、Goldlion、Auweis、U. S. POLO. ASSN、SAK & CO、REX、Satchi、BOZE DADNY、BOSS SUNWEN、CYBORG、FREE NODE、VISHARK、BONIA、Ealio、COBO、DILAKS

永安百货经营服装品牌分布特点：

服装品牌经营面积约 4043 平方米。其中，最大店铺为 Jack & Jones，占地 100 平方米；最小店铺为 penha，占地 8 平方米；平均服装品牌经营面积为每家 24 平方米。经营服装品牌 171 家，其中经营男装 87 家，经营女装 92 家，经营童装 0 家。经营服装风格包括时尚、基本、职业、休闲、运动。

主要消费者年龄为 20 ～ 40 岁。

经营的服装产品单品价格在 100 ～ 3000 元之间，其中主要单品价格为 299 ～ 999 元。

7）东方商厦

表 2.1.15　东方商厦概况

中文名称	东方商厦

外文名称	ORIENT SHOPPING CENTRE
所属集团	上海百联集团股份有限公司
所属国家	中国
地 址	黄浦区南京东路 800 号(近西藏中路)
区 域	黄浦区
商 圈	上海 南京东路商圈
营 业	10:00 ～ 22:00
电 话	021-63223344
网 址	http://www.bldfnd.com/
总 楼 层	1F ～ 9F
建筑面积	42000 平方米
服装经营面积	4900 平方米
建设时间	1997 年
公交线路	公交 20、37、46、64、108、136、210、451、518、18、980、801、916、921、939 路,隧道三线、隧道九线、新川线,地铁 1 号、2 号、8 号线(人民广场站)
停车位数量	无
消费者年龄范围	20 ～ 40 岁
服装产品价格范围	100 ～ 3000 元
经营全部品牌数量	388 个
经营服装品牌数量	188 个
服装展示指数	★★★★☆
交通指数	★★★★★
环境指数	★★★☆☆
价格指数	★★★☆☆
时尚指数	★★★☆☆
人气指数	★★★★☆

　　东方商厦南京东路店,原为上海市第一百货商店(东楼)。上海市第一百货商店(东楼)建立于 1997 年,2003 年并入百联股份,2005 年更名为东方商厦南京东路店,而成为东方商厦连锁店之一。商场地处繁华的南京东路步行街西首,经营面积约 4.2 万平方米。商品以中高档品牌为主,主要经营化妆品、珠宝、名表、礼品、服装、内衣、皮鞋皮具、运动休闲及居家居室用品等九个大类。

表 2.1.16　东方商厦经营定位与品牌分布表(2012 年)

楼层	楼层定位	经营内容	具体品牌
9F	家用家电	数码、家电、家具	金数码世界、泰普尔、BRAUN、德国米技炉具专家、SUN STRONG、瑞士风、因为有你、象印、紫罗兰家纺、BOHEMIA、ELLEDECO、夏氏琉璃、国瓷永丰源、多样屋、DIAN、陶作坊、利快、Fissler、WMF、双立人、菲姐意大利生活馆、膳魔师、Berg Hoff、美国康宁餐具、Silit、STONEWARE、HILL HAUS、银凤陶瓷、RED APPLE、类澳娜瓷器、Luminarc、梦兰、佳丽斯、东丽比诘、MINE、梦洁家纺、Delonghi、苏泊尔、松下、飞利浦、罗莱家纺、罗莱儿童、ESPRIT 家纺、恐龙纺织、ROYALCOVER、ALLSKING、惠谊家纺

续表

楼层	楼层定位	经营内容	具体品牌
8F	名品运动	运动男装、运动女装、运动鞋、泳装、体育用品	NIKE、adidas、PUMA、NEW BALANCE、LACOSTE、CANVERSE、Kappa、MIZUNO、Reebok、PONY、Kolumb、THE NORTH FACE、Columbia、FILA、Samsnite、Diplomat、Hosa、Wilson、k style、SWISS WIN、Telent、AVIA、ERKE、李宁、ZOKE、NIKKO、骆驼、安踏
7F	Sport100	运动装、运动鞋、书包	adidas、LACOSTE、AIR WALK、VANS、made in world、MRKT、Levi's、LEE、APPLE、GXG、Jeansport、FIJEANS、CAT、NAUTICA、Cabbeen、SKEGHERS、回力
6F	运动休闲	休闲男装、运动服饰、饰品、流行休闲包	JIOVA LINO、LONDON FOG、YOUNGOR、kwun kee tailon、CARDYDONY、JOEONE、VALENT COUPEAU、YEV. ROWLAND、SARTORE、CAESAR、BRAUN BUFFEL、le saunda、Satchi、BALIBAO、Chrisdien Deny、ZOTENO、TIBAO AUCHEHO、J.Benato、BOSSERT、Pierre Cardin、GEORGE DANO、SKAP、BOSS SUNWEN、Clank、CROCODILE、24HRS PIUS、GEOX、SENDA、ECCO、ST.Roace、GRANCHIODIORO、BOSS SUNWEN、LOZIO、JEVONI、Callisto、LANG KEN、FOLLNSI、MEYER、CANUDILO、Byford、VSKONNE、PAL ONGACO、BONI、Wolsey、BEAN POLE、GATHER JEWELS、SCOFIELD、JACK JONES、ESPRIT、FAIRWHALE、PLORY、ALKEMY、RICHINI、PARKER、Zippo
5F	绅士休闲	西服、衬衫、领带、商务休闲服、男仕皮包皮件、钟表、男仕内睡衣、袜子、旅行箱、男鞋、修改室、餐厅	L2、JAKET、Jeep、CHARLES RIVER、camel active、德尊、LEE、墨达人、APPLE SHOP、C&S、DANIEL HE CHTER、HR、BRAUN BUFFEL、TONY PEROTH、Cambridge University、DE VERLI、Satchi、Roberto Ricc、FOLLNSI、Chrisdien Deny、BOSS SUNWEN、Diplomat、ACE、CROWN、U.S.POLO.ASSN、AMERICAN TOURISTER、Samenite、Goldlion、HG、ERATAT、Hush Puppies、GOOD LUCK GLADIUS、NJAL、DORIGHT、SANTA BARBARA、企鹅、黄金熊
4F	都会少淑	高级淑女套装、黄金珠宝、皮包皮件	sofeya、SUSSI、CAGLI ARI EXCHANGE、D.NADA、READ ME、LOUISA M、HOMEHD、罗德斯兰、BERRY、Raphenny、MAX&DC、SHOW LANG、Tasidan、WEI YUN、FINITY、FADINA、DUNNU、QESOUL、Revesd'Ailleurs、UZENEOYEO、MYFENO、MR classic、OILALIE、BAOINA、IBYI、ARTIS、Fy、L'ORFEO、MEINGRACE、in'q、SUNVIEW、NEWYORKER、Rime、EALIO、十月妈咪、皮皮狗、鄂尔多斯、惠宝防辐射、金兔羊绒、锦典、曼妮芬、伊丝芬、爱慕、欧迪芬、黛安芬、华歌尔、伊维斯、美标、安莉芳、欣姿芳、FRAAS、ELLE、Frognie Zila、DEICAE、LAMPO UOMO、Sonchi、DIDIBOY、CHOYA
3F	新潮少女	流行服饰、高级少淑服饰、餐厅、杂货（丝巾、伞、帽子、饰品、袜品）、内衣	TINACIA、YUKA LADIES、HPLY、TGGC、Ein、YOUSHANG、F/do、Bou Jeloud、POCTTE、红缘坊、K.A.K.O、BAOINA、欧洲名品馆、U.S.POLO.ASSN、卡佳拉、POWERLAND、POREX、DILAKS、Why、FION、Ealio、Goldlion、CARVEN、COBO、Hilly、BOZE DADNY、VAGA、CALADAY、LE BONHEVR、Oudipu、威芸、ELLASSAY、秋水佳人、Jianufo、PSALTER、EDEMEGA、MISAVOGUE、Chaber、Anna Lice、ORIGIN、ESPRIT、江南布衣、Ochirly、Etenal Colour、E.LAND、Roem、PAZZLE、Jeep、YIGUE、CIRCLE、OCCITOWN、江美舍、kai beauty care
2F	潮流精品	流行女装、鞋包、手表	CK Jeans、悦康天诛、BELLE、HARSON、GUESS、Fed、SENSE1991、SCOFIELD、Flenziec Lenson、NINE WEST、KISSCAT、le saunds、kadinn、JOY&PEACE、STACCATO、CNE、FAIR LADY、City Sunday、Roberta di Cameriuo、LESELE、Milan Show、WALKER SHOP、Teemix、millie's、DG、Ecco、COMRADE、Yellow Earth、c.banner、achette、OLGA、ST&SAT、STELCALUNA、Klpling、LESPORISAC、MCS、LACOSTE、NAUTICA、MISS SIXTY、MORELLATO、CASIO、SWATCH
1F	品牌名品	品牌化妆品、珠宝、手表、女鞋	BIOTHERM、FANCL、SK-II、SHISEIDO、Dior、ESTEE LAUDER、CLARINS、GUERLAIU、Sisley、CLINIQUE、LANCOME、shu uemura、chanel、Jurlique、LOCCITANE、ORIGINS、KOSE、AUPRES、SWAROVSKI、LOREAL、Folli Follie、LANEIGE、SOFINA、OLAY、MCLON、Max Dia、泰源丰、TASAKI、I DO、ENZO、金至尊、瑞恩钻石名店、周大福、Ama、ERNEST BOREL、ENICAR、MARC JACOBS、BURBERRY、CK、The history of whoo、RADO、MIDO、HAMILTON、TISSOT、CERTINA、LONGINGS、MGPIN、Kanebo、Elizabeth Arden

东方商厦经营服装品牌分布特点：

服装品牌经营面积约 4900 平方米。其中，最大店铺为 PAZZLE，占地 52 平方米；最小店铺为 TINACIA，占地 12 平方米。平均服装品牌经营面积为每家 26 平方米。经营服装品牌 188 家，其中经营男装 121 家，经营女装 168 家，经营童装 0 家。经营服装风格包括时尚、基本、职业、休闲、运动。

主要消费者年龄为 20 ～ 40 岁。

经营的服装产品单品价格在 100 ～ 8000 元之间，其中主要单品价格为 388 ～ 2380 元。

8) 恒基名人购物中心

表 2.1.18　恒基名人购物中心概况

中文名称	恒基名人购物中心
外文名称	Henderson Metropolitan
所属集团	恒基兆业地产集团
所属国家	中国
地　　址	黄浦区南京东路 300 号（近河南中路）
区　　域	黄浦区
商　　圈	上海南京东路商圈
营　　业	10:00 ～ 22:00
电　　话	021-63913322,021-53012271
网　　址	无
总　楼　层	B2 ～ 7F
建筑面积	35000 平方米
服装经营面积	971 平方米
建设时间	2011 年 11 月 11 日
公交线路	公交 21 路，地铁 2 号、10 号线
停车位数量	267 个
消费者年龄范围	0 ～ 40 岁
服装产品价格范围	100 ～ 8000 元
经营全部品牌数量	73 个
经营服装品牌数量	18 个
服装展示指数	★★★★☆
交通指数	★★★★★
环境指数	★★★★☆

价格指数	★★★★☆
时尚指数	★★★★☆
人气指数	★★★☆☆

　　2011 年的 11 月 11 日，南京东路步行街冉冉升起一颗璀璨时尚之星，由富有 30 多年地产发展经验的恒基兆业地产集团倾力打造，名为恒基名人购物中心正式在南京东路揭幕。恒基兆业地产自 1981 年于香港上市，业务遍及香港和内地。目前在上海的投资项目包括已落成并全面投入使用的恒基名人商业大厦及购物中心、港汇广场二座、不夜城广场、恒汇国际大厦、环智国际大厦及预计来年第三个季度竣工的 688 广场。

　　恒基名人，作为步行街上的地标建筑之一，以其优越位置、便捷交通、名家设计、至臻服务、潮流旗舰店的五大优势，引领南京路上新的潮流风尚，自开业以来受到时尚年轻一族的追捧。

表 2.1.19　恒基名人购物中心经营定位与品牌分布表（2012 年）

楼层	楼层定位	经营内容	具体品牌
7F	餐饮	餐饮	俏江南
6F	餐饮	餐饮	老上海弄堂菜馆、俏江南
5F	休闲美容	餐饮、美发、超市、珠宝	汉拿山、蕉叶、骏德、无敌岛、全家超市、东瀛国际造型、柯兰钻石、真品堂名品寄售店、祖奴
4F	运动休闲	时尚男装、休闲男装、体育配件、餐厅	融合马来西亚餐厅、三味丰、尚一汤、海马牌床垫、金利来、绿雅、青山洋服、文迪尔、鲨鱼、浩沙、男眼时尚男装、跨威
3F	时尚休闲	餐厅、休闲男装、休闲女装、鞋	赤板亭、金装大家乐、苹果零售店、XOXO、玛丽．黛佳、俪偲、ME&CITY、嬬、东京衬衫、嘉萝琳、意尔康、Queen's Market、BANANA BABY、Susie、CG
2F	高级女装	精品女装、茶饮	缪思、La Chapelle、音儿、诗篇、VENCE EXCHANGE、佐芙、太平洋咖啡、V. Rose、DICKIES、城市公牛、嚼茶
1F	休闲吧	面包房、咖啡馆、饰品、休闲女装、数码	宜芝多、星巴克咖啡、迈阿密班尼果汁吧、双妹、爱酸奶、周大福、欧美药妆、APPLE STORE、AZUL BY MOUSSY
B1	综合	超市、甜品、餐饮、数码	屈臣氏、一伍一拾、摩提工坊、粉色妈妈、来伊份、善可伽、阿吉豆、优莓酸奶冰激淋、快乐柠檬、亚惠美食、呀咪咖喱屋、知竹日式料理、APPLE STORE
B2	化妆品	化妆品超市	莎莎

　　恒基名人购物中心经营服装品牌分布特点：

　　服装品牌经营面积约 971 平方米。其中，最大店铺为 AZUL BY MOUSSY，占地 120 平方米；最小店铺为浩沙，占地 22 平方米；平均服装品牌经营面积为每家 51 平方米。经营服装品牌 18 家，其中经营男装 6 家，经营女装 12 家，经营童装 12 家。经营服装风格包括时尚。

　　主要消费者年龄为 20 ～ 40 岁。

　　经营的服装产品单品价格在 100 ～ 8000 元之间，其中主要单品价格为 259 ～ 997 元。

9）宝大祥青少年购物中心（南京东路店）

表 2.1.20　宝大祥青少年购物中心（南京东路店）概况

中文名称	宝大祥青少年儿童购物中心
外文名称	BAO DA XIANG SHOPPING FOR KIDS
所属集团	宝大祥青少年儿童购物集团
所属国家	中国
地　　址	黄浦区南京东路 685 号（近广西北路）
区　　域	黄浦区
商　　圈	上海 南京东路商圈
营　　业	10:00 ～ 22:00
电　　话	021-63225122
网　　址	http://www.baodaxiang.com.cn/StoresView_9.aspx
总 楼 层	1F ～ 6F
建筑面积	10000 平方米
服装经营面积	1997 平方米
建设时间	1999 年
公交线路	公交 14、15、37、49、921、108、167、518、584、864、916、980 路，隧道三线、隧道六线、上川线，地铁 1 号、8 号线
停车位数量	无
消费者年龄范围	0 ～ 35 岁
服装产品价格范围	100 ～ 3000 元
经营全部品牌数量	127 个
经营服装品牌数量	73 个
服装展示指数	★★★★☆
交通指数	★★★★★
环境指数	★★★☆☆
价格指数	★★★☆☆
时尚指数	★★★☆☆
人气指数	★★★★☆

宝大祥南东店位于南京东路685号,是南京路商贸人气最鼎盛的黄金宝地。宝大祥南东店商场面积近一万平方米,集儿童百货、餐饮、娱乐、休闲为一体。商场的专业特色趋向明显、消费对象明确、品牌集中、服务贴心周到,在众多百货同行中脱颖而出。宝大祥"宝宝、长大、吉祥"这一全新诠释、定位的经营口号,也日益被广大消费者所熟悉。

现宝大祥南东店经营的品牌有200多个,涵盖了童装、婴童服饰及用品、童鞋、玩具、青春装、文具等商品大类,吸引了大批国际及国内一线的青少年儿童品牌入驻。由于在经营策略上注重商品及品牌的更新率,宝大祥正逐渐被特定的消费群体所推崇,销售额实现了快速增长。

表 2.1.21　宝大祥青少年购物中心经营定位与品牌分布表(2012 年)

楼层	楼层定位	经营内容	具体品牌
6F	儿童娱乐	文具、玩具	Toonsland、读书郎、Hello Kitty、步步高、乐家玩具、银辉玩具、多美、塞露、艾比森、星月玩具、GAMEPLAY、AURORA、大圣玩具、迪士尼、童舒房、头大原创玩具房、木玩世家、奇智奇思、Sawrio、亚梭家俬、贝登堡首创馆、喜羊羊与灰太狼、DISNEY、KIDS LAND
5F	婴儿用品	婴儿用品	PIYOPIYO、丽婴房、DISNEY、JEEP、Harry potter、BOBDOG、斯乃纳、兄妹猫、Dor Dor Horse、SNOOPY、New Balance、猫虎、富罗迷、芭比、芙儿优、Britax、Pigeon、Combi、good baby、优生、MAXI-COSI、Aprica、baby land、Angel
4F	童装	童装、婴儿用品	Absorba、Souis、carter's、雅威丽、哥比兔、英氏、Nature colered、阳光鼠、Organic mom、拉比、i-baby、下一代、tuc tuc、GUNIE、Allo&lugh、NIKE、婴之喜、GGMAI、Paclantic、Tom Tom、TWIN KIDS、good baby、贝尊、SNOPPY、阿杰邦尼、龙太子、Hallmark、mali mari home、天使猫
3F	童装	童装	NIKE、IVY HOUSE、小猪班纳、巴布豆、Benkaia、OSHKOSH B'GOOH、雅多、OHOO、Paw in Paw、Anqiluo、ELLE、芝麻开门、芭比、Bodi Bear、SANTA BARBARA、巴布豆、IKALI、CHYAUBAO、哈利比蒂、樱桃小丸子、Bala Bala、Annil、Poipoilu、adidas kids、笑咪咪
2F	童装	童装	TEENIE WEENIE、E. LAND KIDS、KAMINET、MIFFY、Roberta di Camerino、LEVI'S、VIV&LUL、CURLY SUE、HELLO KITTY、Fam Fam、OUR-Q、AURIDZOUCH、ARMATEN、MICKEY MOUSE、小熊维尼、Celden、Sovior、clan-c、Jeep
1F	运动休闲	休闲男装、休闲女装	VERO MODA、a02、Jack &Jones、ONLY、SELECTED、TEENIE WEENIE

宝大祥青少年购物中心经营服装品牌分布特点:

服装品牌经营面积约5474平方米。其中,最大店铺为VERO MODA,占地80平方米;最小店铺为OUR-Q,占地12平方米;平均服装品牌经营面积为每家30平方米。经营服装品牌73家,其中经营男装2家,经营女装4家,经营童装67家。经营服装风格包括时尚、休闲、运动。

主要消费者年龄为0～35岁。

经营的服装产品单品价格在100～3000元之间,其中主要单品价格为198～885元。

10）第一百货商店

表 2.1.22　第一百货商店概况

中文名称	第一百货商店
外文名称	无
所属集团	上海百联集团股份有限公司
所属国家	中国
地　　址	黄浦区南京东路 830 号（近西藏中路）
区　　域	黄浦区
商　　圈	上海南京东路商圈
营　　业	9:30 ～ 22:00
电　　话	021-63223344
网　　址	http://www.bldybh.com/
总 楼 层	B1 ～ 8F
建筑面积	70000 平方米
服装经营面积	6091 平方米
建设时间	1949 年 10 月 1 日
公交线路	公交 20、37、46、64、108、136、210、451、518、801、916、921、939 路，隧道三线、新川线，地铁 1 号、2 号、8 号线（人民广场站）
停车位数量	有，数量不详
消费者年龄范围	0 ～ 60 岁
服装产品价格范围	100 ～ 5000 元
经营全部品牌数量	363 个
经营服装品牌数量	221 个
服装展示指数	★★★★☆
交通指数	★★★★★
环境指数	★★★☆☆
价格指数	★★★☆☆
时尚指数	★★★☆☆
人气指数	★★★★☆

上海市第一百货商店是上海友谊集团股份有限公司的所属企业。商店诞生于 1949 年 10 月,是新中国成立后的第一家大型国有百货零售企业,曾被当年的陈毅市长亲切地称为"我们自己的商店"。

与共和国一起成长的第一百货商店是中国商业发展的一个缩影,她创造了一系列的全国第一,为中国传统百货的历史描绘了浓重而精彩的一笔。在很长一段时间里,商店是国内客流量最大、销售额最高的百货商店。特别是 20 世纪 80 年代后,商店在改革开放中快速发展,经营业绩曾连续 14 年名列全国第一,被誉为"百货魁首",成为全国百货业的领头羊。改革开放总设计师邓小平同志曾于 1992 年 2 月 18 日来店视察并购物,成为第一百货永不磨灭的珍贵记忆。

商店南面的建筑前身是于 1936 年开业的大新公司,是上海近现代优秀建筑,1989 年 9 月被列为上海市文物保护单位。2007 年 12 月位于原商店建筑以北的第一百货新楼开业,新老楼连为一体后,商店建筑面积达 7 万多平方米,成为一家集购物、休闲、娱乐、餐饮为一体的,多功能、现代化的综合性百货商店。

表 2.1.23　第一百货商店经营定位与品牌分布表(2012 年)

楼层	楼层定位	经营内容	具体品牌
8F	家用家电	家电、影城、餐饮	滨特尔、博世、超人、万象、三菱丽阳可菱水、凯驰、大金空调、福玛特、Panasonic、三菱电机空调机、SHARP、科沃斯、ACA、HITACHI、惠家、SIEMENS、伟嘉、九阳、SONY、天际、松下、博朗、虎牌、海尔、Casarte、Gigaset、三洋、SAMSUNG、PHILIPS、TCL、康佳、华硕、铁三角、大上海电影院、大城小厨
7F	名品折扣	品牌折扣、餐饮	顺风大酒店、品牌折扣馆
6F	童装玩具	童装、玩具、乐器、婴儿用品、名种	望湘园、大诚日本料理、上海书城、美亚、君仕、红星眼镜、世界名钟廊、步步高、DISNEY、爱儿斯、adidas、ONCLETON、Bala bala、NIKE、安奈儿、Dadida、OSHKOSH、哈利波特、Paw in Paw、亚迪奥、Roberta di Camerino、M. Latin、Classic Teddy、小猪班纳、E. LAND、BOBDOG、Jeep、笑咪咪、龙太子、Hello Kitty、博士蛙、斯乃纳、龙子太郎、Silverlit、Barbie、兄妹猫、凯利特、Barbie、澳贝、乐高、星月玩具、丽婴房、Disney、LABI BABY、希、宜贝、皇家宝贝、法米尼、爱斯戴尔、十月妈咪、红双喜
5F	运动户外	运动装、户外装备、家纺、箱包、运动器械	澳丹奴家纺、莱祥富、三联家纺、毕加索、锦杰、莉．莫尔、ESPRIT 家纺、恐龙纺织、卡撒天娇、水星家纺、紫罗兰家纺、阿思家、富丽真金家纺、上海福沁、泰眠、维科家纺、恒源祥、牧宝、梦飞家纺、凤凰、安睡宝、舒恋、欧希奴、堂皇家纺、罗莱家纺、淑女屋床品、波顿、W. PENG、邓禄普、骆驼、圣弗莱、科诺修斯、NORTHLAND、奥索卡、PLAYBOY Physical、匹克、NIKE、DIADORA、New Balance、CONVERSE、UMBRO、Kappa、JANSPORT、CARTELO、VISHARK、美国马球协会、CROWN、EMINENT、Diplomat、Samsnite、Pierre Cardin、NINORIVA、POLO&RACQUET CLUB、Ederbo、BOSSLON、KLIYA、WANBLONG、韩林炭烤、李宁、adidas、运动家、Wilsom、YONEX、蜀菜行家
4F	男士服饰	男装、男士皮鞋、配饰	浩沙、七匹狼、乔治白、BEVERLY HELLS POLO、波司登男装、杉杉、花花公子、ST. STEV EN COU、宽鼎、虎都、FAIRWHALE、Jack&Jones、SELECTED、GY、U. S. POLO. ASSN、海澜之家、稻草人、八仟代、博盛、Danxilu、VSBONDE、POLOARISTOCRACY、克罗特、泰埃戈、PLAY BOY、MONTAGUT、BOFSFS、雅戈尔、天牌、藤田洋服、佳飞璐、金利来、纤夫、培罗蒙、Loada Polo、Satchi、LERMONDA、金利来、G. V、远足、CARTELO、AAA、MONTAGUT、FORTEI、CAMEL、烟斗、CROCODILE、PLAY BOY、五环、九牧王、真正、伟尊、Phugy、John. Dordon、玛利凯琦、永新服饰、贝迪亚斯、佳龙、韦克龙德、VP、豹狮杰、JAMES KINGDOM、杰亚格、PL-WOLF、GEORGIMANIYA

楼层	楼层定位	经营内容	具体品牌
3F	职业女装	职业女装、女包、内衣、配饰	莎依妮、米兰登、伊.莱芬、千圣禧、时美、格莱妮、飘鹰、娜贝儿、Sofeya、欧妮雅、丽歌.丹娜、梦.纱丽、一茶一坐、PUKKA、秀蓓儿、STYLE WOMAN、尤真妮亚、颖儿、伊丝艾拉、MY FENO、沐兰、川弘裤业、圣.娜迪雅、曼诗婷、秀蓓儿、古今、劲草、伊丝艾拉、BAILIAN、宝罗莉卡、达吉斯、思薇雅、桑扶兰、罗丝美、HONRN、顿玛、PASQUIER、Triumph、芬狄诗、绝代佳人、圣.加靖、JIEWEIXIN、JOUBO、莱珂、佩柏莱坦、美加美、慧琦、伊.莱芬、派尚、飘鹰、汉卿、奥妮妃思、达尔芙、圣凯罗、福太太、奥милиные.蕾迪、Easepenny、帕莱妮、QIULIPU、高菲丽、斯尔丽、圣凯罗、LUCKY、梦迪诗、渊娜飞、JIULY、佩娜、斯尔丽国际皮草馆、捷菲妮、时美、贝娜 莱娜、FADINA、贵夫人、思冠、罗德斯兰、迪贝丝、佳妮佛、中南岑、寒布仕、莱迪雅、费劳拉、欧美伦妮、Ealio、金利来、U.S.POLO ASSN、Sedy、Veniga、Laideleisi
2F	少淑女装	休闲女装、配饰	P2S、Fanny、迪菲拉博、L.T STUDIO、ELEGANT、You You Penguin、EDEMEGA、艾亿恋人、杰黛、佳丽泽、贝蒂、Scat、M.Z.F.S、Ming wu、粉领美莎、Honeys、VOLO、琳姿、Etam、ANNA JOHN、Fanny、EDEMEGA、Dian na、VERO MODA、TEENIE WEENIE、D.yoo、Amy's Town、LIUDING GARMENT、伊姿、ANEMEGA、Casablank、E.LAND、Ochirly、ESPRIT、HONEY MU、YING TING、ONLY、X-GE、BASIC HOUSE、Shoiadoll、JJ.Yong、BANNONG、LEOCLCB、淑女屋、KAJA、今典故事、La Chapelle、UNIQLO
1F	综合	局部商品调整、珠宝、化妆品	LOREAL、六福珠宝、周生生、中国金行、天美钻、翠绿、中国黄金、千禧之星
B1		局部商品调整	

第一百货商店经营服装品牌分布特点：

服装品牌经营面积约 6091 平方米。其中,最大店铺为 UNIQLO,占地 500 平方米;最小店铺为梦迪诗,占地 12 平方米;平均服装品牌经营面积为每家 28 平方米。经营服装品牌 221 家,其中经营男装 98 家,经营女装 136 家,经营童装 33 家。经营服装风格包括时尚、基本、职业、休闲、运动。

主要消费者年龄为 0 ～ 60 岁。

经营的服装产品单品价格在 100 ～ 5000 元之间,其中主要单品价格为 259 ～ 2199 元。

11) 来福士广场

表 2.1.24　来福士广场概况

中文名称	来福士广场
外文名称	Raffles City

所属集团	凯德置地
所属国家	新加坡
地　　址	黄浦区西藏中路 278 号(近福州路)
区　　域	黄浦区
商　　圈	上海人民广场商圈
营　　业	10:00 ～ 22:00
电　　话	021-63403333,021-63403600
网　　址	无
总 楼 层	B1 ～ 7F
建筑面积	87733 平方米
服装经营面积	3737 平方米
建设时间	2003 年
公交线路	公交 18、20、37、46、49、108、123、139、167、518、537、584、802、916、921、980 路,隧道三线、新川专线、上川专线,地铁 1 号、2 号、8 号线
停车位数量	700 个
消费者年龄范围	20 ～ 40 岁
服装产品价格范围	100 ～ 6000 元
经营全部品牌数量	166 个
经营服装品牌数量	87 个
服装展示指数	★★★★☆
交通指数	★★★★★
环境指数	★★★☆☆
价格指数	★★★☆☆
时尚指数	★★★☆☆
人气指数	★★★★☆

来福士广场购物中心于 2003 年 11 月 1 日开业。自开业以来,凭借丰富的零售业管理经验,商场运营管理者的专心经营,精心规划设计的楼层风格与主题,以及彰显个性与时尚、紧随国际潮流的最新商品,来福士广场已然成为沪上年轻时尚人士首选的购物中心之一。在来福士广场,徜徉于琳琅满目的时尚服装之余,亦可品尝风格各异的精美小吃,享受不同风情的地域美食,或者忘情于年轻时尚的健身运动,流连于丰富多彩、精彩纷呈的推广活动,通过不断打造其独具个性的品牌内涵,深化其年轻、时尚的广场形象,来福士广场已成为年轻消费者购物、休闲、聚会的首选地之一。

表 2.1.25　来福士广场经营定位与品牌分布表(2012 年)

楼层	楼层定位	经营内容	具体品牌
7F	健身	健身房	舒适堡健身美容中心
6F	餐饮摄影	餐饮、摄影、玩具、美容	釜山料理、港丽餐厅、大食代来福士店、童美儿童摄影、头大原创玩具房、王磊美容美体 SPA 护理中心王磊形象公社美发中心、澳西奴
5F	生活数码	书园、按摩椅、数码	季风书园、傲胜健康焦点、摩托罗拉、三星、诺基亚

楼层	楼层定位	经营内容	具体品牌
4F	绅士休闲	商务男装、休闲男装、运动装、鞋、箱包、饰品、餐饮	寻寻蝶蝶、NIKE 360、奔趣、集杰、博格西尼、G2000、V-one、4-YOU、青山洋服、Cabbeen、F-fazza、WEST COAST、Riverstone、蓝豹、KUHLE、Teenmix、法拉利、adidas、鳄鱼、AIR WALK、VANS、Levi's、LEE、APPLE、CAT、NAUTICA、卡宾、GXG、FIJEANS、SKEGHERS、made in world、MRKT、PUMA、NEW BALANCE、鳄鱼、匡威、Kappa、美津浓、Reebok、PONY、Kolumb、THE NORTH FACE、哥伦比亚、FILA、新秀丽、外交官、浩沙、威尔逊、YONEX、k style、SWISS WIN、Telent、AVIA、鸿星尔克、李宁、ZOKE、日高、骆驼、安踏、Reebok
3F	综合休闲	休闲男装、休闲女装、餐饮、饰品	豪牛士巴西烤肉、蕉叶咖喱屋、UNIQLO、奥索比诗、bods.bodynits、MAC&JAC、Kenzie、Gee Tee、Etam、Blue Moon Blue、KUHLE LADIES、La Chapelle、Ochirly、苏格兰飞人、马克华菲、Jack & Jones、TOUCH
2F	青春少淑	流行女装、休闲女装、饰品	现代观点、麦凯赛、玛贝尔、伍京堂、仙踪林、海老、艾狮、ESPRIT、REX&CO、ONLY、U'db、VERO MODA、和平天使、a02、COZZI、itsumi DOSAKA、sandwich、W. Doubleu Dot、诗凡诗、思加图
1F	休闲餐饮	餐饮、饰品、流行女装	玛士高、斯沃琪、Folli Follie、银镇、AGATHA、DYRBERG/KERN、星巴克、面包新语、哈根达斯、Levi's、嫚妮、L'OCCITANE、NOVO Concept、Morgan、路逸沙. 美、KOOKAI、Fornarina、希思黎、慕诗、真美诗
B1	餐饮	餐饮	美式眼镜、茂昌眼镜、天鼎音像、味零食物语、棒！约翰、味千拉面、永和大王、云南美食园、美珍香、糖潮、华夫饼、美国伟思巧克力曲奇、沈大成、Crazy Crepes、老叔冷面、广良兴、豆果子、麻辣一族、裕恒食品、贝儿多爸爸泡芙工房、佐粒豆、每日新鲜、安徒生丹麦冰淇淋、好多客、Hello Kitty、思彼垂银、爱丽丝、麦吉柯魔术主题店、果子牧场、欧美药妆、蒂梵尼造型设计、屈臣氏

来福士广场经营服装品牌分布特点：

服装品牌经营面积约 3737 平方米。其中，最大店铺为 NOVO concept，占地 780 平方米；最小店铺为 k style，占地 8 平方米；平均服装品牌经营面积为每家 43 平方米。经营服装品牌 87 家，其中经营男装 44 家，经营女装 54 家，经营童装 0 家。经营服装风格包括时尚、基本、职业、休闲、运动。

主要消费者年龄为 20 ～ 40 岁。

经营的服装产品单品价格在 100 ～ 6000 元之间，其中主要单品价格为 228 ～ 1199 元。

12）新世界城

表 2.1.26　新世界城概况

中文名称	新世界城

外文名称	NEW WORLD DEPARTMENT STORE
所属集团	上海新世界股份有限公司
所属国家	中国
地　址	黄浦区南京西路 2 ～ 68 号（近西藏中路）
区　域	黄浦区
商　圈	上海 人民广场商圈
营　业	10:00 ～ 22:00
电　话	021-63588888
网　址	http://www.newworldcoltd.com/
总 楼 层	B2 ～ 12F
建筑面积	210000 平方米
服装经营面积	5858 平方米
建设时间	1995 年 12 月 30 日
公交线路	公交 18、20、37、46、64、108、136、210、451、518、801、916、921、930、939、952、952B 路,地铁 1 号、2 号、8 号线
停车位数量	有,数量不详
消费者年龄范围	0 ～ 60 岁
服装产品价格范围	100 ～ 60000 元
经营全部品牌数量	474 个
经营服装品牌数量	285 个
服装展示指数	★★★☆☆
交通指数	★★★★★
环境指数	★★★☆☆
价格指数	★★★☆☆
时尚指数	★★★☆☆
人气指数	★★★★☆

　　新世界城总建筑面积 20 多万平方米,是一座集购物、娱乐、宾馆、餐饮、休闲于一体的生活茂,由新世界购物广场、新世界娱乐广场、新世界丽笙大酒店、新世界美食休闲广场、新世界立体停车场五个板块组成。其中：购物占 35%,主要经营国内外知名品牌；宾馆占 28%,五星级的新世界丽笙大酒店拥有浦西最高的 45F 旋转餐厅和上海最高的 47F 星空酒吧；文化和娱乐占 15%,拥有一批"国内领先,世界一流"的文化娱乐项目,包括全球第 6 家、大陆首家的英国杜莎夫人蜡像馆——上海杜莎夫人蜡像馆（新世界城）、上海第一家室内真冰溜冰场——新世界真冰溜冰场、上海目前最精致豪华的电影院之一——新世界上影华威影城和上海最具人气的大众娱乐项目之一——上海歌城；餐饮占 8.5%,主要经营港澳台品牌的时尚餐饮；商务办公及辅助设施占 13.5%。

表 2.1.27 新世界城经营定位与品牌分布表（2012 年）

楼层	楼层定位	经营内容	具体品牌
12F	休闲娱乐	影城、酒店、教育、餐饮	新世界电影城、新世界紫澜门大酒店、新尚教育、许留山甜品
11F	休闲娱乐	歌城	上海歌城
10F	休闲娱乐	蜡像馆	上海杜莎夫人蜡像馆
9F	休闲娱乐	娱乐、餐饮、折扣馆	汤姆熊欢乐世界、麻辣诱惑时尚餐厅、韩膳宫、秀美荟美颜修护中心、曼都发型、羽绒、丝绸品牌折扣馆
8F	婴童用品	婴儿用品、童装、玩具、文具、乐器	TWIN KIDS、经典泰迪、M. TT、Paw in Paw、Baby 2、MASHIMARO、皇家宝贝、芙儿优、好孩子、Angel、富罗迷、Curious House、Disney、BOBDOG、XIONG MEI MAO、新佰伦、Banlie、公爵、好记星、背背佳、读书郎、明璐、DorDor Horse、蓝色企鹅、Sawrio、银辉玩具、THOMAS&Friends、乐宫、Barlie、Disney、Banlie
7F	家具家电	家电、按摩器材、数码、影音电器、床品	日壮家饰、特百惠、Goodgoods、多样屋、维科家纺、GEPHPAN、上海福沁、蓝鸽家饰、TEMPVR、舒恋、猫猫家饰、迪士尼家居、ESTEEM、水星家纺、罗莱家纺、银河家纺、富安娜、ESPRIT家纺、梦洁家纺、恐龙纺织、安睡宝、MINE、ROYALCOVER、百丽丝家纺、养鹅人、凯盛家纺、鸿润羽绒家纺、汉妮威、梦迪妮家纺、宜而爽、海林、安德露、雪竹、猫人、司派罗、伊丝芬
6F	运动休闲	运动服饰、体育器材、游泳用品	NIKE BASKETBALL、NIKE SPORT SWEAR、MIZUNO、安踏、NEW BALANCE、PUMA、CONVERSE、Reebok、VANS、BLACKYAK、Ellesse、FILA、Rapido、BARAXTON、APPLE SHOP、奥索卡、萨洛蒙、Columbia、adidas、Phenix、NIKE、李宁、特步、探路者、NIKKO、MERRELL、回力、J&M、Borida
5F	休闲羊绒	休闲服饰、牛仔服饰、羊绒羊毛、羽绒服、手表、女鞋包袋	W. PENG、诗慕华、比某、兆天、AAA、锦典、米皇、LAONTAGUT CACHEMIRE、紫莨、阿尔帕斯、金兔羊绒、KNC FEMME et HOMME、紫达木、圣雪绒、群工羊绒、思佐、凤凰、雅达、金菊、EDVONCED、鹿王羊绒、帝吉羊绒、皮皮狗、赛兔、PLORY、I'm David、TONY JEANS、GATHER JEWELS、绿雅、SO, BASIC、VISCAP、Levi's、G2 man、LEE、波顿、UCLA、马克华菲、UGIZ、G2000、TANNE SHANS、Cabbeen、Us N Them、UNISEX、Jack&Jones、GXG、TRENDIANO
4F	绅士商务	绅士西服、精品皮具、商务男装、衬衫西裤、领带配饰、餐饮	暇步士、克蕾斯丹妮、J. Benato、Ecco、TIBAO AUCHEHO、SATCH、圣伽步、CEVCH、BARROS、STONEFLY、GEOX、PECD. JIESON、LEONARDO、SHERIDAN、Pierre Cardin、SENDA、CARTELO、CARDANRO、报喜鸟、ZOTENO、LANG KEN、Gdd Lion、playboy collection、MOIO、PESHAL、观奇洋服、伊夫罗兰、SATCH、GEMZBOH、Lavico、VICUTU、Raidy Boer、VSKONNE、EVEDEUOMO、BOSS SUNWEN、TIAMO、J Benato、JIOVA LINO、CAESAR、JOE ONE、st. Rome、Vangodipon、CARdIL、POLOARISTOCRACY、GEORGIMANITA、PALONGACO、SELON、SAILAULOND、YX、TUCANO、培罗蒙、SAINT ANGELO、伟尊
3F	少淑休闲	休闲女装、内衣、包袋、饰品、餐饮、咖啡	Ochirly、UGIZ、BASIC HOUSE、VERO MODA、Etam、Mikibana、淑女屋、Casablank、MEDIWELL、a02、edc、ESQ、E. LAND、ONLY、Fandicie、Scat、ESPRIT、Anna Lice、Emely、Calvin Klein、Ealute、安莉芳、古今、Roem、SCOFIELO、JESSICA、23区、MUST. BE、i. C. B、W. doubloudot、BEAN POLE、EDELA、Ming Wu、佳丽泽、松板秀、Naivee、T. EN、Wbwq、La go go、iiMK、fanny、Levi's、自然元素、EMELY SWEETIE、FOREVER NEW、G2000、Five Plus、ISE、凯迪米拉、PRICH、KLEIN PLUS、ES、SIQIN、B. C. R、TEENIE WEENIE、Let's go、NATURALLY JOJO、BETU、P2S、LESHOP、箱子、SEASON. WIND、COCO DEAL、IZZUE、b+ab、DAZZLE、MIND BRIDGE、COLOVE、eni:d、MICHEL KLEIN、OFFENTH、MO&CO、YIHUE
2F	精品女装	职业女装、裘皮服饰、包袋饰品、中式女装、衬衫裙裤、餐饮	HR、La pagayo、EALIO、LANDI、KAI SER、SHOW MAKER、LUXMAN、SHOW LONG、LILLY、HAILANSI、UEN SHADI、MAX&DC、I、斯尔丽皮革馆、杜蕾娜、GOOYEN、SAK&CO、PORTS、INSUN、LANCY FROM25、ELLASSAY、媚丽一士、KLOVA、L'ORFEO、Mamonade、CAMENAE、AFU、COGI、LAN'S SEW、V. GRASS、飘鹰皮草、JELLO、鄂尔多斯、欧妮雅、KOREANO、JESSIE、KORADIOR、PLLC、ELEGENT PROSPER、DUNNU、MYFENO、JUZUI、CORDIER、YINER、NAERSI LING、SAMANTHA、SHOW BAYOU、ESOUL、MORELINE、GROUND SUSAN、VSVELSUS、BOZE DADNY、FION、D. BASS、U ZENEOYEO、SIERLI COLLECTION、ELINA. CREATEUR、WHY、COBO、FAISH、杰维馨、法迪娜、LUCKY、LEDIO、CUE、QUILIPU、PASQUIER、SOFEYA、AOFEI LADY、FIOCCO、METIE、J. S. F. R、FiDellite、Canfil

续表

楼层	楼层定位	经营内容	具体品牌
1F	高级精品	药房、手表、珠宝、化妆品、香水、女式皮鞋、高级男装、皮包	北京同仁堂、BOSS、COACH、Cartier、OMEGA、JAEGER-LECOULETRE、LONGINES、ROLEX、JUDOR、NORMANA、Martini、PAL ZILERI、DKNY、TUMI、DANIEL HECHTER、NOVENE DINA、STACCATO、TOP GLORIA、PRECIS、NINE WEST、RADO、LANGCHAMP、LNVEIGE、BIOTHERM、CHANEL、FANCL、SOFINA、LANVIN、cle de peau、LAROCHE-POSAY、VICHY、GIVENCHY、SHISEIDO、SK-Ⅱ、Kanabo、OLAY、AUPRES、GUERLAIN、LANCOME、ESTEE LANDER、CLINIQUE、NINA RICCI、BURBERRY、PRADA、BVIGARI、Calvin Klein、L'OREAL、YUE SAI、Aquascutum、Brooks Brothers、通灵、上海水明楼、黄金历史、金艺华、中国黄金、老庙黄金、瑞恩钻饰名店、翡翠物语、老凤祥、东华美钻、ENZO、潘多拉、健兴利珠宝、六福珠宝、周大福、谢瑞麟、周生生、SWAROVSKI、SWATCH、I DO、le saunda、BELLE、Sapinieve、TATA、Kiadino、HARSON、ST&SAT、JOY&PEACE、Millies、Roberta di Camerine、DEKANU、COMRADE、C.banner、EBLAN、KISSCAT、STELLALUMA、TATUAGGI、AS INTERNATIONAL、AAA FASHION、U style、Aee、Fed、FBL、Annopama、Naturalizer、JC collezione、思贝蒂、VANSSI、宝岛眼镜
B1	休闲美食	快餐、面包房、摄影、超市	永和大王、麦当劳、汉堡王、肯德基、真功夫、必胜客、莉莲蛋挞、久留米寿司、爱茜茜里、芭莎莉莉摄影、屈臣氏
B2	休闲美食	餐饮、面包房、药房	林记潮美味、冰雪皇后、快乐柠檬、莉莲蛋挞、妈咪的可丽饼、欧仕麦西饼、静安面包房、欣祺茗茶、华氏大药房

新世界城经营服装品牌分布特点：

服装品牌经营面积约 5858 平方米。其中,最大店铺为 BOSS,占地 110 平方米。最小店铺为 PLLC,占地 8 平方米。平均服装品牌经营面积为每家 21 平方米。经营服装品牌 285 家,其中经营男装 84 家,经营女装 206 家,经营童装 29 家。经营服装风格包括时尚、基本、职业、休闲、运动。

主要消费者年龄为 0 ～ 40 岁。

经营的服装产品单品价格在 100 ～ 60000 元之间,其中主要单品价格为 480 ～ 3980 元。

13）迪美购物中心

表 2.1.28　迪美购物中心概况

中文名称	迪美购物中心
外文名称	无
所属集团	迪美广场有限公司
所属国家	中国
地　　址	黄浦区人民大道 221 号（近武胜路）

区　　域	黄浦区
商　　圈	上海人民广场商圈
营　　业	9:00～22:00
电　　话	021-63580000
网　　址	无
总　楼　层	B1
建筑面积:	49557 平方米
服装经营面积:	3896 平方米
建设时间	1995 年
公交线路	公交 23、37、45、112、123、145、451、581、783、921、925、925b、936、983 路,隧道四线,地铁 1 号、2 号、8 号线
停车位数量	591 个
消费者年龄范围	0～40 岁
服装产品价格范围	100～1300 元
经营全部品牌数量	235 个
经营服装品牌数量	211 个
服装展示指数	★★★☆☆
交通指数	★★★★★
环境指数	★★☆☆☆
价格指数	★★☆☆☆
时尚指数	★★☆☆☆
人气指数	★★★★☆

　　上海迪美购物中心由上海迪美广场有限公司开发，开业于 1995 年,位于上海市中心人民广场西南侧,临近上海市政府大厦、上海大剧院、上海博物馆。上海迪美购物中心是上海首家地下"都市中心型多功能购物中心",它以国际先进水准的购物中心规划,引进全新观念的经营形态,是一家集购物、餐饮、娱乐、服务、休闲、泊车等多功能于一体的综合性购物中心。它占地面积 50000 平方米,建筑面积 49557 平方米,商场中央购物大道宽达 12 米,中央大厅钢琴吧为标志,地下 2 层为停车场。人民大道和武胜路各有全国最大面积的敞开式大入口,加上广场公园入口,都可直达购物中心。

表 2.1.29　上海迪美购物中心经营定位与品牌分布表（2012 年）

楼层	楼层定位	经营内容	具体品牌
B1	时尚休闲	休闲男装、休闲女装、时尚男装、时尚女装、鞋、箱包、皮包、饰品、餐饮、超市	SNOOPY、屈臣氏、呷哺呷哺、Pink Mama、贝儿多爸泡芙工房、摩提工房、味千拉面、DQ、葡京茶餐厅、乐町、满记甜品、冰期时代、广良兴、美式眼镜、CITYLIFE、银之梦、VANS、卡洛儿、YI FASHION、Ivy.in 原宿、麒霖、瞳、佰伦世家、正祥袜业、杰瑟·卡门、JOY HOMME、ACTIONMEN、布研工坊、E2 UP、绿洲、梦得、Remember Me、珠峰、东京湾、时代交叉、蜜雪儿、甜心、The QUEEN、木子、衣臣、爱相随、甜心小店、自然派、玛丽牛仔、秋西、橙馨缘、JELLY、KOKO mint、小橙服饰、Dubaoiu、登喜·米兰皮具、滨崎、GH 男装、丰鸟鞋业、七吻、芭莎莉莉摄影、ZOLO、菲之恋、珍妮、缘、装点一生、BOGA、烫画、品味、安比西妮、YUKI、宠妃、格调、Sexy baby、玲氏服饰、迷他、丑得哭、依佳人、米粒衣库、D-DAY、新升地带、深白色、光域、Yours、橙色风格、Sipmlelife、鱼美人、君之采、Info、锐丽、漂亮女人、CUTY、米可、小鱼、Happy Tee、楚楚服饰、妮妮、欣欣鞋业、维黎芳、丸来玩趣、KFC、芭芭拉、半糖色、保罗男装、依芙、惟伊男装、MODER.N.OGO、简尚、GI、HARLEM、男 2 号、萍萍美甲、婵之云、男主角、安芙、玻璃屋、衣姿独秀、郁泽、储世风格、VOUNS DREAM、YOUNG DREAM、E-world、HELLO MISS、凯文、In 淘丸子、E2 up、迷他、头大原创玩具房、嘎昱子、BUBUGAO、外贸内衣专卖、Le You You、美美、韩品世家、韩迪雅、闺、梵西、衣饰缘、春之惠、SEDUCE、SNOPPY、KOKO屋、沙巴克、花之物语、半糖色、蝶影服饰、芬妮、兔兔、沐林枫、十字绣手艺、金蝶茜妮、VILLA、虔祥男装、集英会、梵西、曼莎、漂亮宝贝、SIMPLE IN、果密仙、一分钟、宝贝天使、型饰站、步人馆、可爱、丽人行、衣上衣下、漫田、三人行、in 原宿、Jade、莹子、彼女之屋、韩衣恋、卡卡、二个人、君之采、比比、mimi 新品屋、私人服饰、凯丽、玉女郎、尚美、追梦人、魅力空间、5mm、艾密、爱加倍、斯玛特、丑得哭、METROWAY、legend star、区丁、依藤堂、深白色、回力、苏菲亚、菁菁服饰、palall frank、光域、有货、Nini、KIMURAS'、TTL、天使园、雅依、六六、酷主流、花样年华、禾喀、Love Rose、敏敏服饰、美衣、雏菊谷、个性百变屋、温馨时尚、英英、ES、CONVERSE、衣尚、光域、PUCCH、胖依魅、铃奈、男联盟、泰拉、马威斯、包子洋服、JUSTIN CAWAYI、顶尖男装、VOGUE、时尚前沿、巴啦巴啦、4D 动感旅程、JTYS&TYC、风云再起、AA 国际动漫专营、家隆名妆

迪美购物中心经营服装品牌分布特点：

服装品牌经营面积约 3896 平方米。其中，最大店铺为登喜·米兰皮具，占地 38 平方米；最小店铺为鱼美人，占地 8 平方米；平均服装品牌经营面积为每家 18 平方米。经营服装品牌 211 家，其中经营男装 37 家，经营女装 172 家，经营童装 1 家。经营服装风格包括时尚、基本、职业。

主要消费者年龄为 20 ～ 40 岁。

经营的服装产品单品价格在 100 ～ 1300 元之间，其中主要单品价格为 179 ～ 799 元。

14）香港名店街

表 2.1.30　香港名店街概况

中文名称	香港名店街

外文名称	HONG KONG SHOPPING MALL
所属集团	香港名店街管理集团股份有限公司
所属国家	中国
地　　址	黄浦区人民大道9号
区　　域	黄浦区
商　　圈	上海人民广场商圈
营　　业	9:00～22:00
电　　话	021-63726266
网　　址	http://www.hkfss.cn/
总 楼 层	B1
建筑面积	10000平方米
服装经营面积	1557平方米
建设时间	1990年
公交线路	轨交1号、2号、8号线,公交37、49、451、980、584、930、802路,隧道六线、上川专线等
停车位数量	无
消费者年龄范围	20～40岁
服装产品价格范围	100～2400元
经营全部品牌数量	61个
经营服装品牌数量	23个
服装展示指数	★★★★☆
交通指数	★★★★★
环境指数	★★☆☆☆
价格指数	★★☆☆☆
时尚指数	★★☆☆☆
人气指数	★★★★☆

上海香港名店街位于上海的黄金地段人民广场一带,是上海最长的地下步行商业街。在人民大道的地下通道内,地理位置非常优越,交通极其便利,是一个综合型的地下购物中心,采用并排型的小商店形式的结构,形成一条长长的走廊形状,环境比较宽敞,沿街开了几十家商店,形成了一个独特的购物环境。

表2.1.31　香港名店街经营定位与品牌分布表(2012年)

楼层	楼层定位	经营内容	具体品牌
B1	休闲时尚	休闲男装、休闲女装、鞋、箱包、饰品、化妆品	PUCCA、LOVE&LIFE、贝妃尼、SKINFOOD、缤果、谜尚、HOW.R.U、衫国演义、印象时尚摄影流行馆、JUST usii、SNOOPY、POKNY SEVEN、MISS FOREVER、JANNE SHANS、BINGHEE、SKECHERS、CONVERSE、爱美菲露、XLZOLO、卡罗林眼镜、ELEGENT、乐町、一线捞烫、芋贵人、COME BUY、墨达人、KALO MODA、SUSIE、AFORA、BOURJOIS、谭木匠、GXG、ASTAR BOY、GENESY、Babala、Za、娥佩兰、色彩地带、美宝莲、去爱衣、蜜丝佛陀、CARSLAN、CITYLIFE、Jack&Jones、流行美、维多利亚摄影、Princess、ME PIECE、L.P.ZONE、BALENO、SAMUEL&KEVIN、ONLY、VERO MODA、新宿国际造型、芭斯罗宾、Bampo、曼古银、嘉媚乐、Easybody、JUJU COSMETICE

香港名店街经营服装品牌分布特点：

服装品牌经营面积约 1557 平方米。其中,最大店铺为 ONLY,占地 230 平方米。;最小店铺为缤果,占地 14 平方米;平均服装品牌经营面积为每家 58 平方米。经营服装品牌 23 家,其中经营男装 11 家,经营女装 16 家,经营童装 0 家。经营服装风格包括时尚、基本、休闲。

主要消费者年龄为 20 ～ 40 岁。

经营的服装产品单品价格在 100 ～ 2400 元之间,其中主要单品价格为 169 ～ 489 元。

15) 无限度广场

表 2.1.32　无限度广场概况

中文名称	无限度广场
外文名称	无
所属集团	摩根士丹利
所属国家	美国
地　　址	黄浦区淮海中路 138 号（近普安路）
区　　域	黄浦区
商　　圈	上海淮海路商圈
营　　业	10:00 ～ 22:00
电　　话	021-63756311
网　　址	无
总 楼 层	B1 ～ 6F
建筑面积	40783 平方米
服装经营面积	1398 平方米
建设时间	2006 年
公交线路	911 区间、108、26、775、518、23、45、57、83 路,隧道 8 线
停车位数量	180 个
消费者年龄范围	0 ～ 40 岁
服装产品价格范围	59 ～ 4680 元
经营全部品牌数量	51 个
经营服装品牌数量	13 个
服装展示指数	★★★★☆
交通指数	★★★☆☆
环境指数	★★★★☆
价格指数	★★★☆☆
时尚指数	★★★☆☆
人气指数	★★★★☆

　　无限度广场前身是上海广场,坐落于淮海中路连卡佛对面。无限度生活休闲广场突破了以往传统商场的模式,把目光聚集在创意,个性和潮流上。从传统商场的"纯购物场所"转身变为"全方位生活体验中心"。

表 2.1.33　无限度广场经营定位与品牌分布表(2012 年)

楼层	楼层定位	经营内容	具体品牌
6F	健身	健身	加州健身姚明运动馆
5F	综合	餐饮、美容、造型设计	SPA. 洛斐尔、PLURECIL、辛格灵形象设计、势崛私属造型、韩膳宫料理、新荣记
4F	综合	化妆品、鞋子、餐饮	cookiman、57 度湘、揽香川菜馆、尚一汤、望湘园、FC 造型设计、铂玛男士礼服、肥皂剧、艾维庭美容 SPA、伊凡妮莎女鞋
3F	综合	男装、女装、箱包、饰品	ABLE、tofu、Mrkt、TOMI、富临轩、近又日本料理、我爱鱼头蒸、居食屋和民、hotwind、PAPALO
2F	综合	男装、女装、化妆品、饰品、餐饮	sunshine、mu、login、seven days、American Apparel、next、新旺茶餐厅、招财猫、万宁、JUJU cosmetics、J/Q、葡京煲煲好
1F	综合	男装、女装、化妆品、家居、餐饮	5vacanze、La Chapelle、Bellvilles、原味坊、mothercare、sephora、麦当劳、tapenade、沃歌斯、Qbake、Gloria Jean's Coffees
B1	娱乐	娱乐	Luputa

　　无限度广场经营服装品牌分布特点:

　　服装品牌经营面积约 1398 平方米。其中,最大店铺为 La Chapelle,占地 250 平方米;最小店铺为 5vacanze,占地 20 平方米;平均服装品牌经营面积为每家 117 平方米。经营服装品牌 12 家,其中经营男装 3 家,经营女装 10 家,经营童装 1 家。经营服装风格包括时尚、职业、休闲、礼服。

　　主要消费者年龄为 0 ～ 40 岁。

　　经营的服装产品单品价格在 59 ～ 4680 元之间,其中主要单品价格为 269 ～ 3580 元。

16) 香港新世界广场

表 2.1.34　香港新世界广场概况

中文名称	香港新世界广场

外文名称	无
所属集团	新世界中国地产有限公司,上海新世界淮海物业发展有限公司
所属国家	中国
地　　址	黄浦区淮海中路 300 号
区　　域	黄浦区
商　　圈	上海淮海路商圈
营　　业	10:00 ～ 22:00
电　　话	021-51086070
网　　址	无
总 楼 层	1F ～ 3F
建筑面积	137336 平方米,商业面积 38000 平方米
服装经营面积	4000 平方米
建设时间	2002 年
公交线路	公交 77、526、146 内圈、320、424、54 路、隧道 8 线、大桥一线、南申专线
停车位数量	326 个
消费者年龄范围	0 ～ 40 岁
服装产品价格范围	79 ～ 7800 元
经营全部品牌数量	23 个
经营服装品牌数量	9 个
服装展示指数	★★★☆☆
交通指数	★★★☆☆
环境指数	★★★☆☆
价格指数	★★★☆☆
时尚指数	★★★☆☆
人气指数	★★★☆☆

香港新世界广场总楼面面积逾 10 万平方米,分南、北两座,在地库 1 层与地铁站出入口相连,并在 3 层有过街桥横跨淮海路,贯通群楼。地库停车场设有 400 多个停车位。香港新世界广场首 5 层则为商场、酒楼、电影院、娱乐场、美食广场。广场上面则新建了高 38 层的两座楼,6 ～ 30 楼为办公大楼,31 ～ 38 楼为配套公寓。它为市内集商业贸易、办公、购物、娱乐消费及家居于一体的综合建筑。香港新世界广场乃港沪合资开发,由香港丽新集团、上海市黄浦区房屋建设开发总公司、上海四方房地产实业公司及香港大康有限公司合资组成上海丽兴房地产有限公司合作开发的多功能且全天候式商业、文化、娱乐及饮食中心。

表 2.1.35　香港新世界广场经营定位与品牌分布表(2012 年)

楼层	楼层定位	经营内容	具体品牌
3F	餐饮	餐饮	
2F	综合	男装、女装、化妆品、箱包、家居、饰品	GAS、TEST-TUBE、UG、DSC、馥、ASTALIFT、TISSOT、GLASSTIQUE、ANNA SUI、MOISELLE、Samsonite、JK JY、PROLIVON、BADGLEY MISCHKA、LOTTUSSE
1F	综合	男装、女装、童装、鞋子、箱包、饰品	APPLE、COACH、Y-3、UGG、GAP、LONGCHAMP、mcm、CARTIER

香港新世界广场经营服装品牌分布特点:

服装品牌经营面积约 1448 平方米。其中,最大店铺为 GAP,占地 400 平方米;最小店铺为 GAS,占地 45 平方米;平均服装品牌经营面积为每家 160 平方米。经营服装品牌 9 家,其中经营男装 8 家,经营女装 9 家,经营童装 1 家。经营服装风格包括时尚、职业、休闲、运动。

主要消费者年龄为 20 ～ 40 岁。

经营的服装产品单品价格在 79 ～ 7800 元之间,其中主要单品价格为 1089 ～ 3889 元。

17) 中环广场

表 2.1.36　中环广场概况

中文名称	中环广场
外文名称	SHANGHAI CENTRAL PLAZA
所属集团	新鸿基地产集团
所属国家	中国
地　　址	黄浦区淮海中路 381 号（近马当路）
区　　域	黄浦区
商　　圈	上海淮海路商圈
营　　业	10:00 ～ 22:00
电　　话	021-63731111
网　　址	无
总 楼 层	1F ～ 2F
建筑面积	54000 平方米

服装经营面积	280 平方米
建设时间	1999 年
公交线路	146 内圈、109、781、932 路,隧道八线、大桥一线、沪松专线
停车位数量	190 个
消费者年龄范围	20 ～ 40 岁
服装产品价格范围	300 ～ 19569 元
经营全部品牌数量	10 个
经营服装品牌数量	9 个
服装展示指数	★★★★☆
交通指数	★★★★☆
环境指数	★★★★☆
价格指数	★★★★☆
时尚指数	★★★★☆
人气指数	★★★★☆

上海中环广场屹立于上海市中心优越地段,是市内尊贵罕有的甲级商业中心。附近有地铁 1 号线、公共汽车频繁穿梭,邻近内环线和南北高架。它的发展商为新鸿基地产财团。上海中环广场占地约 8000 平方米,总建筑面积 54000 平方米,楼高 38 层,广场基座 1 ～ 4 层为高级购物商场及地库停车场。由于中环广场附近建有多个大型商场,互相竞争非常激烈。

表 2.1.37　中环广场经营定位与品牌分布表(2012 年)

楼层	楼层定位	经营内容	具体品牌
2F	综合	女装,配饰	QBT Diamonds、Jessica、Brj
1F	女装	女装	Marisfrolg、JORYA、EPISODE、MOISELLE、LOUISA M、ANMANI、LONDEE

中环广场经营服装品牌分布特点:

服装品牌经营面积约 280 平方米。其中,最大店铺为龙笛(LONDEE),占地 40 平方米;最小店铺为慕诗,占地 25 平方米;平均服装品牌经营面积为每家 31 平方米。经营服装品牌 9 家,其中经营男装 0 家,经营女装 9 家,经营童装 0 家。经营服装风格包括时尚。

主要消费者年龄为 20 ～ 40 岁。

经营的服装产品单品价格在 480 ～ 6900 元之家间,其中主要单品价格为 1580 ～ 2899 元。

18）东方商厦淮海店

表 2.1.38　东方商厦淮海店概况

中文名称	东方商厦淮海店
外文名称	ORIENT SHOPPING CENTRE
所属集团	东方商厦有限公司
所属国家	中国
地　　　址	黄浦区淮海中路 755 号新华联商厦内（近瑞金二路）
区　　　域	黄浦区
商　　　圈	上海 淮海路商圈
营　　　业	10:00 ～ 22:00
电　　　话	021-64458000
网　　　址	http://bldfhh.blemall.com
总 楼 层	1F ～ 5F
建筑面积	16000 平方米
服装经营面积	1315 平方米
建设时间	2009 年
公交线路	146 内圈、146 外圈、911 区间、926、920、320、42 路
停车位数量	有，数量不详
消费者年龄范围	0 ～ 60 岁
服装产品价格范围	99 ～ 9000 元
经营全部品牌数量	96 个
经营服装品牌数量	33 个
服装展示指数	★★★☆☆
交通指数	★★★★☆
环境指数	★★★☆☆

价格指数	★★★★☆
时尚指数	★★★☆☆
人气指数	★★★☆☆

东方商厦(淮海店)是上海友谊集团股份有限公司旗下的"东方商厦"连锁百货门店之一,坐落于中心城区——繁华的淮海中路商业街。

商厦于2009年1月16日崭新亮相。典雅而复古的建筑风格,融汇淮海路独特的文化底蕴,配以时尚的购物氛围,呈现出新古典主义风尚。地下1层至地上5层约20000平方米的购物空间,汇集了众多国际一二线品牌,主要经营化妆品、国际精品、黄金珠宝、精品配饰、家饰礼品、品牌服装、皮具、家居用品、小家电等商品。丰富的百货商品,精致的餐饮服务满足多种消费需求,逾百个停车位给前来购物者最便捷的一站式购物享受。

表2.1.39　东方商厦淮海店经营定位与品牌分布表(2012年)

楼层	楼层定位	经营内容	具体品牌
5F	现代家居馆	家饰礼品、小家电、家居用品、精品寝具	略
4F	综合	男装、女装、箱包、鞋子	beverly hills polo、SOG、PARKER、VAN LATHEM、CALLISTO、follnsi、lozio、valent.coupeau、JEEP、GOOD LUCKY、ECCO、GEOX、clanks、zoteno、BONI、MONTEZEMOLO、SATCHI、VSKONNE、SHARMOON、KWUN KEE TAILOR、D. ANUO、FORDOO、MONTEZEMOLO、海螺、MEYER、CAMEL ACTIVE、RICHONI、CROWN、ECHOLAC、U. S. POLO ASSN、LEGO、CONVERSE、MIFFY、BOBDDO、XIONGMEIMAO、NB 童鞋、UTC、ACE、LE SAUNDA、ZOTENO、BOSSSUNWEN
3F	女装	女装	Anna Lice、LOUISA M、雅迪斯、Gooyen、威芸、My Feno、lilly、DUNNU、Dilalie、Naetsi、Show long、菲依尼尼、爱慕、安莉芳、Triumph、Wacoa、恩尚、Hply、Lan Su hui、V.GRASS
2F	综合	男装、女装、箱包、饰品	Marisfrolg、L'OREEO、Cobo、EP、CARA、Beanpole、Nautica、Tommy Hilfiger、GIEVES & HAWKES、Rare、Balco、Fion、MAXSTUDIO
1F	鞋子	鞋子	ECCO、DG、flenziec lensoni、NINE WEST、fed、le saunda、sense 1991、STACCATOP、GANT
B1	鞋子	鞋子	TATA、ST&SAT、CNE、BELLE、法拉莉、cbanner、HARSON、comely、walker shop、JUST CASUAL、西村名屋、hang ten、kisscat

东方商厦淮海店经营服装品牌分布特点:

服装品牌经营面积约1315平方米。其中,最大店铺为GIEVES & HAWKES,占地90平方米;最小店铺为lilly、安莉芳、Triumph,均占地20平方米;平均服装品牌经营面积为每家40平方米。经营服装品牌33家,其中经营男装6家,经营女装29家,经营童装1家。经营服装风格包括时尚、职业、休闲。

主要消费者年龄为20～60岁。

经营的服装产品单品价格在99～9000元之间,其中主要单品价格为695～3560元。

19）二百永新

表 2.1.40　二百永新概况

中文名称	二百永新
外文名称	无
所属集团	上海市第二百货商店、香港永新百货有限公司
所属国家	中国
地　　址	黄浦区淮海中路 887 号（近茂名南路）
区　　域	黄浦区
商　　圈	上海淮海路商圈
营　　业	10:00 ~ 22:00
电　　话	021-64732828
网　　址	无
总　楼　层	B1 ~ 5F
建筑面积	32400 平方米
服装经营面积	3100 平方米
建设时间	2007 年
公交线路	公交 128、104、24、146 外圈、955、304、301、146 内圈、926 路
停车位数量	100 个
消费者年龄范围	20 ~ 40 岁
服装产品价格范围	56 ~ 2498 元
经营全部品牌数量	78 个
经营服装品牌数量	76 个
服装展示指数	★★★☆☆
交通指数	★★★★☆
环境指数	★★★☆☆
价格指数	★★★★☆
时尚指数	★★★☆☆
人气指数	★★☆☆☆

上海二百永新有限公司是上海市第二百货商店和香港永新百货有限公司合作组建的大型百货公司。上海二百永新有限公司地处繁华的市中心淮海中路。商场外观造型方圆相济,气势雄伟,且又典雅,与邻近的花园饭店、锦江饭店等大厦构成了充满现代气息的建筑群。商场主要经营服装,兼营其他服饰类。各类服装一应齐全,款式新颖适时,价格合理,适应众多层次的消费者。永新百货前身是第二百货,最初成立于1951年,是淮海路上第一家国营百货。1996年4月,第二百货商店和香港永新百货有限公司合作投资成立了二百永新,商场共分5层,营业面积为1万平方米,以服饰为主,兼营其他百货。

2013年1月15日消息:据《新闻晚报》报道,淮海路二百永新近日悄然关张,传统"号码百货"又失一城,优衣库上万平方米的全球旗舰店即将入驻。至此,上海市现在仍以百货商店为业态经营的"号码店"只剩四家:南京路上的第一百货、第六百货、九百城市广场(原第九百货)、永安百货(原第十百货),其余多数均已关店或转换成品牌专卖店。

表2.1.41 二百永新经营定位与品牌分布表(2012年)

楼层	楼层定位	经营内容	具体品牌
5F	男装	男装	workfox、G73、誉杰漫、乔治阿玛尼、zhouyan、PLAYBOY、bossgate、金利欧文、海螺、JUDGER、BOBORUNA、BAISHENGNIAO
4F	综合	男装、女装、鞋、箱包、饰品	卡帝古奇、NIKE、PLAYBOY、LAVA、EASTERN CAMEL、U.S. POLO ASSN、BALENO、SAMUEL&KEVIN、VISCAP、mark fairwhale、JAMES KINGDOM、CONVERSE
3F	女装	女装	D. NADA、ZIOIER、MING WU、FINSANDECIE、M. O. X、KASD、PUKKA、PHIDIAS、f'another、tangy、miidi、minifanss、weiwei、帕斯特、fanying、尹沐、奥妮妃思、诗织、QIULIPU、RANKE、君子兰、雅达、金菊、fandecie、优尚、RENODIA
2F	女装	女装	Naivee、松板秀、Cinema、Theme、La Chapelle、Hana Mokuba、Afi.Har、无色无味、末未、L.S.E、Cielbell、M2、Bossini ladies、Bear two、P2S、Cratia、Kaja、frank&Jessie、Occur、Eeyaf.Yaf
1F	综合	女装、化妆品	S·Deer/concept、Gozo、Viscap、Etam、New Balance、E·land、Scat、Omey、Es.
B1	餐饮	餐饮	KFC

二百永新经营服装品牌分布特点:

服装品牌经营面积约3100平方米。其中,最大店铺为BALENO,占地100平方米;最小店铺为君子兰、雅达、金菊,每个占地15平方米;平均服装品牌经营面积为每家40平方米。经营服装品牌76家,其中经营男装24家,经营女装51家,经营童装0家。经营服装风格包括时尚、职业、休闲、运动。

主要消费者年龄为20~40岁。

经营的服装产品单品价格在56~2498元之间,其中主要单品价格为125~1699元。

20) OPA 百货

表 2.1.42　OPA 百货概况

中文名称	OPA 百货
外文名称	OPA
所属集团	上海和华商业管理有限公司
所属国家	中国
地　　址	黄浦区淮海中路 900 号（陕西南路口）
区　　域	黄浦区
商　　圈	上海淮海路商圈
营　　业	10:00 ～ 22:00
电　　话	021-64676666
网　　址	http://opa-shanghai.com/
总 楼 层	1F ～ 4F
建筑面积	不详
服装经营面积	978 平方米
建设时间	2011 年
公交线路	公交 128、104、24、146 外圈、955、304、301、926、911 路
停车位数量	有，数量不详
消费者年龄范围	0 ～ 40 岁
服装产品价格范围	90 ～ 1899 元
经营全部品牌数量	27 个
经营服装品牌数量	22 个
服装展示指数	★★☆☆☆
交通指数	★★★☆☆
环境指数	★★★☆☆
价格指数	★★★★☆
时尚指数	★★★☆☆
人气指数	★★☆☆☆

上海 OPA 淮海店是以"Cool & Cute"为概念,以日系品牌为中心,在上海乃至中国诞生的第一家 Fashion Building。是流行及生活方式的发信基地。上海 OPA 淮海店以 18～35 岁的女性为主要顾客群,通过最有效方式聚集人气,培养敏感度高的忠实顾客。

表 2.1.43　OPA 百货经营定位与品牌分布表(2012 年)

楼层	楼层定位	经营内容	具体品牌
4F	综合	男装,女装,鞋,箱包、饰品、宠物衣服	ANQUIET、HONEY SQUARE、WE GO、PETPARADISE、SIROTAN TOWN
3F	女装	女装	Nice Claup、Emsexcite、Remind me and forever、Majestic legon、Olive des Olive、Marie morrie、Cube sugar、One by
2F	综合	男装,女装,鞋子、箱包、饰品	DURER、PEACH JOHN、PINK MARS、VENCE EXCHANGE、ROBEBULLET、RANDA、VIFILLE、SMACKYGLA、dith
1F	综合	化妆品、女装、鞋、饰品	Chihiro、Attenir、Yelibare、Kirkirstar、Esperanza

OPA 百货经营服装品牌分布特点:

服装品牌经营面积约 978 平方米。其中,最大店铺为 PEACH JOHN,占地 70 平方米;最小店铺为 Remind me and forever,占地 30 平方米;平均服装品牌经营面积为每家 45 平方米。经营服装品牌 22 家,其中经营男装 3 家,经营女装 17 家,经营童装 2 家,经营宠物衣服 2 家。经营服装风格包括时尚、休闲。

主要消费者年龄为 20～30 岁。

经营的服装产品单品价格在 90～1899 元之间,其中主要单品价格为 219～789 元。

21) 九海百盛

表 2.1.44　九海百盛概况

中文名称	九海百盛
外文名称	PARKSON
所属集团	上海九海实业公司,马来西亚金狮集团,香港益盛普利有限公司
所属国家	马来西亚
地　　址	黄浦区淮海中路 918 号久事复兴大厦
区　　域	黄浦区
商　　圈	上海淮海路商圈
营　　业	10:00～22:00
电　　话	021-64158818
网　　址	http://www.parkson.com.cn/emall/index.html

总 楼 层	B1～8F
建筑面积	28000 平方米
服装经营面积	5151 平方米
建设时间	2000 年
公交线路	公交 128、104、24、146 外圈、955、304、301、926、911 路
停车位数量	60 个
消费者年龄范围	0～60 岁
服装产品价格范围	49～4280 元
经营全部品牌数量	150 个
经营服装品牌数量	93 个
服装展示指数	★★☆☆☆
交通指数	★★★☆☆
环境指数	★★☆☆☆
价格指数	★★☆☆☆
时尚指数	★★☆☆☆
人气指数	★★★★☆

上海九海百盛广场有限公司位于上海市淮海中路 918 号,淮海中路陕西南路口,由上海九海实业公司与马来西亚金狮集团香港益盛普利有限公司合作经营的大型购物中心,是最早在中国经营时尚百货的外资连锁企业之一。对中国日益富足的中高档消费群体而言,百盛已成为家喻户晓并标志着品味和时尚的知名品牌。

表 2.1.45　九海百盛经营定位与品牌分布表(2012 年)

楼层	楼层定位	经营内容	具体品牌
8F	装修中	装修中	
7F	装修中	装修中	
6F	娱乐	电影、数码、餐饮、运动	THE NORTH FACE、adidas、COLUMBI、OAKLEY、RAPIDO、NIKE、WRANGLER、DENIZEN、FUN、GIODANO、BANDAL、ohho、wenget、Eland、NIKKO、WING HOUSE、JANSPORT、cat
5F	综合	男装、女装、童装、配饰	Rockport、G2000、Mvio、Plory、Tonyjeans、Peacebiro、马克华菲、Jack&Jones、Viscap、KULE、Camel、GXG、Tony&Wear、Scofield、Eve de uomo、Ziozia、Sharmoon、Lino、ECCO、Gather Jewels、Clavin Klein、Jockey、JEEP、Arrow
4F	综合	男装、女装、童装、配饰	TRIUMPH、GUJIN、Clavin Klein、LA PARGAY、CODES COMBING、ESPRIT、Giodano ladies、miyako、ANY_ALL、LEVU'SU、ETAM、OFUON、roem、SCOFIELD、coiincos、AIVIE、G2000、I DO、GMOND、ADAMAS、CHJ、OASIS、missk、ALLURE NOIR、gmxy、THE ME、NINE WEST
3F	综合	男装、女装、童装、配饰	Stella Luna、真美诗、思雅图、D:fuse、BellE、Millies、le saunda、Ugiz、Five plus、Lily、Klein plus、Honeys、淑女屋、E·land、Teenie Weenie、Basic House、ESPRIT、ONLY、Mango、VERO MODA、Ochirly、Bean pole、Hilly、Dissona、Nine West、What for、天美意、杜拉拉、千百度、easyspirit、fed、kiss kitty、TATA、Leshop、edc、ES
2F	综合	男装、女装、童装、配饰	GUESS、HAZZYS、G_star raw、LEVIS、lee、LACOSTE、DKNY JEANS、MISS SIXTY、ENRGIE、CK Jeans、Armani Jeans、EVISU、GANESH、NAUTICA、LESPORTSAC、BENETTON、ACUPUNCTURE、Calvin Klein、DKNY、CHEVIGNON、GAS、za、AUPRES

续表

楼层	楼层定位	经营内容	具体品牌
1F	综合	奢侈品	fancl、Biotherm、Chanel、Shu uemura、Dior、Sisley、Sulwhasoo、Kanebo、Elizabeth Arden、Olay、Stenders、H2O、Benefit、Bobbi brown、Sk-II、Clarins、M.A.C、Lancome
B1	装修中	装修中	

九海百盛经营服装品牌分布特点：

服装品牌经营面积约 5151 平方米。其中，最大店铺为 addids，占地 300 平方米；最小店铺为 Viscap，占地 5 平方米；平均服装品牌经营面积为每家 55 平方米。经营服装品牌 93 家，其中经营男装 58 家，经营女装 57 家，经营童装 2 家。经营服装风格包括时尚、基本、职业、休闲、运动。

主要消费者年龄为 20 ～ 40 岁。

经营的服装产品单品价格在 49 ～ 4280 元之间，其中主要单品价格为 189 ～ 2980 元。

22）巴黎春天淮海店

表 2.1.46 巴黎春天淮海店概况

中文名称	巴黎春天淮海店
外文名称	无
所属集团	香港新世界集团
所属国家	中国
地　　址	黄浦区淮海中路 939 号（近陕西南路）
区　　域	黄浦区
商　　圈	上海徐家汇商圈
营　　业	10:00 ～ 22:00
电　　话	021-64310118
网　　址	无
总 楼 层	B2 ～ 5F
建筑面积	21000 平方米
服装经营面积	6688 平方米
建设时间	2001 年
公交线路	公交 926、911、920、167、911（区间）、320、128、104、146（外圈）、24 路

停车位数量	236 个
消费者年龄范围	0 ~ 60 岁
服装产品价格范围	79 ~ 5980 元
经营全部品牌数量	97 个
经营服装品牌数量	58 个
服装展示指数	★★★☆☆
交通指数	★★★☆☆
环境指数	★★★☆☆
价格指数	★★★☆☆
时尚指数	★★★☆☆
人气指数	★★★☆☆

　　巴黎春天淮海店,地处淮海中路陕西南路的核心商圈,连通上海地铁 1 号线和 10 号线陕西南路站,是香港新世界百货集团在沪开出的第一家巴黎春天百货。淮海店建筑外观呈现古朴典雅,欧式风格,气势雄浑,造型独特。店内购物环境宽阔,商品组合及陈列别具一格。以"优雅,时尚"为定位的巴黎春天百货,不断地满足了女性消费者的购物需求,提供了全方位的时尚购物体验。

表 2.1.47　巴黎春天淮海店经营定位与品牌分布表(2012 年)

楼层	楼层定位	经营内容	具体品牌
6F	折扣馆	时尚折扣馆,VIP 折扣馆	略
5F	运动	运动	TOUGH、adidas、NIKE、HERRAY、APPLE SHOP、Levi's、李宁、RAPIDO、New Balance、CONVERSE
4F	综合	男装、鞋	Frognie Zila、Cardydony、U.S. POLO ASSN、VALENT COUPEAU、RAIDY BOER、OMIGER、stachi、VICUTU、MENHARDUM、DIDIBOY、TIBAO AUCHEHO、HARSON、Cardydony、BOSS、DN1、MICHAE WYLER、BEVERLY HILLS POLO CLUB
3F	综合	男装、女装、童装、家居	My frno、EVE'NY、JESSIE、SUNVIEW、LIEDOW、BIBA、NIIN、JUZUI、FIGARO、LUXMAN、V. GRASS、M. TENG、PASSION、EMELY、MING WU、GROUND SUSAN、MOVE EASY、venuss、WEARSIS、PUKKA、wacoal、EMBRY FORM
2F	综合	女装、箱包、配饰	La Mia、UDRFEO、MALCO MANCO、UEN SHADI、LANCY FROM25、LENSCRAFTERS、TUSCANS、EN 20、潮宏基珠宝、金伯利钻石、周大福、MOJO SPHINE、COSTA COFFEE、媚丽一生、Gerolamo、Insun、Bittoko Zukkoi、Cozzi
1F	综合	鞋、餐饮	sephora、Nine West、STELLA LUNA、Miss Sixty、Joy&Peace、le saunda、ECCO、Clanks、achette、skap、FBL、BELLE、pura biance、top gloria、Staccato、JC Colletion、Roberta di Camerino、steve madden、gastone lucioli、enilla suite、BATH、KISSCAT、Fair Lady、KILLAH、GALADAY、EBLAN、唐饼屋
B1	综合	餐饮、化妆品	AJIICHIBAN、WATSONS
B2	餐饮	餐饮	莉莲蛋挞、快乐柠檬

　　巴黎春天淮海店经营服装品牌分布特点:

　　服装品牌经营面积约 6688 平方米。其中,最大店铺为 NIKE,占地 350 平方米;最小店铺为 Bittoko Zukkoi,占地 25 平方米;平均服装品牌经营面积为每家 115 平方米。经营服装品牌 58 家,其中经营男装 27 家,经营女装 32 家,经营童装 1 家。经营服装风格包括时尚、职业、休闲、运动。

主要消费者年龄为 20 ～ 50 岁。

经营的服装产品单品价格在 79 ～ 5980 元之间,其中主要单品价格为 149 ～ 2999 元。

23) 锦江迪生商厦

表 2.1.48　锦江迪生商厦概况

中文名称	锦江迪生商厦
外文名称	JI JIANG DICKSON CENTER
所属集团	锦江集团有限公司(香港)德信集团,哈维尼科尔斯百货公司
所属国家	中国
地　　址	黄浦区长乐路 400 号（近茂名南路）
区　　域	黄浦
商　　圈	上海淮海路商圈
营　　业	10:00 ～ 22:00
电　　话	021-64721888
网　　址	无
总 楼 层	1F ～ 3F
建筑面积	10000 平方米
服装经营面积	987 平方米
建设时间	2002 年
公交线路	公交 01、24、26、41、48、71、94、104、127、128、146、920、925、926、955 路
停车位数量	有,数量不详
消费者年龄范围	21 ～ 50 岁
服装产品价格范围	480 ～ 58800 元
经营全部品牌数量	24 个
经营服装品牌数量	13 个
服装展示指数	★★★★☆
交通指数	★★★★☆
环境指数	★★★★☆
价格指数	★★★☆☆
时尚指数	★★★★☆
人气指数	★★★★☆

锦江迪生商厦位于繁华的淮海中路,南京西路高级酒店消费区的中心,交通十分便捷。锦江迪生商厦共设 5 层,拥有 10000 多平方米的营业面积。锦江迪生商厦主要经营高级钟表、珠宝首饰、化妆品、时装、皮具等时尚生活为主流的世界名牌商品。

表 2.1.49　锦江迪生商厦经营定位与品牌分布表(2012 年)

楼层	楼层定位	经营内容	具体品牌
3F	综合	造型设计、休闲会所、餐饮、口腔护理、护理	frist-class、康俊会所、玉成天赐、上海恒佳口腔、丝源
2F	综合	男装、女装、鞋	王品牛排、艺体、CGX、AUTASON、Tommy Hilfiger、Ascot shang、CARDIFFER、LANG KUN、HANMAC、LAICARFORE、RENOMA、MAKEDANDUN、GIEVES&HAWKES
1F	综合	男装、女装、箱包、饰品	BOTTEGA VENETA、Brook Brother、THE ROLLING STONES、DORIS VINCI、Ralph Lauren、GUCCI

锦江迪生商厦经营服装品牌分布特点:

服装品牌经营面积约 987 平方米。其中,最大店铺为 Ralph Lauren,占地 130 平方米;最小店铺为 HANMAC,占地 40 平方米;平均服装品牌经营面积为每家 75 平方米。经营服装品牌 13 家,其中经营男装 11 家,经营女装 5 家,经营童装 0 家。经营服装风格包括基本、职业、休闲。

主要消费者年龄为 20 ～ 50 岁。

经营的服装产品单品价格在 480 ～ 58800 元之间,其中主要单品价格为 2998 ～ 23000 元。

24) 新天地南里商场

表 2.1.50　新天地南里商场概况

中文名称	新天地南里商场
外文名称	无
所属集团	香港瑞安集团
所属国家	中国
地　址	黄浦区兴业路 123 弄 1 ～ 7 号
区　域	黄浦区
商　圈	上海淮海路商圈
营　业	10:00 ～ 22:00
电　话	021-63112288
网　址	无
总 楼 层	1F ～ 5F
建筑面积	3132 平方米
服装经营面积	995 平方米

建设时间	1999 年
公交线路	公交 106、100、108、113、102、115 路
停车位数量	有,数量不详
消费者年龄范围	20 ~ 60 岁
服装产品价格范围	198 ~ 16000 元
经营全部品牌数量	18 个
经营服装品牌数量	10 个
服装展示指数	★★★☆☆
交通指数	★★★★☆
环境指数	★★★☆☆
价格指数	★★★★☆
时尚指数	★★★★☆
人气指数	★★★★☆

表 2.1.51　新天地南里商场经营定位与品牌分布表(2012 年)

楼层	楼层定位	经营内容	具体品牌
5F	餐饮	餐饮	
4F	装修	装修	
3F	餐饮	餐饮	
2F	综合	男装,女装,童装,配饰	YELLOY EARTH、Giordano Ladies、DELL、HUANG SHU CHI
1F	综合	奢侈品	LACOSTE、initial、STELLALUNA、G-STAR RAW、SLY、IZZUE、FCUK、MELISSA、GLOSSY、I.T (包括 i.t)、OBLU

新天地南里商场经营服装品牌分布特点:

服装品牌经营面积约 995 平方米。其中,最大店铺为 I.T,占地 300 平方米;最小店铺为 HUANG SHU CHI,占地 45 平方米;平均服装品牌经营面积为每家 100 平方米。经营服装品牌 10 家,其中经营男装 5 家,经营女装 8 家,经营童装 0 家。经营服装风格包括时尚、基本、休闲。

主要消费者年龄为 20 ~ 50 岁。

经营的服装产品单品价格在 198 ~ 6000 元之间,其中主要单品价格为 699 ~ 2399 元。

25) 新天地时尚

表 2.1.52　新天地时尚概况

中文名称	新天地时尚
外文名称	Xintiandi style

所属集团	香港瑞安集团
所属国家	中国
地　　址	黄浦区马当路 245 号（近复兴中路）
区　　域	黄浦区
商　　圈	上海淮海路商圈
营　　业	10:00 ～ 22:00
电　　话	021-53820666
网　　址	http://www.xintiandistyle.com
总 楼 层	B1 ～ 2F
建筑面积	29500 平方米
服装经营面积	2210 平方米
建设时间	2000 年
公交线路	地铁 10、13 号线（新天地站出口）
停车位数量	有，数量不详
消费者年龄范围	20 ～ 40 岁
服装产品价格范围	199 ～ 9999 个
经营全部品牌数量	36 个
经营服装品牌数量	25 个
服装展示指数	★★★☆☆
交通指数	★★★★☆
环境指数	★★★☆☆
价格指数	★★★★☆
时尚指数	★★★☆☆
人气指数	★★★★☆

表 2.1.53　新天地时尚经营定位与品牌分布表（2012 年）

楼层	楼层定位	经营内容	具体品牌
2F	综合	女装、箱包	seven days、Woo、UNA WANG、EVEN PENNILESS、OSHADAI、CONTENT、ZUCZUG、Lavie、YUKI TORII、OSKA、ONEBYONE、DBHK
1F	综合	男装、女装、鞋、箱包	EIN、STEVE MADDEN、RABEANCO、G-STAR RAW、PELLE MODA、SISLEY、MOGG pink、MOUSSY、CK Jeans、M.I.C、jams M.B、oniaral、JADE EN PLUS、Calvin Klein
B1	综合	男装、女装、鞋	STAYREAL、JNBY、THE THINC、SMUDGE、THREE SOCITY、CH'IN、I.FAMILY、black sugar、AK CLUB、JOMA

新天地时尚经营服装品牌分布特点：

服装品牌经营面积约 2210 平方米。其中，最大店铺为 CK Jeans，占地 200 平方米；最小店铺为 CH'IN，占地 20 平方米；平均服装品牌经营面积为每家 70 平方米。经营服装品牌 25 家，其中经营男装 7 家，经营女装 20 家，经营童装 0 家。经营服装风格包括时尚、职业、休闲。

主要消费者年龄为 20 ～ 40 岁。

经营的服装产品单品价格在 199 ～ 9999 元之间，其中主要单品价格为 898 ～ 2980 元。

26）日月光中心广场

表 2.1.54　日月光中心广场概况

中文名称	日月光中心广场
外文名称	ASE Center
所属集团	上海鼎荣房地产开发有限公司
所属国家	中国
地　　址	黄浦区徐家汇路 618 号（近瑞金二路）
区　　域	黄浦
商　　圈	上海金陵东路商圈
营　　业	10:00 ～ 22:00
电　　话	021-64332199
网　　址	无
总 楼 层	B1 ～ 2F
建筑面积	70000 平方米
服装经营面积	4196 平方米
建设时间	2000 年
公交线路	地跌 9 号线
停车位数量	800 个
消费者年龄范围	20 ～ 60 岁
服装产品价格范围	59 ～ 2300 元
经营全部品牌数量	64 个
经营服装品牌数量	50 个
服装展示指数	★★★☆☆
交通指数	★★★★☆
环境指数	★★★☆☆
价格指数	★★★★☆
时尚指数	★★★★☆
人气指数	★★★★☆

　　日月光中心广场位于打浦桥商圈,北至泰康路,南至徐家汇路,西至瑞金二路,是黄浦区重点规划建设的新型商业中心。中心广场总建筑面积达 30 万平方米,由一栋 5 A 智能写字楼、两栋酒店式公寓以及商业广场组合而成。一个亮点是商业广场内共有 3 个广场,总建筑面积为 14．8 万平米,营业面积 7 万平方米。

　　轨道交通 9 号线从广场的中心穿过,9 号线打浦桥站的站台就设在项目的中心部位。乘客通过自动扶梯可以直达商业广场地下 2 层的站厅,出了站厅就是商业广场的商场。

表 2.1.55　日月光中心广场经营定位与品牌分布表（2012 年）

楼层	楼层定位	经营内容	具体品牌
2F	综合	男装、女装	美特斯邦威、V-ONE、FORDOO、GOLD POOL、LAOPU、BOSSERT、JUMP&FISH、VANSSI、Kiss Cat、le saunda、GABBANIE、La go go、EMELY SWEETIE、OLIVE des OLIVE、NATURALLY JOJO、W CLOSET、IORI、NICE CLAUP、TAPENADE、ME&CITY、shirts kitchen、Tony Jeans、SHADES OF GREY、EVER GENERATING、马克华菲、ERATAT、T. SHINE、2%、BREAD N BUTTER、Ochirly、ID、INTOPIA、ESPRIT、ONLY、VERO MODA、SELECTED、ETAM、BELLVILLES、La Chapelle
1F	综合	餐饮首饰	略
B1	综合	男女装、鞋、箱包、饰品	VOPRO、FOLIO、BELLE、TATA、TEEMIX、UNIQLO、U. S. POLO ASSN.、VANS、PAUL FRANK、CH'IN、MLB、THE CARNABY、BY SELVAGE、OAKLEY、CONVERSE、Levi's、LEE、ECCO、adidas、DG、JUMBO、回力
B2	综合	男女装、美食	UNIQLO、餐饮

日月光中心广场经营服装品牌分布特点：

服装品牌经营面积约 4196 平方米。其中，最大店铺为 UNIQLO，占地 300 平方米；最小店铺为 Tony Jeans，占地 8 平方米；平均服装品牌经营面积为每家 85 平方米。经营服装品牌 50 家，其中经营男装 24 家，经营女装 31 家，经营童装 0 家。经营服装风格包括时尚、基本、职业、休闲。

主要消费者年龄为 20 ～ 60 岁。

经营的服装产品单品价格在 59 ～ 2300 元之间，其中主要单品价格为 459 ～ 1699 元。

2.2　徐汇区服装零售商圈

区域简介

2.2.1　徐汇区简介

中文名称	徐汇区
外文名称	Xuhui District
下辖地区	12 个街道办事处，1 个镇（康健新村街道、天平路街道、湖南路街道、斜土路街道、枫林路街道、虹梅路街道、徐家汇街道、凌云路街道、漕河泾街道、长桥街道、田林街道、龙华街道、华泾镇）
政府驻地	漕溪北路 336 号

地理位置	上海中心城区西南部
面　　积	55 平方公里
人　　口	91.5 万人（2011 年）
著名景点	衡山路、武康路、龙华寺、徐光启墓、桂林公园、上海植物园
火 车 站	上海南站
著名学府	上海音乐学院、上海交通大学
身份证区划	310104
战略规划	现代化国际大都市一流中心城区
主要商业区	徐家汇商圈，上海南站商圈

　　徐汇区位于上海中心城区的西南部，北以长乐路、华山路、兴国路、淮海西路、凯旋路，与静安区、长宁区接壤；东以瑞金南路、陕西南路与黄浦区比邻；并濒临黄浦江与浦东新区隔江相望，以徐浦大桥与其连接；西南以虹梅路、朱梅路、老沪闵路和华泾镇关港村，与闵行区分界；全境东西相距 7 公里，南北相距 13 公里。徐家汇是上海市西南部的城市副中心。而原上海法租界内各式高级花园洋房则是徐汇最具特色的典范之一，亦为城市发展历史的产物和重要组成部分。徐汇区是较早基本完成旧区改造的中心城区之一，市容环境优美，基础设施完善，人文底蕴深厚。

　　2011 年全区全年批发和零售业实现增加值 167.27 亿元，比上年同期增长 10.6%。全年商品销售总额实现 2190 亿元，增长 18%。实现社会消费品零售总额 395.46 亿元，增长 12.3%。其中，批发零售贸易业实现零售额 345.71 亿元，增长 11.1%。港汇广场品牌结构的优化调整带动徐家汇商圈销售明显增长。商圈全年实现社会消费品零售总额 79.71 亿元，增长 11%。港汇全年销售额实现了 23.7% 的大幅增长，其总量和增幅均领先于其它商场。消费市场新兴业态发展迅猛。电子商务、电视购物、折扣店等新兴业态走势良好。迅销、橡果国际全年销售额分别达到 29 亿元和 5 亿元，同比分别增长 68.4% 和 54.8%。

商圈分布

表 2.2.2　徐汇区商圈分布及商场

商圈	商场	地址
徐家汇	太平洋百货(徐汇店)	徐汇区衡山路 932 号（近华山路）
	港汇恒隆广场	徐汇区虹桥路 1 号（华山路口）
	汇金百货	徐汇区肇嘉浜路 1000 号（近天平路）
	东方商厦(徐汇店)	徐汇区漕溪北路 8 号（近虹桥路）
	第六百货	徐汇区肇嘉浜路 1068 号（近天平路）
	百联徐汇商业广场	徐汇区华山路 2038 号（近广元西路）
	汇联商厦（天钥桥路店）	徐汇区天钥桥路 40～90 号汇联商厦内（近肇嘉浜路）
	飞洲国际广场	徐汇区零陵路 899 号飞洲国际大厦内（近漕溪北路）
	星游城	徐汇区天钥桥路 580 号（近零陵路）
	腾飞广场	徐汇区天钥桥路 333 号腾飞大厦内（近南丹东路）
	光启城时尚购物中心	徐汇区宜山路 455 号（凯旋路宜山路）
上海南站	盛泰购物中心	徐汇区沪闵路 9001～3 号（近上海南站南广场）
	华轻商场	徐汇区梅陇路 255 号（近龙州路）

图 2.2.1　徐家汇商圈地图

A——徐家汇

徐家汇是上海四大城市副中心之一,亦为上海十大商业中心之一,东起宛平路,西至宜山路,北起广元路,南至零陵路,占地面积 1.2 平方公里。徐家汇商业中心规划于 1988 年,整个工程共分三期,于 1992 年启动一期工程,至 20 世纪末建成。区域内的电脑市场分布十分密集,商品十分丰富,消费群体广泛,因此徐家汇也成为了上海市民购买电脑、数码产品的地区之一,其地位类似北京的中关村。至 2010 年,上海已经发展并形成十大都市商业中心,分别是南京东路、南京西路、淮海中路、四川北路、徐家汇、五角场、豫园、不夜城、浦东新上海商城以及中山公园。

徐家汇位于上海中心城区的西南繁华徐家汇部,紧邻上海交通大学,是上海市十大著名的商业中心之一。该商圈是集购物、娱乐、办公、商贸、休闲、住宿、餐饮、培训教育为一体的综合性商业区域。徐汇区政府抓住上海早年开始实施地铁一号线的机遇,于 1988 年着手制订了方案,规划以徐家汇广场为中心进行建设,整个工程共分三期兴建,建设百余幢高层和超高层建筑,占地面积 1.2 万平方公里,总建筑面积 200 万平方米。包括东方商厦、六百实业公司、港汇广场、汇金广场、上海实业大厦、建汇大厦、汇银广场、嘉汇广场等。繁华的徐家汇商业中心,集中了东方商厦、百脑汇、太平洋百货、港汇广场、汇金百货、市百六店等一批知名商厦,商品琳琅满目,业态错位竞争,成为上海国际大都市繁荣繁华的标志性区域。

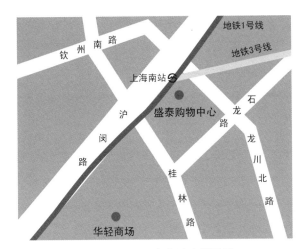

图 2.2.2　上海南站商圈地图

B——上海南站

铁路上海南站是上海中心城市的南大门,也是联系长江、珠江三角洲及我国南方其他城市包括港澳地区的重要交通枢纽。铁路上海南站位于徐汇区西南部,距徐家汇城市副中心约 5 公里。南站及周边地区以其独特的地利条件和投资优势,成为与徐家汇城市副中心功能互补的又一区域经济中心。铁路上海南站位于徐汇区西南部,距徐家汇城市副中心约 5 公里。设有旅客出站地道,南北地下换乘大厅,地铁 1 号线、3 号线,公交,上嘉线,上朱线,南南线,旅游专线等。

南站南北广场平面设计为园林绿地和旅游集散地,南北广场地下设计两层商铺、道路和停车场,总建筑面积为 12 万平方米。南站地区的规划起点是"世界一流,城区精品"。它的城区景观设计要和上海世界级城市的繁荣繁华相适应,与徐家汇城市副中心、龙华旅游城、光大会展中心、滨江开发地区共同构成联动发展的对外开放区域,成为上海中心城区一个服务全国、面向世界的区域性交流平台。南站地区的功能定位是,将交通枢纽转化为经济枢纽,以建设信息媒体城作为南站地区经济发展主要引擎,大力发展商务、会展、旅游、金融、中介、信息、媒体等现代服务业,适度发展高档房地产业。同时要在南站地区引入水和绿,塑造城市文化氛围,新建建筑物立面和天际线要体现城区现代化个性与风格,提升南站地区经济社会环境协调发展的人文品质。

商场分析

1) 太平洋百货(徐汇店)

表 2.2.3　太平洋百货(徐汇店)概况

中文名称	太平洋百货徐汇店
外文名称	太平洋 SOGO 百货
所属集团	远东集团
所属国家	中国
地　　址	上海市衡山路 932 号
区　　域	徐汇区
商　　圈	上海徐家汇商圈
营　　业	10:00 ～ 22:00
电　　话	021-64078888
网　　址	http://www.pacific-shanghai.com.cn
总 楼 层	B1 ～ 8F
建筑面积	近 30000 平方米
服装经营面积	5475 平方米
建设时间	1993 年 11 月
公交线路	地铁 1 号线,公交 44、72、178、205、572、855、816、920、923、926、958 路,大桥六线、大桥六线区间
停车位数量	1000 个

消费者年龄范围	0～50 岁
服装产品价格范围	100～10300 元
经营全部品牌数量	195 个
经营服装品牌数量	135 个
服装展示指数	★★★★☆
交通指数	★★★★★
环境指数	★★★☆☆
价格指数	★★★☆☆
时尚指数	★★★☆☆
人气指数	★★★★☆

太平洋百货徐汇店位于著名的徐家汇商业中心区。是上海繁华的商业中心之一,有着四通八达的立体交通,是海内外知名企业投资经营集中之地。徐汇店与地铁徐家汇站连通,总面积近 30000 平方米,地下一层、地上八层,是集购物、休闲、餐饮、娱乐于一体的多元化大型购物场所。1993 年 12 月开幕以来,太平洋百货徐汇店凭借有利的地理位置、卓越的经营理念及灵活的促销策略,在上海百货业独树一帜,成为成功经营的典范。

表 2.2.4　太平洋百货(徐汇店)经营定位与品牌分布表(2012 年)

楼层	楼层定位	经营内容	具体品牌
8F	童装玩具活动场	童装、婴儿用品、婴童家具、孕妇装及用品、玩具、童鞋、育婴室、活动会馆	NIKE Kids, adidas kids, E·LAND kids, 经典泰迪, 好孩子, siku, Lego, pubby, philips, conbi, hallmark babies, piyo, boshiwa, IVY house, Hello Kittty
7F	家用家电	保健器材、手机、相机、烹煮锅具、卫浴芳香用品、贵宾厅、电器用品、瓷器、茶具、家用寝具、电脑、电话机、美容 SPA 馆、美容教室	馨亭, ESPRIT, Dinasaur, Braun, SANYO, Panasonic, Fullrich, Uchino, DELANDELONG(德兰德隆),, Tenpur, Sheridan, Disney, DELONGHI, Thermos, Fissler, ZWILLING
6F	运动休闲	流行城市休闲服饰、运动服饰、用品、鞋、牛仔服饰、流行休闲包、鞋、少男流行服饰、户外、旅游用品	Dakley, HANG TEN, Giordano, ESPRIT, Jack&Jones, 马克华菲, Tony Jeans, Charles River, Ozark, Jack Wolf Skin, THE NORTH FACE, Columbia, Havaianas, Reebox, NIKE, adidas, Speedo, Arena, CONVERSE, Le Coq Sportif, GXG, Levi's, Denicen, Texwood, Bossini
5F	绅士休闲	西服、衬衫、领带、商务休闲服、男仕皮包皮件、钟表、男仕内睡衣、袜子、旅行箱、男鞋、修改室、餐厅	Chris&Roeder, ESPRIT, DIDIBOY, Franssition, Tony Wear, HUNT, SCOFIELD, HUSH PUPPIES, Camel Active, ERDOS, JEEP, Timberland, NAUTICA, Goldshark, Felixbuhler, GEORGEDANO, ROCKPORT, CITIZEN, Charriol, ECCO, SATCHI, Clark, geox, CROWN, Eminent, Samsnite, Lampo Uomo, PAL ONGACO, VSK, VICUTU
4F	名媛新贵	高级淑女套装、黄金珠宝、皮包皮件、餐厅、售后服务中心	Cobo, Why, nine west, 斯琴, Shesmiss, M. Teng, givh shyh, 23 区, Hailives, Buoubuou, Kako, Fion, K. H. Design, La pagayo, ELLE, galaday, insatin, emely, v. gress, MUST BE, ELLASSAY, ELINA CREATEUR, JESSIE, LaiCarFore, Showlong
3F	都会少淑	流行服饰、高级少淑服饰、餐厅、杂货(丝巾、伞、帽子、饰品、袜品)、内衣、补妆室	淑女屋, Chaver, Roem, VERO MODA, Basic House, Aimer, Swear, Enweis, Maniform, Triumph, 未未, Jiga, ELLE, MISS FU, WKMK, k 组曲, Aili, Mindbridge, SCOFIELD, VINTEGE, Pink Mary, Prich,, eni:d, obdo, lovedrose, EnC

续表

楼层	楼层定位	经营内容	具体品牌
2F	新潮少女	进口少女流行服饰、流行休闲鞋、流行表、少女休闲装、彩妆、护肤品、餐厅	ONLY, Ochirly, Bear Two, ESPRIT, Teenie Weenie, E. Land, EtBoite, COZO, HUM, Naturally Jojo, Anna Sui, Lesportsac, Paul Frank, Mango, GUESS, IZZUE, EDC, Levi's Ladies, GOGIRL, AAPOP, DAZZLEA, Olive des Olive
1F	流行名品	品牌化妆品、香水、品牌表、流行名品、流行女鞋、进口女鞋、黄金珠宝	Estee Lauder, Clinique, Chanel, L'Occitane, SHISEIDO, Lancome, Benefit, SK II, Olay, GUCCI, C. D, BELLE, Elizabet Arden, FANCL
B1	精选美食	肯德基、冰淇淋、茶叶、寿司、巧克力、面包 & 蛋糕、休闲小食	山崎面包，久留米寿司，肯德基精选，天申茗茶

太平洋百货徐汇店经营服装品牌分布特点：

服装品牌经营面积约 5474 平方米。其中，最大店铺为 ESPRIT，占地 120 平方米；最小店铺为 Olive des Olive，占地 10 平方米；平均服装品牌经营面积为每家 45 平方米。经营服装品牌 195 家，其中经营男装 75 家，经营女装 132 家，经营童装 12 家。经营服装风格包括时尚、基本、职业、休闲、运动。

主要消费者年龄为 0 ～ 40 岁。

经营的服装产品单品价格在 199 ～ 2680 元之间，其中主要单品价格为 387 ～ 867 元。

2) 港汇恒隆广场

表2.2.5　港汇恒隆广场概况

中文名称	港汇恒隆广场
外文名称	Grand Gateway
所属集团	香港恒隆集团
所属国家	中国
地　　址	上海徐汇区徐家汇虹桥路 1 号
区　　域	徐汇区
商　　圈	上海徐家汇商圈
营　　业	10:00 ～ 22:00
电　　话	021-64070111
网　　址	http://www.grandgateway66.com/zh-cn/shopping-mall/overview.aspx
总 楼 层	B1 ～ 6F

建筑面积	近 70000 平方米
服装经营面积	20713 平方米
建设时间	2000 年
公交线路	地铁 1 号线（徐家汇站），公交 44、72、178、205、572、855、816、920、923、926、958 路，大桥六线、大桥六线区间
停车位数量	1400 个
消费者年龄范围	0 ～ 40 岁
服装产品价格范围	300 ～ 19569 元
经营全部品牌数量	227 个
经营服装品牌数量	115 个
服装展示指数	★★★★★
交通指数	★★★★★
环境指数	★★★★★
价格指数	★★★★★
时尚指数	★★★★★
人气指数	★★★★★

　　港汇广场（Grand Gateway）是由香港恒隆集团主要投资及管理的一个大型综合性项目。它坐落于华山路、虹桥路侧交界处、地铁 1 号线徐家汇站上面，俯瞰上海徐家汇商业中心区域,总面积 40 余万平方米,总投资 55 亿人民币。

　　港汇广场购物中心主入口宽敞明亮,正向地铁站出入口,便利顾客进出。2500 平方米的外广场设有 39 级大台阶及 6 层阶梯灯光喷水池组。商场内分为 7 个营业层面,地上 6 层和地下 1 层。商铺营业面积 7 万余平方米,其余均为公共活动区域,各层营业大厅均按用户及市场需求灵活间隔,形成多元化之专卖店、精品店;商场内采用直径达 45.6 米、支座标高 35 米的中庭巨大玻璃采光穹顶,加之中庭两翼跨越整个商场的玻璃采光顶,使得中庭及各楼层周围,均可利用天然光源,顾客身处其中,犹如闲庭信步,总有明丽轻松之感,尽享购物休闲意趣;商场设有升降梯和手扶梯多达 94 部;大型地下停车场拥有近 1400 个泊位。整个商场布局清晰大气、装饰风格时尚前卫,辉煌高雅,吸引大量国际国内顶级品牌入驻设立大陆旗舰店、专卖店,创造连年快速增长的卓越业绩。它是目前上海市中心区域规模最大的购物中心之一。

表 2.2.6　港汇恒隆广场经营定位与品牌分布表（2012 年）

楼层	楼层定位	经营内容	具体品牌
6F	娱乐	电影、数码、餐饮	永华电影城,bamboo, 金数码,La Zephiere, 港丽餐厅,甫熙苑,异彩采蝶轩,屋企汤馆
5F	餐饮休闲	中高档美食,音像制品	1001 原汁牛肉面,蕉叶咖喱屋,宝岛眼镜,鹿港小镇,卡宾,一茶一坐,代官山,鼎泰丰,眼镜城,亚一金店,爱西西里,一代眼镜,釜山料理,必胜客,望湘园,蒂梵尼,新华书店,知音琴行,苏浙汇,吉马国际酒廊,音乐快递,丽妍雅集,禾绿寿司,新秀丽,象外
4F	综合	男装,女装,家居	马克华菲,兰卓丽,艺居坊,生态家,淑女屋,古爱,夏氏琉璃,Wacoal, W. S. M, Triumph, TRENDIANO, Timberland, TEXWOOD, TBF, SOFEYA, SELECTED, SALSA, Rorberta di Camerino, Quicksliver&Roxy, Passer, OSIM, UNIQLO, Ochirly Five Plus, NIKE, NAUTICA SPORT, Mr Bean, 馨赏家,水星家纺,玛花纤体,罗莱家纺,乐巢家居,乾唐轩, LILUME, Levi's, LEE, Le Coq Sportif, LA VINNE, KUHLE, Jeep, hotwind, GXG, gujin, Columbia, CROCS, EVA ouxiu, Franck Provost, Christies, Broadcast, AUSSINO, Anubis, adidas original

续表

楼层	楼层定位	经营内容	具体品牌
3F	综合	男装,女装,童装,配饰	adidas kids, Belford & Co, Bobdog, :BOGEA SENI, boshiwa, CK、JEANS, Clarks, Classic Teddy, DIDIBOY, Disney, ebaby, E·land kids, ELEGANT PROSPER, FIGARO, Fiona's Princess, GENTLE, geox, Giovanni Bianchi, H AZZYS, HOPERISE, ICB, ICICLE, LACOSTE Kids, LAMPO, Lavico, LEGO, Louis To Cool, LOVCAT, MALCO MANCO, Marlboro Classics, Mephisto, New Balance Kids, NIKE Golf, NIKE Kids, Olive des Olive, PAL ONGACO, Park House, Roberta di Camerino, Rockport, ROEM, Teenie Weenie, U.S. POLO ASSN, VSKONNE, 兄妹猫, ZOTENO, 卡通乐乐园, 好孩子, 宝贝城, 时尚米奇, 流行配饰, 华塑车模, 黄色小鸭
2F	综合	男装,女装,咖啡店	Achette, Agnes b., Alexandre Zouari, ANMANI, AquaLABEL, ATSURO TAYAMA, AUPUES, BASLER, BATA, BELLE, CHARRIOL, Choedo, DKNY, ELLASSAY, ENZO, FED, GUESS, HR, Hush pupies, ILARIA, JESSICA, Marino Fabiani, Melissa, MAX FACTOR, Nine West, Rebecca, UGG, Top Gloria, VERSUS VERSACE CAFÉ
1F	综合	奢侈品	ARMANI, BVGARI, ASCOT CHANG, BALLY, Ralph Lauren, VERSACE, Biotherm, BURBERRY, Calvin Klein, CHLOE, COACH, Dior, DUNHILL, Emporio Armani, ESCADA, Europe Watch, Givenchy, Gucci, Lancome, L 'Oreal, Marc by Marc Jacobs, Swarovski, Max Mara, PANDORA, Bottega Veneta, HUGO BOSS, Juicy Couture
B1	综合	超市,男女装,美食	ZARA, i.t, G-STAR, Fila, moussy, BAUHAUS, sephora, AGATHA, 爱与被爱, 汇美舍, Andersen's Icecream, OMEY, GODIVA, Olé, KFC, lind

港汇恒隆广场经营服装品牌分布特点:

服装品牌经营面积约20713平方米。其中,最大店铺为i.t,占地1120平方米;最小店铺为Le Coq Sportif,占地75平方米;平均服装品牌经营面积为每家180平方米。经营服装品牌115家,其中经营男装65家,经营女装94家,经营童装15家。经营服装风格包括时尚、基本、职业、休闲、礼服、运动。

主要消费者年龄为0～40岁。

经营的服装产品单品价格在169～19596元之间,其中主要单品价格为798～1547元。

3) 汇金百货(徐汇店)

表2.2.7　汇金百货(徐汇店)概况

中文名称	汇金百货
外文名称	无
所属集团	上海徐家汇商城股份有限公司

所 属 国 家	中国
地 址	徐汇区肇嘉浜路 1000 号
区 域	徐汇区
商 圈	上海徐家汇商圈
营 业	10:00 ～ 22:00
电 话	021-64269999
网 址	http://www.xjh-sc.com/huijing.htm
总 楼 层	1 ～ 8F
建 筑 面 积	近 30000 平方米
服装经营面积	6232 平方米
建 设 时 间	1998 年
公 交 线 路	地铁 1 号线(徐家汇站),公交 44、72、178、205、572、855、816、920、923、926、958 路,大桥六线、大桥六线区间
停车位数量	600 个
消费者年龄范围	0 ～ 40 岁
服装产品价格范围	100 ～ 6800 元
经营全部品牌数量	154 个
经营服装品牌数量	117 个
服装展示指数	★★★★☆
交 通 指 数	★★★★★
环 境 指 数	★★★★☆
价 格 指 数	★★★☆☆
时 尚 指 数	★★★☆☆
人 气 指 数	★★★☆☆

汇金百货位于徐汇区肇嘉浜路 1000 号,于 1998 年开业,定位为中高档百货,以高品质的商品、优雅的购物环境和浓厚的文化气息形成了"时尚百货"的品牌形象。

汇金百货共有 7 个营业楼层,营业面积达 30000 余平方米。它以个性、认知性、流行性为选牌的主要依据,具备高档、舒适的购物环境;商品陈列、区域划分、顾客流动线路合理、清晰、便捷,相关配套设施齐全。

表 2.2.8　汇金百货徐汇店经营定位与品牌分布表(2012 年)

楼层	楼层定位	经营内容	具体品牌
7F	综合	童装,家电	NIKE kids, adidas kids, E·Land kids, ESPRIT, DINASAUR, Panasonic, SAMSUNG, Sharp, LG, PHILIPS, Hitachi, SONY, Siemens, Casio, Braun, SANYO, 博士蛙, Godiva, Fissler, ZWILLING
6F	休闲服饰	运动,休闲男女装	NIKE, LEE, Levi's, Wrangler, ESPRIT, GXG, Tony Jeans, 马克华菲, CamelActive, SCOFIELD, Jack&Jones, Hazzys, THE NORTH FACE, Columbia, Ozark, Jack Wolf Skin, Speedo, Arena, Vans, CONVERSE, adidas

续表

楼层	楼层定位	经营内容	具体品牌
5F	男装	休闲职业男装	VSKONNE，Giovanni Valentino，Lampo，Palongaco，Didiboy，Raidy Boer，Dugiapeng，Roufelliy，Picasso，Langkeng，G2000，Captaqino，Ziagram，RICHINI，Pipdog，Eneque Jiesweer，Keaoute，Kaltendim，Cyborg，Cartelo，Clark，VASTO
4F	职业女装	职业女装	Koradior，Yiner，Elegant，Prosper，Bedeluie，23区，PORTS，M. TSUBOMI，Read Me，Cvila，Catye，CARAdisposition，Moreline，Liola，Lousia M，Moissac，My Feno，Kaiser，OYANA，DNADA，finity，ISNANA，NAERISI，JELLO，EVENY，Show Long
3F	淑女装	淑女装	Pink Mary，G2000，PSALTER，TINA GIA，YIGUE，JESSIE，emely，SCOFIELD，must be，ICB，22 OCTOBRE，v. gress，EITIE，OFUON，ROEM，ESPRIT，ZOPIN，MOX，MISAVOGUE
2F	少女装	休闲少女装	Circle，Teenie Weenie，E. Land，Forver New，ONLY，VERO MODA，B. C. R，F. NY，Levi's Ladies，La Chapelle，On&On，ESPRIT，Calvin Klein，Dazzle，Ochirly，Lily
1F	美容用品	护肤品化妆品	Lancome，SK-II，Olay，C. D，BELLE，Estee Lauder，Clinique，Chanel，L'Occitane，SHISEIDO，benefit，GUCCI，TeenMix，ST&SAT，TATA，KissCat，C Banner，Walkershop，Daphne，Safiiya，Elizabeth Arden，Fancl

汇金百货经营服装品牌分布特点：

服装品牌经营面积约6232平方米。其中，最大店铺为adidas，占地190平方米；最小店铺为walkershop，占地10平方米；平均服装品牌经营面积为每家54平方米。经营服装品牌117家，其中经营男装54家，经营女装91家，经营童装4家。经营服装风格包括时尚、基本、职业、休闲、运动。

主要消费者年龄为0～40岁。

经营的服装产品单品价格在99～8808元之间，其中主要单品价格为459～1057元。

4）东方商厦（徐汇店）

表2.2.9 东方商厦（徐汇店）概况

中文名称	东方商厦
外文名称	Orient shopping center
所属集团	百联集团
所属国家	中国

地　　　址	上海漕溪北路 8 号
区　　　域	徐汇区
商　　　圈	上海徐家汇商圈
营　　　业	10:00 ～ 22:00
电　　　话	021-64870000
网　　　址	http://bldfxh.blemall.com/
总　楼　层	B1 ～ 5F
建筑面积	近 30000 平方米
服装经营面积	2771 平方米
建设时间	1992 年
公交线路	地铁 1 号线, 公交 44、72、178、205、572、855、816、920、923、926、958 路, 大桥六线、大桥六线区间
停车位数量	800 个
消费者年龄范围	0 ～ 40 岁
服装产品价格范围	300 ～ 10600 元
经营全部品牌数量	108 个
经营服装品牌数量	52 个
服装展示指数	★★★★☆
交通指数	★★★★★
环境指数	★★★☆☆
价格指数	★★★☆☆
时尚指数	★★★☆☆
人气指数	★★★★☆

　　东方商厦有限公司成立于 1992 年,是国内首家建成开业的中外合资大型零售商业企业。东方商厦位于上海最繁华的徐家汇商圈中心,是上海最高端的百货商场之一。东方商厦的商品以国际一线及中高端品牌为主。目前经营的商品达 8 万多种,主要包括黄金珠宝、钟表眼镜、工艺礼品、名酒名烟、服装鞋帽、家居用品、家用电器、食品、日用百货、箱包、洗涤化妆品等。东方商厦坚持以高档商品为主的礼品化经营思想,创导全方位服务理念。

表 2.2.10　东方商厦徐汇店经营定位与品牌分布表(2012 年)

楼层	楼层定位	经营内容	具体品牌
5F	家居用品	家居电器	Samsung, Sharp, LG, Philips, Hitachi, Panasonic, Sony, Siemens, Casio, Braun, Sanyo, Calvin Klein, Dinasaur, Fendi, Apple
4F	综合男装	运动休闲男装	Tommy Hilfiger, Lacoste, Marlboro Classics, Jeep, Byford, Underlook, New Balance, Rapido, Columbia, Hazzys, Jack Wolf Skin, Bean pole, Calvin Klein, THE NORTH FACE, Aigle, Ozark, Dunhill, LEE
3F	职业男装	职业男装	Daks, Nothingwear, Lozio, Wolsey, Callisto, Cerruti, BOSS, Bruin, D'URBAN, Clarks, ECCO, geox, Mephisto

续表

楼层	楼层定位	经营内容	具体品牌
2F	综合女装	时尚女装 淑女装	PORTS, White Collar, Mioni Rosa, Soirdolce, Lilly, Costa Coffee, Chlisio, Cvila, M. TSUBOMI, Read Me, Marisfrolg, Catye, Gant, Oliver Grant, Liola, Berrysports, Lousia m, Marina Rinaldi, Hrtrs, My Feno, Kaiser
1F	综合	美容品 首饰 手表	L'Oreal, SISLEY, Lancome, Dior, Vichy, Olay, Shiseido, Estee Lauder, Elizabeth Arden, Fancl, Chanel, Impress, Cartier, TOD's, Montblanc, Dunhill, Longines, OMEGA, Rolex, Iwc Schaffhausen, TISSOT, SWAROVSKI, Ama, Tasaki, Derain, Oris, Borel, TISSOT, TSL
B1	综合	烟酒	godiva, fissler, ZWILLING, swatch, GUESS, DKNY

东方商厦经营服装品牌分布特点：

服装品牌经营面积约 2771 平方米。其中，最大店铺为 Daks，占地 120 平方米；最小店铺为 Jeep，占地 15 平方米；平均服装品牌经营面积为每家 53 平方米。经营服装品牌 52 家，其中经营男装 30 家，经营女装 40 家，经营童装 0 家。经营服装风格包括时尚、基本、职业、休闲、礼服、运动。

主要消费者年龄为 0 ～ 40 岁。

经营的服装产品单品价格在 190 ～ 10200 元之间，其中主要单品价格为 599 ～ 876 元。

5）上海第六百货

表 2.2.11　上海第六百货概况

中文名称	上海第六百货
外文名称	无
所属集团	上海市徐汇商城股份有限公司
所属国家	中国
地　　址	徐汇区肇嘉浜路 1068 号
区　　域	徐汇区
商　　圈	上海徐家汇商圈
营　　业	10:00 ～ 22:00
电　　话	021-64269999
网　　址	http://www.xjh-sc.com/6bai.htm

总 楼 层	1 ～ 6F
建筑面积	近 10000 平方米
服装经营面积	6026 平方米
建设时间	1952 年
公交线路	地铁 1 号线,公交 44、72、178、205、572、855、816、920、923、926、958 路,大桥六线、大桥六线区间
停车位数量	有,数量不详
消费者年龄范围	0 ～ 60 岁
服装产品价格范围	50 ～ 4500 元
经营全部品牌数量	153 个
经营服装品牌数量	104 个
服装展示指数	★☆☆☆☆
交通指数	★★★★★
环境指数	★☆☆☆☆
价格指数	★☆☆☆☆
时尚指数	★☆☆☆☆
人气指数	★★☆☆☆

上海六百位于徐汇区肇嘉浜路 1068 号,地处徐家汇商圈中心地带。公司是一家具有 50 多年历史的老字号百货零售企业,在经营商品和品牌选择方面以经营服饰类商品为特征,高知名度品牌为主体、流行品牌为补充,已形成了"大众流行"的品牌形象,成为具有亲和力服务特色的主题商厦。

上海六百共有 6 层营业楼层,经营面积近 10000 平方米。根据经营定位,以基础及中档商品全方位满足大众消费需求,主要经营男女服装、化妆品、黄金饰品、皮鞋箱包、床上用品和儿童用品等商品大类。

表 2.2.12 上海第六百货经营定位与品牌分布表(2012 年)

楼层	楼层定位	经营内容	具体品牌
6F	运动服饰等	运动服饰,运动鞋,床上用品,儿童服饰,童鞋玩具,现场充绒	NIKE, Mizuno, UMBRO, 安踏, 巴布豆, adidas, 乔丹, Playboy, 水晶家纺, 福沁, 恒源祥, 老裁缝, 婴儿房, 宜贝, 博士娃, 雅多, Smiling, apple
5F	男装	西服套装,男士休闲,男式皮鞋,衬衫领带,男裤	Captaino, Georgimaniya, Cartelo, JoeOne, SATCHI, Boton, Playboy, Goldlion, 海螺, 开开, 一见棒, 利郎, 海澜之家, 柯士道, 培罗蒙, vp Payboy Collection, 佳龙, 真正, 杉杉, 奥古斯
4F	中老年女装	职业女装,中老年女装,女裤袜品,羽绒服,中式服装,服装修改	迪贝斯, 罗德斯兰, 福太太, 波司登, 寒布仕, 赏心岁, 派尚, 胖太太, 佩柏莱坦, mm, 宝罗莉卡, 梦迪诗, 奥妃雷迪, 圣凯罗, 珂布特, 杰妮妮, 维杰妮娅, Gallant Mode, Huayuan fashion, Hongloang, Sangday, Fanying, Ledio
3F	潮流女装	淑女装,文胸内衣,孕妇装	Vowel, Kasd, Levusu, Newtiful, Kama, Ere, Ld Vinne, Mysheros, Phidias, Mideo, Sofeya, Gujin, Stephanie, J.S.F.R, Jiedai, Face Ju, Triumph, Fancedie, Oudaifeng, 诗凯, 沐怡
2F	少女服饰	少女装,休闲服饰,布艺休闲包,羊毛衫,时尚配件	honey, P2S, Etam, occur, baleno, semir, bossini, giordano, Samuel&Kevin, hang ten, eipls, polly fily, La Chapelle, snoopy, page one, ise, ES, disney, 自然元素, 37degree, den yoo, susu, fanny, anyall, maxmini, SHUE&EUE, highday, Ve de vone's, frank jesdie, 时尚

楼层	楼层定位	经营内容	具体品牌
1F	护肤,美容用品,箱包	运动服饰,运动鞋,床上用品,儿童服饰,童鞋玩具,现场充绒	maybelline,L'Oreal,maxfactor,revlon,aupres,sooryehan,yuesai,vichy,olay,chowtaiseng,choutaifook,temix,enicar,citizen,TISSOT,TeenMix,ST&SAT,comely,TATA,KissCat,c banner,BELLE,walkershop,daphne,safiya,U.S. POLO ASSN,SEDY,ELLE,boze dadny,ealio,,西村名物,老凤祥,老庙黄金,明牌珠宝,六百黄金,海烟服务

上海第六百货经营服装品牌分布特点:

服装品牌经营面积约 6026 平方米。其中,最大店铺为 NIKE,占地 280 平方米。最小店铺为西村名物,占地 20 平方米。平均服装品牌经营面积为每家 58 平方米。经营服装品牌 104 家,其中经营男装 40 家,经营女装 83 家,经营童装 7 家。经营服装风格包括基本、职业、休闲、运动。

主要消费者年龄为 0 ～ 60 岁。

经营的服装产品单品价格在 50 ～ 4680 元之间,其中主要单品价格为 680 ～ 980 元。

6) 汇联商厦

表 2.2.13　汇联商厦概况

中文名称	汇联百货徐汇店
外文名称	无
所属集团	上海市徐汇商城股份有限公司
所属国家	中国
地　　址	徐汇区天钥桥路 40 ～ 90 号汇联商厦内（近肇嘉浜路）
区　　域	徐汇区
商　　圈	上海 徐家汇商圈
营　　业	10:00 ～ 22:00
电　　话	021-64382288
网　　址	http://www.xjh-sc.com/huilian.htm
总 楼 层	1 ～ 4F

建筑面积	近 13000 平方米
服装经营面积	2011 平方米
建设时间	1991 年 7 月
公交线路	地铁 1 号线(徐家汇站),公交 44、72、178、205、572、855、816、920、923、926、958 路,大桥六线、大桥六线区间
停车位数量	无
消费者年龄范围	20～60 岁
服装产品价格范围	50～4500 元
经营全部品牌数量	65 个
经营服装品牌数量	42 个
服装展示指数	★☆☆☆☆
交通指数	★★★★★
环境指数	★☆☆☆☆
价格指数	★★☆☆
时尚指数	★☆☆☆☆
人气指数	★★☆☆☆

汇联商厦创建于 1991 年 7 月,位于上海市天钥桥路 40 号,营业面积 13000 平方米,是徐汇区第一家自筹资金组建的大型百货商厦,为徐家汇商城集团股份有限公司的核心层企业。

表 2.2.14　汇联商厦经营定位与品牌分布表(2012 年)

楼层	楼层定位	经营内容	具体品牌
4F	男装	职业男装	雅戈尔,威尊,奥古斯,卡尔威特,培罗蒙,花花公子,马诺伦萨,沃伦天奴,开开,海螺,皮尔卡丹,U.S. POLO ASSN,Vsbonde
3F	女装	职业女装	领姿,39 度,奥尼菲斯,佩柏莱坦,圣凯诺,胖缘,美加美,可可贝利,迪贝斯,艾格玛佩尼,伊姿,内衣促销,因为有你,波司登
2F	综合	鞋类	班尼路,盛大跑马,卡帝乐 Playboy Physical,HangTen,AAA,梦特娇,皮皮狗,登云,诗慕华,思贝蒂,皮鞋促销,阿玛尼,鄂尔多斯,高岛羊绒,开开,金兔,企鹅,古今,Under Look,飞马,三枪,企鹅
1F	综合	食品,美容用品	Maybelline,L'Oreal,Revlon,Vichy,Olay,TISSOT,CITIZEN,汇联食品

汇联商厦经营服装品牌分布特点:

服装品牌经营面积约 2011 平方米。其中,最大店铺为波司登,占地 65 平方米;最小店铺为高岛羊绒,占地 20 平方米;平均服装品牌经营面积每家 48 平方米。经营服装品牌 42 家,其中经营男装 14 家,经营女装 28 家,经营童装 0 家。经营服装风格包括基本、休闲。

主要消费者年龄为 20～60 岁。

经营的服装产品单品价格在 59～3080 元之间,其中主要单品价格为 197～497 元。

7) 飞洲国际广场

表 2.2.15 飞洲国际广场概况

中文名称	飞洲国际广场
外文名称	无
所属集团	飞洲房地产开发有限公司
所属国家	中国
地　　址	徐汇区零陵路 899 号飞洲国际大厦内（近漕溪北路）
区　　域	徐汇区
商　　圈	上海 徐家汇商圈
营　　业	10:00 ～ 22:00
电　　话	021-51509555
网　　址	无
总 楼 层	1 ～ 5F
建筑面积	近 80000 平方米
服装经营面积	4257 平方米
建设时间	2004 年
公交线路	观光巴士 1 路、43、27、957 路等众多公交路线
停车位数量	600 ～ 800 个
消费者年龄范围	20 ～ 40 岁
服装产品价格范围	100 ～ 4600 元
经营全部品牌数量	79 个
经营服装品牌数量	59 个
服装展示指数	★★★☆☆
交通指数	★★★☆☆
环境指数	★★★★☆
价格指数	★★★☆☆
时尚指数	★★★☆☆
人气指数	★★☆☆☆

　　飞洲国际广场坐落于徐家汇商圈核心地段,毗邻八万人体育场、上海体育馆、华亭宾馆、宜家家居、徐汇区政府。飞洲国际广场总层数为 31 层,建筑面积 80000 平方米。大厦配备了 30000 平方米商业中心,餐饮、购物、休闲一应俱全。飞洲国际广场 B1 层与地铁 1、4 号线上海体育馆站直接相连,并可换乘轻轨明珠线,优享内环线立交桥同步构筑的立体交通网络,可以迅速到达上海的两大国际机场。

表 2.2.16　飞洲国际广场经营定位与品牌分布表（2012 年）

楼层	楼层定位	经营品牌	具体品牌
5F	餐饮	餐饮	小南国, 辛香汇, 贡托拉意式餐厅, 首尔韩式烧烤
4F	运动	运动休闲	adidas, Mizuno, NIKE Factory Store, OZARK, New Balance, Puma, Columbia, Reebok, KARLKANI, Levi's, Vans, Braxton
3F	男装	休闲男装	Bossini, Fairwhale, Ozereero, Banelo, GIORDANO, Bailian, Nautica, Me&City, Camel Active, Tony Jeans, GXG, Corlenanao, Cardeendino, Tony Wear
2F	综合	美容品 男女装	I.T, f/do, Beauvillon, E+, Nine West, EQ:IQ, G-STAR ROW, Quiksilver, ZUCZUG, ochirly, 欧美药妆, ESPRIT
1F	综合	休闲女装	TeenMix, comely, Papa Jones, KissCat, Walkershop, Golf, Hush Puppies, GEOX, AEE, Nine West, PRECIS, BASTO, JC Collection, BELLE, Joy Peace, ST&SAT, Vlarks
B1	餐饮	餐饮	DQ, LOCK&LOCK, 快乐柠檬, 麦当劳, 面包新语, Ajidou, Kurume, CITIZEN, Casio, TISSOT, Blooming, OMEY, Hotwind, Watson, Manabe, Saizeriva

飞洲国际经营服装品牌分布特点：

服装品牌经营面积约 4257 平方米。其中，最大店铺为 ESPRIT，占地 600 平方米；最小店铺为 Bailian，占地 35 平方米；平均服装品牌经营面积为每家 72 平方米。经营服装品牌 59 家，其中经营男装 26 家，经营女装 42 家，经营童装 0 家。经营服装风格包括基本、职业、休闲、运动。

主要消费者年龄为 20 ～ 40 岁。

经营的服装产品单品价格在 59 ～ 2180 元之间，其中主要单品价格为 399 ～ 1089 元。

8）星游城

表 2.2.17　星游城概况

中文名称	星游城
外文名称	无
所属集团	鹏欣集团
所属国家	中国
地　　址	徐汇区天钥桥路 580 号（近零陵路）
区　　域	徐汇区
商　　圈	上海徐家汇商圈
营　　业	10:00 ～ 22:00
电　　话	021-61021888
网　　址	无

总 楼 层	1～6F
建筑面积	近 46000 平方米
服装经营面积	590 平方米
建设时间	2005 年 6 月
公交线路	公交 15、56、89、92、122、178、218、703、703b、957、984 路,大桥六线区间、隧道二线、徐川线,地铁 1 号、4 号线
停车位数量	300 个
消费者年龄范围	20～40 岁
服装产品价格范围	100～4600 元
经营全部品牌数量	40 个
经营服装品牌数量	7 个
服装展示指数	★★★☆☆
交通指数	★★★☆☆
环境指数	★★★☆☆
价格指数	★★★☆☆
时尚指数	★★☆☆☆
人气指数	★★☆☆☆

　　星游城坐落于徐家汇商圈天钥桥路 580 号,位于上海市徐汇区上海体育中心区域,零陵路北侧、斜土路南侧、天钥桥路西侧,是一座场地范围呈三角形状的现代化商业建筑。毗邻八万人体育场。商场共十层,地下四层、地上六层,其中地下三、四层为停车场,有 235 个泊位;地下二层至地上六层为商场,其中地下二层商场与地铁 4 号线上海体育馆站直接相连。自星游城步行 5 分钟可至地铁 1 号线、轻轨明珠线、内环高架,交通便捷,周边商务、商业氛围浓厚。

　　星游城由上海鹏欣集团、上海锦江集团联合开发,沃华商业管理(上海)有限公司负责运营管理、物业管理,为租户提供专业的服务。星游城定位为娱乐终点站,主打娱乐、休闲、餐饮概念,辅以个性零售、个人护理及综合服务,吸引年轻、时尚的消费群体。

表 2.2.18　星游城经营定位与品牌分布表(2012 年)

楼层	楼层定位	经营内容	具体品牌
5,6F	娱乐	娱乐	钱柜 KTV
4F	餐饮	餐饮、娱乐	小巴辣子,唐韵秦风,顶上桌球,禾缘寿司,新辣道
3F	餐饮	餐饮、娱乐	和田寿司,重庆老火锅,烟雨江南,舞林大会,望湘园
2F	综合	餐饮	钱柜茶餐厅,曼都发行,一茶一坐,一五一十,Starbucks,天使美甲
1F	综合	餐饮,服饰	宜芝多,广发银行,满记甜品,必胜宅急送,饰觉品尚,星巴克,读我,,Show Time,K.A.K.O
B1	综合	食品、饰品	阿明食品,快乐柠檬,小杨生煎,丸来丸去,食其家,流行美,西树工房,摩提工坊,争鲜,衣裳,三单色,纯米
B2	休闲	健身	棒棒体育,威尔士健身中心

星游城经营服装品牌分布特点：

服装品牌经营面积约 590 平方米。其中，最大店铺为 Show Time，占地 150 平方米；最小店铺为三单色，占地 40 平方米；平均服装品牌经营面积为每家 84 平方米。经营服装品牌 7 家，其中经营男装 0 家，经营女装 7 家，经营童装 0 家。经营服装风格包括时尚、基本。

主要消费者年龄为 20 ～ 40 岁。

经营的服装产品单品价格在 69 ～ 1490 元之间，其中主要单品价格为 249 ～ 699 元。

9）光启城时尚购物中心

表 2.2.19　光启城时尚购物中心概况

中文名称	光启城时尚购物中心
外文名称	无
所属集团	大华集团
所属国家	中国
地　　址	徐汇区宜山路 425 号（凯旋路宜山路）
区　　域	徐汇区
商　　圈	上海上海南站商圈
营　　业	10:00 ～ 22:00
电　　话	021-51505299
网　　址	无
总　楼　层	B2 ～ 5F
建筑面积	近 163896 平方米
服装经营面积	9479 平方米
建设时间	2012 年 5 月 28 日
公交线路	地铁 3 号、4 号、9 号线(宜山路站)
停车位数量	470 个
消费者年龄范围	0 ～ 50 岁
服装产品价格范围	69 ～ 1499 元
经营全部品牌数量	87 个
经营服装品牌数量	24 个
服装展示指数	★★★☆☆
交通指数	★★★★☆
环境指数	★★★☆☆
价格指数	★★★☆☆
时尚指数	★★★☆☆
人气指数	★★☆☆☆

光启城位于徐家汇商圈的外围地带,轨交3、4、9号线直达,并有9号线4、5出入口与其商业部分直达,是典型的地铁上盖商业物业。光启城总建筑面积16万平方米,几乎为现有港汇广场商业面积的一半左右,为又一集商业、办公为一体的城市商业综合体,是徐汇区"十二五"期间商业建设的又一重要项目。

所属的宜山路板块的商业业态主要以家居、建材业为主,鲜有满足人们购物、休闲、娱乐的一站式场所。光启城开业前,该区域内的办公、居住人群,若想满足前述要求,要么到徐家汇,要么到万体馆,只能在两者中择其一。如今,光启城的出现,可以说为宜山路板块贴上了另一时尚、潮流的标签。

表 2.2.20　光启城时尚购物中心经营定位与品牌分布表(2012年)

楼层	楼层定位	经营内容	具体品牌
5F	餐饮	餐饮	禾绿回转寿司,重庆小天鹅,家族亭,胡椒厨房,萨莉亚,尚品豆捞
4F	餐饮	餐饮	七欣天品蟹轩,和民,避风塘,湘乐汇,57度,吾米粥,面有面道
3F	综合	女装,儿童教育	Bailie, Annie Sweet, TOM'S WORLD, 沐良诚口腔,思妍丽,易贝乐国际少儿英语,爱贝思,迪宝玩具店,华尔街英语,星乐园,Cartonle, Gymboree, LP
2F	女装	潮流女装	GAP, ESPIRIT, UNIQLO, 7. MODIFIER, CRCOS, La Chapelle, Lagogo, Lily, Binghee, Rivredaleorchard, Shana, Hotwind, U-show, Kisskitty
1F	综合	餐饮,潮流女装,休闲女装	GAP, Jaggen Dazs, Villa&hut Kafe, MANGO, H&M, WE, Ebt, Asobio, AEE, MUJI, CUFFZ
B1	综合	餐饮	屈臣氏,鲜芋仙,圆团团,体博,达芙妮,家乐福,"金古镇汤圆",陈记,永乐
B2	综合	餐饮	吉野家,味千拉面,澳门粥面庄,家乐福,肯德基,麦当劳,巴黎贝甜,休禾生活

光启城时尚购物中心经营服装品牌分布特点:

服装品牌经营面积约9479平方米。其中,最大店铺为H&M,占地1600平方米;最小店铺为Bailie,占地30平方米;平均服装品牌经营面积为每家430平方米。经营服装品牌22家,其中经营男装11家,经营女装18家,经营童装9家。经营服装风格包括时尚、基本、职业、休闲、运动。

主要消费者年龄为20～40岁。

经营的服装产品单品价格在29～2280元之间,其中主要单品价格为199～419元。

10) 盛泰购物中心

表 2.2.21　盛泰购物中心概况

中文名称	盛泰购物中心
外文名称	Shine Time Shopping Center
所属集团	盛泰集团
所属国家	中国
地　　址	徐汇区沪闵路 9001-3 号(近上海南站南广场)

区　域	徐汇区
商　圈	上海南站商圈
营　业	10:00 ～ 22:00
电　话	021-54207550
网　址	http://www.intimesh.com/
总楼层	B1 ～ 1F
建筑面积（M²）	近 65000 平方米
服装经营面积	9456 平方米
建设时间	2008 年 12 月
公交线路	地铁 1、3 号线（上海南站站），111R 等公交车
停车位数量	有，上海南站地下停车场，数量不详
消费者年龄范围	0 ～ 50 岁
服装产品价格范围	39 ～ 2999 元
经营全部品牌数量	136 个
经营服装品牌数量	91 个
服装展示指数	★★★★☆
交通指数	★★★☆☆
环境指数	★★★☆☆
价格指数	★★★☆☆
时尚指数	★★★☆☆
人气指数	★★☆☆☆

　　上海盛泰购物中心是盛泰集团旗下首家旗舰时尚购物基地。购物中心于 2008 年 12 月在上海南站正式开业迎宾。这是沪上首个在交通枢纽站开设的下沉式大型商场，填补了中国大陆城市地下空间没有"流行百货"的空白。

　　上海盛泰购物中心首次尝试在上海市中心引进品牌折扣工厂店的概念，将目标消费者锁定在年轻白领一族，主导年轻、活力、时尚、品质的购物理念，引进时尚个性品牌，设计魅力创意空间，主张全新生活体验。

　　上海盛泰购物中心位于上海南站南北下沉式广场，分为南北两个商场，各分为地下一层与地下二层。建筑面积达 6.5 万平方米，室内停车场 4 万多平方米周边交通四通八达，地铁 1 号线、轻轨 3 号线以及连接沪杭的城际高铁和出入口均与购物中心紧密相连，成为上海前所未有的新兴商业枢纽站，传递流行时尚和个性魅力。

表 2.2.22　盛泰购物中心经营定位与品牌分布表（2012 年）

楼层	楼层定位	经营内容	具体品牌
北 B2	女装	休闲女装	ETAM, Broadcast, Savwis, ZUCZUG, Lagogo, La Chapelle, SNOOPY, E-BAR, Lucy, Cele, Anuopama, Lily, Nuqueen, Tinagia, Odbo, H&T, Oe, Fandecie, Mbryform, Crz, Babypox, Oasia, VERO MODA, 伊丝艾拉，古今，思维雅，西村名物，优美世界，森达，法国娃娃，博士蛙，真我永恒，TeenMix
北 B1	综合	餐饮，潮流女装，休闲女装	7-ELEVEN, ONLY, COCO DEAL, MO&CO, CNE, Miss Maud, Basto, Patty, KISSCAT, SHIBUYA ONE, RAFURA, CARTELO, ELLE, UNITED COLORS OF BENETTON, IDF, Scat, E. Land, Teenie Weenie 小杨生煎，呷哺呷哺，永和大王，85 度 C，赛百味，Espresso, Thecarnaby, Millie's, BELLE, TATA, Lesaun da, Sonatina, Ochirly, Naturallyjojo, P. A. Collection, Lulualways, The Carnaby, Toughjeansmith, ESPRIT,

楼层	楼层定位	经营内容	具体品牌
南B2	餐饮	餐饮	老妈米线,杂粮小工坊,呷哺呷哺,禾绿回转寿司,味千拉面,食其家,新石器烤肉,巴贝拉,红椒娘,凯萨,麦当劳,Papa Johns,肯德基
南B1	男装	运动休闲男装	Clumbis, Reebox, New Balance, PUMA, CONVENCE, 肯德基, SELECTED, Lacoste, Tonywear, Tonyjeans, Vans, Gatherjewels, Cabeen, Boxeur, KUHLE, Nautica, Doright, Jackwalk, GXG, Me&City, Pige One, Unisex, Fun, Huntcity, 5th Street, Denizen, Hangten, Feel100%, Psg, Utc, Stylelab, Kingyes, 马克华菲, Jack&Jones, SELECTED, Levi's, adidas, Highness, G2000 men,

盛泰购物中心服装品牌分布特点:

服装品牌经营面积约9456平方米。其中,最大店铺为Etam,占地300平方米;最小店铺为思维雅,占地20平方米;平均服装品牌经营面积为104平方米。经营服装品牌91家,其中经营男装44家,经营女装62家,经营童装2家。经营服装风格包括时尚、基本、职业、休闲、运动。

主要消费者年龄为0～50岁。

经营的服装产品单品价格在39～2999元之间,其中主要单品价格为139～469元。

2.3　长宁区服装零售商圈

区域简介

表2.3.1　长宁区简介

中文名称	长宁区
外文名称	Changning District
下辖地区	9个街道办事处,1个镇（华阳路街道、新华路街道、江苏路街道、天山路街道、周家桥街道、虹桥街道、仙霞新村街道、程家桥街道、北新泾街道和新泾镇）

政府驻地	长宁路 599 号
地理位置	上海中心城区西部
面　　积	38 平方公里
人　　口	62.05 万人（2011 年）
著名景点	宋庆龄陵园、刘海粟美术馆、上海动物园、上海国际展览中心
机　　场：	上海虹桥机场
著名学府	上海交大管理学院、东华大学、华东政法大学、上海对外贸易学院、上海工程技术大学
身份证区划	310105
战略规划	精品虹桥、国际商都、智慧高地、活力城区
主要商业区	中山公园商圈，天山虹桥，北新泾

长宁区地理位置优越，交通便捷，处于沪宁发展轴和沪杭发展轴汇合的"Y"型支点，是上海连接长江三角洲的"桥头堡"。虹桥国际机场坐落在区域西南角，是中国的重要航空港之一。区域内已建成由高架、地铁、内外环线、市内交通组成的立体交通网络，并有高速公路直通沪宁、沪杭，成为人流、物流、信息流、资金流的重要汇聚之地。

2011 年全区实现社会消费品零售总额 233.70 亿元，比上年增长 11.5%。其中，吃的商品零售总额 65.20 亿元，占全区社会消费品零售总额的 27.9%；穿的商品零售总额 38.91 亿元，占 16.6%；用的商品零售总额 121.52 亿元，占 52.0%；烧的商品零售总额 8.06 亿元，占 3.4%。全年实现商品销售总额 2941.84 亿元，比上年增长 13.5%。至年末，各类市场 51 家，其中，农副产品市场 37 家，消费品市场 14 家。至年末，全区连锁商业网点 580 家，其中，连锁超市门店 65 家，便利店 300 家。全区连锁商业零售额 75.70 亿元，比上年增长 5.3%，占全区社会消费品零售总额的 32.3%。

商圈分布

表 2.3.2　长宁区商圈分布及商场

商圈	商场	地址
中山公园	龙之梦购物中心(中山公园店)	长宁区长宁路 1018 号
	巴黎春天（新宁店）	长宁区长宁路 823 号
天山虹桥	友谊商城(虹桥店)	长宁区遵义南路 6 号
	百盛购物中心（虹桥店）	长宁区遵义路 100 号
	百盛购物中心(天山店)	长宁区天山路 789 ～ 889 号
	汇金百货(虹桥店)	长宁区天山路 900 号
	上服商厦	长宁区茅台路 567 号
北新泾	百联西郊购物中心	长宁区仙霞西路 88 号
	馥邦购物中心	长宁区天山西路 138 号
	友谊百货（长宁店）	长宁区仙霞西路 88 号

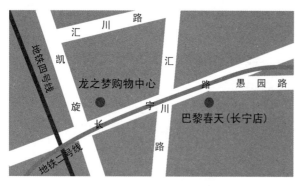

图2.3.1　中山公园商圈地图

A——中山公园

中山公园板块位于内环以内；南抵武夷路，西到凯旋路和内环线，北以苏州河为界，东至镇宁路。中山公园板块作为"后虹桥板块"和上海的城市商业副中心，吸引了许多的外商投资客。板块被定位于集商务、休闲娱乐、文化和居住功能为一体繁华商圈的商业中心。此外它还拥有三条轨道交通，区内还有近20条过境公交线路。规模较大的交通体系是该板块最大的优势。

中山公园地区在新一轮发展中的功能定位为商业型、休闲式、数字化，建成以现代商业和多媒体产业为主导的，兼有商务、休闲娱乐、文化和居住功能为一体的上海西部商业中心。未来将依托轨道交通枢纽点，以大型购物中心为支撑，增添宾馆、文化娱乐、公共服务设施，形成具有现代化商业特色的上海西部地区商业商务中心。同时随着多个办公楼在这一地区全面建设和落成，加上原来已经形成一定规模的以数码为主题的、以多媒体产业为特色的上海多媒体产业园，中山公园地区未来的商务功能也将凸现。

图2.3.2　中山公园商圈地图

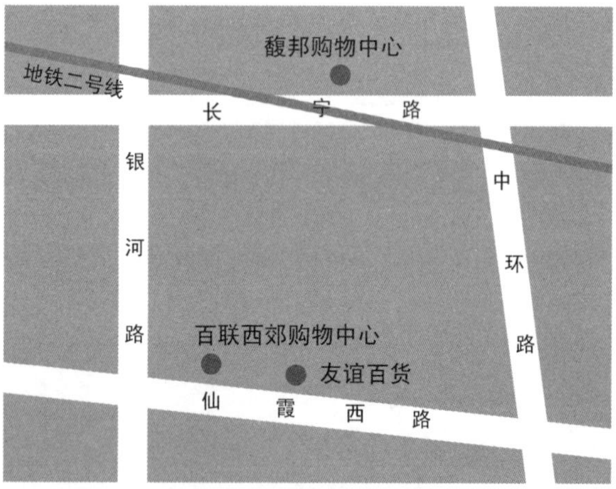

B——天山虹桥

天山虹桥板块北起苏州河、长宁路，南抵延安西路，西至北虹路，东依中山西路。东面临中山公园，西面近虹桥机场，北面是长风商务中心，南面则是虹桥商务区。该板块的东西分别以内、中环线为界，南北分别以苏州河、延安高架为界。板块中部的天山沿线及周边是上海西部绝对成熟的生活区。

新虹桥商圈的功能总体定位为内外贸一体化发展、批发与零售业共同繁荣、商品集散能力强大的虹桥国际贸易集聚区；逐步形成服务上海、辐射长三角；聚集国际品牌，引进目录店、折扣店等新型商业业态；以高端购物、餐饮、休闲、娱乐为主导的虹桥国际化高端商圈。

C——北新泾

北新泾西部板块东起北虹路，南到延安西路，北至北翟路，西面则是虹桥机场和规划中的虹桥枢纽。以前说到长宁区，大家都知道中山公园、天山虹桥和更为有名的古北，然而随着西郊百联购物中心的开张，尤其是轨道交通2号线延伸到了淞虹路，商业和交通的规划与发展带动了该整个板块，并慢慢地形成了新的商业区。

图2.3.3　北新泾商圈地图

商场分析

1）龙之梦购物中心（中山公园店）

表 2.3.3　龙之梦购物（中山公园店）中心概况

中文名称	龙之梦购物中心
外文名称	Cloud Nine Shopping Mall
所属集团	凯德集团
所属国家	新加坡
地　　址	长宁区长宁路 1018 号
区　　域	长宁区
商　　圈	上海中山公园商圈
营　　业	10:00 ～ 22:00
电　　话	021-61155555
网　　址	无
总 楼 层	B2 ～ 9F
建筑面积	25899 平方米
服装经营面积	7000 平方米
建设时间	2005 年
公交线路	轨道 2 号、3 号、4 号线，机场六线，公交 73、20、921、922、939、67、946、765、941、947、96、776、825、54、919、13、737、754、69、88、829、856、519 路
停车位数量	860 个
消费者年龄范围	0 ～ 40 岁
服装产品价格范围	20 ～ 5500 元
经营全部品牌数量	247 个
经营服装品牌数量	128 个
服装展示指数	★★★★☆
交通指数	★★★★★
环境指数	★★★★☆
价格指数	★★★☆☆
时尚指数	★★★☆☆
人气指数	★★★★☆

　　龙之梦购物中心座落于上海市长宁区中山公园西侧,南起长宁路,西临凯旋路,东北侧紧靠汇川路,占地25899平方米。龙之梦购物中心以其独特的设计和优越的位置成为上海西区的重要交通枢纽,是一座名副其实的城中之城。

表2.3.4　龙之梦购物中心经营定位与品牌分布表(2012年)

楼层	楼层定位	经营内容	具体品牌
9F	美容修身	电影城、瘦身、美容、品牌折扣店	龙之梦影城、美丽田园、必瘦站、城市奥特莱斯品牌折扣店、凯琪女子SPA
8F	精选美食	琴行、教育培训、美发、餐饮	肯德基、柏斯琴行、EF英孚教育、豆捞坊、洋葱餐厅、来福小馆、避风塘、上海人家、海上渔家、揽香、汤城小厨、楚炫堂、一线烫捞、过门香、京荟萃、组合发型顾问
7F	精选美食	餐饮	家顺寿司、釜山料理、云南美食园、干锅居、梧桐小镇、鼎心小笼、睿迪咖啡、麻辣诱惑、港丽餐厅、迈泰、家有好面、新石器烧烤、COCO壹番屋、斗香园、铺盖面、东北料理、复茂小龙虾、陌生人、申菜坊、一茶一坐、创意小笼、七叶和茶、赤坂亭、五德鸡
6F	儿童用品	童装、儿童玩具、餐饮、娱乐	E.Land kids、Paw In Paw、Toonsland、Piyo Funhouse、Miffy、Pepco、NIKE、Jeep、BeB DoG、adidas、Tom's World、Lego、Kids Land、Yeehoo、Toys Rus、Hello Kitty、BaBy Looner Tunes、Sun Roo、Alphabet、Twin Kids、Barbera、小鬼当佳、反斗乐园、新辣道、雅多、福驰小公主、Maste Curry咖喱工房、迪士尼、剑桥、乐智小天地、淘帝ToPBI、兄妹猫、大渔铁板烧、范纳宾中西餐厅、和民、箸味三样菜、老叔烧烤、西贝西北菜、禾绿回转寿司
5F	运动修身	运动鞋、饰品、箱包、运动器械、瘦身、美甲、美发、护理、旅游、运动服饰	浩沙、Borida、SportsGear、Funtit、Speeda、L.Jnail Salon、Lc、Tupperware、Brands Corporation、Pur Cotton、Mengluoshi、Hola、adidas、AnyWalk、NIKE、New Balance、XL ZOLO、Kolumb、LEE·RAY、ZOKE、Eminet、Tamo、Sassi、LaZephire、SPA Shining、Solis Life、Mariefance、Byerdental、Goodio、Iris Life、Bgee、Fila、Merrell、Jack Walf Skin、Peacebird、SHEFFIELD、CONVERSE、EXR、The NORTH FACE、伦特微、娇莉芙·萃颜房、纽悦伊人、望湘园、锦江旅游、上海旅游、美丽田园、酷悦火锅
4F	绅士休闲	休闲男装、职业男装、休闲女装、鞋、箱包	Gfferre、Rockport、Chishaluo、Conceptsion、Bosssini、马克华菲、Vskonne、Broun Buffel、SELECTED、Jack&Jones、Crocodhe、Utc、Laopu、Yrades、Echolac、Pierrecardin、Erocradin、Jzz、Youngop、UNIQLO、GEOX、ECCO、GXG 1978、BONI、DICKIES、ESPRIT、Tony Wear、Devilnut、Gstarraw、Tough Jeansmith、Test Tube、Izod、Riverstone、LEE、Ablejeans、Diplomat、Gather Jewels、Zuo、Unisex、GXG、Thesuiaoyama、Hoperise、Artore、Yx、Lanks、Stoneflse、Parkhouse、L2、Tony Jeans、Boxeur、Senda、Polaristocrcy、Lampoumo、Asobio、Crocs、Carolburnett、速写、吉旺
3F	都会少淑	时尚女装、女士内衣、休闲服饰、超市	Omey、Ochirly、UR、Paul Fank、Kip Ling、PH7、Olive des Olive、Walkerone、Susie、Bonny、Fandecie、Maniform、Eblin、Net、Occur、Quiksilver、Paris Miki、Eifini、Jessixa、Sofeya、Yigue、VERO MODA、ELLE、Zukka、Hum、Only、Tina Gia、Assical、Mu、Mediwell、La Charelle、Hotwind、F.NY、Forevernew、Backstage、Emsexcite、Saint Jack、Broadcast、Comely、Tapenade、Naviee、Iimk、Idf、马克华菲、Five Plus、UDB、Mind Bridge、简、婷美、千百度、舒雅、古今、衣本色、自然元素、屈臣氏
2F	新潮少女	流行女装、流行女鞋、箱包、眼镜	Evaouxiu、Mjphosis、Esprit、Senfth、Mrgan、Lily、Lids、Only、The Carnaby、Blissbless、JNBY、IV SM、Soeru、SU、TeenMix、Forest Cabin、HARSON、FBL、BELLE、STCCATO、MILLIES、BATA、EVES Temptation、Milan Show、TATA、Charleskelth、Jackio、le saunda、Colove、Niroshima、Basic House、Bauhaus、E.Land、Collect Point、a02、i.t、茂昌眼镜

续表

楼层	楼层定位	经营内容	具体品牌
1F	流行名品	休闲服饰、流行女装、化妆用品、眼镜、手表、黄金珠宝、冷饮	Mac、Moscot、CK Jeans、DG、Royalelastics、C&A、Tagfer、Mido、Steve. Madden、H&M、Accessorize、TISSOT、Agatha、Motivi、Sephora、adidas、KUHLE、Vans、Nautica、Siares、Skechers、Jockey、BELLVILLES、Temix、Enzo、Yellow Eaeth、Mabelle、Nine West、Joy Peace、GUESS、Maxstudio Xom、周生生、厚晶、花旗银行、哈根达斯、渣打银行、星巴克、酷圣石、贝尔利名钻、金石盟钻石、美仕珠宝、东华美钻、凯萨钻石、ido 钻石、李宁
B1	精选美食	餐饮、超市	1001 牛肉拉面、肯德基、必胜客、新龙记面馆、全家超市、食之秘、汉堡王、花丸
B2	休闲小食	化妆用品、餐饮、眼镜、医药、茶叶	东茗茶业、汇美舍、小杨生煎、老娘舅、一茶一坐、麦当劳、星巴克、宜芝多、得一药方、一代眼镜

龙之梦购物中心经营服装品牌分布特点:

服装品牌经营面积约 7000 平方米。其中,最大店铺为 H&M,占地 380 平方米;最小店铺为 Goodio,占地 20 平方米;平均服装品牌经营面积为每家 55 平方米。经营服装品牌 128 家,其中经营男装 48 家,经营女装 65 家,经营童装 21 家。经营服装风格包括时尚、基本、职业、休闲、运动。

主要消费者年龄为 0 ~ 40 岁。

经营的服装产品单品价格在 20 ~ 5500 元之间,其中主要单品价格为 299 ~ 899 元。

2) 巴黎春天新宁店

表 2.3.5　巴黎春天新宁店概况

中文名称	巴黎春天
外文名称	Paris Spring
所属集团	香港新世界百货
所属国家	中国
地　　址	长宁区长宁路 823 号
区　　域	长宁区
商　　圈	上海中山公园商圈
营　　业	10:00 ~ 22:00
电　　话	021-62121688
网　　址	http://www.nwds.com.hk/
总 楼 层	B3 ~ 1F
建筑面积	21000 平方米

服装经营面积	1864平方米
建设时间	2002年
公交线路	地铁2号线,公交939、921、121路、机场六线路
停车位数量	400个
消费者年龄范围	20～50岁
服装产品价格范围	12～1988元
经营全部品牌数量	99个
经营服装品牌数量	76个
服装展示指数	★★★★☆
交通指数	★★★★★
环境指数	★★★☆☆
价格指数	★★★☆☆
时尚指数	★★★☆☆
人气指数	★★★★☆

上海巴黎春天自1995年开业以来,一流的硬件环境和一流的品牌,成功树立起高档百货的形象,使之成为沪上精品商厦的代名词。2001年,沪上高档百货商厦巴黎春天悄无声息地变换了店名,改为"香港新世界百货－巴黎春天",全资控股巴黎春天的上海益民百货股份有限公司,将这所全国闻名的高档商厦租赁给了香港新世界百货股份有限公司。

表2.3.6 巴黎春天新宁店经营定位与品牌分布表(2012年)

楼层	楼层定位	经营内容	具体品牌
3F	综合	时尚汇,顾客服务中心,VIP贵宾厅	略
2F	综合	综合	略
1F	流行名品	化妆用品、黄金珠宝	Vamenae、Max Factor、Aupres、Za、佰草集、Neutrogena、千叶、keer、翠轩、Century、张铁军翡翠、九天名玉、老庙黄金、金伯利钻石、米蒂亚珠宝、ENZO、周大福、老凤祥、自然堂、DHC、Loreal
B1	时尚女装	时尚女装、饰品	Ebase、Ochirly、h t、Passages、b+ab、Baby Fox、Enid、ESPRIT、Basic House、Izzue、Honeys、Idf、La go go、Oe、Page One、Betu、G2000、Fny、Take-it、Bossini Ladies、E·Land、Path Finder、S·deer Concept、Oasis、Timex、Seoko、Casio、淑女屋、自然元素
B2	流行女鞋	流行女鞋	St&Sat、Le Saunda、Eblan、Basto、Roadmate、Alpha Eden、Hush Puppies、Bossert、Couber G、Ete、Beimani、Chic、KissCat、AEE、Harson、Cne、Staccato、Millies、康莉、千百度、奥卡索、索菲亚、森达、欢腾、TeenMix、西村明物、达芙妮
B3	绅士休闲	休闲女装、休闲男装、职业男装、男鞋	ONLY、VERO MODE、Samuel&Kevin、LPZONE、CONVERSE、Asics、Speeda、Braxton、Arrow、Uss Azino、G2000、Etamhomme、La Chapelle、马克华菲、Bossini、佐丹奴、班尼路、鳄莱特、佐罗、回力、Diplomat

巴黎春天经营服装品牌分布特点:

服装品牌经营面积约1864平方米。其中,最大店铺为Ochirly,占地50平方米;最小店铺为Bossini Ladies,占地12平方米;平均服装品牌经营面积为每家25平方米。经营服装品牌76家,其中经营男装16家,经营女装 31 家,经营童装 0 家。经营服装风格包括时尚、基本、职业、休闲、运动。

主要消费者年龄为 20 ～ 50 岁。

经营的服装产品单品价格在 12 ～ 1988 元之间,其中主要单品价格为 199 ～ 899 元。

3）友谊商城（虹桥店）

表 2.3.7　友谊商城（虹桥店）概况

中文名称	友谊商城
外文名称	FRIENDSHIP SHOPPING CENTER
所属集团	上海虹桥友谊商城有限公司
所属国家	中国
地　　址	长宁区遵义南路 6 号
区　　域	长宁区
商　　圈	上海天山虹桥商圈
营　　业	10:00 ～ 22:00
电　　话	021-62700000
网　　址	http://www.friendship-hongqiao.com/
总 楼 层	1 ～ 4F
建筑面积	20000 平方米
服装经营面积	1883 平方米
建设时间	1994 年
公交线路	公交 925、925B、71、57、808、748、855、911、936、741、88、69、709、776、127、48、72 路
停车位数量	60 个
消费者年龄范围	0 ～ 50 岁
服装产品价格范围	368 ～ 39800 元
经营全部品牌数量	111 个
经营服装品牌数量	49 个
服装展示指数	★★★★☆
交通指数	★★★★★
环境指数	★★★☆☆
价格指数	★★★☆☆
时尚指数	★★★☆☆
人气指数	★★★★☆

虹桥友谊商城有限公司成立于1994年3月,是一家沪港合资的现代化的涉外商业零售企业,由上海友谊百货有限公司、上海虹桥经济技术开发区联合发展有限公司、香港均联投资有限公司共同投资。商城总的建筑面积为20000平方米,营业面积为10000平方米,经营范围为百货零售(包括电讯器材、音像制品、文娱用品、烟酒、中西成药、金银首饰、新旧工艺品)、餐饮。

表 2.3.8　友谊商城经营定位与品牌分布表(2012年)

楼层	楼层定位	经营内容	具体品牌
4F	童装精品	童装、黄金珠宝	Ikks、Moschino、Kp、Kingkow、adidas、琉璃工坊、老凤祥
3F	都会少淑	休闲服饰、流行女装	Frank Walder、Anne Klein、Basler、Eq Iq、Cambione、La、Tommy Hilfger、Daniel Hechter、BCBG、24hrs、Rorts、Figaro、Cagliari Exchance、Ep、Lmlulu、Joan David、Dunhill Links、CK Jeans、Lily、Intermezzo、Marlboro Classics、Tussardi、Tommy Hifger、Danlel Hechter、Marisfolg、Jefen、Cagliari Exchange、BCBG Maxazria、Joy Peace、Patricia、Ash Un、ECCO、Hrtis、歌中歌、23区、绣都、埃斯普利特、鳄鱼、宝姿、舒雅、白富帝、玖熙
2F	时尚精品	时尚女装、时尚男装	Spring Filed、Canali、Marella、Feraud、Daniel、Palziari、Cornelianin、Mauzio、Vskonne、Lagerfeld、Renoma、Durban、Lrgerfeld、Gant、Lanvin、Durban、London.、Armani、Couleus、Ferre、Kenzo、Morechi、A Testoni、Aquasctum、Trussardi、温莎、瑞诺玛、奥德臣、杰尼亚、肯迪文、纪梵希、切瑞蒂、君皇仕、桑丽卡
1F	流行名品	世界名表、化妆品、金银珠宝	Elanne、周先生珠宝、劳力士、欧舒丹、Clarins、雅诗兰黛、香奈儿、SK-II、莱铂妮、Sonoko、资生堂、Kanebo、娇兰、希思黎、Cpb、迪奥、兰蔻、Enzo、Lalique、Davinci、Baccahat、Mont Blanc、Wedgwood、卡地亚、周大福、迪生钟表、金至尊

友谊商城经营服装品牌分布特点:

服装品牌经营面积约1883平方米。其中,最大店铺为Palziari,占地50平方米。最小店铺为adidas,占地24平方米。平均服装品牌经营面积为每家38平方米。经营服装品牌49家,其中经营男装24家,经营女装21家,经营童装5家。经营服装风格包括时尚、基本、职业、休闲、运动。

主要消费者年龄为0～50岁。

经营的服装产品单品价格在368～39800元之间,其中主要单品价格为998～1098元。

4)百盛购物中心(虹桥店)

表 2.3.9　百盛购物中心(虹桥店)概况

中文名称	百盛购物中心

外文名称	PARKSON
所属集团	百盛集团
所属国家	马来西亚
地 址	长宁区遵义路 100 号
区 域	长宁区
商 圈	上海 天山虹桥商圈
营 业	10:00 ～ 22:00
电 话	021-52574518
网 址	http://www.parkson.com.cn/
总 楼 层	1 ～ 5F
建筑面积（M²）	28000 平方米
服装经营面积：	543 平方米
建设时间	2002 年
公交线路	公交 69、71、72、73、74b、74 区间、88、127、141、519、709、737、748、754、808、825、855、856 路,沪青专线、机场三线,地铁 2 号线(娄山关路)、3 号、4 号线(延安西路站)
停车位数量	80 个
消费者年龄范围	20 ～ 60 岁
服装产品价格范围	99 ～ 1808 元
经营全部品牌数量	32 个
经营服装品牌数量	21 个
服装展示指数	★★★★☆
交通指数	★★★★★
环境指数	★★★☆☆
价格指数	★★★☆☆
时尚指数	★★★☆☆
人气指数	★★★☆☆

百盛上海城店位于虹桥遵义路,商场地下 1 层为大型平价超市;众多生活日需品、食品、饮料在这里一应俱全。百盛超市品类繁多,独特的进口商品更是其与众不同的亮点,同时 200 余种商品天天特价。百盛一如既往的向大众提供品质优良的优质商品。

2012 年 8 月,虹桥百盛"悄然停业"并进行"复原工程"。由于虹桥百盛租约到期,从 8 月 1 日起它正式与早已开业的天山百盛"合二为一"。

虹桥百盛撤出上海城之后,其原址旁的虹桥上海城三期工程将启动建造,并与原虹桥上海城一期打通相连成为外形与实质上都"风格统一"的建筑。三期项目总建筑面积 88020 平方米,地上建筑 19 层,地下建筑 4 层。地下 1 层至地上 6 层为商业设施,地上 7 层以上为办公用房。工程计划于 2013 年竣工。

三期项目将与上海城一期的建筑进行统一"勾连",在外立面设计上也趋于一致。"两栋建筑从地下到地上,每层都会有通道,勾连以后的虹桥上海城一期双子楼与三期的塔楼将形成一处三楼鼎立的综合体建筑。"而勾连后的裙楼(含目前一期中的 6 万多平方米商场)将形成近 10 万平方米的商场。

百盛撤离后的虹桥上海城将不再引入主题百货。10 万平方米的商场按照购物中心的定位布局,将形成国际知名品牌专卖店、高档超市、各类风味餐饮、休闲娱乐集聚的高档购物中心。

表 2.3.10　百盛购物中心虹桥店经营定位与品牌分布表（2012 年）

楼层	楼层定位	经营内容	具体品牌
5F			在装修（2012 年 7 月）
4F			在装修（2012 年 7 月）
3F			在装修（2012 年 7 月）
2F	新潮少女	时尚女装、流行女鞋	Staccato、Joy Peace、FBL、GEOX、TeenMix、KissCat、ST&SAT、BATA、CNE、TATA、Millies、BELLE、SCOFIELD、Collection、ESPRIT、Roem、G2000、Ofuon、奥卡索、贝拉维拉、千百度
1F	美容化妆	品牌化妆品	Olay、TISSOT、Cyma、Cityzen、Nobel、Casio、Pure Mild、Divum、Aqua、Aupres

百盛购物中心虹桥店经营服装品牌分布特点：

服装品牌经营面积约 543 平方米。其中，最大店铺为 Collection，占地 40 平方米；最小店铺为 TATA，占地 15 平方米；平均服装品牌经营面积为每家 26 平方米。经营服装品牌 21 家，其中经营男装 0 家，经营女装 7 家，经营童装 0 家。经营服装风格包括时尚、休闲。

主要消费者年龄为 20 ～ 40 岁。

经营的服装产品单品价格在 99 ～ 1808 元之间，其中主要单品价格为 199 ～ 799 元。

5）百盛购物中心（天山店）

表 2.3.11　百盛购物中心（天山店）概况

中文名称	百盛购物中心
外文名称	PARKSON
所属集团	百盛集团
所属国家	马来西亚
地　址	长宁区天山路 789 号
区　域	长宁区
商　圈	上海天山虹桥商圈
营　业	10:00 ～ 22:00
电　话	021-62298001
网　址	http://www.parkson.com.cn/

总楼层	B1～5F
建筑面积	33020 平方米
服装经营面积	5115 平方米
建设时间	2011 年入驻,替代原长房国际
公交线路	公交 71、72、74、74b、141、519、808、825、829、855、856、941 路,沪北青线,地铁 2 号线
停车位数量	200 个
消费者年龄范围	0～40 岁
服装产品价格范围	38～5999 元
经营全部品牌数量	161 个
经营服装品牌数量	139 个
服装展示指数	★★★★☆
交通指数	★★★★★
环境指数	★★★☆☆
价格指数	★★★☆☆
时尚指数	★★★☆☆
人气指数	★★★★☆

　　1997 年天山商厦开业,开业不久就成为了长宁区内甚至上海西区最受欢迎的百货商场之一。作为天山一条街的地标,一直到 2004 年左右,天山商厦一直是长宁最热闹的百货公司,是平价商场的代表之一。之后,随着周边中山公园龙之梦等购物中心的崛起,原本备受瞩目的天山商厦日趋冷清。2008 年,天山商厦更名为长房国际广场,随着长宁的发展以及天山地区居民消费需求的转变,天山商厦社区百货类的定位已经无法满足顾客们的需要。2011 年 7 月,长宁区原天山商厦就将彻底变身为"百盛虹桥天山店",百盛投巨资进行内外装修。整个装修工程于 2011 年 7 月竣工,新店的总营业面积为 33020 平方米。百盛对新店的总体定位为主打 25 至 45 岁消费群体的中高档百货,以"成熟、时尚、活力"为其经营理念。

表 2.3.12　百盛购物中心天山店经营定位与品牌分布表(2012 年)

楼层	楼层定位	经营内容	具体品牌
5F	儿童用品	家居用品、童装	Tayohya、Artilivi、Sant、Safron、Goodgoods、Ivy House、Curly Sue、NIKE kids、Hello Kitty、Osh Kosh、Jeep、Alphabet、E. Land Kids、Paw In Paw、Fssh kids、Twin Kids、Kaminey、Babies、Pyopyo、Gb 好孩子、赛诺、简爱家居、淑女屋家居、馨亭家居、小淑女与约翰
4F	绅士休闲	职业男装、休闲男装	Jiova Lino、Vicutu、Boni、Ace、Fransition、G2000、Bogeaseni、Sams. Nite、Paloncaco、Arrow、Tiamo、Scofied、Vitorofolo、Tony Wear、NIKE Golf、Camel Active、THE NORTH FACE、Jack Wolfskin、Columbia、Maseries、Ziozia、Selg Fahrenheit、行家
3F	都会少淑	休闲男装、职业男装、时尚女装	NIKE、Skechers、adidas、Reebok、Puma、Converse、Pony、MLB、Lacoste、Fun、Past Future、jasonwood、Dickie、SELECTED、Gxg、Peacebird、Gather Jewels、Losacos、Huntcity、Gxg1978、Jack&Jones、VERO MODA、ESPRIT、E. Land、Fandeice、Cods、Jopshop、Codescombine、Mediwell、Ugiz、Oasis、Shiri、Peggy、Leshop、马克华菲、Gogirl、KLEIN PLUS+、Etam、Openbox、Connie. Ca、Promod、Betu、Ochirly、Akualani、Clride、Et Boice、Only、淑女屋

楼层	楼层定位	经营内容	具体品牌
2F	流行精品	休闲男装、流行女装	Aj、Miss Sixty、Lacoste、Nautica、Hazzys、LEE、Guess、Devil Nut、Evisu、Gstarraw、CK Jeans、Gas、Oakley、Moussy、DKNY Jeans、Oasis、VERO MODA、Isaac、Genuesy、Hny、Etam、Akualani、T. W、Open. Box、Honeys、Klein. Plus、Betu、Only、Esprit、Codes Comnine、Ono、Et Boite、Ochirly、Lily、Teenie Weenie
1F	流行女鞋	流行女鞋	Le Saunda、Cne、ST.&SAT、TATA、Kiss. Kitty、AAA、JC COLLEZIONE、Staccato、Nine West、Stellaluna、Easy Spirit、Enrico Coveri、J Shoes、ECCO、GEOX、Rockport、BATA、千百度
B1	休闲小食	餐饮、超市	Cold Stone、Homeofthewhopper、汉堡王、满记甜品、呀咪咖喱饭、马哥脖韦、食之迷、屈臣氏、快乐柠檬、赛百味

百盛购物中心天山店经营服装品牌分布特点：

服装品牌经营面积约 5115 平方米。其中，最大店铺为 Etam，占地 100 平方米；最小店铺为 Pony，占地 20 平方米；平均服装品牌经营面积为每家 37 平方米。经营服装品牌 139 家，其中经营男装 57 家，经营女装 47 家，经营童装 16 家。经营服装风格包括时尚、基本、职业、休闲、运动。

主要消费者年龄为 0 ～ 40 岁。

经营的服装产品单品价格在 38 ～ 5999 元之间，其中主要单品价格为 399 ～ 899 元。

6) 汇金百货 (虹桥店)

表 2.3.13　汇金百货 (虹桥店) 概况

中文名称	汇金百货
外文名称	无
所属集团	上海汇金百货有限公司
所属国家	中国
地　　址	长宁区天山路 900 号
区　　域	长宁区
商　　圈	上海天山虹桥商圈
营　　业	10:00 ～ 22:00
电　　话	021-61259999
网　　址	http://www.huijinbaihuo.com/cn/
总 楼 层	B2 ～ 6F
建筑面积	40000 平方米
服装经营面积	4108 平方米

建设时间	2008 年
公交线路	公交 54、69、71、74、74b、88、141、158、519、737、808、825、829、856、941 路,地铁 2 号线(娄山关路站)
停车位数量	100 个
消费者年龄范围	0 ~ 40 岁
服装产品价格范围	29 ~ 13600 元
经营全部品牌数量	144 个
经营服装品牌数量	107 个
服装展示指数	★★★★☆
交通指数	★★★★★
环境指数	★★★☆☆
价格指数	★★★☆☆
时尚指数	★★★☆☆
人气指数	★★★★☆

汇金百货虹桥店开业于 2008 年 12 月 28 日,地处长宁区天山路、娄山关路口,东临中山公园商圈,南接虹桥高档商务区和古北高档住宅区,西达虹桥机场,北靠人口密集的大型住宅区,地理位置十分优越。地铁 2 号线与商场内部直接连通,拥有良好的地面和地下交通网络。百货虹桥店为独立商业建筑设计,巨型门头显示屏、双中庭结构设计,凸显豪华现代气息。商场共有 8 个经营层面和 1 个停车层,经营面积达 4 万平方米,内有近 100 个停车位,22 部自动扶梯和 4 部客梯,内部交通十分便利。虹桥店充分利用商场空间,先后开设了85° C、东影美发厅、汇佳桌游咖啡馆、小肥羊火锅、万裕国际影城等休闲娱乐场所,可满足消费者一站式购物、休闲、娱乐的完美体验。

表 2.3.14　汇金百货虹桥店经营定位与品牌分布表(2012 年)

楼层	楼层定位	经营内容	具体品牌
5F	儿童用品	职业男装、休闲男装、童装、家居用品	LEE、Levi's、Apple Shop、马克华菲、New Balance、Fanapal、5th Street、Zuoan、Highness、Jansport、CONVERSE、李宁、adidas、NIKE、PUMA、Zoke、Ozark、Arcticfox、Izuno、Columbia、Pigeon、Piyq、Gb、Tayohya、Veken、Lamo、Bestch、Artilivi、Dinsaur、ESPRIT、Mendale、Mercury、Paw in Paw、Ourq、Barbie、Oshkosh、Disney
4F	绅士休闲	职业男装、衬衫、鞋、箱包	TONY WEAR、Picasso、Keaute、Gather Gewels、Jack&Jones、Arrow、Richini、Mgb、Toimoi、Nautica、JOEONE、Ziagram、Cartelo、Banidlun、Vasto、Forte、Clearlucerne、Georgedano、Pal Ongaco、Bosssunwen、Didiboy、Crown、Vskonne、Bosssunwen、Giovanni、Diplomat、Leo、Dujiapeng、Ltgrff、Goodio、ESPRIT、Vicutu、Jockey、Schiesser、Erdos、Choya、过路人、喜来登
3F	新潮少女	流行女装	Ochirly、ESPRIT、Yigue、Forever new、Lily、G2000、Etam、BASIC House、La Chapelle、VERO MODE、ARMersy、mind Bridge、ONLY、Bello Ann、E·Land、TeenieWeenie、SCOFIELD、Klein plus、自然元素
2F	都会少淑	时尚女装	Jiesweer、e+、Jessie、Sunview、Eitie、Kako、Badina、Edemega、Zopin、IBYI、Faiosh、I、Singstar、Read_me、Dnada、Origin、Emely、SandWich、Tina Gia、Elegant.Prosper、Uzeneoyeo、AIK ERL、三枪
1F	流行名品	化妆品、鞋、箱包、眼镜、手表	ECCO、Clanks、Geox、Fed、le saunda、Fion、FBL、Why、Cobo、ELLE、KH Design、CASIO、Dilaks、AUPRES、ONLY、Loreal、Rimmel、Maybelline、Divum、Max Factor、Moschner、Swatch、奥卡索、红星眼镜、自然堂

汇金百货经营服装品牌分布特点：

服装品牌经营面积约 4108 平方米。其中，最大店铺为 Leo，占地 300 平方米；最小店铺为 Jiesweer，占地 15 平方米；平均服装品牌经营面积为每家 38 平方米。经营服装品牌 107 家，其中经营男装 49 家，经营女装 42 家，经营童装 8 家。经营服装风格包括时尚、基本、职业、休闲、运动。

主要消费者年龄为 0 ～ 40 岁。

经营的服装产品单品价格在 29 ～ 13600 元之间，其中主要单品价格为 339 ～ 890 元。

7）上服商厦

表 2.3.15　上服商厦概况

中文名称	上服商厦
外文名称	无
所属集团	上海服装集团有限公司
所属国家	中国
地　　址	长宁区茅台路 567 号
区　　域	长宁区
商　　圈	上海天山虹桥商圈
营　　业	09:30 ～ 20:00
电　　话	021-62748598
网　　址	http://www.shanghai-garment.com/art.asp?aid=256
总 楼 层	1 ～ 3F
建筑面积	1800 平方米
服装经营面积	751 平方米
建设时间	2004 年 6 月
公交线路	地铁 2 号线，公交 54、71、88、127、700、827、829、856、941 路
停车位数量	0 个
消费者年龄范围	20 ～ 50 岁
服装产品价格范围	16 ～ 6680 元
经营全部品牌数量	29 个
经营服装品牌数量	29 个
服装展示指数	★★★★☆
交通指数	★★★★★

环境指数	★★★☆☆
价格指数	★★★☆☆
时尚指数	★★★☆☆
人气指数	★★★★☆

上服商厦开业于 2004 年 6 月 18 日，座落于长宁区茅台路 567 号一、二楼，商业建筑面积 1800 平方米。商厦主要经营上服集团公司所属品牌服饰商品和外贸服饰产品。

表 2.3.16　上服商厦经营定位与品牌分布表（2012 年）

楼层	楼层定位	经营内容	具体品牌
3F	都会少淑	休闲女装、羽绒服	丽高、波司登、水袖秀、雁皇、雪韵飘、吉航、冠军鹿、梦中狼、皮尔卡丹、羽高
2F	新潮少女	休闲女装	水袖秀、雪韵飘、芭佰利、繁莹、开开、月亮街、你妳、蒂雅、大地
1F	绅士休闲	职业男装、休闲男装、羽绒服	Georgie Amanda、Wolontiannu、Camel、T.A.3.Unusul、海螺、皮尔卡丹、一见棒、寒布仕、波司登

上服商厦经营服装品牌分布特点：

服装品牌经营面积约 751 平方米。其中，最大店铺为海螺，占地 40 平方米；最小店铺为雪韵飘，占地 18 平方米；平均服装品牌经营面积为每家 26 平方米。经营服装品牌 29 家，其中经营男装 10 家，经营女装 19 家，经营童装 0 家。经营服装风格包括职业、休闲。

主要消费者年龄为 20 ～ 50 岁。

经营的服装产品单品价格在 16 ～ 6680 元之间，其中主要单品价格为 198 ～ 690 元。

8）百联西郊购物中心

表 2.3.17　百联西郊购物中心概况

中文名称	百联西郊购物中心
外文名称	BAILIAN XIJIAO SHOPPING MALL
所属集团	百联集团
所属国家	中国
地　　址	长宁区仙霞西路 88 号
区　　域	长宁区
商　　圈	上海北新泾商圈
营　　业	10:00 ～ 22:00

电　　话	021-52198000
网　　址	http://www.blxjmall.com/
总 楼 层	1 ～ 4F
建筑面积	110000 平方米
服装经营面积	2385 平方米
建设时间	2004 年
公交线路	公交 54、88、121、836、91、739 路
停车位数量	600 个
消费者年龄范围	0 ～ 40 岁
服装产品价格范围	69 ～ 1499 元
经营全部品牌数量	57 个
经营服装品牌数量	36 个
服装展示指数	★★★★☆
交通指数	★★★★★
环境指数	★★★☆☆
价格指数	★★★☆☆
时尚指数	★★★☆☆
人气指数	★★★★☆

百联西郊购物中心位于上海西郊的长宁区新泾地区,是百联集团旗下一家全新的商业中心和社区中心。

购物中心占地面积 3.4 万平方米,建筑面积 11 万平方米,整个建筑物分地下 2 层和地上 4 层。购物中心采用开放式建筑风格,体现人性化设计理念,通过贯穿东西两侧出入口的步行街、室外与室内交替的环型走廊和天桥、开敞的园林景观中心广场,将三个区域的建筑有机地组合成一个整体,新颖的视觉效果,清新的绿化环境,处处彰显品味和情趣。

百联西郊购物中心定位于社区型购物中心,服务于周边居民社区, 大型超市、精品百货、家居用品、餐饮娱乐、品牌专卖、社区服务等丰富的业态组合。

表 2.3.18　百联西郊购物中心经营定位与品牌分布表(2012 年)

楼层	楼层定位	经营内容	具体品牌
4F	娱乐休闲	琴行、瘦身、餐饮、娱乐、KTV	Kids Spaces、创意工坊、知音琴行、玛花纤体、汤姆熊、卡通尼乐园、虹桥人家、好乐迪
3F	绅士休闲	职业男装、休闲鞋、箱包	UNIQLO、Nautica、马克华菲、Imdavid、Jack Wolfkin、Jack&Jones、Astro Boy、Gxg、LEE、Baleno、Levi's、THE NORTH FACE、adidas、Fila、NIKE、Vans、Jansport、Skechers、Konzen、墨达人
2F	新潮少女	时尚女装	Scat、Bcr、The Carnaby、Frizz、Ebase、Marienmary、Sandwhich、Basic House、Naivee、Olive Desolve、Lebonheur、Ep、JNBY、马克华菲、UGLZ、ELLE、Jack&Jones、Retrogallery、Ochirly、曼谷银
1F	流行名品	休闲服饰、咖啡店、冷饮	Sephora、Lacoste、OVS、StarBucka Coffee、Swatch、冰雪皇后、VERO MODA、ESPRIT

百联西郊购物中心经营服装品牌分布特点:

服装品牌经营面积约 2385 平方米。其中,最大店铺为 VERO MODA,占地 150 平方米;最小店铺为 UGLZ,占地 40 平方米；平均服装品牌经营面积为 66 平方米。经营服装品牌 36 家，其中经营男装 17 家，经营女装 23 家，经营童装 1 家。经营服装风格包括时尚、职业、休闲。

- 主要消费者年龄为 20 ～ 40 岁。

经营的服装产品单品价格在 69 ～ 1499 元之间，其中主要单品价格为 199 ～ 799 元。

9）馥邦购物中心

表 2.3.19　馥邦购物中心概况

中文名称	馥邦购物中心
外文名称	无
所属集团	上海馥邦购物中心有限公司
所属国家	中国
地　　址	长宁区天山西路 138 号
区　　域	长宁区
商　　圈	上海北新泾商圈
营　　业	10:00 ～ 22:00
电　　话	021-62395583
网　　址	无
总 楼 层	B1 ～ 1F
建筑面积（M²）	300 平方米
服装经营面积：	250 平方米
建设时间	2010 年
公交线路	地铁 2 号线（北新泾站），公交 91、74、141、825、846、216、750 路
停车位数量	无
消费者年龄范围	20 ～ 40 岁
服装产品价格范围	59 ～ 749 元
经营全部品牌数量	7 个
经营服装品牌数量	7 个
服装展示指数	★★★☆☆
交通指数	★★★★★
环境指数	★★★☆☆
价格指数	★★★☆☆
时尚指数	★★★☆☆
人气指数	★★★☆☆

　　馥邦购物中心地处长宁区西部,位于天山西路与北渔路交汇处,毗邻中环线,地铁二号线从这里横穿而过,北新泾站5号出口贯通商场。馥邦购物中心是一家定位社区、服务社区,汇聚中档品牌,涵盖餐饮、服饰、珠宝、家居、运动、休闲等生活所需的时尚元素,多元化的业态形式,真正成为了百姓馥邦。

表 2.3.20　馥邦购物中心经营定位与品牌分布表(2012 年)

楼层	楼层定位	经营内容	具体品牌
1F	流行名品	时尚女装、休闲女装、休闲男装	Caro Ven、Veryeve、Eral、La Chapelle、Etam、Boula、美特斯邦威

　　馥邦购物中心经营服装品牌分布特点:

　　服装品牌经营面积约 250 平方米。其中,最大店铺为 La Chapelle,占地 50 平方米;最小店铺为 Caro Ven,占地 25 平方米;平均服装品牌经营面积为每家 36 平方米。经营服装品牌 7 家,其中经营男装 1 家,经营女装 6 家,经营童装 0 家。经营服装风格包括时尚、休闲。

　　主要消费者年龄为 20 ～ 40 岁。

　　经营的服装产品单品价格在 59 ～ 749 元之间,其中主要单品价格为 180 ～ 599 元。

10) 友谊百货(长宁店)

表 2.3.21　友谊百货(长宁店)概况

中文名称	友谊百货
外文名称	FRIENDSHIP DEPARTMENT STORE
所属集团	百联集团
所属国家	中国
地　　址	长宁区仙霞西路 88 号
区　　域	长宁区
商　　圈	上海北新泾商圈
营　　业	10:00 ～ 22:00
电　　话	021-52179910
网　　址	http://www.blyycn.com/
总 楼 层	1 ～ 3F
建筑面积	近 8000 平方米
服装经营面积	2698 平方米
建设时间	2004 年
公交线路	公交 54、88、121、836、91、739 路
停车位数量	600 个

消费者年龄范围	20 ～ 50 岁
服装产品价格范围	39 ～ 3780 元
经营全部品牌数量	97 个
经营服装品牌数量	84 个
服装展示指数	★★★★☆
交通指数	★★★★★
环境指数	★★★☆☆
价格指数	★★★☆☆
时尚指数	★★★☆☆
人气指数	★★★★☆

友谊百货长宁店坐落在上海西郊的长宁区新泾地区,位于百联西郊购物中心东侧。商场一至二层,经营面积近一万平方米,主要经营化妆品、黄金珠宝、箱包皮鞋、钟表眼镜、烟酒、男女职业装、休闲装、少淑女装、内衣服饰、羊绒制品等百货商品,是一家以满足家庭型消费为主体的社区型主题百货商店。

2012 年 12 月,为进一步优化经营结构,满足消费需求,提升百联西郊购物中心的经营档次和能级,百联西郊购物中心的主力百货店全新翻牌升级,原友谊百货长宁店翻牌升级为东方商厦西郊店。这是友谊股份旗下两家友谊百货中率先升级为东方商厦的一家。经过翻牌升级后的东方商厦西郊店进一步提升了品牌档次,建筑面积是原友谊百货的 1.8 倍,达到 1.4 万平方米。东方商厦西郊店共有 3 个经营楼层,一楼商场主要经营黄金珠宝、化妆品、男女鞋、烟酒、滋补品、钟表眼镜等;二楼商场主要经营职业女装、少淑女装、羊绒、内衣、女包、时尚手表等;三楼商场主要经营男士服饰等。

表 2.3.22　友谊百货经营定位与品牌分布表(2012 年)

楼层	楼层定位	经营内容	具体品牌
3F	绅士休闲	职业男装、休闲男装	UNIQLO、Danuo、For Doo、Vskonne、Menha、Dezun、Forodoo、Nautica、纤夫、九牧王、韦克龙德、莱德蕾斯、圣大保罗、安德露、比华利保罗、金鲨鱼、马克华菲、名勋
2F	新潮少女	流行女装、职业男装、女士内衣	Kako、Dnada、Zukka、Us Popl、Liario、衣恋、史努比、亦谷、法尼、菲依尼尼、靓线、欧米啦、勃斯佩斯、春竹、梦特娇、群工、可可贝莉、敦奴、莱珂、稻草人、金犀犀、帝高、皮皮狗、西格、纤夫、德尊、佳莉泽、美标、福太太、三枪、舒雅、芬狄诗、古今、曼尼芬、安莉芬、史努比内衣、黛安芬、gp、安德露、猫人
1F	流行名品	化妆用品、流行女鞋、黄金珠宝	Bata、Cne、Le Sauda、BELLE、Harson、Fed、Basto、Aokang、Ststa、Cameido、ECCO、GEOX、Sheridan、Fortiei、Clanks、Pierre Cardin、U.S POLO ASSN、ACE、TATA、Avene、Effaclar、Loreal、Aupres、Olay、奥卡索、斯贝蒂、富贵鸟、阿芙罗狄、伊莲娜、康莉、千百度、周大生、贝尔利、城隍珠宝、天美．珠宝、美仕珠宝、老庙黄金、周大福、翠轩珠宝

友谊百货经营服装品牌分布特点:

服装品牌经营面积约 2698 平方米。其中,最大店铺为皮皮狗,占地 55 平方米;最小店铺为安莉芬,占地 20 平方米;平均服装品牌经营面积为每家 32 平方米。经营服装品牌 84 家,其中经营男装 22 家,经营女装 36 家,经营童装 0 家。经营服装风格包括时尚、基本、职业、休闲。

主要消费者年龄为 20 ～ 50 岁。

经营的服装产品单品价格在 39 ～ 3780 元之间,其中主要单品价格为 199 ～ 799 元。

2.4 静安区服装零售商圈

区域简介

2.4.1 静安区简介

中文名称	静安区
外文名称	Jingan District
下辖地区	5个街道办事处（南京西路街道、石门二路街道、江宁路街道、静安寺街道、曹家渡街道）
政府驻地	常德路370号
地理位置	上海市中心
面　　积	8平方公里
人　　口	30.51万人（2010年）
著名景点	静安寺、美琪大戏院、善终里、蔡元培故居、胡公馆、周璇故居
火　车　站	无
著名学府	无
身份证区划	310106
战略规划	打造世界级魅力中心,构建静安国际商务港
主要商业区	南京西路商圈,曹家渡商圈

　　静安区因境内古刹静安寺而得名,地处上海市中心,地段优势极为明显,周围与5个区相邻,区境大部分解放前曾属上海公共租界西区。静安区东以成都北路、延安中路、陕西南路与黄浦区为邻;南沿长乐路与徐汇区衔接;西以镇宁路、万航渡路、武定西路、江苏路、长宁路与长宁区交界;北至安远路、长寿路,与普陀区毗连;隔苏州河与闸北区相望。它是全上海惟一一个所有区境都位于内环内的市中心黄金城区。静安区也是全市所公认的"高品位的商务区"和"高品质的生活居住区",繁华璀璨融汇典雅雍容,闹中取静,环境优美,故备受知名人士、社会名流青睐。

　　静安南京路辟筑于1862年,是上海第一条西式大马路,1908年这里又开通了第一辆有轨电车,从此演绎了近代上海的繁荣。近年来,静安区抓住机遇,乘势而上,积极引进外资,在1.8平方公里的静安南京路地区实施大规模综合开发,建造了一批高级商业商务楼宇,并大步推进旧区改造,人民居住条件得到很大改善。同时,积极推动社会事业的发展,教育、卫生、体育、文化等一流设施拔地而起,使全区经济和社会发展取得了历史性成就,静安区的集聚和辐射功能日益凸现。

2010 年全区商贸流通业实现增加值 54.82 亿元,比上年增长 13.7% ;完成税收收入 57.34 亿元,增长 35.1%。全年实现商品销售总额 1156.61 亿元,比上年增长 23.2%。其中,批发销售额 955.3 亿元,增长 25.6%。全年实现社会消费品零售总额 237.12 亿元,比上年增长 10.7%。其中:吃的商品零售额 84.82 亿元,增长 5.7% ;用的商品零售额 82.33 亿元,增长 10.9% ;穿的商品零售额 69.96 亿元,增长 17.2%。

商圈分布

表 2.4.2　静安区商圈分布及商场

商圈	商场	地址
南京西路	梅龙镇广场(包括梅龙镇伊势丹)	静安区南京西路 1038 号
	开欣商厦(中创大厦)	南京西路 819 号
	818 广场	静安区南京西路 818 号
	金鹰国际购物中心	静安区南京西路 1168 号中信泰富广场 4 层
	久光百货	静安区南京西路 1618 号
	恒隆广场	静安区南京西路 1266
	中信泰富广场	静安区南京西路 1168 号中信泰富广场内
曹家渡	悦达 889 广场	静安区万航渡路 889 号

图 2.4.1　南京西路商圈地图

A——南京西路

南静安板块是静安的最核心区域。它东临成都北路,南临长乐路、延安中路,西临镇宁路,北临新闸路,是发展成熟,商业、艺术气息都极为浓厚的板块。如果说新天地是怀旧与时尚的结合体,那么南静安便是与之相应的融合区。板块内不仅有极富现代气息的静安寺商圈、南京西路商圈、威海路传媒文化街;还有具有深厚文化沉淀的百乐门大舞厅、上海展览中心(原名中苏友好大厦)、奉贤路、长乐路上的老洋房等。目前的上海,南京西路是最著名的奢

侈品牌聚集地,没有哪一个商圈可以与其媲美。这里既拥有诸如恒隆般的众多顶级奢华高级商场,还有很多知名商务楼,商务楼中汇集了许多强劲的企业。同时亦由于历史原因和地理位置的独一无二,它成为上海高档宾

馆酒店最为集中的地区。区域内云集了波特曼丽嘉大酒店、希尔顿饭店、国际贵都大酒店、锦沧文华大酒店、上海宾馆、静安宾馆、百乐门大酒店。

南京西路是被称为"中华商业第一街"——南京路（南京东路和南京西路）的西半部,跨黄浦、静安两区。精华段都集中于静安区,东起成都北路,西迄延安西路,全长2933米,穿越静安寺闹市地区,横贯静安全境。它拥有恒隆广场、中信泰富、梅龙镇所形成的"金三角"与会德丰广场、越洋广场、嘉里二期等组成的"金五星"交相辉映;同时还坐落着众多名特商店,汇全区商业之精华。静安南京西路商圈所聚集的知名品牌高达1200多个,国际品牌就有750多个,而且国际上顶级品牌都在这里开有旗舰店或专卖店,因而南京西路是当今沪上最高档的购物场所。

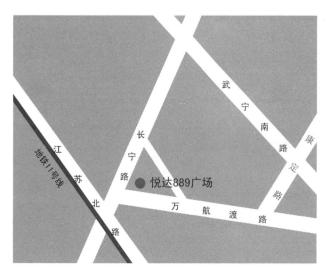

图2..4.2 曹家渡商圈地图

B——曹家渡

曹家渡位于静安区西北部,东起胶州路,西到长宁路、江苏路,南临武定西路。新闸路,北至长寿路、安远路,面积约1.5平方公里。曹家渡地域优势独特,多条市中心重要干道在此交汇;商业上受静安寺、中山公园、长寿路三大商圈辐射影响,已成为上海重点发展的区域商业中心之一。地域优势加上成熟的商住区定位,曹家渡成为一个以高档综合商业服务为特色的新兴中心区域。

曹家渡地处静安、普陀、长宁三区交汇处,独特地域优势使得它能吸纳三个区域的消费人群,并与其他商圈形成错位竞争格局,在商业规划超越现行的同时又能容纳不同档次的商业。曹家渡商圈是近几年上海区域商业发展的后起之秀。

商场分析

1) 梅龙镇广场

表2.4.3 梅龙镇广场概况

中文名称	梅龙镇广场
	![梅龙镇广场外景照片]
外文名称	Westgate Mall

所属集团	上海梅龙镇广场有限公司
所属国家	中国
地　　址	静安区南京西路 1038 号
区　　域	静安区
商　　圈	上海南京西路商圈
营　　业	11:00～21:00
电　　话	021-62187878
网　　址	http://www.westgatemall.com.cn/
总 楼 层	B1～10F
建筑面积	103461 平方米
服装经营面积	16000 平方米
建设时间	1997 年
公交线路	地铁 2 号线(南京西路站),公交 23、24、112、206、41、935、104 路
停车位数量	330 个
消费者年龄范围	0～50 岁
服装产品价格范围	250～20000 元
经营全部品牌数量	231 个
经营服装品牌数量	150 个
服装展示指数	★★★★★
交通指数	★★★★★
环境指数	★★★★★
价格指数	★★★★☆
时尚指数	★★★★☆
人气指数	★★★★☆

　　上海梅龙镇广场有限公司是由香港和记黄埔地产有限公司、长江实业(集团)有限公司与上海梅龙镇(集团)有限公司共同发展的综合性商业楼宇。

　　坐落于上海繁华的南京西路江宁路口,与中信泰富和恒隆形成静安"金三角"。大厦总建筑面积约 12 万平方米,主楼从 12～37 层楼为涉外甲级写字楼,众多知名跨国公司入驻其中。裙楼从地下 1 层至地上 10 层为大型购物商场,其建筑面积约 7 万平方米。

表 2.4.4　梅龙镇广场经营定位与品牌分布表(2012 年)

楼层	楼层定位	经营内容	具体品牌
10F	休闲生活	影城、咖啡馆	环艺电影城、咖世家咖啡
9F	休闲生活	美容、教育	华尔街英语、贝倚水疗 / 现代美容中心
8F	美容	美容	王磊形象公社 2、秀美荟美颜修复、纯美 SPA 护肤空间
7F	儿童玩具	餐饮、童装、玩具	麻辣诱惑、Burberry、日本蜜璐贝利童装、哈都日本童装、贺曼、组曲、卡迪米尼法亚卡迪、力高花熊、Denim Brr、Diesel、Ikks、秀兰·邓波儿、Armani Junior、I_Baby、Bonpoint、Burberry、Sweet Kids、Artso、Zusso Kids、Crystal Jade Restaurant、异人馆

续表

楼层	楼层定位	经营内容	具体品牌
6F	餐饮美容	餐饮、箱包、美甲	Tokyuhands、Jins、日本美食＆杂货屋、梅龙镇酒家、Peri、Royalcover、Osim、Lexon、Ace、Francfranc、Uchino、Yogurt、Svenson Hair Care、Zucchi、Sheridan、Mariefrance Bodyline、Create Your Own Fairy Tale、刘娟美甲
5F	时尚休闲	休闲女装、箱包、女鞋。美发	D'ORLAN、Diamond Dazzle、Delyle、Q'S Selection、Lagunadloon、Sugar Box、Lulualways Smile、Lasud、L'azza、MO&CO、K.S.Bere、Gmxy、Zopin、Belloann Origin、EST+II、Ein、Utt、Murua、PH7、Kakatei、Carlo Atelier、Roberta Di Camerino、Timberland、Lozio、Teslanlin、V.E.Delure、Frogniczila、LAMPO UOMO、ELLE、Didiboy、Lavico、Callisco、王伟美容美发
4F	都市休闲	休闲男装、休闲女装、鞋、箱包、饰品	Onebyone Studio、III Yiyiniko、Dilaks、Man Loulan、Spice Hair、Icb、Jade En Plus、Lime Flare、Daidoh By Newyorker、Ecaca、Tokyostyle、23KU、Louisa M、Elegance、Might、ICICLE、Yuanyuan、on & on、Omnialuo、Isnan、Ad、Lilly、Prolivon、Eitie、System、Luxman、Ep、Soir Dolce、I、Tasidan、e+、Luxenter、Fellala、Genten、Tinagia
3F	潮流新贵	休闲男装、休闲女装、鞋、箱包、饰品	Mervyns、Tommy Hilfiger、Gant、O'blu、Belfe、Lemarais、Marisfrolg、Shirtstop、Sjsj、It Michaa、Kookai、French Connection、Fred Perry、O'VWD、GUESS、AX、CK、LACOSTE、OTT、GUCCI、COACH、Decoster、Sazaby、Pucci、Emporio Armani、Tasaki、Snidel、Watons、Kalvin Klein Jeans
2F	潮流时尚	化妆品、时尚男装、时尚女装、鞋、箱包、饰品	Samantha Thasava、Plaza、Pique、Mary Quant、Neroly、Isyfen、Kid Blue、Nest、p.plus、Atsuro Tayama、Pico Lela、CK、Juicp couture、TISSOT、Double Standard、4.C、Agete、Jefen、Abahouse Devinette、Cachetout/Cacherien、Whatfor、Millie's、Purabianca、AS、Robertadi Camerino、Joy&Peace、Ninewest、Yebbn、Stevemadden、Misssixty、Ash、Patricia、"Couleur Varie"、Asypirit、Jonze、Laclover、Enweis、Sanai、Jewelry Gallery、I.T.、Dkny、Bcbgmaxazria、Alexander Zouari
1F	流行名品	品牌化妆品、时尚男装、流行女装、箱包、饰品	L'OREAL、Estee Launder、Shiseido、Giorgio Armani、Albion、La Prairie、Episteme、Bobbi Brown、Clarins、Biotherm、Chanel、Lamer、Shuuemura、Clinique、Hr、Monceau Fleurs、Sharelove、Emperor Watch and Jewellery、a.testoni、Coach、Ermeneqildo Zegna、SISLEY、SK-II、Fancl、Cosme Decorte、Fragrance Bar、KIEHL'S、Origins、Guerlain、Astalift、Lancome、Dior、Aimer、Delicieux、Haagen-Dazs、Versace Collection、Cerruti 1881、Godiva、Osim、Burberry、Anteprima
B1	休闲餐饮	餐饮	Burger King、寿司·武贞

梅龙镇广场经营服装品牌分布特点：

服装品牌经营面积约16000平方米。其中，最大店铺为DKNY，占地350平方米；最小店铺为Roberte di camerino，占地5平方米；平均服装品牌经营面积为每家80平方米。经营服装品牌150家，其中经营男装34家，经营女装100家，经营童装21家。经营服装风格包括时尚、职业、休闲、礼服。

主要消费者年龄为20～45岁。

经营的服装产品单品价格在250～20000元之间，其中主要单品价格为800～7000元。

2）开欣商厦

表 2.4.5　开欣商厦概况

中文名称	开欣商厦
外文名称	无
所属集团	开开集团
所属国家	中国
地　　址	静安区南京西路 819 号
区　　域	静安区
商　　圈	南京西路商圈
营　　业	10:00 ～ 22:00
电　　话	无
网　　址	无
总 楼 层	B1 ～ 5F
建筑面积	8500 平方米
服装经营面积	4170 平方米
建设时间	2006 年
公交线路	地铁 2 号线（南京西路站），公交 20、37、330、921 路
停车位数量	55 个
消费者年龄范围	0 ～ 50 岁
服装产品价格范围	50 ～ 2000 元
经营全部品牌数量	29 个
经营服装品牌数量	15 个
服装展示指数	★★★☆☆
交通指数	★★★★☆
环境指数	★★★☆☆
价格指数	★★★☆☆
时尚指数	★★☆☆☆
人气指数	★★☆☆☆

　　开欣商厦共有 5 层，其定位为集时尚服饰品牌店、餐饮、娱乐为一体的综合性商场，以单体多元化的业态提升竞争力，以区域"快时尚"集聚的效果凝结吸引力。

表 2.4.6　开欣商厦经营定位与品牌分布表（2012 年）

楼层	楼层定位	经营内容	具体品牌
5F	餐饮	餐饮	神户明味家日式炭火烧烤、江边城外、義面屋、花舞
4F	生活休闲	食品、美甲、童装	扶桑、幸福 131（未开业）、金必多茶餐厅、童装、马莎咖啡吧、食品区、面包区、名钻美甲、芋贵人、越域秘制牛肉面
3F	休闲时尚	未营业	RLORA（装修）、Harmony Star Jewellery（关闭）、ELITE BOUTIQUE（关闭）、M＆S、UUNreplaceable（装修）
2F	休闲时尚	休闲男装、休闲女装	GAP、M＆S、Lingerie、AE
1F	休闲时尚	休闲男装、休闲女装	GAP、M＆S、AE

开欣商厦经营服装品牌分布特点：

服装品牌经营面积约 4170 平方米。其中，最大店铺为 M＆S，占地 900 平方米；最小店铺为 AE，占地 45 平方米；平均服装品牌经营面积为每家 300 平方米。经营服装品牌 15 家，其中经营男装 6 家，经营女装 11 家，经营童装 2 家。经营服装风格包括时尚、职业、休闲。

主要消费者年龄为 20 ～ 45 岁。

经营的服装产品单品价格在 50 ～ 2000 元之间，其中主要单品价格为 100 ～ 500 元。

3) 818 广场

表 2.4.7　818 广场概况

中文名称	818 广场
外文名称	Mall 818
所属集团	上海长春藤房地产有限公司
所属国家	中国
地　　址	静安区南京西路 818 号
区　　域	静安区
商　　圈	南京西路商圈
营　　业	10:00 ～ 22:00
电　　话	021-62176530
网　　址	http://www.mall818.com/
总 楼 层	B1 ～ 7F

建筑面积	11000 平方米
服装经营面积	1800 平方米
建设时间	2006 年
公交线路	公交 20、37、921、330、112 路,地铁 2 号线(南京西路站 2 号出口)
停车位数量	80 个
消费者年龄范围	0～50 岁
服装产品价格范围	50～5000 元
经营全部品牌数量	42 个
经营服装品牌数量	19 个
服装展示指数	★★★☆☆
交通指数	★★★★★
环境指数	★★★☆☆
价格指数	★★★☆☆
时尚指数	★★★☆☆
人气指数	★★★☆☆

上海 818 生活广场位于南京西路 818 号,是一个同时涵盖商店、餐饮、活动举办以及娱乐休闲等多方面功能的复合型商场。818 广场由国际知名的投资管理机构 ING 房地产投资管理机构开发、建设。毗邻"梅泰恒"金三角顶级商圈,地铁 2 号线南京西路出口,交通便利,人流充足。地处石门一路商圈中心的 818 广场定位于年轻、时尚、消费能力强的白领阶层,提供集服装、配饰、餐饮于一体的优质消费场所,与西侧的"梅泰恒"商圈形成错位经营,以满足消费者的不同需求。

上海 818 生活广场原址是静安区少年宫,现经重建成为以购物为主的多功能商场。商场由地下 1 层至 7 层,购物面积达 20600 平方米,云集有多个国际知名品牌。商场 1～4 层为品牌商户,地下 1 层、5～7 层为饮食场所。

表 2.4.8　818 广场经营定位与品牌分布表(2012 年)

楼层	楼层定位	经营内容	具体品牌
7F	餐饮	餐饮	外婆家
6F	餐饮	餐饮	大渔、青珑工坊、泰意、藏珑泰厨、藏珑云海
5F	餐饮	餐饮	火圣烤肉(未开业)、佰家仟味、狮子山下
4F	美容美发	美容、美发、SPA	睿诗美发(未开业)、黛丝美容中心、芭俪伊人、诗泥 SPA、资生堂培训中心、美容美发 EXY、丽尔美甲、宝贝城
3F	都会少淑	休闲女装、超市	JNBY、ANOTHER、MUJI、Triumph、SUREN HANDMADE、Cotton Republic、corsetc、emoi、Bench Body
2F	休闲女装	休闲女装、超市	VERO MODA、SEVEN DAYS、Watsons、TOUGH Jeansmith、TAPENADE、Ochirly、DEVIL NUT
1F	时尚休闲	休闲女装、鞋	OVS 、Star Fashion 、Five Plus、FOOTMARK
B1	休闲小憩	餐饮、超市	合点寿司、一伍一拾、味千拉面、牛蛙

818 广场经营服装品牌分布特点:

服装品牌经营面积约 1800 平方米。其中,最大店铺为 SEVEN DAYS,占地 266 平方米;最小店铺为 Cotton Republic,占地 15 平方米;平均服装品牌经营面积为每家 75 平方米。经营服装品牌 19 家,其中经营男装 8 家,经营女装 16 家,经营童装 1 家。经营服装风格包括时尚、职业、休闲。

主要消费者年龄为 25 ～ 45 岁。

经营的服装产品单品价格在 50 ～ 5000 元之间,其中主要单品价格为 150 ～ 1500 元。

4) 金鹰国际购物中心

表 2.4.9　金鹰国际购物中心概况

中文名称	金鹰国际购物中心
外文名称	Golden Eagle
所属集团	金鹰国际集团
所属国家	新加坡
地　　址	静安区南京西路 1168 号
区　　域	徐汇区
商　　圈	上海徐家汇商圈
营　　业	10:00 ～ 22:00
电　　话	021-62881588
网　　址	http://sh.goodee.cn/cn/index.php
总 楼 层	B1 ～ 9F
建筑面积	38000 平方米
服装经营面积	5219 平方米
建设时间	1992 年
公交线路	公交 15、20、21、23、24、37、49、104、148、206、921、935、939 路,沪钱线,地铁 2 号线(静安寺站)
停车位数量	有,数量不详
消费者年龄范围	25 ～ 45 岁
服装产品价格范围	300 ～ 60000 元
经营全部品牌数量	48 个
经营服装品牌数量	38 个
服装展示指数	★★★★☆

交通指数	★★★★★
环境指数	★★★★★
价格指数	★★★★★
时尚指数	★★★★☆
人气指数	★★★★☆

璀璨于南京西路高档时尚核心商圈的上海金鹰国际购物广场,隶属于金鹰商贸集团有限公司。与恒隆广场、中信泰富、梅龙镇广场毗邻而居。经过重新打造,华丽转身后的上海金鹰国际购物广场秉承国际风尚,旨在汇聚国际知名品牌,尽领潮流之巅。

上海金鹰国际购物广场营业面积4万平方米。地下1层为停车场;1～2层主营国际名品,近2000平米的GUCCI店堂全力打造中国区奢侈旗舰,近300平的可用活动面积,是发布最新潮流信息的高端场所;3～5层主营时尚百货,汇聚了潮流女鞋、女装、女士内衣、女包、配饰、男士休闲、正装、男鞋、箱包等;6～8层主营餐饮、休闲、健身等特殊业态,小南国、揽香、豆捞坊、WFitness健身会所以及竭诚为顾客提供温馨服务的顾客服务中心。9层特设金鹰高级会所,面积约2000平方米,汇聚珠宝、名表、银器、高端进口红酒、雪茄、茶道多品类于一体,并融合VIP室、珠宝展示、茶艺品鉴、艺术画廊等特别服务,打造市场上首家综合性高级会所概念店。

表2.4.10 金鹰国际购物中心经营定位与品牌分布表(2012年)

楼层	楼层定位	经营内容	具体品牌
8F	餐饮休闲	健身、餐饮	橄香、威式健身馆
7F	餐饮休闲	餐饮	相当香港餐厅
6F	餐饮休闲	餐饮	1001原汁牛肉面、焱韩式料理、豆捞坊
5F	绅士休闲	休闲男装	Vicutu、Carlo Castello、Lavico、Gornia、Bogeaseni、Scofield
4F	名媛新贵	休闲女装、鞋、箱包、饰品	Caroline、It Michaa、Sefon、Backyard、Compela、Malabata、Lanafay、Insun、Cagllari Exchange
3F	都会少淑	休闲女装、鞋、箱包、饰品	Jorya Weekend、Givh Shyh、Prich、Milie's、TATA、BELLE、Nine West、Marja Kurki、Blinkgalley、Anagram、Stella Luna
2F	潮流时尚	流行女装、流行男装、鞋、箱包、饰品	Bottega Veneta、GUCCI、Le Lutin、Weill、Marly's、Y-3、Piquadro、Mahalie Gancon、AK、It Michaa
1F	潮流名品	流行女装、流行男装、鞋、箱包、饰品	GUCCI、Y-3、Girard-Peregaux、Ulysse Nardin、Bottega Veneta、STARBUCKS COFFEE

金鹰国际购物中心经营服装品牌分布特点:

服装品牌经营面积约5219平方米。其中,最大店铺为GUCCI,占地2000平方米;最小店铺为Backyard,占地10平方米;平均服装品牌经营面积为每家140平方米。经营服装品牌38家,其中经营男装14家,经营女装32家,经营童装0家。经营服装风格包括时尚、基本、职业、休闲。

主要消费者年龄为25～45岁。

经营的服装产品单品价格在300～60000元之间,其中主要单品价格为500～7000元。

5）久光百货

表 2.4.11　久光百货概况

中文名称	久光百货
外文名称	Jiu Guang Department Store
所属集团	香港崇光百货有限公司、上海九百（集团）有限公司
所属国家	中国
地　　址	南京西路 1618 号
区　　域	静安区
商　　圈	上海南京西路商圈
营　　业	10:00 ～ 22:00
电　　话	021-32174838
网　　址	http://www.jiu-guang.com/shanghai/
总 楼 层	B1 ～ 10F
建筑面积	91613 平方米
服装经营面积	14483 平方米
建设时间	2004 年
公交线路	地铁 2 号线（静安寺站），公交 15、20、37、40、57、76、94、830、837、838 路
停车位数量	200 个
消费者年龄范围	0 ～ 60 岁
服装产品价格范围	100 ～ 70000 元
经营全部品牌数量	482 个
经营服装品牌数量	276 个
服装展示指数	★★★★☆
交通指数	★★★★★
环境指数	★★★★☆
价格指数	★★★★☆
时尚指数	★★★☆☆
人气指数	★★★★☆

　　由香港利福国际集团下属香港崇光百货有限公司与上海九百(集团)有限公司共同出资打造的上海百货业航母——久光百货,于2004年9月29日在上海闪亮揭幕。位于南京西路1618号,东靠上海机场城市航站楼,与扩建的静安寺、静安公园相映成辉,地下1层与地铁2号线静安寺站直接相连,交通十分便捷。集商业零售、餐饮、超市、休闲于一体的城市型"销品茂"。

　　引进国外百货管理经验,融合香港崇光百货开店21周年来的灵活而严谨的管理模式、日本商业无微不至的服务文化以及广阔的采购网络和业务联系。引入了"店中店"、日式亲切服务、以"客"为尊的精神,以及先进的"一站式"购物理念,提供购物餐饮、休闲娱乐、仪容护理、音乐培训等一系列配套服务,让久光百货成为目前上海具亲和力的百货之一。

表2.4.12　久光百货经营定位与品牌分布表(2012年)

楼层	楼层定位	经营内容	具体品牌
10F	美容沙龙	美容	宝丽妍、丽妍雅集、贝佳斯美容中心
9F	餐饮	餐饮	金桂皇朝、鹤舞、潮楼、新吉士上海菜、古意、小南国日式烧烤
8F	生活家居	锅具	菲仕乐、喜力特、酷彩
7F	家居时尚	床上用品、厨房用品、家居	席梦思、赛诺、罗莱、宜庭、居之岛、贝印．家用、美亚、随意居、她、卡撒．珂芬、欧瑞诗、珂诗塔、琉园、内野、克里斯蒂、玛戈隆特．骨瓷、玫瑰谷、波佐见、好璃奥、莱昂纳多、法国红酒工作室、奈954奈957曼、邓禄普、爱维福、泰普尔、贵资、牧宝、馨亭、罗卡芙、提籁雅、CK、傲胜、鲍士、伊芙德伦、奥佳华、喜来登、松下、意·欧恋纳、下一次、米兰菲丽、昆庭、皇家雪兰莪、雅致、爱陶、唯宝、玮致活、格里恩、康宁晶彩透明锅
6F	儿童运动	运动健身、户外用品、童装、文具	Le Coq Sportif、Cat、Merrell、Csieative Siecsieation、Boni、Roberta Di Amerino、Florsheim、Zoteno、Byford、Bossert、Samsnite、Jansport、Zoke、Arena、Flomo、Crayola、K-Kingdom、Gameplan、Barbie、Hot Wheels、King Jim、French Cat、KENZO、Mikimouse、Jakadi、LACOSTE、Hallmark Babies、Les Enphants、Oshkosh、Allo&Lugh、ELLE、Moufullw、adidas、Nicholas&Bears、Nike Kids、Naturino、Blue Bears、Bloc、Denimbrr、Denizew、Converse、Acupuncture、Nine、LACOSTE、Lowa、Tough Aero、Speedo、Johnson、Tyr、Kroceus、Sigg、M-Cro、Chicco、Hasbro、LEGO、Bandai、Hello Kitty、T.O.T.S、Takara Tomy、Playmobil、Hua Su、Sawnio、Z.M.F、Dor Dor House、Ftona's Prince、Chickeeduck、Babyde Mooe
5F	绅士休闲	男包、西装、休闲男装、打火机	Aquascutum、S.T.Dupont、SF Fation、Pierre Vaux、Daniel Hechter、Byford、Mizuno、Callaway、Tegge、Aigle、Ashworth、Samscuri、Munsingwear、LACOSTE、Trek&Travel、Calvin Klein、Nautica、Tommy Hilfiger、AdabaT、Precisionpar、Brooks Brothers、Durbna、Leo、Michel Rdne、Enrico Coveri、Alethe、Flex、Choya、Brush Finch、Zippo、Troika、Mcs、Camel Active、Intermezzo、M-Graph、B.V.D.、Body Wild、Parker、Cross、Lamy、Acme、GB、ECCO、Stonefly、Le Coq Sportif、李宁、ELLE、Titan、Rapido、L.L.Bean、Columbia、The North Face、Jack Wolfskin、The First Ooutdoor、Mizuno、Lafuma、Oakley
4F	青春淑女	时尚配饰、休闲女装	Loogy、Esperanza、Kakatoo、Beberose、Kipling、C.P.U.、Yosuke、Cube Sugar、Nice Claup、iiMK、OOO、Tapenade、Rebecca、Harca、Art Manuel、Lizlisa、Emely sweetie、UNITED COLORS OF BENETTON、Izzue、b+a b、Calvin Klein Jeans、Calvin Klein、Labobo、Emsexcite、Dosch、Remind And Forever、Dazzle、G.m、Honeys、Tralala、Marie、Casio、Nixon、CollectPoint、Image、Ceu、Majestic Legon、Guru、Ganesh、West Borne、Miss Sixty、Evisu、Replay、Guess、LEE、G.Star Raw、Levi's、Yell!、Gladnewsmart、TOUGH、Chevignon、adidas、Nitsuka Tiger

续表

楼层	楼层定位	经营内容	具体品牌
3F	女士精品	内衣、高级女装、职业女装、饰品	伊维斯、爱慕、戴安芬、华歌尔、阿森纳、Axelledesoie、尹默、诗易茜、上秀尤衣、例外、Robe de Tisse、欧侬蔻斯、Less、美芝婷、Totes、速比涛、宝尔菲特、背后舞台、拉菲、大同纽约克、素然、芝禾、Lovedrose、梦久丽娜、Rouge Diamani、O'vwd、耐克、伴渡、比尼克斯、爱特、露妮、衣·我的、高诗、伊华-欧秀、A.R.、爱菲尔、Salute、Private Shop、Intesucre、薇莉西雅、安斐尔、!qu、苹果派、诺玛西、卓卡、Lamafay、Another、Value、Crouqis、Zippo、i.s.o、th:、Frizz、娅娜、雪儿、洛卡薇尔、Knight&Bridge、爱美菲路、秘密构造、趣趣安娜、PinkMax、翻过来、东京时装、诗意露、锐丝、厚木、CK、郡是、福助、薇琪、可爱公主、Deicy、伊都锦旗、918、臣枫
2F	女士名品	名品女装、包袋、饰品、咖啡馆	GUCCI、Dior、CD.Biotherm、Clinique、Shiseido、Nine West、Olga、Ameda Moda、Milli's、Ash、Lesaunda、STACCATO、Joy&Peace、MISSSIXTY、Steve Madden、Tibaoaucheho、Ca va ca va、As、Patricia、Tse、Samantha Thavasa、Aguis.b、Dissona、Aee、Melissa、Enzo、Marella、Bally、Burberry、Why、Dilaks、Zsasasu、Barlay、Thoms Sabo、Emporioarmani、Fellala、Satellite、Pilgrim、TISSOT、MaxDia、Ilionno、LIU•JO、LAFAYETTE 148、Giada、Max&Co、Marina Rinaldi、Theory、Luisa Cerano、Juicp Couture、Stellaluna、Nine West、Ports、Joan David、Aquascutum、Icb、Hauber、Eq:Iq、Anne Klein、Bally、Aee、Melissa、Marella、Dissona、Samantha Thavasa、Ara、Hiroshima、Barclay、Dissona、Dilaks、La Pagayo、Falli Fallie、Luxenter、Kookai、The Ory、MaxMara Weekend、SF Fashion、Kate Spade、Regal、Pura Bianca、Aguis、Samantha Thavasa、Ameda Moda、Blocco5、Gastone Lucioli、ENZO、Roberta Di Camerino、Michelle Moissac、Keer、Jadelink、Raff、Maxdia、K.Gold、Ilionno、金利来珠宝
1F	时尚珠宝	化妆品、手表、珠宝、香水	TIFFANY&Co.、Hugo Boss、Daks、A.Testoni、CERRUTI1881、PINK、KENT&CURWEN、Aguis、Lloyd、Cieves&Hawkes、CK、Dunhill、Escada Sport、Kenzo、Liu.Jo、Moissac、Lafayette148、Giada、MAX&Co.、Marinaldi、Theory、Lc、Juicy Couture、Anne Klein、Joan David、Ports、Icb、Hauber、EQ:IQ、S.T.Dupont、Makeforever、ON、Sley、Calvin Klein、Covermark、Anna Sui、Orbis、Celine、Omega、ColeHaau、Michael Kors、Pink、Kent Curwen、Aguis、Gieves&Hawkes、ESCADA、LONGCHAMP、Burberry、I.T.Dupont、Vertu、Orlane、FANCL、Perricone Md、Borghese、Menard、Orbis、Sonoko、Covermark、On、BOSS
B1	休闲生活	餐饮、超市	福寿圆、美食广场、屈臣氏、超级市场

久光百货经营服装品牌分布特点：

服装品牌经营面积约 14483 平方米。其中，最大店铺为 Burberry，占地 450 平方米；最小店铺为 Thoms Sabo，占地 5 平方米；平均服装品牌经营面积为每家 53 平方米。经营服装品牌 276 家，其中经营男装 94 家，经营女装 217 家，经营童装 42 家。经营服装风格包括时尚、基本、职业、休闲、运动、礼服。

主要消费者年龄为 20 ～ 60 岁。

经营的服装产品单品价格在 100 ～ 70000 元之间，其中主要单品价格为 1200 ～ 8000 元。

6）恒隆广场

表 2.4.13　恒隆广场概况

中文名称	恒隆广场
外文名称	Plaza 66
所属集团	恒隆集团
所属国家	中国
地　　址	南京西路 1266
区　　域	静安区
商　　圈	南京西路商圈
营　　业	10:00 ～ 22:00
电　　话	021-62790910
网　　址	http://www.plaza66.com/zh-CN/home.aspx
总 楼 层	B1 ～ 5F
建筑面积（M²）	55000 平方米
服装经营面积	8812 平方米
建设时间	2001 年
公交线路	地铁 2 号线(南京西路站)、地铁 7 号线(静安寺站),公交 20、37、933、36、112 路
停车位数量	604 个
消费者年龄范围	0 ～ 60 岁
服装产品价格范围	200 ～ 500000 元
经营全部品牌数量	109 个
经营服装品牌数量	66 个
服装展示指数	★★★★★
交通指数	★★★★★
环境指数	★★★★★
价格指数	★★★★★
时尚指数	★★★★★
人气指数	★★★★☆

　　上海静安区南京西路 1266 号恒隆广场是高 66 层、288 米,其中相当部分是办公楼,商场面积为 5.5 万平方米。经过市场分析,恒隆广场投资者决定将楼市高地办成商业品牌高地,引进了一批世界顶级品牌的旗舰店。2001 年 7 月 14 日隆重开幕时,上海浦西第一高楼恒隆广场成为了中国的时尚高地。众多世界顶尖品牌

以在恒隆开设专卖店为荣,有些专门将其在中国大陆的首家专卖店甚至旗舰店落户于此。除了为上海消费者熟悉的 LV、prada、D&G、HugoBoss 以外,还有许多当年首次在上海市场亮相的顶级品牌,如 Chanel、Hermes、CD、Celine 等,如此大规模的顶级品牌集中上市,当时在上海还是第一次。恒隆广场与高档品牌较为集中的中信泰富广场、梅龙镇广场比邻,三者相互烘托,使南京西路成为耀眼的"金街"。

表 2.4.14　恒隆广场经营定位与品牌分布表(2012 年)

楼层	楼层定位	经营内容	具体品牌
5F	餐饮	餐饮	采蝶轩酒家、夏面馆、鹤舞、海云台韩国料理、尚渝台式风味餐厅、品川中国川菜料理
4F	精品时尚	时尚男装、时尚女装、鞋包、饰品	Calvin Klein Jeans、Verri、Abebi、Armani Junior、Dior、Laperla、LIU. JO、Puiforcai Hermes Saint. Louis、Bose、Christofle、Wedgwood、玻璃工坊、Louis Vuitton、集雅廊、Stroili Oro、Bonpoint、Linden Haus、Liadrq、Yves Delorme、Kosta Boda、Frette、Masterpiece by King Fook、Bang&Olufsen、Calvin Klein、欧蓝、宽庭、溥仪眼镜
3F	精品时尚	时尚男装、时尚女装、鞋包、饰品	AquaScutum、Daka、MAX&CO.、S. T. Dupont、Club Monaco、UGG、Tommy Hilfiger、Miss Sixty、I. T.、Diesel、Zuma、Ice、Hermes、Lagerfeld、Diane Voe Furstenberg、Sergorossi、Brooks Brothers、L. M. Weston、Jimmy Choo、Anteprima、Fratelli Rossetti、Jeans Paul Gaultier
2F	精品时尚	时尚男装、时尚女装、鞋包、饰品	Dior、John Lobb、Giorgio Armani、Versace、Dior、Joyce、Dolce Gabbana、Parada、Escada、Marni、Dior、Emporio Armani、Boss、Moschino、Just Cavalli、Fendi、Tod's、Calvin Klein、Valentino、Gieves&Hawkes、Ermenegildo Zegna
1F	精品时尚	时尚男装、时尚女装、鞋包、饰品	Prada、Chanel、Ermenegildo Zegna、Dunhill&Alfie's By Kee、Celine、Tod's、Fendi、Bvlgari、Tiffany&Co.、Dolce&Gabbana、Roger Vivier、Cartier、Dior、Giorgio Armani、Diaget、Van Cleef&Arpels
B1	流行鞋包	箱包、饰品	Europe Swatch、GP、Corum、Hublot、Zenith、Vertu、Chaumet、Panerai、Buben&Zorweg、Jaeger-Lecoul Tre、Ghohaid、Boucheron、Tag Heuer、Mikimoto、Franck Muller

恒隆广场经营服装品牌分布特点:

服装品牌经营面积约 8812 平方米。其中,最大店铺为 I.T.,占地 1300 平方米。最小店铺为 JOHN LOBB,占地 30 平方米。平均服装品牌经营面积为每家 134 平方米。经营服装品牌 66 家,其中经营男装 30 家,经营女装 43 家,经营童装 5 家。经营服装风格包括时尚、基本、职业、休闲、运动、礼服、其他。

主要消费者年龄为 20 ～ 50 岁。

经营的服装产品单品价格在 200 ～ 500000 元之间,其中主要单品价格为 1200 ～ 150000 元。

7) 中信泰富广场

表 2.4.15　中信泰富广场概况

中文名称	中信泰富广场

外文名称	CITIC SQUARE
所属集团	中国国际信托投资有限公司、太古地产有限公司和上海静安城商贸总公司
所属国家	中国
地　　址	静安区南京西路 1168 号
区　　域	静安区
商　　圈	南京西路商圈
营　　业	10:00 ～ 22:00
电　　话	021-62180180
网　　址	http://www.citicsquare.com/display.aspx
总 楼 层	B1 ～ 5F
建筑面积（M²）	34500 平方米
服装经营面积	2722 平方米
建设时间	2002 年
公交线路	地铁 2 号、7 号线，公交 15、20、23、24、37、148、206、921 路,沪钱线等十条线路
停车位数量	376 个
消费者年龄范围	0 ～ 60 岁
服装产品价格范围	300 ～ 68000 元
经营全部品牌数量	43 个
经营服装品牌数量	28 个
服装展示指数	★★★★☆
交通指数	★★★★★
环境指数	★★★★☆
价格指数	★★★★☆
时尚指数	★★★★☆
人气指数	★★★★☆

　　中信泰富广场项目是由中国国际信托投资(香港集团)有限公司,太古地产有限公司和上海静安城商贸总公司合资兴建的大型国际化一流高标准商业大楼。2000 年 5 月落成。凭借太古地产多年的房地产开发经验和和中信泰富集团对上海投资环境的熟谙及投资业绩,中信泰富广场将成为极富魅力的商家理想之地。

　　大厦位于上海最繁华的南京西路、江宁路口,毗邻梅龙镇广场,距波特曼卡尔顿酒店、锦沧文华酒店等五星级豪华酒店仅一步之遥。交通极为便捷,公交线路四通八达,步行至新贯通的地铁 2 号线仅五分钟,得天独厚的地理位置尽显天时地利之优越。

表 2.4.16　中信泰富广场经营定位与品牌分布表(2012 年)

楼层	楼层定位	经营内容	具体品牌
5F	餐饮	餐饮、美容、超市	廣良兴、丘比特、乐格思、法兰瓷、李黎明、鱼翅捞饭、个人专属护肤中心、SaSa
4F	餐饮	餐饮	强韧、瑟俪、绨壁图、粉红玛瑚、特斯徒、熊猫人、金钱豹国际海鲜美食百里、迪瓦尔

续表

楼层	楼层定位	经营内容	具体品牌
3F	餐饮	餐饮、美容	例外、埃斯普利特沙龙、俏江南、亚历山大、丹尼·爱特、潘多拉、奥利维·格兰特、慕诗、睿霈、迪瓦尔
2F	精品时尚	精品女装、精品男装、鞋包、饰品	贝格儿、万宝龙、布克兄弟、上海滩、皮亚泽－西蒙皮奥尼、伯爵莱利
1F	精品时尚	精品女装、精品男装、鞋包、饰品	Givenchy、Chloe、Montblanc、Armani Collezioni
B1	时尚潮流	时尚女装、时尚男装、鞋包、饰品	星巴克、沃歌斯、吉利安侬 富吉娃来、苗玛、史黛法诺、玛尔瑞娜、Versace Jeans

中信泰富广场经营服装品牌分布特点：

服装品牌经营面积约 2722 平方米。其中，最大店铺为 Givenchy，占地 300 平方米。最小店铺为迪瓦尔，占地 30 平方米。平均服装品牌经营面积为每家 98 平方米。经营服装品牌 28 家，其中经营男装 13 家，经营女装 25 家，经营童装 3 家。经营服装风格包括时尚、基本、职业、休闲。

主要消费者年龄为 20 ～ 60 岁。

经营的服装产品单品价格在 300 ～ 68000 元之间，其中主要单品价格为 700 ～ 18000 元。

8) 悦达 889 广场

表 2.4.17　悦达 889 广场概况

中文名称	悦达 889 广场
外文名称	无
所属集团	上海悦达房地产发展有限公司
所属国家	中国
地　　址	静安区万航渡路 889 号
区　　域	静安区
商　　圈	万航渡路商圈
营　　业	10:00 ～ 22:00
电　　话	021-60871518
网　　址	http://www.yueda889.com/
总 楼 层	B1 ～ 5F
建筑面积（M²）	46937 平方米
服装经营面积	4245 平方米
建设时间	2010 年
公交线路	公交 13、23、935、765、838、824、951、45、54、136、941 路，地铁 2 号线

停车位数量	500 个
消费者年龄范围	0 ～ 60 岁
服装产品价格范围	35 ～ 8500 元
经营全部品牌数量	97 个
经营服装品牌数量	40 个
服装展示指数	★★★★☆
交通指数	★★★★☆
环境指数	★★★☆☆
价格指数	★★☆☆☆
时尚指数	★★★☆☆
人气指数	★★★☆☆

悦达 889 广场的总建筑面积约 10 万余平方米,商业面积达 5 万多平方米。悦达 889 定位于高收入家庭的时尚消费形式。悦达 889 广场拥有 1600 平方米有顶半围墙开放式中庭广场,适合举办各类推广活动。富有特色的的跃层店面,不仅增加了更多外立面展示空间,而且有利于提高品牌形象,更是活跃了一、二楼的气氛,为 B1 的商铺聚集了人气。建成后的悦达 889 广场成为亚洲首个自由曲线云顶商场,轻盈流畅的云顶式设计,将上海的风貌浓缩于云顶之下,给人以通透感和现代节奏感。

表 2.4.18 悦达 889 广场经营定位与品牌分布表(2012 年)

楼层	楼层定位	经营内容	具体品牌
5F	餐饮	餐饮	
4F	娱乐休闲	娱乐、餐饮、玩具	汤姆熊欢乐世界、蝶翠轩、新旺茶餐厅、面道 / 生煎包、味千拉面、港式茶餐厅、荷风轩、椒相辉映、康贝、福宝宝儿童摄影、美婴宝婴幼儿游泳、迪宝玩具店、英氏
3F	餐饮美体	珠宝、美体、餐饮	亦谷、Fancede、绝世好、CICI 纤美、蔻夏尔、和玺珠宝、釜山料理、诚美媛、路凯杰尼、Next、禾绿回转寿司、汉舍中国菜馆、松林
2F	时尚休闲	休闲女装、休闲男装、鞋包、饰品	Wloset、Gozo、RETRO Collection、Aliare、Nice Claup、Jessicared、Collectpoint、面包黄油、欧珂芙、雕刻时光咖啡馆、衣架、迪亚达尼、Anything、Seven Days、老马铺氏、Enc、新秀丽、Randa、厚木、曼谷银
1F	潮流精品	休闲女装、休闲男装、鞋包、手表、咖啡馆	Stellaluna、Sephora、I do、Muji、Ninesixny96、Mrkt、adidas、LACOSTE、Calvin Klein Jeans、G-Starraw、Vans、novomE、Replay、Haagen Dazs、Charles&Keith、Dazzle、咖世家咖啡、CK、Byford、TISSOT、力士保、祺
B1	快餐休闲	餐饮、超市	麦当劳、宝来多、光大数码通信、斗香园、麦咖啡、玫瑰人生、敦煌小亭、面包新语、伊本造型、艾璞、食家物语、唐饼家、恐龙纺织、博联特、斯帕颂、快乐柠檬、可立特、特力和乐、戴拉美甲、万宁、一线烫捞、爱梅子绿茶、Maggie、来伊份、全棉时代

悦达 889 广场经营服装品牌分布特点:

服装品牌经营面积约 4245 平方米。其中,最大店铺为 Seven Days,占地 500 平方米;最小店铺为祺,占地 15 平方米;平均服装品牌经营面积为每家 106 平方米。经营服装品牌 40 家,其中经营男装 13 家,经营女装 37 家,经营童装 4 家。经营服装风格包括时尚、职业、休闲、其他。

主要消费者年龄为 25 ～ 45 岁。

经营的服装产品单品价格在 35 ～ 8500 元之间,其中主要单品价格为 179 ～ 2300 元。

2.5 普陀区服装零售商圈

区域简介

2.5.1 普陀区简介

中文名称	普陀区
外文名称	Putuo District
下辖地区	6 个街道,3 个镇(长寿路街道、曹杨新村街道、长风新村街道、宜川路街道、甘泉路街道、石泉路街道、真如镇、长征镇、桃浦镇)
政府驻地	真如镇大渡河路 1668 号
地理位置	上海中心城区西北部
面　　积	55.47 平方公里
人　　口	88.11 万
著名景点	真如寺,长风公园,沪西文化宫,莫干山路 50 号,梦清园,苏州河等
火 车 站	上海西站
身份证区划	310107
战略规划	上海西部商贸科技区
主要商业区	中环商圈,长寿路

普陀区位于上海中心城区的西北部,是上海市区的西大堂,聚焦"一河五区"的发展空间布局,将建设成为上海西部商贸科技区。普陀南与长宁区、静安区毗邻,东与闸北区交界,西与嘉定区接壤,北与宝山区相连。沪宁、沪杭两条高铁路线和多条轨交会合于大型枢纽上海西站。区域面积 54 平方公里。普陀区商业繁华,文化底蕴深厚,教育资源优质,现拥有文物点 40 余处,涵盖工业遗产、宗教建筑、民居宅邸、革命史迹等。真如城市副中心、中环市级商圈正在建设中。母亲河苏州河蜿蜒流经该区,岸线长达 21 公里,为上海中心城区之首。区内常住人口约 113 万人。

2011 年,全区实现地区生产总值(区域 GDP)619.98 亿元,比上年增长 7.9% ;实现区属工业销售产值 234.93 亿元,同比增长 3.19% ;区属社会消费品零售额 399.40 亿元,同比增长 13.26% ;实现财政总收入 196.35 亿元,同比增长 13.20%,其中区级财政收入 61.60 亿元,同比增长 19.93%。以商贸业、现代服务业为主体的第三产业增加值比重达到 81.06%,比上年提高 0.31 个百分点。

商圈分布

表 2.5.2　普陀区商圈分布及商场

商圈	商场	地址
中环商圈	长风景畔广场	普陀区大渡河路 178 号（近云岭东路）
	118 广场	普陀区金沙江路 1685 号（近真北路）
	国盛时尚	普陀区大渡河路 492 号（近金沙江路）
	我格广场	普陀区武宁路 101 号（普雄路口）
	曹杨商城	普陀区兰溪路 137 号曹杨商城内（近杏山路）
	百联中环购物广场	普陀区真光路 1288 号百联购物广场内（近梅川路）
长寿路	东方商厦百联(中环店)	普陀区真光路 1288 号百联购物广场内（近梅川路）
	巴黎春天(陕西路店)	普陀区长寿路 155 号（近陕西北路）
	亚新生活广场	普陀区长寿路 401 号（近常德路）

A——中环商圈

图 2.5.1a　中环商圈北部

图 2.5.1b　中环商圈南部

　　继五角场商圈之后,中环商圈凭借其地理位置优越、商贸产业高度集成、消费需求旺盛以及发展空间巨大等优势,成为本市第二个位于中环线上的市级商业中心。

　　按"三片三街"结构布局,中环商圈将注重远近结合、点面结合,以块状组团集聚开发带动条状商业街调整提升,逐步成为"主题鲜明、产业融合、功能联动、亮点突出"的新兴市级商业中心和新兴商贸商务中心。

　　三片是指形成三个各具特色的功能片区,北部以百联中环购物广场、百联中环生活广场等为核心载体,形成综合商业和专业商务功能片区;中部以红星美凯龙、麦德龙、百安居、文化广场等为核心载体,形成大型专业店和商贸总部、文化休闲功能片区;南部以绿洲中环中心、农工商 118 广场、金沙商务广场等为核心载体,形成综合商务、酒店和生活服务功能片区。

三街是指重点建设梅川路时尚休闲特色街、丹巴路滨河休闲特色街、伯士路老字号商业特色街,积极拓展中环真北商圈的外延,增加丰富度和多样性,增强餐饮娱乐、文化休闲配套功能。

图 2.5.2　长寿路商圈地图

B——长寿路

长寿路板块是普陀最靠近市中心的板块,毗邻中山公园,北接苏州河、南面毗邻繁华的静安区,地理位置十分优越。发达的商业氛围、成熟的配套,使长寿路板块内以中高端商品住宅为主,除了拥有长寿路和周边的曹家渡两大商圈外,流经该板块的苏州河也同样成了无可复制的优势。该板块内有长寿路和武宁路两条主干道,一横一纵。

长寿路板块以整条长寿路商业街为主轴,两边分布了各类商业设施和写字楼,但由于长寿路上的商业设施分布较为分散,除了亚新生活广场之外的大型商场很少,反而是写字楼、商务楼相对较多,一直未能形成很好的商业氛围。

商场分析

1) 长风景畔广场

表 2.5.3　长风景畔广场概况

中文名称	长风景畔广场
外文名称	Parkside plaza
所属集团	高富诺集团
所属国家	英国
地　　址	普陀区大渡河路 178 号（近云岭东路）
区　　域	普陀区
商　　圈	上海中环商圈
营　　业	10:00 ～ 22:00
电　　话	021-32584800
网　　址	http://www.parksideplaza.com.cn/

总 楼 层	B1～5F
建筑面积（M²）	126000 平方米
服装经营面积	11080 平方米
建设时间	2011 年
公交线路	公交 44、551（云岭东路大渡河路站）、944 路,长征 2 路（大渡河路云岭东路站）
停车位数量	650 个
消费者年龄范围	0～60 岁
服装产品价格范围	29～7999 元
经营全部品牌数量	72 个
经营服装品牌数量	28 个
服装展示指数	★★★☆☆
交通指数	★★★☆☆
环境指数	★★★☆☆
价格指数	★★★☆☆
时尚指数	★★★☆☆
人气指数	★★★★☆

长风景畔广场位于上海市普陀区大渡河路和云岭东路交叉路口西南角，是长风生态商业区的首家大型国际化区域型购物中心,建筑面积约 126,000 平方米， 总商铺超过 150 个,地下停车位数量大概为 650 个。长风景畔广场坐落于上海市普陀区西部长风生态商业区，临近 5 公里商圈辐射超过 160 万消费人群,同时覆盖多个中高端居民住宅区和数十栋商业办公大楼。作为区域型购物中心,它聚集了城市中最繁华的商业,同时又满足了周边社区对餐饮及娱乐的需求。

表 2.5.4　长风景畔广场经营定位与品牌分布表（2012 年）

楼层	楼层定位	经营内容	具体品牌
5F	综合	门诊、影院	上海瑞宝口腔门诊部、华谊兄弟影院
4F	综合	餐饮、女装	Saizeriya、Shareway、Dotoya、Bull Fighter、WOW!CITY、Pankoo、021 上海菜、洋服の青山
3F	综合	餐饮、内衣、书店、儿童乐园	lollipop、TRY、EDENUS、俏江南、新华书店、lijiababy、千味涮
2F	综合	男装、女装、童装、鞋、箱包、饰品、餐饮、家居	LaChapelle、7.Modifier、C&A、Rome、Bonny、shimala、Servinex Home、Markor Furnishings、susie、Dickies、Hotwind、吉亨面馆、ColourJeans、mothercare、TeenieWeenie
1F	综合	男装、女装、童装、鞋、箱包、饰品、餐饮、手表、茶	ONLY、Jack&Jones、VERO MODA、Watsons、LaChapelle、C&A、宝岛眼镜、BELLE、UNIQLO、味千拉面、CROCS、ESPRIT、E·Land、TATA、TISSOT、Swatch、Zoff、H&M、Lizzie、Pacific Coffee、MANGO、CLOUD 9、贡茶、Baskin Robbins、Potato republic、CHEZ CHOUX、kingking、TeenMix、Samsonite
B1	综合	餐饮、洗衣店、茶	阿拉丁麻辣烫、龙文米粉、速白洗衣店、天福茗茶、快乐柠檬、Chin Burger、呷哺呷哺、仙芋奇缘

长风景畔广场经营服装品牌分布特点:

服装品牌经营面积约 11080 平方米。其中,最大店铺为 H&M,占地 1400 平方米。最小店铺为 Bonny,占地 50 平方米。平均服装品牌经营面积为每家 410 平方米。经营服装品牌 28 家,其中经营男装 14 家,经营女装 16 家,经营童装 7 家。经营服装风格包括基本、时尚、休闲。

主要消费者年龄为 0 ～ 60 岁。

经营的服装产品单品价格在 39 ～ 5900 元之间,其中主要单品价格为 149 ～ 2000 元。

2)118 广场

表 2.5.5　118 广场概况

中文名称	118 广场
外文名称	无
所属集团	农工商集团
所属国家	中国
地　　址	普陀区金沙江路 1685 号（近真北路）
区　　域	普陀
商　　圈	上海中环商圈
营　　业	10:00 ～ 22:00
电　　话	021-52706665
网　　址	http://www.ngs1685.com/ngs118/
总 楼 层	B1 ～ 4F
建筑面积	120000 平方米
服装经营面积	3680 平方米
建设时间	2008 年
公交线路	地铁 13 号线(真北路站),公交 739、807、158、827、846、216 路
停车位数量	近 1000 个
消费者年龄范围	0 ～ 60 岁
服装产品价格范围	19 ～ 3480 元
经营全部品牌数量	48 个

经营服装品牌数量	23个
服装展示指数	★★★☆☆
交通指数	★★★☆☆
环境指数	★★★★☆
价格指数	★★★☆☆
时尚指数	★★★☆☆
人气指数	★★★★☆

118广场位于金沙江路真北路中环线旁是普陀区政府重点规划区域,依属长风国际生态城和中环商务集聚区。区域聚集着大量居住小区,居住人口众多,为区域商业发展提供了巨大的消费支撑。目前周边还有绿洲中环广场、创意谷等商业项目。

118广场购物中心一期、二期、三期于2008年1月22日整体开业,总面积为12万平方米,成为上海西区规模最大的购物中心之一。广场以市场为导向的经营策略,全面吸收国外现代化商业shopping mall的模式,追求时尚化、功能化、舒适化、人性化为一体的购物理念。目前118广场正在进行广场整体品牌提升与扩建调整,后期项目近35万平方米,正在招商影院、餐饮、百货大楼、品牌旗舰店等。

表2.5.6　118广场经营定位与品牌分布表（2012年）

楼层	楼层定位	经营内容	具体品牌
4F	餐饮	餐饮	三人行
3F	餐饮	餐饮	冰火工房、天绿茶业、小杨生煎、台金兰、老城隍庙小吃、成都名小吃、味之都、澳门豆捞
2F	餐饮	餐饮	麻辣天椒、CowBoss、肯德基、pizza and more、western、食其家、五味鲜、渔家傲
1F	综合	男装、女装、童装、化妆品、饰品、餐饮	亚一金店、老凤祥、美式眼镜、禾绿回转寿司、味道工坊、正德典藏、G.DENBOLUO、Pierre Cardin、LUCK、RBWY、Bear Ville、老庙黄金、阿吉豆、宜芝多、味千拉面、Dairy Queen、Watsons、mekar、GEORGIE AMANDA、啄木鸟、FRANCHIR、KLK
B1	综合	男装、女装、鞋子、饰品	Sevlae、PlayBoy、Kappa、adidas、PUMA、APPLE、李宁、美特斯邦威、Xtep、乔丹体育、New Balance、NIKE

118广场经营服装品牌分布特点:

服装品牌经营面积约3680平方米。其中,最大店铺为FRANCHIR,占地600平方米;最小店铺为PUMA,占地30平方米;平均服装品牌经营面积为每家165平方米。经营服装品牌23家,其中经营男装19家,经营女装16家,经营童装2家。经营服装风格包括时尚、基本、职业、运动、休闲。

主要消费者年龄为20～50岁。

经营的服装产品单品价格在15～3480元之间,其中主要单品价格为139～349元

3）国盛时尚购物中心

表 2.5.7　国盛时尚购物中心概况

中文名称	国盛时尚购物中心
外文名称	Guoson Mall
所属集团	国浩房地产集团
所属国家	马来西亚
地　　址	普陀区大渡河路 492 号（近金沙江路）
区　　域	普陀区
商　　圈	上海中环商圈
营　　业	10:00 ～ 22:00
电　　话	021-52821777
网　　址	无
总 楼 层	B1 ～ 4F
建筑面积（M²）	130000 平方米
服装经营面积	9358 平方米
建设时间	2010 年
公交线路	944、长征 2 路外圈、长征 2 路内圈、551、765
停车位数量	1800 个
消费者年龄范围	20 ～ 50 岁
服装产品价格范围	50 ～ 7000 元
经营全部品牌数量	17 个
经营服装品牌数量	5 个
服装展示指数	★★★★☆
交通指数	★★★☆☆
环境指数	★★★★☆
价格指数	★★★☆☆
时尚指数	★★★☆☆
人气指数	★★★☆☆

　　2010 年 12 月 4 日，上海普陀区长风生态商务区内首个大型购物中心——由马来西亚丰隆集团旗下国浩房地产（中国）有限公司（以下简称"国浩中国"）打造的上海国盛时尚，举行一场名为"欢盛嘉年华"乐趣

盎然的狂欢活动,举办开幕仪式。开幕仪式当天,日本位列三甲的商业零售品牌——UNY 株式会社与国盛时尚正式签约,拟未来将国盛时尚作为其进军中国内地的第一站,打造目前在中国没有的新型商业形态——集购物中心与大型超市"APITA"式综合生活百货店。永旺、伊势丹、高岛屋等大型日本零售企业早已进入中国市场,"APITA"的入驻意味着日本四大零售品牌将齐聚中国。

上海国盛时尚总占地面积13万平米,与上海最大的都市绿肺长风公园正面相对。国浩中国在规划项目时,使其通过地下交织的地铁网络,直接连通世界最大的交通枢纽之一——虹桥交通枢纽,又因地制宜地援引新加坡的"花园城市"经验,充分利用绿色科技,推行"公园中购物"的健康购物体验。

作为丰隆集团进军商业运营领域的第一步,上海国盛时尚将分两期面世。在业态规划上,4万平米的一期主要涵盖儿童主题商店、大型餐厅、KTV、游戏中心等娱乐设施以及休闲时尚品牌,为来自长风地区附近的小区家庭、高校学子,以及节假日携眷出行的长风公园游客提供了购物、休闲、娱乐和聚会的场所。

表 2.5.8 国盛时尚购物中心经营定位与品牌分布表(2012 年)

楼层	楼层定位	经营内容	具体品牌
4F	餐饮	餐饮	膳道
3F	餐饮	餐饮	珍缘味、鲜日坊
2F	综合	男装、女装、家居、饰品	李宁、Jim Brothers、我享我家、上岛咖啡
1F	综合	男装、女装、化妆品、鞋子、饰品、餐饮	必胜客、肯德基、许留山、歌诗倩、Skechers、EBT、ONLY、Jack&Jones、Samsung
B1	娱乐	娱乐	好乐迪

国盛时尚购物中心经营服装品牌分布特点:

服装品牌经营面积约 1600 平方米。其中,最大店铺为 ONLY、Jack&Jones,均占地 600 平方米;最小店铺为李宁,占地 100 平方米;平均服装品牌经营面积为每家 320 平方米。经营服装品牌 5 家,其中经营男装 4 家,经营女装 3 家,经营童装 0 家。经营服装风格包括时尚、职业、运动。

主要消费者年龄为 20 ～ 40 岁。

经营的服装产品单品价格在 50 ～ 7000 元之间,其中主要单品价格为 139 ～ 1000 元。

4)我格广场

表 2.5.9 我格广场概况

中文名称	我格广场

外文名称	IMAGO
所属集团	上海先达房地产发展有限公司
所属国家	马来西亚
地　　址	普陀区武宁路 101 号（普雄路口）
区　　域	普陀区
商　　圈	上海中环商圈
营　　业	10:00 ～ 22:00
电　　话	021-52358899-742
网　　址	无
总 楼 层	1F ～ 4F
建筑面积	110000 平方米
服装经营面积	9358 平方米
建设时间	2008 年
公交线路	地铁 3 号、4 号、11 号线(曹杨路站)、13、14 号线（建设规划中），公交 01、36、40、44、62、63、63 区间、94、105、106、136、562、717 路等
停车位数量	600 个
消费者年龄范围	0 ～ 40 岁
服装产品价格范围	20 ～ 1368 元
经营全部品牌数量	68 个
经营服装品牌数量	57 个
服装展示指数	★★★☆☆
交通指数	★★★☆☆
环境指数	★★★☆☆
价格指数	★★★☆☆
时尚指数	★★★☆☆
人气指数	★★★☆☆

　　我格广场位于武宁路普雄路口，紧邻西宫，与地铁 3 号线、4 号线的交汇点曹杨路站仅 500 米左右的距离，周边 30 多条公交经过，交通方便。项目总建筑面积约 11 万平方米，是一座集 24 层甲级写字楼、6 层一站式购物中心、15 层（112 间套房）美国 OAKWOOD 酒店服务式公寓和 2 层停车场为一体的现代商业中心，是普陀区重点打造的一站式大型现代商业广场。项目商业部分综合了餐饮、服饰、潮流店铺、电影院于一体的商业模式，能满足各种消费人群的一站式休闲娱乐购物需求。

表 2.5.10　我格广场经营定位与品牌分布表(2012 年)

楼层	楼层定位	经营内容	具体品牌
4F	综合	童装、鞋、饰品、美甲	潮手潮脚、Kids Land、ME&CITY Kids、星乐园、黄色小鸭生活馆、丽婴房
3F	综合	男装、女装、鞋、饰品	Binghee、美特斯邦威、Hush Puppies、东京衬衫、Hunt City、Riverstone、Peacebird、adidas、匡威、森马、PUMA、Hangten、骆驼、Sevlae、361、Playboy、Topsports、乔丹体育、特步、Erke、UMBRO、Mizuno、PF、猎友、Bossini、NIKE、Fun
2F	综合	化妆品、男装、女装、童装、鞋、饰品、餐饮	La Chapelle、VEROMODA、SELECTED、Cache Cache、设计师集成店、Honeys、Miss Forever、Marino Orlandi、le Saunda、ME&CITY、外交官、UNIQLO、Dosail、Forgirls、Oasis、避风塘、Ochirly、Lily
1F	综合	化妆品、男装、女装、童装、鞋、箱包、饰品、餐饮、手表	ZARA、Bershka、Diplomat、梦芙施、MISSHA、味千拉面、Costa Coffee、傲胜、天王、Bourjois、Morgan、CHARLES&KEITH、Stradivarius、Pullandbear

我格广场经营服装品牌分布特点：

服装品牌经营面积约 9358 平方米。其中，最大店铺为 ZARA，占地 2000 平方米；最小店铺为猎友，占地 10 平方米；平均服装品牌经营面积为每家 165 平方米。经营服装品牌 57 家，其中经营男装 29 家，经营女装 35 家，经营童装 5 家。经营服装风格包括时尚、基本、职业、职业。

主要消费者年龄为 0 ～ 40 岁。

经营的服装产品单品价格在 29 ～ 1368 元之间，其中主要单品价格为 99 ～ 699 元。

5）曹杨商城

表 2.5.11　曹杨商城概况

中文名称	曹杨商城
外文名称	无
所属集团	上海市曹杨商城有限公司
所属国家	中国
地　　址	普陀区兰溪路 137 号曹杨商城内（近杏山路）
区　　域	普陀区
商　　圈	上海中环商圈
营　　业	10:00 ～ 22:00

电 话	021-62546241
网 址	http://sh.esf.sina.com.cn/info/2054-71/
总 楼 层	1F～5F
建筑面积（M²）	32500 平方米
服装经营面积	3524 平方米
建设时间	1952 年
公交线路	44、44 区间、63 区间、94、136、143、766、837、858、876、948 路
停车位数量	有，数量不详
消费者年龄范围	0～50 岁
服装产品价格范围	39～1368 元
经营全部品牌数量	87 个
经营服装品牌数量	61 个
服装展示指数	★★★☆☆
交通指数	★★★☆☆
环境指数	★★★☆☆
价格指数	★★★☆☆
时尚指数	★★★☆☆
人气指数	★★★☆☆

上海市曹杨商城是一家社区商业中心，位于上海市普陀区兰溪路137号。商城建筑面积3.25万平方米，有5个营业楼面。其中一楼主营化妆品、黄铂金、珠宝饰品、针织品、钟表眼镜、通讯器材，另外还有银行、证交所、药房、快餐、彩扩、美容、修理等多功能服务项目；二楼主营男士服装、少淑女装、职业女装、休闲服；三楼主营男女皮鞋、运动系列、儿童用品、文化用品；四至五楼为超市大卖场。这使整个商城做到客流共享，功能互补，分层满足，成为集购物、餐饮、金融、服务为一体的多功能的社区商业购物中心。

表 2.5.12　曹杨商城经营定位与品牌分布表（2012 年）

楼层	楼层定位	经营内容	其体品牌
5F	超市	超市	吉买盛
4F	超市	超市	吉买盛
3F	综合	男装、女装、童装、鞋、饰品	adidas、王者之选、CONVERSE、NIKE、KAPPA、GXG、Jack&Jones、KUHLE、v•one、花花公子、Cartelo、丽婴房、雅多、Banlie、Nike、网球王子、骆驼、Mizuno、李宁、乔丹体育、Playboy、PUMA、Jeanswest、Hangten、Bossini、一见棒、法国百胜鸟、Boton、Edge、Giordano、斯乃纳
2F	综合	男装、女装、饰品	Only、Basichouse、Teenie&Weenie、Etam、ESPIRIT、Et Boite、X-GE、ES、Bellvilles、Shue&Eue、Embry Form、帝高羊绒、三枪、上海故事、ise、F.NY
1F	综合	鞋子、化妆品、饰品、餐饮、黄金饰品、眼镜店、茶	克莉丝汀、巴黎三城、千禧之星、周大福、老庙黄金、老凤祥、京圣珠宝、TATA、HARSON、ST&SAT、BELLE、KissCat、千百度、康莉、L'Oreal、Olay、Aupres、东华美钻、贝尔利名钻、维多利亚、天宝龙凤、Casio、Romiss、铂意珠宝、Basto、Boze Dadny、Svt、Walker Shop、TeenMix、达芙妮、Chcedo、Vichy、Neutrogena、Maybelline、茗香轩、肯德基

曹杨商城经营服装品牌分布特点：

经营服装品牌 61 家,服装品牌经营面积约 3524 平方米。其中,最大店铺为 ONLY,占地 200 平方米;最小店铺为三枪,占地 16 平方米;平均服装品牌经营面积为每家 70 平方米。经营服装品牌共 46 家,其中经营男装 26 家,经营女装 30 家,经营童装 6 家。经营服装风格包括基本、时尚、休闲。

主要消费者年龄为 0 ～ 50 岁。

经营的服装产品单品价格在 39 ～ 3890 元之间,其中主要单品价格为 499 ～ 1250 元。

6) 百联中环购物广场

表 2.5.13　百联中环购物广场概况

中文名称	百联中环购物广场
外文名称	Bailian zhonghuan commerce plaza
所属集团	上海百联集团
所属国家	中国
地　　址	普陀区真光路 1288 号百联购物广场内（近梅川路）
区　　域	普陀区
商　　圈	上海中环商圈
营　　业	10:00 ～ 22:00
电　　话	021-61392888
网　　址	http://blzhbl.blemall.com/
总 楼 层	B1 ～ 4F
建筑面积	250000 平方米
服装经营面积	21320 平方米
建设时间	2006 年
公交线路	公交 807、827、947 路(真光路)；公交 143、727、827、837、947、948 路(梅川路)；公交 62、340、561、717、740、860 路(武宁路)；公交 62、727、750 路(真北路)
停车位数量	500 个
消费者年龄范围	0 ～ 50 岁
服装产品价格范围	15 ～ 1979 元
经营全部品牌数量	114 个
经营服装品牌数量	44 个
服装展示指数	★★☆☆☆
交通指数	★★★☆☆

环境指数	★★☆☆☆
价格指数	★★☆☆☆
时尚指数	★★★☆☆
人气指数	★★★☆☆

百联中环购物广场是集购物、餐饮、休闲、娱乐为一体的超大型、现代化消费场所。它位于上海市普陀区，沪宁高速公路与真北路中环线交汇处，东临真北路和中环线，西倚真光路，南与麦德龙和百安居毗邻，北靠曹安路和沪宁高速公路，并与梅川路欧亚商业休闲街相望，属于真北商贸群和真光商业中心范围。它占地10万平方米，建筑面积43万平方米。其中商业建筑面积25万平方米，主楼A区为20万平方米，东西半球C区为5万平方米。购物广场根据项目自身特点，结合周边商业环境、人文特点及交通状况，引入包括精品百货、超市大卖场、专业卖场等业态在内的多家主力店、各式风情的主题餐厅、琳琅满目的专卖店以及丰富多彩的休闲娱乐项目。

表2.5.14　百联中环购物广场经营定位与品牌分布表（2012年）

楼层	楼层定位	经营内容	具体品牌
4F	综合	餐饮、箱包、摄影、娱乐、运动	侬好蛙干锅传奇、蜀菜行家、正园韩国料理、大渔、豆捞金坊、望湘园、和记小菜、韩林炭烤、乐胜保龄球馆、danxilu、爱尚跆拳道、创意工坊、创意宝贝、小鬼当佳、山间堂、萨莉亚、新华书店、威尔逊、伶达港、水游谷
3F	综合	男装、女装、童装、餐饮、饰品、箱包、教育、超市	韦博国际英语、爱婴室、索浦礼品、波黎露牛排餐厅、上海羽博会、吉旺港式餐厅、同君福、秦秦渔港、特力和乐
2F	综合	男装、女装、童装、鞋子、餐饮、饰品、箱包、超市	卡通尼乐园、博士蛙365、三枪、Lilauz、Camdie's、Honeys、七匹狼、Baleno、Giordano、1.S.E、Karl Kani、宝大祥儿童购物中心、赢在起点、爱贝思、Elsmorr、SELECTED、麦考林、Anquiet、La Chapelle、Bossini、反斗乐园、Disney、墨达人
1F	综合	男装、女装、童装、化妆品、鞋子、餐饮、饰品、通讯、药店、眼镜店、美甲、养生、厨具	ESPIRIT、LACOSTE、Tony Wear、NAUTICA、Scat、四海游龙、NOKIA、迪信通、中国移动通信、Jeh、E·Land、Plory、肯德基、禾绿寿司、一茶一坐、满记甜品、第一医药连锁、吴良材眼镜、茂昌眼镜、迪信通手机连锁、LOCK&LOCK、红星眼镜公司、面包新语、Euho、进巍美甲、味千拉面、上海蕉叶连锁、谭木匠、来伊份、必胜客、劲霸男装、Camelactive、Jeep、Teenie Weenie、欧美药妆、Body Pops、芭斯罗缤、诗泥、UNIQLO、西树泡芙、猫屎咖啡、避风塘、DQ、Digital&Mobile、屈臣氏、星巴克、爱茜茜里
B1	综合	男装、女装、化妆品、鞋子、餐饮、饰品	新亚大包、Shoebox、香港九珍堂、汪满田茶庄、奈士迪羽绒寝具、瑞丽摄影、佰草集、Paparoti、海澜之家、Casly&Shark、Cache Cache、格仙多格、Giordano|outlet、达芙妮、美特斯邦威、李宁、ME&CITY、Bossini、苏锡面馆、中国体育彩票、大昌成铁板烧、泰镇、东北一家人、云南过桥米线、原味扒房、东方拉面、草原狼、吉祥馄饨、真功夫、干锅都、Ak147、小浦东、食尚鲜风、久斯台球会所、达人麻辣香锅、火之舞、乔治咖喱屋、广东煲仔饭、来来馅饼粥、阳光沙滩乐园、饰空间、黎明眼镜、星堡眼镜、可颂坊、福奈特、森马、j-one、真维斯、高邦、东方骆驼、乔丹

百联中环经营服装品牌分布特点：

服装品牌经营面积约21320平方米。其中，最大店铺为宝大祥儿童购物中心，占地5800平方米；最小店铺为劲霸男装，占地30平方米；平均服装品牌经营面积为每家435平方米。经营服装品牌44家，其中经营男装 33 家, 经营女装 34 家, 经营童装 5 家。经营服装风格包括时尚、基本、职业、休闲。

主要消费者年龄为 20～50 岁。

经营的服装产品单品价格在 15～1800 元之间, 其中主要单品价格为 99～559 元。

7) 东方商厦中环店

表 2.5.15 东方商厦中环店概况

中文名称	东方商厦
外文名称	Orient shopping centre
所属集团	上海东方商厦有限公司
所属国家	中国
地　　址	普陀区真光路 1288 号百联购物广场内（近梅川路）
区　　域	普陀区
商　　圈	上海中环商圈
营　　业	10:00～22:00
电　　话	021-61392222
网　　址	http://www.bldfzh.com/
总 楼 层	1～4F
建筑面积	25000 平方米
服装经营面积	11565 平方米
建设时间	2006 年
公交线路	长征 2 路外圈、827、947、807、948、727 路
停车位数量	500 个
消费者年龄范围	20～50 岁
服装产品价格范围	24～5999 元
经营全部品牌数量	165 个
经营服装品牌数量	128 个
服装展示指数	★★★☆☆
交通指数	★★★☆☆
环境指数	★★★☆☆

价格指数	★★★★☆
时尚指数	★★★★☆
人气指数	★★★☆☆

东方商厦(中环店)位于百联中环购物广场 A 区商场西南侧,面临真光路,是购物广场主力直营百货店。经营楼面为地上一层至四层,共分七个商场,主要经营黄金珠宝、钟表眼镜、男女服饰、化妆品、皮具箱包、运动服饰、床上用品等大类商品。

表 2.5.16 东方商厦经营定位与品牌分布表(2012 年)

楼层	楼层定位	经营内容	具体品牌
4F	综合	男装、女装、家居、鞋、饰品	NIKE、PUMA、Reebok、UMBRO、adidas、361、Anta、Sevlae、Playboy、KDILON、To Read、Jackwolfskin、Ozark、Acome、Northland、银柯、锦杰、Artilivi、TAYOHYA、Philips、李宁、KAPPA、Converse、Columbia、Royalelastice、Kroceus、Lemarco、Kolumb、骆驼、梦洁家居、水晶家居、富丽真金、lock&lock、朴道水汇、恒源祥
3F	综合	男装、女装、鞋、饰品	Zoteno、Cartelo、Youngor、Playboy、Yev.Rowland、Pierre Cardin、Boni、Fordoo、Lozio、James King、Dumuiel、Joeone.Co..Ltd.、Cardeendino、金利欧文、保罗世家、Ziagram、Stand Bearer、Godlion、Gozuanxs、RICHINI、Alkemy、1828、Nanjren、Victory Polo、Boton、UMBRO、梵高迪邦、GXG、LEE、Canudilo、Londonfog、Fapai、Tonyjeans、盛大保罗、Goodluck、Etam Home、Scofield、马尔华菲、Gatherjewels、I'm David、Jack&Jones、Apple Shop、Wiangle、Levi's、Samsnite、Fartore、Playboy
2F	综合	男装、女装、饰品	ONLY、ES、azona a02、VERO MODA、Triumph、Embry Form、Dunma、Joubo、福太太、蔓楼兰、乙佰乙纳、伊都锦、Lily、Prich、Casio、Swatch、天王表、GUESS、E.Land、Basic House、尚田时尚造型、Yiselle、华歌尔、D-nada、Kako、鄂尔多斯、Kingdeer、雪莲羊绒、依利欧、Naerst、Morgu、Dunnu、UGIZ、Ochirly、Roem、优歌
1F	综合	化妆品、饰品、鞋子、箱包、	今亚金店、亚一金店、中钞国鼎、FBL、Lecco、DragonSea、Godlion、Aweis、COBO、锦龙、张铁军翡翠、迪莱克丝、红蜻蜓、六福珠宝、金至尊、周大生、金麟美钻坊、晶莹珠宝、卓诗尼、VANSSI、卡弗尔、TISSOT、Certina、老凤翔、老庙黄金、Walkershop、Kisscat、意大利精品皮具店、skap、法尔诺德、fion、鸥美药妆、中银金行、sephora、东华美钻、ST&SAT、千百度、FED、天美意、BELLE、TATA、harson、longines

东方商厦经营服装品牌分布特点:

经营服装品牌 128 家,服装品牌经营面积约 11565 平方米。其中,最大店铺为 adidas,占地 400 平方米。最小店铺为 Triumph、Embry Form、法尔诺德,均占地 20 平方米。平均服装品牌经营面积为每家 90 平方米。经营服装品牌共 107 家,其中经营男装 71 家,经营女装 58 家,经营童装 0 家。经营服装风格包括时尚、基本、职业、休闲、运动。

主要消费者年龄为 20 ~ 50 岁。

经营的服装产品单品价格在 29 ~ 5888 元之间,其中主要单品价格为 499 ~ 1250 元。

8）巴黎春天（陕西路店）

表 2.5.17　巴黎春天（陕西路店）概况

中文名称	巴黎春天
外文名称	无
所属集团	香港新世界百货有限公司
所属国家	中国
地　　址	普陀区长寿路 155 号（近陕西北路）
区　　域	普陀区
商　　圈	上海长寿路商圈
营　　业	10:00 ～ 22:00
电　　话	021-31315155
网　　址	http://www.nwds.com.hk/
总 楼 层	1 ～ 6F
建筑面积	约 42000 平方米
服装经营面积	5024 平方米
建设时间	2011 年
公交线路	地铁 7 号线, 公交 112、13、24、36、63、105、138、830、837、922、941、948、966、223 路
停车位数量	200 个
消费者年龄范围	0 ～ 50 岁
服装产品价格范围	35 ～ 2239 元
经营全部品牌数量	77 个
经营服装品牌数量	39 个
服装展示指数	★★★★☆
交通指数	★★★★☆
环境指数	★★★★☆
价格指数	★★★☆☆
时尚指数	★★★★☆
人气指数	★★★★☆

地处长寿路陕西北路交界处的上海巴黎春天陕西路店,位于普陀区静安区两区交界处。它东临不夜城商圈,西连曹家渡商圈,南部靠近南京西路商圈。长寿路作为上海著名的景观商业大道,被誉为普陀区的南京路。上海巴黎春天陕西路店毗邻上海最大的铁路交通枢纽—上海站,周边几十条公交线路及地铁7号线延伸至市区各个角落。而且,在建中的地铁13号线长寿路出口离上海巴黎春天陕西路店仅百米之遥。购物商场周边多栋高档商务楼及多片高尚住宅区更提供了充足的优质客源保证。

该店址原名为长寿商业广场是一幢6层高的商业裙房,整体营业面积超过4万平方米,品牌定位年轻潮流,餐饮面积约占1/3。2006年9月,卓越金融通过旗下全资附属公司收购了一家名为"富域"公司的全部股权,而富域早已通过其附属公司德高,收购了长寿商业广场裙房物业。由于长寿商业广场经营业绩一直不佳,2008年黑石收购了长寿商业广场95%股权,2009年5月更名为调频壹,并重新开业。2011年调频壹又被新世界百货收购。香港新世界百货收购调频壹后,其在上海的门店达到10家,除了巴黎春天山陕西路店(原调频壹长寿路店)是购物中心,另外9家巴黎春天都以百货模式经营。

表 2.5.18　巴黎春天陕西路店经营定位与品牌分布表(2012年)

楼层	楼层定位	经营内容	具体品牌
6F	综合	餐饮、娱乐人、健身	DQ、芋贵人、和火、韩膳宫、拿渡麻辣香锅、咔哩咖哩、望湘园、五德鸡、东南食栈、萨莉亚、掌柜的店、阿明食品、翰皇、威尔士健身、爱乐游、云自源过桥米线、一线烫捞、争鲜回转寿司、丸来玩趣、C多多
5F	综合	美发、美容、餐饮、家居	小巴辣子、味千拉面、外婆家、诗泥会所、纽悦伊人、生活美学、势崛私属造型
4F	综合	男装、女装、童装、饰品、餐饮	Marchiori、BELLE、TATA、adidas、Ebt、Dickies、爱丽思、Hoso、豆捞坊、Jameskingdom、食草堂、Newbalance、Puma、ELLE、Yiselle、美思内衣、奥卡索、ST&SAT、Chic、Zmt、西村名物
3F	综合	男装、女装、童装、饰品	博士蛙、Fastrack English、百变创造力、创意宝贝、Scat、Plory、E.Land、PRICH、Lizzie、亮视点眼镜、一茶一坐、Twinkids、2%、阿吉豆、Multichannel、Bellvilles、Etam
2F	综合	男装、女装、饰品、鞋子	UNIQLO、H&M、ZARA、Teenie Weenie、Asobio
1F	综合	男装、女装、化妆品、饰品	H&M、Bershka、Isgoogol、Sephora、崇德拍卖、面包新语

巴黎春天经营服装品牌分布特点:

服装品牌经营面积约5024平方米。其中,最大店铺为H&M,占地580平方米;最小店铺为ISGOOGOL,占地24平方米;平均服装品牌经营面积为每家209平方米。经营服装品牌24家,其中经营男装14家,经营女装22家,经营童装1家。经营服装风格包括时尚、基本、休闲、运动。

主要消费者年龄为20～50岁。

经营的服装产品单品价格在30～2239元之间,其中主要单品价格为99～339元。

9）亚新生活广场

表 2.5.19　亚新生活广场概况

中文名称	亚新生活广场
外文名称	无
所属集团	上海昆仑台湾商城，新加坡台联商业投资股份有限公司
所属国家	中新合资
地　　址	普陀区长寿路 401 号（近常德路）
区　　域	普陀区
商　　圈	上海淮海路商圈
营　　业	10:00 ～ 22:00
电　　话	021-62778888
网　　址	http://www.mm21.com.cn/
总 楼 层	B1 ～ 4F
建筑面积	45000 平方米
服装经营面积	8201 平方米
建设时间	1996 年
公交线路	地铁 7 号线（长寿路站），公交 304、24、13、768、837、922、950、63 区间、223、830 路
停车位数量	80 个
消费者年龄范围	0 ～ 50 岁
服装产品价格范围	29 ～ 2518 元
经营全部品牌数量	158 个
经营服装品牌数量	109 个
服装展示指数	★★★☆☆
交通指数	★★★☆☆
环境指数	★★★☆☆
价格指数	★★★☆☆
时尚指数	★★★☆☆
人气指数	★★★☆☆

　　上海亚新生活广场是一座集百货、餐饮、休闲、娱乐于一体的大型社区型 SHOPPING MALL，于 1996 年 12 月 8 日隆重揭幕，在上海经历 10 余年的百货管理及运营经验。它占地面积 19000 平方米，营业面积 45000 平方米，

以开放式平面展开 SHOPPING MALL 格局为规划主轴,融合了中西文化特质。整体建筑由 6 幢各具机能的楼宇组成，辅配入口广场、中庭广场、后广场、阳光名店街、超大停车场等,在开业当时成为了大上海地区独具特色与规模的综合型购物中心。

表 2.5.20　亚新生活广场经营定位与品牌分布表(2012 年)

楼层	楼层定位	经营内容	具体品牌
4F	影城	影城	星光影城
3F	餐饮	男装、女装、鞋子、饰品、餐饮、娱乐、美容	ESPRIT、Jack&Jones、G2000、SELECTED、鳄鱼、Chris&Roeder、八仟代、Mgb、三枪、九牧王、骆驼、Goodluck、GXG、Viscap、Godkeen、NIKE、adidas、Mizuno、Converse、安踏、Zoke、Cat、Kolumb、圣弗莱、Newbalance、Jason Wood、Plory、马克华菲、Tonyjeans、Ninorive、Wear、Pierre Cardin、Etam Home、Giordano、Apple Shop、Hang Ten、心身颜、川叶瘦身、歌魂、大家乐、千味涮、游艺、玛萨美容、迪信通、一线烫捞、珍爱十字秀、天堂彩绘、味千拉面、肯德基
2F	综合	女装、鞋子、饰品、箱包	Etam、Ere、Emely、Midec、Broinr、Kako、播、Hidesan、Yigue、Wanko、Etam、Veeko、Wsm、ES、Bossiniladies、Jong、Idf、La Gogo、Bigrooster、Ete、Scat、Chaber、E.Land、Naivee、La Chapelle、Stfeer、Fjdo、F.NY、Honeys、衣臣、Snoopy、山石久渡
1F	综合	男装、女装、化妆品、鞋子、饰品、餐饮、家居、眼镜、手表、金饰	药妆空间、Ochirly、屈臣氏、爱茜茜里、天美钻、老凤祥、宏益福、雷诺、卡西欧、天梭、Eblin、Zmf、千百度、自然堂、KissCat、鸥美药妆、美宝莲、Aee、Comely、密斯罗妮、安玛莉、ESPRIT、美式眼镜、Starbucks、巴黎三城、Only、VERO MODA、Who.A.U、See Your Story、罗莱家纺、Ladrome、85度C、金伯利钻石、米蒂亚珠宝、贝尔利名钻、CITIZEN、Enweis、古今、HARSON、ST&SAT、BELLE、Teenmix、Lex、Swatch、Olay、L'Oreal、佰草集、达芙妮、TATA、Basto、奥卡索、法拉莉、Victoria、69
B1	娱乐	鞋子、箱包、饰品、餐饮、玩具	Poipoilu、Paw in Paw、Inhouse、NIKE kids、樱桃小丸子、淘帝、婴唯尔儿、Bobdog、Yeehoo、哈利波特、LEGO、E.Land kids、Pretty Tiger、Fish Kids、博士蛙、Annil、麦当劳

亚新生活广场经营服装品牌分布特点:

服装品牌经营面积约 8201 平方米。其中,最大店铺为 ESPRIT,占地 400 平方米;最小店铺为 Fish Kids,占地 10 平方米;平均服装品牌经营面积为每家 75 平方米。经营服装品牌 109 家,其中经营男装 38 家,经营女装 38 家,经营童装 15 家。经营服装风格包括时尚、基本、休闲、运动。

主要消费者年龄为 20 ～ 50 岁。

经营的服装产品单品价格在 29 ～ 1298 元之间,其中主要单品价格为 79 ～ 479 元。

2.6 闸北区服装零售商圈

区域简介

2.6.1 闸北区简介

中文名称	闸北区
外文名称	*Zhabei District*
下辖地区	12 个街道办事处，1 个镇（宝山路街道、北站街道、天目西路街道、芷江西路街道、彭浦新村街道、临汾路街道、共和新路街道、大宁路街道、彭浦镇）
政府驻地	大统路 480 号
地理位置	上海中心城区北部
面　　积	29 平方公里
人　　口	69.21 万人（2010 年）
著名景点	不夜城、上海铁路博物馆、大宁灵石公园、上海马戏城、彭浦夜市等
火 车 站	上海火车站、上海长途客运总站
著名学府	上海大学
身份证区划	310108
战略规划	南高中繁北产业
主要商业区	大宁国际、大悦城、不夜城

　　闸北区北界为河南北路、武进路、罗浮路、淞沪铁路、西宝兴路、北宝兴路、粤秀路、俞泾浦、新塘港南段、场中路、江杨南路与虹口区、宝山区为邻，与杨浦隔虹口而望；西界吴淞江（苏州河）、彭越浦南段、沪太路、沪太支路、姜家桥、场中路原四号桥向北曲伸与普陀区、宝山区毗连；南界吴淞江与黄浦区、静安区相望；北界北长浜与宝山区相接壤。闸北是上海连接长三角、连接全国各地的一个陆上交通枢纽，是上海火车站、铁路北郊货运站和长途客运总站所在地。区域内有铁路、地铁、轻轨、高架和高速公路 5 线交汇，规划中的苏州河游艇

码头和直升机停机坪建成后将是7线交汇,交通综合条件居9个上海中心城区之首。

2010年该区域内商业布局和经营业态不断调整,消费持续平稳增长。全年实现批发和零售业增加值75.88亿元,比上年增长13.4%;社会消费品零售总额180.05亿元,比上年增长17.0%。大宁国际商业广场全年营业收入达到15.37亿元,比上年增长9.8%。

商圈分布

表 2.6.2　闸北区商圈分布及商场

商圈	商场	地址
大宁国际	大宁商业广场	共和新路 1878 ～ 2008 号（近大宁路）
大悦城	大悦城	西藏北路 166 号（近曲阜路）
不夜城	太平洋百货（不夜城店）	天目西路 218 号嘉里不夜城

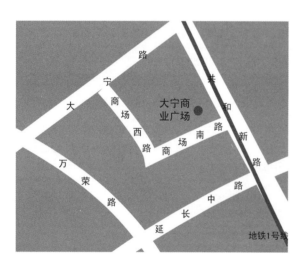

图 2.6.1　大宁国际商圈地图

图 2.6.2　大悦城商圈地图

A——大宁国际

大宁国际商业广场位于上海市浦西中轴交通主干线共和新路与大宁路交界,离外滩和南京路及淮海路中心商务区只8～10分钟车程。因位处内环和中环路网立交之间,交通四通八达。项目距离地铁1号线延长路站只有80米,马戏城(广中路)站约300米,离人民广场仅有5个地铁站。占地面积约55000平方米,总建筑面积约为250000平方米。包括:15幢高3～19层错落有致的建筑、11个大小广场、2公里商业步行街、1500个机动停车位、8个主要功能(酒店/公寓式酒店、办公楼、SOHU式商住楼、百货零售、餐饮、娱乐、文化/教育、现代服务业)等。

B——大悦城

大悦城属于苏河湾核心区域,与南京东路商圈衔接。它位于西藏北路166号,地处闸北区最南端,毗邻苏州河,距人民广场不到1公里。近邻西藏北路、天目中路、河南北路等多条交通主干道,地理位置优越。

上海大悦城项目整体开发超过40万平米,总投资额超过120亿,预计2014年全面竣工。规划包括大型时尚购物中心、第一居所临水豪宅、高品质酒店式公寓、五星级酒店及甲级写字楼。

图 2.6.3　不夜城商圈地图

C——不夜城

"不夜城"一般指位于上海中心城区北部,闸北区西南隅的建成项目,建设范围南起苏州河,北至中兴路,东傍大统路—天目中路—南北高架路,西临苏州河—恒丰路,包括铁路上海站地区。不夜城的总面积为 1.42 平方公里,批准建筑总量 280 万平方米,总投资 250 亿元人民币,于 2000 年基本建成。

1987 年底,铁路上海站建成通车,日发列车时为 59 对,占全市旅客进出量 60%。连同市内过往行人,日客流量预测近 2 百万人次。巨大人群资源带来市政、交通、商业、服务、金融、旅游诸业发展、繁荣及相当大的经济和社会效益。为进一步繁荣铁路上海站地区,中共闸北区委、区政府邀请有关领导、专家研究、讨论,六易其稿,制订建设不夜城的规划设想。不夜城的总面积为 1.42 平方公里,批准建筑总量 280 万平方米,总投资 250 亿元人民币,于 2000 年基本建成。

商圈中上海佳世客商场、不夜城商厦、名品商厦、心族百货商厦、环龙百货商场等五大商场成为不夜城地区商业主体,使不夜城跻身成为上海四大商城、上海商业十大中心之。新亚广场大酒店、新亚长城大酒店、龙门宾馆、华东大酒店、远东不夜城大酒店、中亚饭店等星级宾馆,庐峰大楼、铁路公寓、长安大厦 3 号楼、宫霄大酒店、上海站大酒店等,众多饮食、服务业及众多的中小商场(店)、餐馆、旅社开业经营,使不夜城地区商业、服务业形成全方位、多档次、多样化格局,满足不同层次消费而日益兴旺。

商场分析

1)大宁国际广场

表 2.6.3　大宁国际广场概况

中文名称	大宁国际广场
外文名称	DANING
所属集团	崇邦集团
所属国家	中国

地　　址	共和新路 1878 ～ 2008 号（近大宁路）
区　　域	闸北区
商　　圈	上海大宁国际商圈
营　　业	10:00 ～ 22:00
电　　话	021-66300066
网　　址	http://www.daningdaning.com/
总 楼 层	1F ～ 5F
建筑面积	近 25 万平方米
服装经营面积	6000 平方米
建设时间	2006 年 6 月
公交线路	公交 46、95、722、253、916、912 路,地铁 1 号线(上海马戏城站)
停车位数量	1300 个
消费者年龄范围	20 ～ 40 岁
服装产品价格范围	100 ～ 6000 元
经营全部品牌数量	182 个
经营服装品牌数量	98 个
服装展示指数	★★★★☆
交通指数	★★★★☆
环境指数	★★★☆☆
价格指数	★★★☆☆
时尚指数	★★★☆☆
人气指数	★★★☆☆

　　大宁国际商业广场占地面积约 5.5 万平方米,总建筑面积约 25 万平方米,集聚商务酒店、办公楼、零售、餐饮、文化、娱乐、教育和城市生活配套设施 8 大功能于一体,以"品牌多、规模大、风格新、功能齐"的规划理念,吸引着众多品牌的进入。

　　在创新中尊重传统,大宁国际吸取了上海老城厢的元素,从现代的购物方式来讲,大宁购物一个字——"全"。10.5 万平方米汇集了 100 多个品牌,不仅热门潮牌应有尽有,更不乏国际知名品牌。在大宁国际商业广场购物,全家大小可以"各取所需"。

表 2.6.4　大宁国际广场经营定位与品牌分布表(2012 年)

楼座	楼层	楼层定位	经营内容	具体品牌
1 座	3F	教育	教育	英孚教育
	2F	休闲	休闲装	C & A
	1F	休闲	休闲装、数码	C & A、Apple

楼座	楼层	楼层定位	经营内容	具体品牌
2座	3F	影城	影城	上影影城
	2F	运动馆	运动装、体育用品	NIKE、adidas、PUMA、NEW BALANCE、LACOSTE、CANVERSE、KAPPA、Mizuno、Reebok、Pony、Kolumb、THE NORTH FACE、Columbia、FILA、Samsnite、Diplomat、Hosa、Wilson、YONEX、K Style、SWISS WIN、Telent、AVIA、鸿星尔克、李宁、ZOKE、NIKKO、骆驼、安踏、Reebok
	1F	运动馆	运动装	adidas、LACOSTE、AIR WALK、VANS、Levi's、LEE、APPLE、CAT、NAUTICA、Cabbeen、GXG、FIJEANS、SKEGHERS、made in world、MRKT、WAARRIOR、天王表、CASIO、CITIZEN、吉蒂屋
5座	4F	健身	健身	星之健身
	2F～3F	电器	电器	国美电器
	1F	餐饮	餐饮、化妆品	一茶一坐、STARBUKES、味千拉面、国美电器、佰草集、Isgoogol
6座	4F	美容	美容	蓝玛水疗护理中心
	3F	餐饮	餐饮	老正兴菜馆、小绍兴、赤坂亭、沈大成
	2F	美发	美发	芸楠健发
	1F	餐饮	餐饮	旺池川菜、蓝蛙西餐厅、Ochirly、Haagen-Dazs、ONLY、VERO MODA、GIORDANO、大家乐、卡宾、炭火烧肉、ESPRIT、美珍香
8座	3F	娱乐	数码、餐饮、娱乐	宏图三胞、釜山料理、遊歌量贩式卡拉OK
	2F	美容	美容	
	1F	餐饮	休闲、餐饮	PAPA JOHN'S、肯德基、必胜客、UNIQLO、STACCATO、GEOX、EMOI、DAZZLE、老凤祥、莎莎美甲、CASIO
9座	4F	餐饮	餐饮	望湘园
	3F	餐饮	餐饮	萨莉亚、豆捞坊、新雅粤菜馆、Classic Sushi
	1F～2F	休闲	休闲、餐饮	Etam、BUGER KING、OASIS、Promod、le tian kitchen、GXG、basic house、十味观、PARIS BAGUETTE、UNISEX、V.one Galleria、Dairy Queen、City Chain、FIVE PLUS、Trendiano、Anubis、Bench Body、Plory、Teenie Weenie、E.LAND、Mind Bridge
10座	3F	美容	美容	BEAUTY FARM SPA、FC SALON
	2F	餐饮	餐饮	Westnine Café、Meet Fresh、快乐柠檬
	1F	休闲馆	休闲、超市、化妆品	热风、贝拉维拉、屈臣氏、Broadcast、LOGIN、JUST BB、Cacred Gem、DHC、Bread Talk、JUJU、MAX FACTOR、Bourjois、SWATCH
11座	5F	餐饮	餐饮	巴贝拉
	4F	餐饮	餐饮	汉秦东南亚风味餐厅
	3F	休闲馆	休闲装	SAMUEL & KEVIN、L.P.ZONE、BALENO、Ebase、Y'PAY MORE、BRLENO LRBRN
	2F	休闲馆	休闲装	ASTRO BOY、SURFERS RARADISE、SHOEBOX、BRLENO LRBRN、Princess、Baleno、EUROMODA、RAMPAGE、Ebase、ONE PIECE
	1F	鞋包馆	鞋包	达芙妮、卡迪那、HARSON、TeenMix、BELLE、BATA、TATA、ST&SAT、伊伴、SWINDS、ma sha、Baleno、宝岛眼镜、乐印琥珀、西村名物、接吻猫、FBL、谜尚、ETUDE HOUSE、林清轩
12座	2F～3F	超市	超市	大润发
	1F	特卖场	运动、休闲	NIKE、NET

大宁国际广场经营服装品牌分布特点：

服装品牌经营面积约 6000 平方米。其中，最大店铺为 C&A，占地 700 平方米；最小店铺为 K Style，占地 8 平方米；平均服装品牌经营面积为每家 60 平方米。经营服装品牌 98 家，其中经营男装 44 家，经营女装 50 家，经营童装 0 家。经营服装风格包括时尚、基本、职业、休闲、运动。

主要消费者年龄为 20 ～ 40 岁。

经营的服装产品单品价格在 100 ～ 6000 元之间，其中主要单品价格为 299 ～ 699 元。

2）大悦城

表 2.6.5　大悦城概况

中文名称	大悦城
外文名称	JOY CITY
所属集团	中粮集团
所属国家	中国
地　　址	西藏北路 166 号（近曲阜路）
区　　域	闸北区
商　　圈	上海大悦城商圈
营　　业	10:00 ～ 22:00
电　　话	021-51002896　021-36337676
网　　址	http://www.shjoycity.com/
总 楼 层	B1 ～ 10F
建筑面积	65800 平方米
服装经营面积	5475 平方米
建设时间	2010 年底
公交线路	轨交 8 号线（曲阜路站）、12 号线（曲阜路站），公交 952、315、108、46、18、802、916、518、573、315、58 路
停车位数量	800 个
消费者年龄范围	20 ～ 40 岁
服装产品价格范围	100 ～ 8000 元
经营全部品牌数量	173 个
经营服装品牌数量	78 个
服装展示指数	★★★★☆

交通指数	★★★★★
环境指数	★★★★☆
价格指数	★★★★☆
时尚指数	★★★★☆
人气指数	★★★★☆

　　中粮置业以 13.5 亿元的价格整体收购太古城一期项目,该项目商业面积约 5.3 万平方米。太古城现已更名为"大悦城",中粮置业通过此举将"大悦城"品牌引入了上海。上海大悦城将成为上海苏河湾地区的大型城市综合体。项目整体开发超过 40 万平米,总投资额超过 120 亿,预计 2017 年全面竣工。规划包括大型时尚购物中心、第一居所临水豪宅、高品质酒店式公寓、甲级写字楼及步行商业街。

　　上海大悦城 11 层商业设施的总建筑面积达到 6.8 万平方米,目标客户定位为年轻人和时尚人士,整个购物中心还引进了金逸影院、汤姆熊电玩城、上海歌城 KTV 等娱乐休闲场所和 30 多家餐饮品牌,其目标是打造苏州河北岸的商业新地标。上海大悦城一期已于 2010 年 12 月 18 日开业,主题为"我的约会主场"。目标人群瞄准了 22 ～ 30 岁的时尚年轻女性,建造潮流、时尚、性感的生活购物中心。

　　大悦城位于苏河湾核心区域,与南京东路商圈衔接。在不远的未来,除了来自南京东路商圈的客流之外,城市轨交的完善必将为其引入大量的客流。由于项目定位的鲜明个性,它将成为独具时尚魅力的商业地标。上海大悦城不仅将带动整个区域传统商圈,还将以独特的个性魅力引领上海商圈的整体升级。

表 2.6.6　大悦城经营定位与品牌分布表(2012 年)

楼层	楼层定位	经营内容	具体品牌
10F	娱乐	影院、KTV	金逸影院、好乐迪
9F	饕餮控	餐饮	权味、呷哺呷哺、敦煌小亭、咔里咖喱、辛香汇
8F	料理王	餐饮	避风塘、拿渡麻辣香锅、吞云小莳、豆捞坊、外婆家
7F	都食客	餐饮	板长寿司、星马殿、PAPA JOHN'S、权金城、索非密斯、望湘园、味千拉面
6F	创意师	生活用品、创意玩具、餐饮	TOM'S WORLD、ALIN DE ROSE、气味图书馆、CRAZY PIANO、LEGO、Mansart、雷诺瓦拼图、PiiN、EBT、疯果盒子、STAR HAIR SALON、HOYA BOBY、happy salt、Ecogoods、Mrkt、be in love、Bone Collections、优你客、鲜芋仙
5F	混血儿	女装、休闲装、牛仔裤、帽子、餐饮	CASTER、Body POPS、Hotwind、Ochirly、o.d.m、发讯、w closet、WEGO、Honeys、Hum、La Chapelle SPORT、Lovely Lace、Levi's、LEE、ABLE JEANS、VANS、Westlink、亲果亲橙、EASTPAK、瑞士军刀、jusy us、CROCS、6IXTY 8IGHT、雕刻时光咖啡馆、7HILO、LAMY、Colorforme
4F	潮流军	女装、休闲装、内衣、打火机	ABC Cooking Studio、Teenie Weenie、a02、淑女屋、LALABOBO、DAZZLE、Inroomix、Ebase、OLIVE des OLIVE、NICE CLAUP、ONLY、AMPHI、Audrey、imi's、SCHIESSER、EVE'S TEMPYAYION、Strip & brownhaus、In The Box、Rosebullet、IORI、Fandecie、Yiselle、Yescode、GUNZE、Vinette、E-PLAZA、ZIPPO
3F	时装精	女装、生活用品、餐饮、主题游戏	CITY CHAIN、Calvin Klein underwear、PEACH JOHN、LILY、b+ab、HAZZYS、ATTENIR、MaBelle、MUJI、满记甜品、STARBUCKS、ZOFF、CASIO

续表

楼层	楼层定位	经营内容	具体品牌
2F	拜物教	女装、运动装、女鞋、包类	ROCAWEAR、GUESS、adidas original、MOUSSY、MISS SIXTY、Calvin Klein Jeans、Nine West、le saunda、TATA、STACCATO、BELLE、STEVE MADDEN、Kakatoo、色非鞋业、RANDA、CNE、CHARLES & KEITH、美缇香水、PH7、FOSSIL、Kipling、PINKMARS、Calrks Originals、Clarks、MIXX、C.P.U、ESPERANZA、ALIARE、Hulahula
1F	美学家	化妆品、饰品、休闲装、皮包	ARMANI JEANS、APPLE、H&M、Sephora、LACOSTE LIVE、MAC、MANGO、FANCL、AGATHA、American Apparel、Calvin Klein、L'OCCITINE
B1	乐活族	快餐、甜品、饮品、优衣库、超市	UNIQLO、MAX FACTOR、LENS CRAFTERS、ORGANIC+、艾手艾脚、Diva、SKINFOOD、V.ROSE、Vivitix、屈臣氏、MISTER DONUT、西龙传香饭团、PARIS BAGUETTE、COLD STONE、唐饼家、Bread papa、Dairy Queen、味锦、丸来玩趣、快乐柠檬、波拉烤肉、中粮食博汇、薯我生活、梅怡馆、Mr Bean、每日新鲜、摩提工坊、SUBWAY、Gamila

大悦城经营服装品牌分布特点：

服装品牌经营面积约5745平方米。其中,最大店铺为UNIQLO,占地360平方米;最小店铺为Clarks,占地7平方米;平均服装品牌经营面积为每家50平方米。经营服装品牌78家,其中经营男装6家,经营女装34家,经营童装0家。经营服装风格包括时尚、基本、其他。

主要消费者年龄为20～40岁。

经营的服装产品单品价格在100～8000元之间,其中主要单品价格为300～1699元。

3) 太平洋百货(不夜城店)

表2.6.7　太平洋百货(不夜城店)概况

中文名称	太平洋百货
外文名称	太平洋SOGO百货
所属集团	远东集团
所属国家	中国
地　　址	天目西路218号嘉里不夜城
区　　域	闸北区
商　　圈	上海不夜城商圈
营　　业	10:00～22:00
电　　话	021-63818888,021-63172662

网　　址	http://www.pacific-shanghai.com.cn/
总 楼 层	B1～4F
建筑面积（M²）	50000 平方米
服装经营面积	5475 平方米
建设时间	2004 年底
公交线路	公交 19、113、148、206、515、723、744、927、941 路,地铁 1 号线(上海火车站站)、3 号、4 号线(上海站站)
停车位数量	200 个
消费者年龄范围	0～60 岁
服装产品价格范围	100～6000 元
经营全部品牌数量	288 个
经营服装品牌数量	128 个
服装展示指数	★★★☆☆
交通指数	★★★★★
环境指数	★★★☆☆
价格指数	★★★☆☆
时尚指数	★★★☆☆
人气指数	★★★★☆

　　太平洋百货不夜城店座落于上海陆上交通大门——上海火车站旁的嘉里不夜城内。上海火车站地区是上海交通客流集散中心之一,其影响力覆盖全市。不夜城店与地铁上海火车站相邻,总面积约 50000 平方米,地下 2 层、地上 4 层,是目前上海北部六区中最大的百货公司。

表 2.6.8　太平洋百货不夜城店经营定位与品牌分布表（2012 年）

楼层	楼层定位	经营内容	具体品牌
4F	绅士运动休闲馆	西服、衬衫、男鞋、男包、男内衣、精品、运动、休闲、牛仔、SPA、活动会馆、贵宾厅	NIKE、adidas、North Land、NIKKO、FILA、UMBRO、Jack Wolfskin、Ozark、THE NORTH FACE、Bossini、Columbia、HANG TEN、NAUTICA、佐丹奴、墨达人、Tony Wear、Apple Shop、Denizen、Gold Shark、Tony Jeans、过路人、Jack&Jones、Jasonwood、ESPRIT、GXG、Levi's、Banlss、Boni、Palongaco、Playboy、Romon、Piee Denton、C&R、Vicutu、Heren、Aeeiko、Goldlion、Pierre Cardin、Fortei、Ace、Cartelo、Le saunda、Goofifu、Samsnite、Eminent、Diplomat、Delsey、Victorinox
3F	时尚淑女服饰馆	少淑女装、淑女装、职业装、饰品、女内睡衣、孕妇装、女杂、餐厅	Triumph、Chilier、Enweis、GuJin、Eslin、曼妮芬、Miiow Secret、Rosemaid、Swear、Wacoal、Embry Form、Aimer、Geyfew、Eanlemon、Olo Maternity、Jocket、Yiselle、Hosa、Schiess、帝高羊绒、Baoina、Erdos、Anna Lice、Beth Legend、Kako、添香防辐射服、爱格玛佩尼、Emely、Slare's、Elina Creature、Zi Yue、M. Teng、Louriya、Orange House、琥家、Idvole、Mudi、Single Noble、Show Long、Levu'su、Sunlee、Occur、Machi. Ato、Mchipper、Eni:d、Savwis、Ete、K. S. Bere、Jx、Chaber、Menthe a Ange、KA/ON、Iba、Bellvilles、K. Maya、K. Fair
2F	潮流少女服饰馆	进口少女流行服饰、女杂、女包、流行表、休闲女鞋、咖啡厅	Simtel、Prizz、La Chapella、VERO MODA、EC.Boice、Berry House、淑女屋、Betu、0:03 At Midnight、ES、P2S、Oasis、ESPRIT、Naturally Jojo、F.Ny、Ise、Uniqlo、Leshop、Swatch、Casio、天王表、Citizen、Aspop、Corona、Prich、Only、imi's、Teenie Weenie、E. Land、Teemix、J&M、Safiya、Stam Weekend、Coey、Hana Mokuba、Odbo、Loving Lool、Walker Shop、K Style、QLP、Bear Turo、自然元素

续表

楼层	楼层定位	经营内容	具体品牌
1F	流行仕女精品馆	名牌化妆品、流行女鞋、珠宝、流行饰品、配件、女包、饰品、贵表、眼镜、服务台	ELLE、Gorgeous Jade、Ferti Jewelry、Shrine、Producotion、Giantti、Mitia、Jadelink、Gold Hisiory、Jiga、Soleil、Pola、Pierne Cardin、Deborah、Bonia、La Pagayo、Cobo、S.B.P.R.C、Gillivo、Fitwell、Carven、Hilly、Belmani、Aerosoles、Alpha、BELLE、Cameido、Fair Lady、Henry Grant、Rushine、Cne、Kadina、Colden、Chiao、Basto、Precis、Kisscat、St&Sat、Rime、C.Banner、Bolon、Milan Show、Tc Colle Zione、TATA、Sense、Harson、Cover、le saunda、STACCATO、BATA、Astalift、Marubi、YUE SA、I、Loreal、Za、Bourjois、Maxfactor、Debon、Maybelline、Reacheer、CK、Psk、Aqualabel、Mamonde、Boss、Aupres、Olay、SK-II、Shiseido、Laneige、Camenae、Elizabeth Arden、Lerbolario、Oto Body Care、Kanebo、Beaute、De Kose、Ohui、Sofina、Fancl、～H20+、林清轩、Clarins、潮宏基珠宝、第可、倩女、布兰婷
B1	家居生活儿童馆美食天地	童装、童鞋、玩具、床用品、家用品、药房、食品餐饮、文教用品、洗衣店、数码通讯、小家电	老北桥过桥米线、烘焙大师、丸来玩趣、萨莉亚、韩国馆、美珍香、南浦酩酒坊、童涵春堂、食其家、久留米美食餐厅、摩提工坊、西树工房、、戈隆特、尚尼、膳魔师、虎牌、飞利浦、红苹果中餐具、三联纺、号码牌、水星家纺、富丽真金、尚.玛可、罗莱家纺、富安娜、馨亭、德兰德隆、梦洁家纺、多样屋家居生活馆、北美贵姿家纺、德国博朗、安睡宝、沃拿多、脊椎医学床垫、象印、惠家、凌隆宝、安奈儿、雅多、樱桃小丸子、好孩子、法米尼、博士蛙、丽婴房、锦宫、皇家宝贝、Casa Calvin、Uchino、Dhskosh、E.Land Kids、Osim、Barbie、Disney、Bobdog、Piyo.Piyo、Ivy.House、Barbie、Thomas

太平洋百货经营服装品牌分布特点：

服装品牌经营面积约 4600 平方米。其中,最大店铺为 UNIQLO,占地 260 平方米;最小店铺为 Triumph,占地 12 平方米;平均服装品牌经营面积为每家 34 平方米。经营服装品牌 128 家,其中经营男装 35 家,经营女装 89 家,经营童装 15 家。经营服装风格包括时尚、基本、职业、休闲、运动。

主要消费者年龄为 20 ～ 40 岁。

经营的服装产品单品价格在 100 ～ 6000 元之间,其中主要单品价格为 399 ～ 998 元。

2.7 虹口区服装零售商圈

区域简介

2.7.1 虹口区简介

中文名称	虹口区

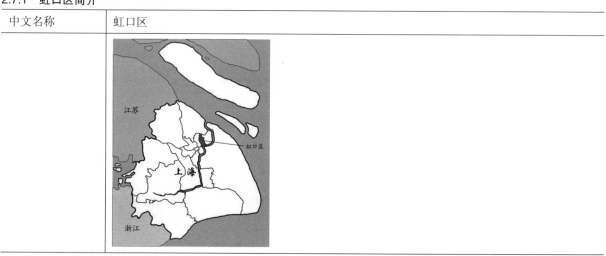

外文名称	Hongkou District
下辖地区	8 个街道办事处（四川北路街道，凉城新村街道，嘉兴路街道，提篮桥街道，江湾镇街道，广中路街道，曲阳路街道，欧阳路街道）
政府驻地	飞虹路 518 号
地理位置	上海中心城区东北部
面　　积	23 平方公里
人　　口	79.05 万人（2011 年）
著名景点	鲁迅故居、鲁迅墓、多伦路、"中国左翼作家联盟"会址、下海庙
体育设施	虹口足球场
身份证区划	310109
战略规划	上海航运服务集聚区
主要商业区	四川北路商圈，江湾镇商圈，临平路商圈

　　虹口区因虹口港而得名,位于上海中心城区东北部,南隔黄浦江、苏州河,与浦东新区、黄浦区相望,西与闸北区相连,东与杨浦区相邻,北与宝山区相接,位于市区东北部通向市中心的必经之途。虹口区下辖 8 个街道。区内交通便捷,内环线、中环线横贯区域,轨道交通 3 号线(轻轨明珠线)、4 号线、8 号线、10 号线、12 号线等穿越区境,公交线路四通八达。虹口足球场综合交通枢纽是上海东北部最大的地铁和公交换乘中心。虹口区当今的重点发展区域是北外滩,四川北路和大柏树。

　　2011 年全年完成社会消费品零售总额 228.66 亿元,比上年增长 6.3%,其中吃的商品 89.87 亿元,穿的商品 33.08 亿元,用的商品 98.66 亿元。限额以上批发零售企业完成社会消费品零售额 81.09 亿元,占全区总额的 35.5%;限额以上餐饮业完成社会消费品零售额 15.13 亿元,占全区总额的 6.6%。

商圈分布

表 2.7.2　虹口区商圈分布及商场

商圈	商场	地址
四川北路	天兴百货	虹口区四川北路 2118 号
	东宝百货	虹口区四川北路 1666 号
	壹丰广场	虹口区四川北路 1363 号
	巴黎春天(虹口店)	虹口区四川北路 1688 号
	春天百货	虹口区四川北路 521 号
	嘉杰国际商业广场	虹口区四川北路 1727 弄
	凯德龙之梦购物中心（虹口店）	虹口区西江湾路 388 号
	凯鸿广场	虹口区四川北路 1661 号
江湾镇	东方商厦(虹口店)	虹口区同丰路 699 号
临平路	瑞虹生活广场	虹口区临平路 123 号
	正大生活馆	虹口区新港路 277 号

图 2.7.1　四川北路商圈地图

图 2.7.2　江湾镇商圈地图

B——江湾——五角场

江湾镇位于虹口区西北部。东与五角场镇为邻,西与闸北区接壤,四周为江湾镇的镇南、镇北、奎照、纪念村。面积0.66平方公里。

C——临平路

南面的临平路位于上海虹口区临平路飞虹路,为上海轨道交通四号线的一个车站。

北面的四平路大连路上有地铁 8 号线与地铁 10 号线交汇的四平路站。三条地铁站之间形成了一片商业生活区。

A——四川北路

作为当今上海最长商业街的四川北路在改革开放后的进程中,延续了民国时期的繁华商业与朝夕人流。但由于各种因素的影响,特别是其他诸如徐家汇、五角场等新兴商圈的迅速崛起,使得四川北路近年来已不复昔日辉煌。不过其所拥有的商业历史和文化遗迹依旧,这是其他商街、商圈所不具备的独到优势,海派文化底蕴依然深厚。改建后的四川北路以高品位、中低价的商品和现代电子技术的服务,及利用周边人文景观建设起来的现代文化旅游和娱乐设施的特色,加上进驻四川北路的一批著名的商贸企业,吸引着越来越多的市民和国内外的游客。

四川北路迎合了上海市民讲究实惠的心理,与追求豪华消费的淮海路和追求名店栉比的南京路形成了鲜明的对照,标志性的建筑如新凯福、多伦、凯伦、上海春天四大商厦,已巍巍矗立,众多高品位的商业设施落成后,仍然坚持以中价位商品为经营特色,充分体现商业个性,面向广大工薪阶层,成为百姓青睐的购物天堂。"走走逛逛其他路,买卖请到四川路"仍然是一句亲切而实际的口号。在整个四川北路商业功能中的三个重要区域,各有明显的特点和个性,但一贯又具有文化艺术的氛围,最终形成"南繁、中专、北雅"的四川北路商业新格局。

图 2.7.3　临平路商圈地图

商场分析

1）天兴百货（虹口店）

表 2.7.3　天兴百货（虹口店）概况

中文名称	天兴百货
外文名称	无
所属集团	香港天津（控股）有限公司
所属国家	中国
地　　址	上海市四川北路 2118 号
区　　域	虹口区
商　　圈	上海四川北路商圈
营　　业	10:00 ～ 22:00
电　　话	021-56711018
网　　址	http://www.tianxing.sh.cn/
总 楼 层	1 ～ 5F
建筑面积	近 12000 平方米
服装经营面积	4465 平方米
建设时间	1995 年
公交线路	公交 70、18、97、21、47、101、139、52、531、541 路，地铁 3、8 号线
停车位数量	80 个
消费者年龄范围	20 ～ 50 岁
服装产品价格范围	20 ～ 5260 元
经营全部品牌数量	71 个
经营服装品牌数量	64 个
服装展示指数	★★★☆☆
交通指数	★★★☆☆
环境指数	★★★☆☆
价格指数	★★★☆☆
时尚指数	★★★☆☆
人气指数	★★★☆☆

天兴百货是由香港天津(控股)有限公司于1995年投资创办的。地处四川北路商业街,注册资金1.5亿,营业面积1.2万平方米,是一个以经销中高档男女服饰为主的主题百货公司。天兴百货目前拥有的时尚品牌专卖有 ONLY、VERO MODA、ESPRIT,在四川北路北首营造了优良的商业氛围,起到了引领时尚消费、集聚岛屿型商圈的圆心地位的作用。

表 2.7.4　天兴百货虹口店经营定位与品牌分布表(2012 年)

楼层	楼层定位	经营内容	具体品牌
5F	娱乐	娱乐	亲子乐园
4F	综合	箱包,女装	惠罗,繁莹,欣威,寒布仕,瑞赞,Sheridan,Giorgio Armani,法艾兰,Bosi Vogue,Playboy,U.S. POLO ASSN,Augus,波鼠,Worthy,Classic Fashioh,Lofty Taste
3F	男装	休闲男装 职业男装	ESPRIT,Jack&Jones,GXG,KUHLE,G. J,Fairwhale,Kingyes,Braxtox,Jockey,Zippo,Fx,Camel,CONVERSE,UMBRO,Dunlop,adidas,NIKE,Boton,U.S. POLO ASSN
2F	女装	休闲女装 职业女装	Bear Two,Bellvilles,Wanli,PS,D. Yoo,Ve De Vones,Highday,Luoriya,Occur,Ere,Gzl,Miss,Chi Ato,Etam,古今,Aidaini,Sunflora,Armersy,Snoopy,La Chapelle Sport,Cielblell,La Chapelle,ES,Etam Weekend,La Gogo,X-GE,中艺,凡龙
1F	女装	休闲女装	ONLY,ESPRIT,edc,Etam,VERO MODA,PUCCA,流行美

天兴百货经营服装品牌分布特点:

服装品牌经营面积约4465平方米。其中,最大店铺为ESPRIT,占地140平方米;最小店铺为中艺、U.S. POLO ASSN,占地25平方米;平均服装品牌经营面积为每家70平方米。经营服装品牌64家,其中经营男装25家,经营女装44家,经营童装0家。经营服装风格包括时尚、基本、职业、休闲、运动。

主要消费者年龄为 20 ～ 50 岁。

经营的服装产品单品价格在 20 ～ 5260 元之间,其中主要单品价格为 94 ～ 789 元。

2) 东宝百货 (虹口店)

表 2.7.5　东宝百货(虹口店)概况

中文名称	东宝百货
外文名称	Global Orient Department Store
所属集团	上海东宝百货有限公司
所属国家	中国

地　　址	上海市四川北路 1666 号
区　　域	虹口区
商　　圈	上海四川北路商圈
营　　业	10:00 ～ 21:00
电　　话	021-63561818
网　　址	无
总 楼 层	1 ～ 6F
建筑面积	近 13000 平方米
服装经营面积	8762 平方米
建设时间	2007 年
公交线路	公交 18、21、52、854、939 路
停车位数量	300 个
消费者年龄范围	0 ～ 60 岁
服装产品价格范围	39 ～ 4650 元
经营全部品牌数量	168 个
经营服装品牌数量	137 个
服装展示指数	★★★☆☆
交通指数	★★★☆☆
环境指数	★★★☆☆
价格指数	★★★☆☆
时尚指数	★★★☆☆
人气指数	★★★☆☆

现代摩登的百货商场是上海繁荣景象中一抹不可缺少的亮色,然而在 10 多年前,可以提供给市民休闲、购物的大型商店屈指可数,而且这些商店只能满足人们的一般需要,所以 1995 年东宝百货一成立,便成为四川路上一道亮丽的风景线。它不仅让国际时尚潮流进入了平常百姓家,还为市民的生活提供了更为丰富的选择。当时,四川北路 80％的时尚品牌集中在东宝百货。随后的 10 年间,东宝置业的营业额增长了 400％。然而,经营了 10 年的东宝百货业也暴露出设备老化等问题,改造计划因此被提上日程。2007 年,这艘四川北路最大的商业旗舰项目准备花费 2000 万元重新装修店面,同时将营业面积由目前的 12000 平方米扩大到 15000 平方米。东宝百货的换代升级再次为四川北路改造注入了强心剂,成为"保卫四川北路"的重要举措。

表 2.7.6　东宝百货虹口店经营定位与品牌分布表(2012 年)

楼层	楼层定位	经营内容	具体品牌
6F	童装,家居用品	童装,家居,电器	网球王子,Tayohya,安睡宝,恐龙纺织,雁皇,Honren,馨而乐,奥力福,水晶家纺,Salamanka,BELLE,Eral,Baby,DISNEY,E·Land Kids,Paw in Paw,Harrypotter,博士蛙,Philips
5F	男装	运动装,休闲男装	NIKE,Pony,Bossini,Eastern Camel,Race,Eichitoo,佐丹奴,THE NORTH FACE,Jack Wolfskin,Nikko,Champion,圣芙莱,CONVERSE,Northland,Skechers

续表

楼层	楼层定位	经营内容	具体品牌
4F	男装	休闲男装 职业男装	Plory,LEE,名勋,开开,美特斯邦威,Apple,Brax,Jamesking,Page One,Worthy,Giorgio Armani,U.S.POLO ASSN,八仟代,Wear,Lilana,Rosefoke,Playboy,Cardinrejt,Racb Jjqn,Conch,Apple Shop,Braxton,过路人,JoeOne,Gatherjewels,Classic Knight,Unisex,makehuafei,Jack&Jones,J&S
3F	女装	女士内衣 休闲女装 职业女装 中老年女装	美迪亚,Etam,Luck,伊姿,Phidias,Qiu Er,简兮,E-Bar,Show Mmaker,ST-Lmld,丝黛芬妮,Move Easy,古今,Duchess,Chilier,Audrey,思薇雅,雅婷,十月妈咪,Spiral,Ibyi Evolution,Milandon,永青,宝绿,Bellvilles,M2 Midec,X-GE,Florod,思安尼,风之如,Kasd,Tggc,金泰,嘉露.雯,Tecgar,中艺,Faiosh
2F	女装	淑女装 潮流女装	Casio,Etam Weekend,E.Land,皮皮狗,群工,La Gogo,帝高,Runmoon,F.NY,SpringBamboo,Ve De Vones,Jone,i.s.e,D.Yoo,Garroudi,Shine,Ere,Swladies,Kmaya,ES,Vivilin,Scat,Prich,La Chapelle,SNOOPY,ONLY,Parker,ZIPPO,VERO MODE,Teenie Weenie
1F	综合	美容品 饰品	Herborist,Aupres,L'oreal,VICHY,Avene,Max Factor,YUE SAI,Chcedo,Omey,Camenae,Goldlion,Maybelline,Bozo Dadny,Aweis,Crocodile,Tour Effel,Daphne,Fuguiniao,Playboy,倩女,兰棠,Beilisini,Yinna,Hang Ten,Goldlion,Sheridan,Fortel,Geraisimon,Belmani,Basto,Pansy,Teenmix,Roadmate,老庙黄金

东宝百货经营服装品牌分布特点：

服装品牌经营面积约8762平方米。其中，最大店铺为LEE，占地160平方米；最小店铺为F.NY，占地15平方米；平均服装品牌经营面积为每家64平方米。经营服装品牌137家，其中经营男装51家，经营女装79家，经营童装6家。经营服装风格包括时尚、基本、职业、休闲、运动。

主要消费者年龄为21～50岁。

经营的服装产品单品价格在39～4650元之间，其中主要单品价格为120～3500元。

3) 壹丰广场(虹口店)

表2.7.7　壹丰广场(虹口店)概况

中文名称	壹丰广场
外文名称	One Prime
所属集团	AM alpha集团

所属国家	德国
地 址	上海市四川北路 1363 号
区 域	虹口区
商 圈	上海四川北路商圈
营 业	10:30 ～ 21:30
电 话	021-36369898
网 址	http://www.oneprime.com.cn/
总 楼 层	B2 ～ 3F
建筑面积(M²)	近 38000 平方米
服装经营面积	514 平方米
建设时间	2012 年
公交线路	公交 21、65、928、939、167、147、18、14 路
停车位数量	196 个
消费者年龄范围	20 ～ 50 岁
服装产品价格范围	169 ～ 3380 元
经营全部品牌数量	16 个
经营服装品牌数量	5 个
服装展示指数	★★★★☆
交通指数	★★★☆☆
环境指数	★★★★☆
价格指数	★★★★☆
时尚指数	★★★★☆
人气指数	★★★☆☆

壹丰广场位于上海市虹口区四川北路 1363 号,地处地铁 10 号线四川北路站,坐拥武进路、四川北路两个主干道交接口,与地铁 3、4 号线咫尺相邻,隧道、高架纵横左右,交通十分便捷。它是集高档名牌服饰、商务休闲餐饮、各种配套服务于一体的精品型购物中心。

壹丰广场分为地下 2 层和地上 3 层,有超过 150 家国内外著名品牌进驻,全方位满足各类消费人群需要。地下第 2 层妙趣美食,主营餐饮小食,兼具小型时尚精品店及生活服务类商铺;地下第 1 层精品生活,着重关注高品质生活形态,主营品味餐饮及生活用品概念店;地上第 1 层奢华经典,汇聚时装、珠宝、手包等国际一、二线知名时尚品牌;地上第 2 层精致品味,主打独具创新设计师风格的时尚女装,以及知名美肤化妆品牌;地上第 3 层随性潮流,汇集国内外知名休闲品牌、潮流女鞋品牌集结于一地。广泛的品牌选择、舒适的购物环境,以及丰富的国际购物中心管理经验、专业且无微不至的服务模式,在繁华闹市中壹丰广场为顾客提供悠闲雅致的生活空间。

表 2.7.8 壹丰广场虹口店经营定位与品牌分布表（2012年）

楼层	楼层定位	经营内容	具体品牌
3F	综合	职业女装,潮流女装,餐饮	MODIFIER,南翔 1900,Hotwind,Candie's, La Chapelle,La Chapelle Sports
2F	女装	潮流女装	HASOL,MADE MOISELLE,AEE,coey,coco deal,mo&co.
1F	女装	淑女装,饰品	I DO,ENZO,GODIVA,PROLIVON
B1	餐饮	小吃,便利店	绿诺,TKF SPASSO,AWFULLY CHOCOLATE,希诺,争鲜回转寿司,翡翠拉面小笼包,晨曦炖品,全家,PETLAND,IRIS SALON,盛品利,COFFEEROOTS,哈尼哈尼,化丸乌冬,芋贵人
B2	餐饮	小吃,家居	面吧,卡利堡,食其家,iceason,美仕多,糕福奇,SUBWAY,伊人美甲,流行美,新光饰品,有机家,猪饱饱本铺,U2B,满记甜品,丸来玩趣,正豪大大鸡排,西树泡芙,MR.Bean,Georg Peck,萨莉亚,鲜芋仙,台金兰,林清轩,UBSKIN 优贝施,Kingking FENNI,快乐柠檬,SIMIKE 酸奶,COCO 壹番屋

壹丰广场经营服装品牌分布特点：

服装品牌经营面积约 514 平方米。其中,最大店铺为 MODIFIER,占地 175 平方米;最小店铺为 La Chapelle,占地 78 平方米;平均服装品牌经营面积为每家 103 平方米。经营服装品牌 5 家,其中经营男装 1 家,经营女装 7 家,经营童装 0 家。经营服装风格包括时尚、基本、职业、休闲、运动。

主要消费者年龄为 20 ～ 50 岁。

经营的服装产品单品价格在 169 ～ 3380 元之间,其中主要单品价格为 239 ～ 2580 元。

4) 巴黎春天（虹口店）

表 2.7.9 巴黎春天（虹口店）概况

中文名称	巴黎春天
外文名称	无
所属集团	香港新世界百货公司
所属国家	中国
地 址	上海市四川北路 1688 号
区 域	虹口区
商 圈	上海四川北路商圈
营 业	10:00 ～ 22:00
电 话	021-63098090

网　　址	http://www.nwds.com.hk/
总 楼 层	1～5F
建筑面积	近 19600 平方米
服装经营面积	4079 平方米
建设时间	2003 年
公交线路	公交 18、21、52、854、939 路,地铁 3、4、10 号线
停车位数量	300 个
消费者年龄范围	20～50 岁
服装产品价格范围	50～3500 元
经营全部品牌数量	135 个
经营服装品牌数量	100 个
服装展示指数	★★★★☆
交通指数	★★★★☆
环境指数	★★★☆☆
价格指数	★★★☆☆
时尚指数	★★★☆☆
人气指数	★★★★☆

上海巴黎春天虹口店位于虹口区四川北路。四川北路是上海著名的三大最繁华商业街之一,也是远近闻名的文化名人街。该店毗邻轨道交通东宝兴路站、海伦西路站,交通便捷,地理位置十分优越。

表 2.7.10　巴黎春天虹口店经营定位与品牌分布表(2012 年)

楼层	楼层定位	经营内容	具体品牌
5F	男装	休闲男装,职业男装,运动男装	Raidy Boer, ESPRIT, Regatta Club,马克华菲, Joeome, Vskonnes, Boss Sunwen, G2000,保罗世家, Diplomat, Jack&Jones, Oceania Roo, le saunda, HARSON, Un Ted Raptor, Etam Homme, Tony Jeans, Parker, Giovanni Valention, adidas, NIKE,森马, New Balance,李宁, CONVERSE, Jasonwood, Goodio, Levi's, Staccato,金利来, Xh, Vicutu, Pal Ongaco, 洛沙蒂, Arrow, Nautica
4F	女装	职业女装	Sefon, I, Kako, Finity, Emely, Sinomax, Luxman, Lessie, M. Teng, Hosa, Chiao Mann, C'estlavie, V. Grass, Outlet, Yin er, Show Long, Erdos,乐淘小杂货铺,凯迪龙,斯琴,雅莹,米柔
3F	女装	休闲女装,饰品,潮流女装,箱包	Anna Lice, On&On W., La Chapelle, Peoleo, Etam, Honeys, S. Deer, Sheepet, Roem, Mind Bridge, CiELBLELL, Et Boite, H. T, eni :d, Osim, Fairwhale, Bear Two, Viscap, G2000, ELLE, COBO, Gillivo, Gakada, Kstyle Tokyo, Ofuon, Season Wind, Naivee, Pual Frank,宝岛
2F	女装	女士内衣,潮流女装	Me&City, Limk, Esprit, Izzue, b+ab, Ochirly, Josiny, Iix Viix, Eland, Edc, Scat, Ch'in, Teenie Weenie, Momo Girl, Saassi, Casio, FIVE PLUS,古今
1F	综合	餐饮,潮流男装,女装,饰品	Chow Tai Fook, TISSOT, C. Banner, Millie's, Clarks, Chishaluo, Calvin Klein, Aupres, Olay, Walker Shop, Le ELE, le saunda, CNE, TATA, BELLE, Safiya, Season Winds,莉莲蛋挞, BATA, Cover, Kiss Cat, L'oreal, Aqua Sprina, Sofina, FND, ENZO,潮宏基,伊伴,萨班妮荷

巴黎春天虹口店经营服装品牌分布特点：

服装品牌经营面积约 4079 平方米。其中，最大店铺为 Me&City，占地 300 平方米。最小店铺为 CiEL-BLELL，占地 6 平方米。平均服装品牌经营面积为每家 41 平方米。经营服装品牌 100 家，其中经营男装 29 家，经营女装 50 家，经营童装 0 家。经营服装风格包括时尚、基本、职业、休闲、运动。

主要消费者年龄为 20 ～ 50 岁。

经营的服装产品单品价格在 50 ～ 3500 元之间，其中主要单品价格为 120 ～ 1500 元。

5) 春天百货（虹口店）

表 2.7.11 春天百货（虹口店）概况

中文名称	春天百货
外文名称	无
所属集团	上海烟草集团房地产开发经营公司
所属国家	中国
地　　址	上海市四川北路 521 号
区　　域	虹口区
商　　圈	上海四川北路商圈
营　　业	10:00 ～ 22:00
电　　话	021-63570090
网　　址	无
总 楼 层	1 ～ 2F
建筑面积	近 7500 平方米
服装经营面积	316 平方米
建设时间	2001 年
公交线路	公交 6、14、17、18、19、21、25、66、147、167、220、929、939 路
停车位数量	150 个
消费者年龄范围	20 ～ 60 岁
服装产品价格范围	118 ～ 4320 元
经营全部品牌数量	27 个
经营服装品牌数量	5 个
服装展示指数	★★★☆☆
交通指数	★★☆☆☆

环境指数	★★☆☆☆
价格指数	★★☆☆☆
时尚指数	★☆☆☆☆
人气指数	★★★★☆

春天百货于 1996 年在四川北路上开门亮相,由上海烟草集团虹口烟草糖酒有限公司开设,主要经营零售烟、酒、食品、日用百货、服装鞋帽、文化用品等。2002 年,商城结合四川北路商业街新一轮改造,对商品结构进行重新定位,提出"魅力春天,时尚女性"的经营思路,引进以女性服饰为主题的品牌商品,吸引了很多女性顾客。然而,近年来,这里的人气逐渐下滑,很多年轻消费者甚至没有听说过这家商场。

2012 年 8 月,由于长期人气不足,春天百货商城日前悄然关闭。近年来,像春天百货商场这类老牌传统百货商场,因长期人气不足等因素而关闭的并不在少数,就在四川北路一带,第七百货、新凯福商厦等曾经的知名百货商店都先后关门了。

表 2.7.12　春天百货虹口店经营定位与品牌分布表(2012 年)

楼层	楼层定位	经营内容	具体品牌
2F	综合	羽绒服,运动休闲	悠客行,Dilaks,Ohiaia,Fashion Sport,Mickeyyiyuan,ST-LMLD,Mingyali,Betu,X-MAS,Etam Weekend,CARVEN,鹿王羊绒,帝高羊绒,圣雪绒,高岛羊绒
1F	综合	美容品,化妆品	Maybelline,L'oreal,Za,Aupres,Omey,Pupe&Mild,Chcedo,Yalandisi,蓝棠 博步,布兰妮,Sheridan,迪信通

春天百货虹口店经营服装品牌分布特点:

服装品牌经营面积约 316 平方米。其中,最大店铺为帝高羊绒,占地 69 平方米;最小店铺为 betu,占地 56 平方米;平均服装品牌经营面积为每家 62 平方米。经营服装品牌 5 家,其中经营男装 5 家,经营女装 5 家,经营童装 0 家。经营服装风格包括基本。

主要消费者年龄为 20 ~ 50 岁。

经营的服装产品单品价格在 118 ~ 4320 元之间,其中主要单品价格为 328 ~ 2580 元。

6) 嘉杰国际商业广场(虹口店)

表 2.7.13　嘉杰国际商业广场(虹口店)概况

中文名称	嘉杰国际商业广场

外文名称	无
所属集团	上海捷胜置业有限公司
所属国家	中国
地　址	上海市四川北路 1727 弄
区　域	虹口区
商　圈	上海四川北路商圈
营　业	10:00 ～ 23:00
电　话	021-63098877
网　址	无
总 楼 层	B1 ～ 5F
建筑面积	近 24300 平方米
服装经营面积	1575 平方米
建设时间	2007 年
公交线路	公交 18、21、854、939 路, 地铁 3、8 号线
停车位数量	600 个
消费者年龄范围	20 ～ 40 岁
服装产品价格范围	30 ～ 2580 元
经营全部品牌数量	47 个
经营服装品牌数量	9 个
服装展示指数	★★★☆☆
交通指数	★★★★★
环境指数	★★★☆☆
价格指数	★★★☆☆
时尚指数	★★★☆☆
人气指数	★★☆☆☆

嘉杰国际广场位于上海市四川北路 1727 弄。嘉杰国际广场项目用地为上海市虹口区 68 号街坊改造地块, 位于上海市三大市级商业街之一、上海北区最大的商业街——四川北路的"金腰带"处, 毗邻轨道交通 3 号线 (轻轨明珠线) 东宝兴路站, 地块东至四川北路商业街、西邻轻轨规划路、南到东宝兴路、北靠天然河道俞泾浦, 地理位置优越。

表 2.7.14　嘉杰国际商业广场虹口店经营定位与品牌分布表(2012 年)

楼层	楼层定位	经营内容	具体品牌
5F	餐饮	餐饮	翰林轩
4F	餐饮	餐饮	釜山料理,和绿回转寿司,烧肉达人,烹大师火锅达人,厚味香辣馆,泰泰米,蛙蛙跳
3F	综合	教育 床上用品	迪士尼英语,芸楠健发,特百惠,必瘦站,亲子乐园,纽悦伊人,韦博国际英语,海马床品,玛花纤体,赛诺

续表

楼层	楼层定位	经营内容	具体品牌
2F	综合	男装,女装,保健	ZARA, UR, TUNGSTEN, YIGUE, TINAGIA, TKF SPASSO, ianvis, cannie&ca, ADEN, BOREE, 齿倍秀
1F	综合	护肤品,男装,女装	UR, motivi, Sephora, ZARA, MELDOR
B1F	餐饮	餐饮	老妈米线,屈臣氏,满记甜品,爱芙洛可,下沉式美食广场,味千拉面,面包新语,一线烫捞,梅怡馆,爱茜茜里,快乐柠檬,甜言物语,咕叽燕窝

嘉杰国际商业广场经营服装品牌分布特点:

服装品牌经营面积约 1575 平方米。其中,最大店铺为 ZARA,占地 350 平方米。最小店铺为 cannie&ca,占地 90 平方米。平均服装品牌经营面积为每家 175 平方米。经营服装品牌 9 家,其中经营男装 0 家,经营女装 9 家,经营童装 0 家。经营服装风格包括时尚。

主要消费者年龄为 20 ～ 40 岁。

经营的服装产品单品价格在 30 ～ 2580 元之间,其中主要单品价格为 259 ～ 1480 元。

7) 凯德龙之梦购物中心(虹口店)

表 2.7.15　凯德龙之梦购物中心(虹口店)概况

中文名称	凯德龙之梦购物中心
外文名称	无
所属集团	嘉德置地集团
所属国家	新加坡
地　　址	上海市虹口区西江湾路 388 号
区　　域	虹口区
商　　圈	上海鲁迅公园商圈
营　　业	10:00 ～ 22:00
电　　话	021-26019000
网　　址	http://www.hongkouplaza.com/cn/
总 楼 层	B2 ～ 6F
建筑面积	近 170000 平方米
服装经营面积	13056 平方米
建设时间	2012 年

公交线路	公交 302、310、329、502、51、959、991 路
停车位数量	1100 个
消费者年龄范围	0 ~ 60 岁
服装产品价格范围	15 ~ 4959 元
经营全部品牌数量	338 个
经营服装品牌数量	162 个
服装展示指数	★★★★☆
交通指数	★★★☆☆
环境指数	★★★☆☆
价格指数	★★★☆☆
时尚指数	★★★☆☆
人气指数	★★☆☆☆

凯德龙之梦虹口广场总面积 28 万平米,商场面积 17 万平米,两栋 30 层高的办公楼面积达 57000 平方米,是北上海规模最大的商场之一。此项目毗邻虹口足球场,地处轨道交通及地面交通枢纽中心,拥有得天独厚的人气优势。

凯德龙之梦虹口广场位于北上海的城市心脏,是 8 号线与 3 号线的换成枢纽,将成为北上海最大的购物中心,拥有针对家庭生活方式的复合租户组合,包括购物、休闲、促销活动、娱乐、餐饮等。

表 2.7.16 凯德龙之梦购物中心虹口店经营定位与品牌分布表(2012 年)

楼层	楼层定位	经营内容	具体品牌
6F	综合	电影院 餐饮	金逸影城,麻辣诱惑,釜山料理,1001 赞生活牛肉面,57 度 湘,湘乐汇,19 弄,宝燕餐厅,霖 上海味道,新辣道,尚一汤,小巴辣子川菜,屋企汤馆
5F	综合	餐饮 运动服装	Lotto,马克华菲,Lava,Telent,NIKE,Skechers,Columbia,James Kingodom,Vskonne,Hot-Wind,New Balance,adidas,Sams-Nice,一茶一坐,Toread,UTC,Kolumb,Lyoul,Hoso,Westlink,避风塘,Speedo,CONVERSR,图途,Tasty,西贝西北菜,CH'IN,泰妃阁,许留山,家有好面,呀咪,禾绿回转寿司,萨莉亚,老妈米线,点指乒乓,巴黎泰,乐度 美式餐吧,金涮盘,神采飞扬,南翔 1900
4F	综合	休闲男装 休闲女装 餐饮 造型	气味图书馆,马克华菲,The Shoes Bar,Jasonwood,Cabbeen,GXG,Izod,Plory,Mseries,levi's,Jack&Jones,Diplomat,Geox,Clanks,Htc,港丽餐厅,SELECTED,Armax,Missing Dorothy,For-ad x,面包新语,Eplaza,Eastpak,Peace Bird,River Stone,Teenie Weenie,Hi Panda,Vans,The Thing,adidas,蔓舍陀,李雷发型,艾尔口腔门诊,娇莉芙,Tokuyo,诗泥,美丽田园 SPA,潮手潮脚,Princess k k,秀美荟,辛格灵,In-House,Fun,Zuoan,Croquis,Oxeord,Hoperise,Geox
3F	综合	童装 休闲女装 餐饮 孕妇装	Mother Care,Bream Babys,反斗乐园,Twin Kids,小猪班尼,喜羊羊与灰太狼,爱摄影,Bear Famania,Liguo,Gymboree,Petit Avril,Alphabet,Mecity Kids,Disney,赢在起点,内衣总动员,Bob Dog,酷地带,Kids Land,乐久久,Obaibi,乐智小天地,Eland Kids,Paw In Paw,NIKE Kids,Dream Babys,GB,Codion,Matchi Motchi,Peacebird,Tutu Anna,Fukuske,Schiesser,Isyfen,婷美,Minirdees,Yiselle,马克华菲,Page One,Roem,Bingkee,EnC,Jnby,f:anole,Savwis,Cannie&Ca,Gesesy,Dbi,Rosebullet,Mindbridge,Dzzit,W Closet,WE,ES Back,a^3,Anubis,圣摩珂咖啡,卡乐星,Net,Eve's Temptation,Leg Queen,Sak&Co,海盗船,Mr.Ems,Omey,十月妈咪,Hosa,Audrey,Eblin,Bonny,Fandecie,索非蜜斯冰淇淋,东京抹茶,Gb

续表

楼层	楼层定位	经营内容	具体品牌
2F	综合	餐饮 休闲女装 职业女装 女鞋 护肤品	Ichic Zone, Retrogallery, Bread n Butter, Nice Claup, Diva, Crocs, Pualfrank, Max Win, Only, Joy&Peace, Mabelle, Mu, Asobio, m)Phosis, Teenie Weenie, Basic House, Hazzys, Honeys, Rocawear, Anquiet, Clride, 秋水伊人, 温莎, Susie, Daphne, Lizzie, GAP, Ferera, Lily, Daphne, The One Attutide, Cameido, Faiccia, Kisscat, Joy&Mario, 外婆家, Coey, Pierre Cardin, Erdos, BELLE, TATA, Randa, OLIVEdesOLIVE, Kankan, BELLE, Misskoyo, 老马铺氏, 丽致龙摄影
1F	综合	餐饮 休闲女装 水果店	Desigual, COACH, BOSS, GUESS, Stroilioro, ALDO, Bauhau, Haagen-Dazs, Motive, Moussy, b+ab, izzue, ZARA, Pull&Bear, Stradivarius, COSTA COFFEE, Accessorize, CHARLES&KEITH, CITIZEN, TISSOT, AGATHA, Mido, Swarovski, Moscot, Footmark, Itachosushi, 鲜芋仙, 金至尊, 鲜之恋水果, Mvuke Tokyo, Andersen's Icecream, Sachiel, Luci Di Gaga, Lenscrafters, Gunze, I Do, 6TXTY8IGHT, Missha, 面包新语, Herborist, Shoe Marker, 杰西珠宝, Enzo
B1F	综合	餐饮 超市 家居	Queen's Market, 景祥大药房, 大和生煎, 新饭碗, 桂都台湾美食, 屈臣氏, 汇美舍, 玩界, 红宝石, 大家乐, 家乐福, 国美, 海马, Oto Bodycare, 东茗, 味千拉面, Mr.Pizza, 点沁, Mu Bread
B2F	综合	眼镜 护肤品 娱乐 书店	红星眼镜, Rem, 一代眼镜, Next City, 阿吉豆, 电玩巴士, Happy Salt, 自然之宝, 城市生活, 吉蒂屋, 8th Days, 竹叶青, Iceason, 艾手艾脚, DHC, 太阳驰走美食广场, 可颂坊, 千味涮, 香炫阁, 东方既白, 肯德基, 必胜客, 吴良才, 老娘舅, 台金兰, So Waffle, 辛嘟嘟, 快乐柠檬, 猪饱饱本铺, Tkfspasso, 色彩地带, 茶香书香, 状元牛舍, 早安巴黎, 莉莲蛋挞, 永和大王, 呷哺呷哺, 乐食派, 来伊份, 味锦, 阿明, 丸来玩去, 可口味, 每日新鲜水果吧, 小林煎饼, 希望先生, DQ, 缘喜寿司, 土豆爸爸, 吉尚品, 汉堡王, 美仕多, 新的卷

凯德龙之梦购物中心虹口店经营服装品牌分布特点:

服装品牌经营面积约 15615 平方米。其中,最大店铺为 ZARA,占地 1000 平方米;最小店铺为婷美,占地 25 平方米;平均服装品牌经营面积为每家 96 平方米。经营服装品牌 162 家,其中经营男装 53 家,经营女装 79 家,经营童装 24 家。经营服装风格包括时尚、基本、职业、休闲、运动。

主要消费者年龄为 0 ～ 50 岁。

经营的服装产品单品价格在 15 ～ 4959 元之间,其中主要单品价格为 49 ～ 1928 元。

8) 凯鸿广场(虹口店)

表 2.7.17　凯鸿广场(虹口店)概况

中文名称	凯鸿广场
外文名称	KaiHong Plaza · ShangHai

所属集团	上海大发地产集团有限公司
所属国家	中国
地　　址	上海市四川北路 1661 号
区　　域	虹口区
商　　圈	上海四川北路商圈
营　　业	10:00 ~ 22:00
电　　话	021-63933081
网　　址	无
总 楼 层	B2 ~ 4F
建筑面积	近 26000 平方米
服装经营面积	2780 平方米
建设时间	2007
公交线路	公交 21、939、854 路,地铁 4 号、10 号线
停车位数量	211 个
消费者年龄范围	0 ~ 40 岁
服装产品价格范围	30 ~ 998 元
经营全部品牌数量	65 个
经营服装品牌数量	62 个
服装展示指数	★★★☆☆
交通指数	★★★★★
环境指数	★★★☆☆
价格指数	★★☆☆☆
时尚指数	★★★☆☆
人气指数	★★☆☆☆

　　上海凯鸿广场位于著名的虹口区四川北路商业街区,是一家以家庭消费为主导,汇集餐饮、娱乐、购物、教育培训、健身等综合性多功能的消费场所。

　　凯鸿广场由中国服务业企业 500 强、房地产业 100 强之一的大发集团投资开发,由下属专业商业管理团队上海大发房地产集团有限公司自主经营,并聘请新加坡狮城怡安提供全程物业管理服务。商场整体面积 26000 平方(地下 2 层、地上 4 层),配备地下车库 211 个,硬件设施齐全。全方位立体交通网络环抱四周,距轨道 3 号线东宝兴路站不到百米,轨道交通 4 号、10 号线及公交 21 路、939 路、854 路、旅游 10 号线等十余条公交线路途经此地。

表2.7.18　凯鸿广场虹口店经营定位与品牌分布表(2012年)

楼层	楼层定位	经营内容	具体品牌
4F	健身	健身	一兆韦德健身
3F	综合	餐饮 童装 教育	凌隆宝,哈利波特,巴布豆,芙儿优,Jeep,Yeehoo,New Balance kids,Sinaina,Gb,Kaleeto,Disney,Pouch,Soho,Tots,丽婴房,兄妹猫,多美,澳贝,皇家宝贝,万代,Silverlit,usBABY,Kidsland,Toonsland,Le Jia Toys,读书郎学习机,Disney,加菲猫,商汤天下火锅城

楼层	楼层定位	经营内容	具体品牌
2F	综合	童装 孕妇装 女装	Gebitu,卡拉贝熊,小猪班纳,Annil,Longtaizi,Sogni Kids,Poipoilu,巴拉巴拉,柏迪小熊,迪莎,小熊维尼,Bob D,Pencil Club,L.S,奈斯菲尔,马拉丁,Onele Tom,Paclantic,Oshkoshbgosh,Chyaubao,adidas,Jeep,路易迪高,十月妈咪孕妇装,Good Boy,I-Baby,Peek.a Boo,多美,C.T.House,NIKE Kids,婴方喜,Twinkids,Dadida,Snoopy,下一代,Hallwork,贝唯儿
1F	综合	童装 餐饮 女装 箱包	ELLE,Curly Sue,Eland Kids,Ouch,Kaminey,Paw In Paw,Miss Birba,Bob Dog,Ivy House,Starbucks,Zoke,Haagen-Dazs,Our.Q,Disney,Levi's,A Jie Bang Ni,Ikali,Rooki,Whiz Kid,Gunze,婴儿游泳馆,小淑女与约翰,娜可露露
B1F	教育	教育	华尔街英语

凯鸿广场经营服装品牌分布特点:

服装品牌经营面积约 2780 平方米。其中,最大店铺为小熊维尼,占地 90 平方米;最小店铺为哈利波特,占地 10 平方米;平均服装品牌经营面积为每家 45 平方米。经营服装品牌 62 家,其中经营男装 0 家,经营女装 1 家,经营童装 52 家。经营服装风格包括基本。

主要消费者年龄为 0 ~ 40 岁。

经营的服装产品单品价格在 30 ~ 998 元之间,其中主要单品价格为 119 ~ 498 元。

9) 东方商厦(虹口店)

表 2.7.19　东方商厦(虹口店)概况

中文名称	东方商厦
外文名称	Orient Shopping Centre
所属集团	上海友谊集团股份有限公司
所属国家	中国
地　　址	上海市同丰路 699 号
区　　域	虹口区
商　　圈	上海江湾镇商圈
营　　业	9:30 ~ 21:30
电　　话	021-56657799
网　　址	http://www.bldfhk.com/
总 楼 层	1 ~ 5F

建筑面积	近 20000 平方米
服装经营面积	4445 平方米
建设时间	2011 年
公交线路	862、937、959、98、66、823 路等 18 条公交线路
停车位数量	45 个
消费者年龄范围	0 ~ 60 岁
服装产品价格范围	18 ~ 1799 元
经营全部品牌数量	111 个
经营服装品牌数量	78 个
服装展示指数	★★★☆☆
交通指数	★★★☆☆
环境指数	★★★★☆
价格指数	★★★☆☆
时尚指数	★★★★☆
人气指数	★★★★☆

东方商厦(虹口店)成立于 2011 年 9 月 28 日,是上海友谊集团股份有限公司旗下的大型百货商业企业。商厦总建筑面积 2 万多平方米,共分为 3 个楼面。主要经营大类:一楼主要经营黄金珠宝、女鞋、皮包、钟表、名品、烟酒滋补品;二楼主要经女装、针织内衣、羊绒羊毛、时尚饰品;三楼主要经营男装、童装、玩具、运动品牌。

表 2.7.20　东方商厦虹口店经营定位与品牌分布表(2012 年)

楼层	楼层定位	经营内容	具体品牌
5F	餐饮	餐饮	丰收日海鲜舫
4F	餐饮	餐饮	斗牛士牛排,陌生人火锅,禾绿回转寿司,辛香汇,翰林碳烤,游戏城,靓味馆
3F	综合	书店 童装 运动装 休闲女装	Texwood, Hang Ten, Kolumb, Bobdog, Ecome, Hoperise, M&City Kids,樱桃小丸子,法纳贝尔,未来之星, Annil, Disney, Pencil Club, Baby, Yeehoo, Royalbaby, Muma, 5th Street, Skechers, Johnson, Hosa, NB, adidas, J&M, NIKE,易乐,丽婴房,步步高,新华书店, Flex, Dexun, Crocodile, KUHLE, Viscap, Beaume, GXG, Shake, Santa Barbara Polo, Cabbeen, RICHINI, Polry, Jack&Jones, Joeone
2F	综合	休闲女装 中老年女装	Eland, VERO MODA, Scat,绝代佳人,华高丝袜, Fandecie, Gujin, Erdos, AAA,皮皮狗, Honeys,曼芬妮,一衫凤凰,莱迪雅,福太太, LA Chapelle, Etam Weekend, Etam, Basic House, CC&DD, Bear Two, Solvil Et Titus, Citizen, Linno,艾格米蓝,秋水伊人,自然元素, Teenie Weenie, ESPRIT, Dn,第一食品
1F	综合	饰品 女鞋 休闲女装 超市	ZIPPO, HARSON, Kadina, C. Banner, Comely, AAA, Kisscat,第一食品, Dairy Queen, Safiya, St&Sat, Doson,露萱, Walk Shop, S. B. P. R. C, Sheridan,翠达珠宝,锦龙,今亚珠宝, Watsons, Harmony, Enicar, Chow Tai Seng, Chow Tai Fook,老庙黄金,天宝龙凤,中国黄金, BOSS Sunwen, BELLE

东方商厦虹口店经营服装品牌分布特点:

服装品牌经营面积约 4445 平方米。其中,最大店铺为 ESPRIT,占地 125 平方米;最小店铺为一衫凤凰,占地 25 平方米；平均服装品牌经营面积为每家 57 平方米。经营服装品牌 78 家,其中经营男装 29 家,经营女装 34 家,经营童装 11 家。经营服装风格包括时尚、休闲、运动。

主要消费者年龄为 20 ～ 50 岁。

经营的服装产品单品价格在 18 ～ 1799 元之间,其中主要单品价格为 118 ～ 999 元。

10) 瑞虹生活广场

表 2.7.21　瑞虹生活广场概况

中文名称	瑞虹生活广场
外文名称	The Palette
所属集团	瑞安房地产
所属国家	中国
地　　址	上海市虹口区临平路 123 号
区　　域	虹口区
商　　圈	上海临平路商圈
营　　业	10:00 ～ 22:00
电　　话	021-61205868
网　　址	无
总 楼 层	B1 ～ 2F
建筑面积	近 32000 平方米
服装经营面积	509 平方米
建设时间	2007 年
公交线路	公交 6、17、47、103、134、145、573、597、751、875 路
停车位数量	580 个
消费者年龄范围	0 ～ 50 岁
服装产品价格范围	49 ～ 1200 元
经营全部品牌数量	35 个
经营服装品牌数量	8 个
服装展示指数	★★★☆☆
交通指数	★★★☆☆
环境指数	★★★★☆
价格指数	★★★☆☆
时尚指数	★★☆☆☆
人气指数	★★★★☆

　　瑞虹生活广场是瑞安房产率先在虹口区建立起具一定规模、经营内容综合性、商铺品位层次较高的社区商业中心，它以瑞虹新城为中心，提供周边2公里范围内约10万居民的基本生活所需，提升了该区域居民的生活质量。

表 2.7.22　瑞虹生活广场经营定位与品牌分布表（2012 年）

楼层	楼层定位	经营内容	具体品牌
2F	综合	餐饮、超市、美容	上海餐厅,绿色小镇,九龙咖啡,肯德基,虹诺,一茶一坐,茗聚源茶庄,柯达,福奈特干洗,屈臣氏,柔婷美容会所,中国联通
1F	综合	餐饮、饰品店、休闲女装	Paria Baguette,壹号银铺,DHC,亚一金店,达芙妮,福视德,Natural Beauty,Westlink,Missha,Yumisome,Sesky,Cache Cache,Hala KI,丽婴房,哥弟,必胜客,Eyes,深井大叔,DQ,快乐柠檬,味千拉面
B1	超市	超市	易买得

　　瑞虹生活广场经营服装品牌分布特点：

　　服装品牌经营面积约509平方米。其中，最大店铺为丽婴房，占地85平方米；最小店铺为Hala KI，占地42平方米；平均服装品牌经营面积为每家64平方米。经营服装品牌8家，其中经营男装2家，经营女装6家，经营童装2家。经营服装风格包括时尚、基本。

　　主要消费者年龄为20～50岁。

　　经营的服装产品单品价格在49～1200元之间，其中主要单品价格为109～700元。

11）正大生活馆

表 2.7.23　正大生活馆概况

中文名称	正大生活馆
外文名称	无
所属集团	正大集团
所属国家	泰国
地　　址	上海市新港路 277 号
区　　域	虹口区
商　　圈	上海临平路商圈
营　　业	10:00 ～ 22:00
电　　话	不详
网　　址	无
总 楼 层	1F

建筑面积	不详
服装经营面积	527 平方米
建设时间	2002 年
公交线路	公交 14、528、863、962 路
停车位数量	300 个
消费者年龄范围	0 ～ 50 岁
服装产品价格范围	10 ～ 2379 元
经营全部品牌数量	20 个
经营服装品牌数量	12 个
服装展示指数	★★★☆☆
交通指数	★★★★☆
环境指数	★★★☆☆
价格指数	★★★☆☆
时尚指数	★★★☆☆
人气指数	★★☆☆☆

正大生活馆是正大集团旗下产业。近年来,正大企业在集团内部进行了一系列资源调配,并且在中国的零售业务开始悄然转型。现在已经放弃低价竞争,所有的超市将改造成一站式购物的形式。为了形成错位竞争,卜蜂莲花各门店加大个性化服务。此外,门店与正大广场绑定经营,此种营销模式将超市逐步打造成生活馆形式,统一提供一站式购物,巩固其品牌地位。

表 2.7.24　正大生活馆经营定位与品牌分布表(2012 年)

楼层	楼层定位	经营内容	具体品牌
1F	综合	餐饮、休闲男装、休闲女装	cache cache,Bulanting,萨莉亚,淑女坊,雅多,游乐园,三点水,肯德基,九鼎拍卖,富源春季汤面,伊美娜,骨汤麻辣烫,婵之云,培蒙,面包新语,CC&DD,Aituo,Yearcon,Candie's,roadmate

正大生活馆经营服装品牌分布特点:

服装品牌经营面积约 527 平方米。其中,最大店铺为 Candie's,占地 105 平方米;最小店铺为 cache cache,占地 49 平方米;平均服装品牌经营面积为每家 66 平方米。经营服装品牌 8 家,其中经营男装 2 家,经营女装 5 家,经营童装 2 家。经营服装风格包括时尚。

主要消费者年龄为 0 ～ 50 岁。

经营的服装产品单品价格在 10 ～ 2379 元之间,其中主要单品价格为 129 ～ 669 元。

2.8 杨浦区服装零售商圈

区域简介

2.8.1 杨浦区介简

中文名称	杨浦区
外文名称	Yangpu District
下辖地区	11 个街道办事处,1 个镇 (长白新村街道、延吉新村街道、殷行街道、平凉路街道、江浦路街道、四平路街道、定海路街道、控江路街道、大桥街道、五角场街道、新江湾城街道、五角场镇)
政府驻地	江浦路 549 号
地理位置	上海中心城区东北部
面　　积	61 平方公里
人　　口	109.23 万人(2011 年)
著名景点	渔人码头、上海国际时尚中心、国歌纪念广场、上海院士风采馆
轨道交通:	轨道 4 号线、8 号线、10 号线、12 号线
著名学府	复旦大学、同济大学、上海财大
身份证区划	310110
战略规划	国家创新型试点城区、科技金融功能区
主要商业区	五角场商圈,控江路商圈

　　杨浦区位于上海中心城区东北部,地处黄浦江下游西北岸,与浦东新区隔江相望,西临虹口区,北与宝山接壤。杨树浦港纵贯区境南北,杨浦即以此演变得名,南部沿江地带是曾经的上海公共租界东区,中部偏东区域则为"大上海计划"实施地。杨浦区不仅拥有中心城区里最长的 15.5 公里的白金滨江岸线,经济实力也十分强劲,市区内唯一的规划生态岛屿复兴岛亦坐落于该区。杨浦坐拥上海四大城市副中心之一,十大商业中心之一的江湾五角场;上海第三代国际社区新江湾城;产值丰厚的环同济知识经济圈;世界 500 强汇集的大连路总部研发集聚区以及东外滩。

　　杨浦区商贸业发展相当迅猛,经济迅速崛起。现已形成五角场市级副中心、控江路区级商业中心、各大中高档居住区附有的商业街所构筑的杨浦商业区域。在杨浦各个板块中,一大批国际和国内的大型商业企业已纷纷进入杨浦,上海第一百货、华联、友谊等集团和英国的百安居、法国的欧尚、台湾的大润发已在区域内开设多家大型超市和购物中心,全区商业用房面积已达 106 万平方米。同时有力推动大连路总部研发集聚区的建设,大力吸引外资企业地区总部、投资公司、研发中心等落户杨浦,推进西门子、德国大陆集团、北美广场、台湾广场等诸多大型项目的建设,发挥大连路现代服务区总部研发集聚区的溢出效应以完全释放杨浦的经济活力。

2011 年杨浦区社会消费品零售总额,全年完成 275.04 亿元,比上年增长 14.8%。其中,批发和零售业增加值 102.66 亿元,增长 11.3%,占第三产业增加值比重的 23.9%;住宿和餐饮业增加值 17.24 亿元,增长 10.3%,占第三产业增加值比重的 4.0%。五角场商圈。全年实现社会消费品零售额 50.15 亿元,比上年增长 34.1%,占全区比重的 18.2%,比上年增长 2.6 个百分点。

商圈分布

表 2.8.2　杨浦区商圈分布及商场

商圈	商场	地址
五角场	百联又一城购物中心	杨浦区淞沪路 8 号
	万达广场(五角场店)	杨浦区邯郸路 600 号
	东方商厦(杨浦店)	杨浦区四平路 2500 号
	巴黎春天(五角场店)	杨浦区淞沪路 1 号
	大西洋百货	杨浦区翔殷路 1128 号
	特力时尚汇	杨浦区邯郸路 600 号
	宝大祥青少年儿童购物中心(五角场店)	杨浦区国宾路 48 号
控江路	假日百货	杨浦区鞍山路 1 号

图 2.8.1　五角场商圈地图

A——五角场

五角场是上海市府确定的上海十大商业中心之一,和徐家汇、四川北路、淮海路、中山公园等商业中心齐名。已和徐家汇繁华商业副中心、浦东花木高尚居住副中心、普陀真如交通枢纽副中心并称为上海四大城市副中心区之一,能为上海居民提供现代化高端商业服务,是北上海旗舰型高端商业中心。与徐家汇不同的是,五角场并不是单一的大上海商业副中心,而是和复旦、同济等高校相结合,形成校区、知识产业园区、现代生活区和商业区融为一体,相互呼应发展的综合模式化城市副中心。随着现代化商业设施、交通、大学、生态、的不断发展,五角场地区的整体优势已经凸显。

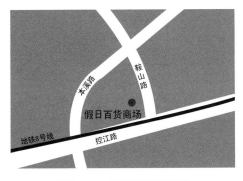

图 2.8.2　控江路商圈地图

B——控江路

控江路商业街采取"多节点、纵深式、条块结合"的布局形态,以轨道交通站点新建现代商业集聚区为龙头,串联中间条状商业街。重点布局四个节点地块,以此形成四大商业组团:江浦路站点商业组团、电表厂地块商业组团、打虎山路站点商业组团、杨浦大剧院公共文化活动中心。四大组团区位临近、功能互补,由轨道交通路线联系沟通,着力打造新的标志性轨道商业集聚区。

控江路是杨浦区通往市中心的主干道之一,以上世纪九十年代后形成的零售和餐饮网点为主,主要代表有假日百货、凤凰大酒店、三联商厦等,需要进一步改造,形成高品位现代化商业氛围,适应区域经济发展和居民综合消费需求变化。

商场分析

1) 百联又一城购物中心

表 2.8.3　百联又一城购物中心概况

中文名称	百联又一城购物中心
外文名称	BAILIAN YOUYICHENG SHOPPING MALL
所属集团	上海百联集团
所属国家	中国
地　　址	杨浦区淞沪路 8 号
区　　域	杨浦区
商　　圈	上海 五角场商圈
营　　业	10:00 ～ 22:00
电　　话	021-55228939
网　　址	http://blyycbl.blemall.com/
总 楼 层	B1 ～ 9F
建筑面积	近 126000 平方米
服装经营面积	12351 平方米
建设时间	2007 年
公交线路	公交 8、55、59、61、90、99、60 路,地铁 10 号线
停车位数量	500 个
消费者年龄范围	0 ～ 60 岁
服装产品价格范围	199 ～ 7000 元
经营全部品牌数量	330 个
经营服装品牌数量	227 个
服装展示指数	★★★☆☆
交通指数	★★★★★
环境指数	★★★☆☆
价格指数	★★★☆☆
时尚指数	★★★☆☆
人气指数	★★★★☆

又一城购物中心坐落于上海城市商业副中心——五角场商圈中心地带。又一城购物中心建筑由美国 ARQ 建筑设计事务所设计,上海多家著名建筑设计院所担任设计顾问并承担部分项目设计,建筑外立面简洁而谦逊,洗练而斯文,富丽而沉着,具有很强的时代气息和现代美感,已经成为五角场地区的标志性建筑。经过两年多的施工建设,又一城购物中心于 2007 年 1 月 26 日基本建成并开始试营业。又一城购物中心地下 1 层直通五角场下沉广场和即将开通的地铁 10 号线,周边有 38 条公交路线,交通十分便捷。总建筑面积 12.6 万平方米,坐拥地面 9 层与地下 3 层,集购物、餐饮、休闲、娱乐、健身等功能业态于一体,坚持中高档经营定位,荟萃了 2000 余种国际、国内的精选品牌,丰富的商品和特色鲜明的功能业态使广大消费者近悦远来。开业以来,又一城购物中心正日渐成为越来越多的杨浦乃至上海市东北部地区消费者购物休闲的重要场所,成为五角场商圈最具影响力的企业之一。

表 2.8.4 百联又一城购物中心经营定位与品牌分布表(2012 年)

楼层	楼层定位	经营内容	具体品牌
9F	教育培训	培训中心、教育、KTV、俱乐部	紫颖、知音音乐培训中心、EF 英孚教育、一兆韦德、溢柯园艺、上海 AK147 台球俱乐部、Haoledi 量贩 KTV
8F	休闲娱乐	餐饮、电影院、健身房、主题馆	汤姆熊欢乐世界、酩悦炭烧火锅、一兆韦德健身、魔术主题馆、电影院
7F	精选美食	餐饮、溜冰场	大诚日本料理．铁板烧、肯德基、大渔铁板烧、冠军溜冰场、韩林炭烤、味千拉面、蜀菜行家、围炉夜话、豆捞金坊、又一会
6F	生活家居	家居用品、生活电器、餐饮、培训中心	梦洁、司派罗、锦杰家纺、尚玛珂、罗莱家纺、恐龙纺织、惠谊家纺、凯盛家纺、知音音乐培训中心、采蝶轩酒家、思妍丽、罗卡夫家纺、曼狄雅蓝家纺、富安娜家纺、卡撒珂芬家纺、巴士电玩、索尼、家电生活馆
5F	运动休闲	休闲服饰、运动服饰、童装、儿童玩具、运动用品、鞋、箱包	GXG、LEE、Phiten Shop、Wrangler、Levi's、Timberland、Rapido、Vans、adidas SC、Heal、Puma、adidas、NIKE、Reebok、CRCOS、Piyo Piyo、Roberta、ForU、Eland Kids、Annil、adidas kids、NIKE KIDS、Disney、LEGO、Paw in Paw、Ohoo、Snoopy、Oshkosh、Gello Kitty、Baby'2、Ozark、Nikko、Kolumb、Northland、Lafuma、THE NORTH FACE、Asics、Sporthouse、adidas、Big Train、FILA、Airwalk、Skechers、Anywalk、CONVERSE、Kroceus、UMBRO、LOTTO、Diadora、NewBalance、Jack Wolfskin、苹果、创意工坊、灵动玩具、博士蛙、丽婴房、笑咪咪、小猪班纳、西瓜庄园、巴拉巴拉、婴儿游泳、哥伦比亚、圣弗莱、回力、李宁、美津浓
4F	绅士休闲	精品男装、男鞋、箱包、寿司	I'm David、Plory、Pony Jeans、SELECTED、Jack&Jones、Parker、Bevum、Bull Titan、Toi&Moi、Hang Ten、Esprit、Polo、Cabbeen、Gxg Jeans、Hoperise、Kuhle、Konzen、Astroboy、Meyer、Haneaion、Vicutu、Boni、YRL、SATCHI、VSKONNE、CANUDILO、LOZIO、Callisto、Boss Sunwen、Pozzi、马克华菲、Beanpole、Chrisdien Deny、Daniel Hwchter、Olymp、Picasso、Folunsi、Goldlion、班尼路、佐丹奴、佳乐喜、古柏、迪迪博尔、齐拉、萨托尼、和绿寿司
3F	都会少淑	时尚女装、时尚男装、女士内衣	Wacoal、Triumph、Mu Ji、Aimer、Roem、Ein、Ellassay、Jello、Feecerise、Cirle、Gerolamo、Only、Basic House、VERO MODA、KLEIN PLUS+、EY、Gzl、M.Z.F.S.、Scat、U.G.I.Z、EP、Koradior、Rime、NICE Claup、Tapenade、Chaber、Anna Lice、Jeep、古今、皮皮狗羊绒、群工羊绒、比其、菲依尼尼、明治箱包、敦奴、衣臣、厚木、企鹅、诗篇

续表

楼层	楼层定位	经营内容	具体品牌
2F	新潮少女	流行女装、精品女鞋、箱包、丝巾、餐饮	T&A、Naersi、Louisam、Gooyer、HR、Cobo、Fion、Staccato、Millie's、Dzzit、Ochirly、Five Plus、Safiya、Hang Ten、Esq、Etam Weekend、Etam、Eland、Joa+、La Gogo、Bear Two、Casablank、Ebase、X-GE、Siares、Basto、Vanssi、Milena Ladies、a02、Cozy Steps、Esprit、Teemix、Le Saunda、Insun、Luxman、Marisfrolg、Dunnu、Pllc、Calvin Klein、一茶一坐、蔓楼兰、木兰、上海故事、沙曼莎、红蜻蜓、流行美、森达、诗慕华、欧洲名品馆、博莱
1F	流行名品	时尚女装、时尚男装、流行女鞋、箱包、咖啡店、黄金珠宝、冷饮	Ph7、Scofield、Starbucks、L'OCCITANE、Leo、Nine West、Fed、BELLE、Kisscat、DG、Cne、TATA、BATA、C.Banner、Aee、Eblan、HARSON、Eliza Crown、ST&SAT、AAA、GUESS、Betty、Geox、Seiko、Ecco、Haagen-Dazs、Dilaks、Sephora、GUESS、IZZUE、MISS SIXTY、LACOSTE、Tommy Hilfiger、Calvin Klein Jeans、AJ、周生生、金至尊、亨达利、百联珠宝馆、迪尼亚、造石城、中国金币、黄金历史、中银金行、瑞龙珠宝、佛伦斯、伊利欧
B1	美容化妆	餐饮、饰品、箱包、化妆品、休闲装、超市	Omey、UNIQLO、Watsons、Swatch、Casio、CK、Aupres、Love&Love、The Face Shop、Olay、Maybelline、Revlon、Za、Ajidou、Ebt、Boss、Mamonde、肯德基、Mochi Sweet、Mgs、Flower、Aqua Label、YUS SAI、Jeniform、Avene、必胜客、又一品、马连奴奥兰迪、迪信通、友加好面馆、水间、又一城食苑、唐饼家、朗时坊、健一加、吴良才、亮视点、一代眼镜、满记甜品

百联又一城购物中心经营服装品牌分布特点：

服装品牌经营面积约 12351 平方米。其中，最大店铺为 UNIQLO 和 MUJI，占地均为 200 平方米；最小店铺为企鹅，占地 18 平方米；平均服装品牌经营面积为每家 70 平方米。经营服装品牌 176 家，其中经营男装 101 家，经营女装 113 家，经营童装 20 家。经营服装风格包括时尚、基本、职业、休闲、运动、礼服。

主要消费者年龄为 20～50 岁。

经营的服装产品单品价格在 199～7000 元之间，其中主要单品价格为 399～999 元。

2）万达广场（五角场店）

表 2.8.5　万达广场（五角场店）概况

中文名称	万达广场
外文名称	Wanda Plaza
所属集团	万达集团
所属国家	中国
地　　址	杨浦区邯郸路 600 号

区　　域	杨浦区
商　　圈	上海五角场商圈
营　　业	10:00 ～ 22:00
电　　话	021-65658666
网　　址	http://wjc.wanda.cn/
总 楼 层	B1
建筑面积	近 340000 平方米
服装经营面积	5517 平方米
建设时间	2006 年
公交线路	地铁 10 号线,公交 8、55、59、61、90、99、102 路等 19 条公交线路
停车位数量	200 个
消费者年龄范围	0 ～ 60 岁
服装产品价格范围	30 ～ 2800 元
经营全部品牌数量	92 个
经营服装品牌数量	55 个
服装展示指数	★★★★☆
交通指数	★★★★★
环境指数	★★★☆☆
价格指数	★★★☆☆
时尚指数	★★★☆☆
人气指数	★★★★☆

　　上海万达商业广场落于上海黄浦江畔五角场市级副中心商业区，是上海市最大的商业项目之一。广场采用订单式经营模式，根据城市规划总体要求，结合各主力店业态的使用要求，在基地内沿淞沪路布设沃尔玛购物广场与巴黎春天百货,在邯郸路设置第一食品广场,在国宾路设置 10 个放映厅的万达国际影城、娱乐广场及书城,沿政通路与规划路布置和乐国际家居广场，并分别在食品大楼上设有一栋 25 层高办公楼,地下 1 层定位为特色餐饮、娱乐休闲、精品时尚的休闲购物广场。

表 2.8.6　万达广场五角场店经营定位与品牌分布表(2012 年)

楼层	楼层定位	经营内容	具体品牌
B1	流行名品	时尚女装、精品男装、休闲服饰、运动服饰、箱包、化妆用品、黄金珠宝、休闲小食、餐饮、快餐、超市、玩具城	Paraderm、GODIVA、CITIZEN、Bread n Butter、GXG、Basic House、E. Land、MARKS&SPENCER、Ene、FANCL、AGATHA、StroiliOro、Pandora、innisfree、Benefit、Salad、Phiten、Mind Bridge、VERO MODA、Ochirly、DHC、ONLY、Scat、Jack&Jones、Teenie Weenie、I'M DAVED、a02、Page One、Letreed、M、TISSOT、MO&CO、Hello Kitty、NIKE、Mind Bridge、d. yoo、JNDY、Venus、Oasis、Collect Point、Five Plus、Rose Bullet、Calvin Klein Jeans、Kipling、D'zzit、Levi's、Calvin Klein、Devil Nut、NOVO PLUS、Minben、Lacoste、LEE、PROMOD、UNIOLO、MOTIVI、Diplomat、ZARA、GEN、So Basic、Roem、Merry Nesp、Prich、Classical、ASOBIO、Charles&Keith、蜂．香草、仙踪林、东方既白、冰雪皇后、永和豆浆、棒约翰、点石斋、屈臣氏、一茶一坐、麦当劳、必胜客、乐风、阿迪达斯、名家时尚、瑞丽摄影、名清轩、圣晶、卡西欧、艾视迪、汤姆熊欢乐世界、玩具反斗城、广州蕉叶饮食、泣神摄影、肯德基、申永体育

万达广场经营服装品牌分布特点：

服装品牌经营面积约 5047 平方米。其中，最大店铺为 MARKS&SPENCER，占地 300 平方米；最小店铺为 LETREED，占地 30 平方米；平均服装品牌经营面积为每家 105 平方米。经营服装品牌 48 家，其中经营男装 18 家，经营女装 42 家，经营童装 4 家。经营服装风格包括时尚、基本、休闲、运动。

主要消费者年龄为 20 ～ 50 岁。

经营的服装产品单品价格在 30 ～ 2800 元之间，其中主要单品价格为 129 ～ 798 元。

3）东方商厦（杨浦店）

表 2.8.7　东方商厦（杨浦店）概况

中文名称	东方商厦
外文名称	ORIENT SHOPPING CENTER
所属集团	上海百联集团
所属国家	中国
地　　址	杨浦区四平路 2500 号
区　　域	杨浦区
商　　圈	上海五角场商圈
营　　业	10:00 ～ 22:00
电　　话	021-55053888
网　　址	http://www.bldfyp.com/
总 楼 层	B1 ～ 5F
建筑面积	近 30000 平方米
服装经营面积	8328 平方米
建设时间	2001 年
公交线路	公交 8、55、59、61、90、99、60 路，地铁 10 号线
停车位数量	150 个
消费者年龄范围	20 ～ 60 岁
服装产品价格范围	50 ～ 8000 元
经营全部品牌数量	198 个
经营服装品牌数量	140 个
服装展示指数	★★★☆☆
交通指数	★★★★★

环境指数	★★★☆☆
价格指数	★★★☆☆
时尚指数	★★★☆☆
人气指数	★★★☆☆

上海杨浦东方商厦有限公司简称东方商厦(杨浦店),是百联集团股份有限公司旗下都市时尚百货的连锁门店之一,位于杨浦区五角场环岛四平路2500号。商厦于 2001年12月16日开业,原名为华联商厦(杨浦店),在 2005年1月1日翻牌为东方商厦(杨浦店)。2007年东方商厦(杨浦店)进行了较大规模的扩建工程,并于2007年12月16日新妆亮相。改扩建后,经营面积从原有的1.2万平方米扩大到了3万平方米,实现了老楼和新楼衔接。经营业态和品牌都作了较大扩展和调整,经营品牌也从原有的近200个扩大到了370多个,是一家以服饰经营为主题包含餐饮、娱乐休闲和超市的现代化购物场所。

表 2.8.8 东方商厦(杨浦店)经营定位与品牌分布表(2012 年)

楼层	楼层定位	经营内容	具体品牌
5F	酒店	酒店	顺风大酒店
4F	精品男装	休闲男装、职业男装、精品男鞋、箱包	Meyer、ESPRIT、1828、Jeep、Ecco、Meyer、Goodluck、Babei、Zippo、Eysrd、Dumuiel、Wsconne、马克华菲、新秀丽、艾斯、外交官、杰克琼斯、美国旅行者、骆驼、德国骆驼、皮尔卡丹、德森、诺帝卡、鳄鱼、曼哈顿、浪肯、夏梦、皮特丹顿、乔治阿玛尼、蒙特凯诺、佛伦斯、九牧王、沙驰
3F	精品女装	女士内衣、休闲女装、羽绒服、毛衣、箱包、家居用品	Lacaover、HR、Vreen、Sunview、Gala Day、Dadid A、Cobo、DH、Cara、I、Finity、Homdar、美标、安莉芳、华歌尔、曼尼森、古今、达吉斯、Rriumph、音儿、诗凡奇、阁兰苏珊、迪莱莉、蒲、安姬奥、汇美舍、敦奴、路逸莎．美、雅迪斯、威芸、马天奴、福太太、雅格丹尼、也秀、宝缦家纺、路安娜、澳皮王、格菲兰、梦洁家纺、罗莱家纺、泰普尔、兔皇、勃斯佩斯、群工羊绒、兆君、帝高羊绒、金太阳、皮皮狗、伊利欧、鄂尔多斯、鹿王、欧丽雅、雪莲、丽莱、罗德斯兰、稻草人、迪贝斯
2F	休闲运动	休闲服饰、运动服饰、流行女装、运动鞋、箱包、甜品	VERO MODA、LEE、Levi's、Apple Shop、Pony、Reebok、Teenie Weenie、Yi Gue、JNDY、ESPRIT、Eland、Prich、Basic House、Beanpole、M.O.S、Linno、F.NY、ZUKKA、Oimei、自然元素、探路者、Colombia、CONVERSE、adidas、NIKE、满记甜品、卡西欧、哥弟、Ochiry、La Chapelle雪儿、永恒颜色、维尼、艾格、卡佳拉、
1F	黄金珠宝	黄金珠宝、手表、保健品、钢笔、化妆用品	BOSS、Folli Follie、Olay、Moser、Seiko、Premium Reseller、欧莱雅、水芝澳、英伦王朝、施华诺施其、欧米茄、兰芝、理肤泉、欧珀莱、西铁城、英纳格、乾唐轩、琉园、阿斯蒙迪、派克、艾茜茜里、茗钻坊、潮宏基、周大生、永颐堂、翠轩、北京同仁堂、一代眼镜、红星眼镜、中国茶叶、有金人家、鸥美药妆、中钞国鼎、亚一金店、老庙黄金、屈臣氏、老凤祥、莱泰斯、劳伦斯、晶莹珠宝、永安珠宝、周大福、中银金行
B1	流行女鞋	流行女鞋、袜子、电器	Harson、BELLE、le saunda、FED、JC、CNE、Senda、ELLE、Dekonu、TATA、Kisscat、Cbanner、ST&SAT、Doson、Kadina、Comely、Paecis、Safiya、Sundance、Walkshop、TeenMix、Hang Ten、倩女、奥康、红蜻蜓、华钟袜子、1991、电器

东方商厦杨浦店经营服装品牌分布特点:

服装品牌经营面积约8328平方米。其中,最大店铺为 E·Land,占地130平方米;最小店铺为 Rriumph,占地15平方米;平均服装品牌经营面积为每家60平方米。经营服装品牌140家,其中经营男装44家,经营女装 80 家,经营童装 0 家。经营服装风格包括时尚、基本、休闲、运动。

主要消费者年龄为 20 ～ 50 岁。

经营的服装产品单品价格在 50 ～ 8000 元之间,其中主要单品价格为 299 ～ 799 元。

4)巴黎春天(五角场店)

表 2.8.9　巴黎春天(五角场店)概况

中文名称	巴黎春天
外文名称	无
所属集团	香港新世界集团
所属国家	中国
地　　址	杨浦区淞沪路 1 号
区　　域	杨浦区
商　　圈	上海五角场商圈
营　　业	10:00 ～ 22:00
电　　话	021-51613888
网　　址	http://www.nwds.com.hk/
总 楼 层	1 ～ 7F
建筑面积	近 44000 平方米
服装经营面积	13518 平方米
建设时间	2006 年
公交线路	地铁 10 号线,公交 8、55、59、61、90、99、102 路等 19 条公交线路
停车位数量	200 个
消费者年龄范围	0 ～ 60 岁
服装产品价格范围	60 ～ 4000 元
经营全部品牌数量	278 个
经营服装品牌数量	208 个
服装展示指数	★★★★☆
交通指数	★★★★★
环境指数	★★★☆☆
价格指数	★★★☆☆
时尚指数	★★★☆☆
人气指数	★★★★☆

上海巴黎春天五角场店位于上海市杨浦区五角场万达商业广场内。五角场是上海东北区域连接五大主干道的交通枢纽。上海巴黎春天五角场店周围交通便利,选乘公交和地铁均可信步而至。这里人流量巨大,也是上海四大次商业中心之一。

表 2.8.10　巴黎春天(五角场店)经营定位与品牌分布表(2012 年)

楼层	楼层定位	经营内容	具体品牌
7F	家用家电	床上用品 / 家居用品、小家电、时尚折扣馆 / 品牌促销馆	NB、Braun、Lospes、Herray、乐淘小铺、李宁、丽致、美津浓、日高、飞利浦、莉莫尔、猫猫家纺、罗莱家纺、富安娜、梦洁家纺、安睡宝、维科家纺、凯盛家纺、BELLE、TATA、adidas、NIKE、TeenMix、Mizuno、Clombia、Disney
6F	运动休闲	运动服饰、户外休闲、童装玩具、儿童早教	DN1、Vans、Skechers、Toread、Back To Oritin、Volo、Jansport、Versace、Louriya、Sealwave、Voke、Speedo、Star、Deyond、Wiastr、Bailie、Acupuncture、Tuma、Mizuno、Hoso、Umbro、傲胜、骆驼、路伴、凯图巅峰、李宁、雅多、丽婴房、耐克、狼爪、NIKE、adidas、CONVERSE
5F	绅士休闲	男士正装 / 闲装、男士皮具、男鞋、男士内衣、休闲餐厅	VICUTU、ZIPPO、HP、Me&City、Draxtou、Viscap、NAUTICA、Jewel's、Hang Ten、Tony Wear、Ace、Didiboy、Duardlan、Fortei、Tony Jeans、Gold Lion、Retatta Club、Baniss、A&N、Valent Coupeau、Lofty Taste、Raidy Boer、T&G、Boss Sunwen、Sartare、Yev Rowland、ONG、派克、外交官、味千拉面、托尼琼斯、鳄鱼恤
4F	名媛新贵	经典女装、女士内衣、箱包、护甲中心	Soseya、Ete、Ydyi、Dudio、Show Long、I、Cobo、Sitaro、Za、Season、Lemon、美之藤、斯尔丽、芭蒂娜、爱特爱、亦谷、品 & 智、台秀、艺元素、莎茜美甲、安魅力、维格娜丝、碧可、钡萱、雪莲、爱喆、雅莹、玖姿、莫菲、薇蕙蔻、阁兰苏珊、蒲、杜蕾娜、加连威、迪桑娜、安莉芳、佳里奥、艾. 美丽、裳缇、罗丝美、非尚、欧迪芬、奥黛衣、古今、黛安芬、爱慕、华歇尔、添香防辐射、安莉芳
3F	都会少淑	时尚女装、潮品配饰、流行配饰、美发中心	E. en、Hake、Rime、Fun、Admirial、Sunsvity、SELECTED、AEE、Levi's、Antler、Paul Frank、Ablejeans、Bear Two、Peo Leo、Cocodeal、iiu iimk、GOVO、Basic House、Bittoko、Mind Bridge、Gogirl、Gmxy、MO&CO、G2000、La gogo、Viscap、Etam Weekend、Sdeer、Ueiv、王磊发型设计、华东袜子、阿迪达斯、墨达人、淑女屋、黛比娜、欧时力、自然元素
2F	时尚精品	品牌服饰旗舰店、流行配饰、时尚手表	Express、Job Shop、Esprit、Samuel&Kevin、Xs、VERO MODA、ONLY、Kiss Kitty、Dulala、Eland、Teenie Weenie、Honey、Anerli、Pimars、Swatch、b+ab、GUESS、SEIKO、19 八 3、互动地带、衣本色、阿童木、班尼路、璎珞珠玑、杰克琼斯、卡西欧、宝岛眼镜
1F	流行女鞋	化妆品、黄金珠宝、女鞋、品牌配饰	H2O、Avene、Mido、TISSOT、Swarovki、Phdrcca、Redearth、Max Factor、Lanvi、Vesave、Laneige、Danilaco、Olay、Aupres、ENZO、BL、JOY&PEACE、YUE SAI、Samilpe、AEE、Lesaunda、Spaccato、Melissa、Milli's、Spell Aluna、Speven Maddew、Bata、Vhett、Skap、Eeko、Hush Puppise、ECCO、Sair Lady、What For、d:suse、Cover、Cne、Doson、Basto、Eblan、Sosiea、SHISEIDO、Peaupekose、L'Oearl、Danila Co.、Lumi、Venpi、Za、The Face Shop、理肤泉、佰草集、瑞福珠宝、千百度、索菲娅、太阳舞、美宝莲、BELLE、ST&SAT、KissCat、TATA、诺贝达、雅氏、奥康、中国黄金、明牌首饰、六福珠宝、金伯利钻石、康莉、天美意、四季风、天叶、潮宏基

巴黎春天五角场店经营服装品牌分布特点:

服装品牌经营面积约 13518 平方米。其中,最大店铺为 Esprit,占地 230 平方米;最小店铺为 E. en,占地

15 平方米；平均服装品牌经营面积为每家 65 平方米。经营服装品牌 208 家,其中经营男装 72 家,经营女装 104 家,经营童装 3 家。经营服装风格包括时尚、基本、休闲、运动。

主要消费者年龄为 20 ～ 50 岁。

经营的服装产品单品价格在 60 ～ 4000 元之间,其中主要单品价格为 399 ～ 899 元。

5) 大西洋百货

表 2.8.11 大西洋百货概况

中文名称	大西洋百货
外文名称	无
所属集团	中国长城资产管理公司
所属国家	中国
地 址	杨浦区翔殷路 1128 号
区 域	杨浦区
商 圈	上海五角场商圈
营 业	10:00 ～ 22:00
电 话	021-55971203
网 址	无
总 楼 层	1 ～ 5F
建筑面积	近 15000 平方米
服装经营面积	8038 平方米
建设时间	2002 年
公交线路	公交 8、55、59、90、99、102、139 路等 17 条公交线路
停车位数量	35 个
消费者年龄范围	0 ～ 60 岁
服装产品价格范围	30 ～ 5000 元
经营全部品牌数量	175 个
经营服装品牌数量	149 个
服装展示指数	★★★☆☆
交通指数	★★★★★
环境指数	★★★☆☆
价格指数	★★★☆☆
时尚指数	★★★☆☆
人气指数	★★★☆☆

上海大西洋百货有限公司杨浦店坐落于上海五角场的沪东金融大厦,整个商场由五个楼层和一个夹层组成,营业面积达 15000 平方米。商场的内部环境宽敞明亮,活泼而不失典雅,既表现了现代感的浪漫氛围又透射出东方式的文化底蕴。商场硬件设施精良,有十部自动扶梯和两部垂直电梯供顾客使用。经营洗涤化妆品、男女服装、儿童用品、皮鞋箱包、针织用品、流行饰品、中小家电、通讯照相器材、钟表眼镜、运动休闲、文化用品、各类食品等 12 个大类。

表 2.8.12 大西洋百货经营定位与品牌分布表(2012 年)

楼层	楼层定位	经营内容	具体品牌
5F	绅士休闲	职业男装、休闲男装、精品男鞋	Polo. Arispocracy、Georgimaniya、AAA、Richboss、Smarh、Gugainuk、Rosefoke、百仕腾、罗蒙、鳄鱼恤、海螺、开开、五环服饰、八仟代、贝迪亚斯、博士邦尼、苹果、乔治爵士、弗朗哥、七匹狼、利郎、保罗威尔、喜来登、CARTELO、Chris&Roeder、Vangelis、Cardinrejp、U. S. POLO ASSN、AAA、PlayBoy、Richboss、Carpelo、Cele、Londa. polo、Camel、Smarh、Gekyllawen、Rosefoke、Gugainuk、Aemape、GIORJASS
4F	运动休闲	运动服饰、休闲服饰、运动鞋、泳装、箱包	KINGYES、安踏、乔丹体育、361、特步、柏仙多格、欧姆可、苹果、霸狮腾、圣大跑马、李宁、NIKE、Kolumb、UMBRO、To Read、Can. Torp、Fraspens、Sevlae、Haoshou、Luoriya、Reebok、AMAO、BRAXTON、adidas、KINGYES、EastCamel、playboy、Diadora、美特斯邦伟、CONVERSE
3F	精品女装	女士内衣、羊绒衫、时尚女装	古今、斯托斐尔、皮皮狗、春竹、帝高、奥妮妃思、金菊、金兔、开开、凤凰、恒源祥、兆君、欧咪拉、全泰、金山塔、大成、胖太太、丝黛芬妮、费罗利、豪门、佳妍、帕兰朵、宜面爽、三枪、朵彩、猫人、冠沁女裤、芬狄诗、司派罗、婷美、安莉芳、白丽安、万康、达吉斯、桑扶兰、伊丝艾拉、雅朵、冰亦娇、艾格、风之如、米兰登、秋儿、艾得米兰、蓝泽丽、曼妮芳
2F	都会少淑	时尚女装、休闲女装	Etam Weekend、La Chapelle、GeN、X-GE、Disney、Ere、Y. S. Laimeng、J-one、Shue&Eue、Dora&Olive、F-2、Garish Zone Locate、Autumn Mist、Jiedai、Ufadensimilonleather、Kafd、Snoopy、Krmersy、Naivee、Take-it、Xgyw、F. NY、Shaiadoll、Ve De Vone's、T. EN、Jone、D. Yoo、Unu、Cielelell、Bellvilles、佳莉泽、奥丽微、诺梦、宛丽、福瑞得
1.5F	童装用品	童装、儿童玩具	兄妹猫、梦特娇、艾斯戴尔、笑咪咪、樱桃小丸子、佳齐、派克兰帝、丽婴房、西瓜太郎、博士蛙、星辉、361°
1F	美容化妆	化妆用品、家居用品	Za、Omm、N3、叙友茶庄、彩伊秀、娥佩兰、泊美、自然堂、色彩地带、欧莱雅、欧泊莱、清妃、梦妮、圣路易斯家纺、雅呵雅丝睿、梦妆、浪漫情怀、高姿、水之印

大西洋百货经营服装品牌分布特点:

服装品牌经营面积约 8038 平方米。其中,最大店铺为 NIKE,占地 110 平方米;最小店铺为雅朵,占地 30 平方米;平均服装品牌经营面积为每家 54 平方米。经营服装品牌 149 家,其中经营男装 57 家,经营女装 64 家,经营童装 9 家。经营服装风格包括时尚、基本、职业、休闲、运动。

主要消费者年龄为 20 ～ 50 岁。

经营的服装产品单品价格在 30 ～ 5000 元之间,其中主要单品价格为 199 ～ 999 元。

6）特力时尚汇

表 2.8.13 特力时尚汇概况

中文名称	特力时尚汇
外文名称	LIFE 1 PLAZA
所属集团	台湾特力集团
所属国家	中国
地　　址	杨浦区邯郸路 600 号
区　　域	杨浦区
商　　圈	上海五角场商圈
营　　业	10:00 ～ 22:00
电　　话	021-65111818
网　　址	http://www.life1plaza.com/
总 楼 层	1 ～ 5F
建筑面积	近 40000 平方米
服装经营面积	2395 平方米
建设时间	2009 年
公交线路	地铁 10 号线,公交 90、8 路
停车位数量	40 个
消费者年龄范围	0 ～ 60 岁
服装产品价格范围	19 ～ 1000 元
经营全部品牌数量	50 个
经营服装品牌数量	18 个
服装展示指数	★★★★☆
交通指数	★★★★★
环境指数	★★★☆☆
价格指数	★★★☆☆
时尚指数	★★★☆☆
人气指数	★★★★☆

　　2009 年 5 月 1 日正式开幕的特力时尚汇为特力集团跨出家居领域而开设的首个百货商场,以时尚、潮流新地标定位。它坐落于五角场核心区域的上海五角场万达广场内,总建筑面积逾 4 万平方米,共 5 层。商场通过时尚的品牌加上优质的服务来赢得顾客的青睐,其中主要目标人群为 25 ～ 40 岁的女性,服务意识上强

调顾客至上,推行"诚信、公平、有情"的温馨服务理念。特力时尚汇旗下汇聚了深受年轻潮人追捧的国际知名品牌,如 H&M 等 20 多家服装品牌商店,以及多家知名餐饮连锁企业,以及 HOLA 特力屋和一家儿童游乐园。为万达广场这一商圈地标性建筑增添了时尚色彩,给消费者带来时尚潮流的全新购物体验。

表 2.8.14　特力时尚汇经营定位与品牌分布表(2012 年)

楼层	楼层定位	经营内容	具体品牌
5F	休闲娱乐	餐饮、游戏城	西贝西北菜、波得隆游艺城、新辣道、望湘园
4F	精品美食	餐饮	韩林碳烤、复茂、老碗、大丰收、颂阁岚、觉味、掌柜的店、中原菜、萨莉亚、和绿回转寿司
3F	修身保养	家居、瘦身、瑜伽、健发、护肤、按摩器	RAJA YOGA、玛花纤体、史云逊、纽悦伊人、芸楠健发、伦特微、傲胜、特力屋
2F	潮流搭配	休闲服饰、女士内衣、鞋、箱包、饰品、美甲、发型设计、眼镜	LIZZIE、圣晶、过路人、古今、热风、安吉维特、雷诺瓦、张霞美甲、李雷发型文化、巴黎三城、必瘦站、阿童木、衣本色、苹果 4S
1F	流行名品	休闲服饰、箱包、饰品、黄金珠宝	H&M、mu、AJIDOU、adle Jeans、EXPRESS、baleno、SAMUEL&KEVIN、ME&KAR、I. PENNA、JUST US、ZIPPO、ELDAR、艾格、欧梦达

特力时尚汇经营服装品牌分布特点:

服装品牌经营面积约 2395 平方米。其中,最大店铺为 H&M,占地 500 平方米;最小店铺为 adle Jeans,占地 45 平方米;平均服装品牌经营面积为每家 133 平方米。经营服装品牌 18 家,其中经营男装 9 家,经营女装 13 家,经营童装 2 家。经营服装风格包括时尚、休闲、运动。

主要消费者年龄为 20 ～ 50 岁。

经营的服装产品单品价格在 19 ～ 1000 元之间,其中主要单品价格为 109 ～ 499 元。

7) 宝大祥青少年儿童购物中心(五角场店)

表 2.8.15　宝大祥青少年儿童购物中心(五角场店)概况

中文名称	宝大祥青少年儿童购物中心
外文名称	BAO DA XIANG SHOPPING FOR KIDS
所属集团	宝大祥青少年儿童购物中心有限公司
所属国家	中国
地　　址	杨浦区国宾路 48 号
区　　域	杨浦区
商　　圈	上海五角场商圈
营　　业	10:00 ～ 22:00
电　　话	021-65656209

网 址	http://www.baodaxiang.com.cn/
总 楼 层	1F
建筑面积（M²）	近 10000 平方米
服装经营面积：	3820 平方米
建设时间	2008 年
公交线路	地铁 10 号线，公交 8、55、59、61、90、99、102 路等 19 条公交线路
停车位数量	50 个
消费者年龄范围	0 ～ 20 岁
服装产品价格范围	50 ～ 2000 元
经营全部品牌数量	97 个
经营服装品牌数量	82 个
服装展示指数	★★★★☆
交通指数	★★★★★
环境指数	★★★☆☆
价格指数	★★★☆☆
时尚指数	★★★☆☆
人气指数	★★★★★

宝大祥青少年儿童购物中心五角场店旗舰店，位于上海最大的商业项目之一、五角场万达商业广场，营业面积达 1 万多平方米，是一家主题鲜明、形象靓丽、荟萃青少年潮流资讯的青少年儿童主题百货店。

宝大祥五角场店以 1 至 20 岁的儿童、青少年为主要服务对象，博览世界最新潮流，寓购物于教益、寓消费于创造，让我们的青少年儿童消费者与国际潮流并驾齐驱，成为上海东北部区域青少年儿童时尚生活的新地标。

表 2.8.16　宝大祥青少年儿童购物中心五角场店经营定位与品牌分布表(2012 年)

楼层	楼层定位	经营内容	具体品牌
1F	儿童精品	童装、儿童用品、孕妇装、玩具、儿童鞋、点读机	Celden、Hellokitty、KP、Curlysue、Oshkosh、Ivy House、Roberta Di camerino、Malimarihome、I-Baby、Allo&Lugh、E. Land kids、Ohoo、Paw in Paw、Jeep、Nike Kids、Snoopy、Nuk、Gunze、Disney、唯．路易、维尼熊、索宛、柏迪小熊、侨保、迪士尼公主、迪斯尼米奇、利得宝、巴布豆、米菲、诺可可兹、铅笔俱乐部、咆咆鲁、依都锦、下一代、皇家宝贝、丽婴房、哥比兔、英氏、婴方喜、卡拉贝熊、贺曼、芙儿优、采童庄、黄色小鸭、康贝、拉比、添香防辐射、十月妈咪、多美、读书郎、智高、星月玩具、头大、奥迪、华塑、雅多、樱桃小丸子、迪莎、冬己、巴拉巴拉、意隆、安踏、多美、小猪班纳、小虎帕蒂、爱娃酷、斯乃纳、龙子太郎、富罗迷、贝蒂、芝麻开门、兄妹猫、步步高、小淑女与约翰、阿迈蒂尼、法米尼、嗒嘀嗒、小猪班纳、贝丽博、优生、安奈儿、小元羊、派克兰帝、爱法贝、笑咪咪、New Balance kids、adidas kids、Levi's kids、gb、NIKE kids

宝大祥青少年儿童购物中心五角场店经营服装品牌分布特点：

服装品牌经营面积约 3820 平方米。其中，最大店铺为 E·Land kids，占地 90 平方米；最小店铺为采童庄，占地 10 平方米；平均服装品牌经营面积为每家 47 平方米。经营服装品牌 82 家，其中经营男装 0 家，经营女装 4 家，经营童装 72 家。经营服装风格包括时尚、休闲。

主要消费者年龄为 0 ～ 20 岁。

经营的服装产品单品价格在 50 ～ 2000 元之间，其中主要单品价格为 198 ～ 699 元。

8）假日百货

表 2.8.17　假日百货概况

中文名称	假日百货
外文名称	HOLIDAY DEPARTMENT STORE
所属集团	上海假日百货有限公司
所属国家	中国
地　　址	杨浦区鞍山路 1 号
区　　域	杨浦区
商　　圈	上海控江路商圈
营　　业	10:00 ～ 21:30
电　　话	021-65156600
网　　址	无
总 楼 层	1 ～ 7F
建筑面积	近 26000 平方米
服装经营面积	7755 平方米
建设时间	1999 年
公交线路	公交 6、14、70、80、103、220、843、863、870、960、871、713 路,地铁 8 号线
停车位数量	85 个
消费者年龄范围	0 ～ 60 岁
服装产品价格范围	20 ～ 6000 元
经营全部品牌数量	170 个
经营服装品牌数量	147 个
服装展示指数	★★★★☆
交通指数	★★★★★
环境指数	★★★☆☆
价格指数	★★★☆☆
时尚指数	★★★☆☆
人气指数	★★★☆☆

上海假日百货有限公司成立于1999年9月,位于杨浦区控江路商业中心,7个楼层建筑面积2.6万平方米。1～5楼经营男女服饰、皮鞋箱包、黄金珠宝、钟表眼镜、化妆用品、运动休闲、儿童用品等,6～7楼设KTV夜总会和亚玛逊浴场,是杨浦区最大的民营百货商场之一。

表2.8.19 假日百货经营定位与品牌分布表(2012年)

楼层	楼层定位	经营内容	具体品牌
4F	绅士休闲	休闲男装、羊绒衫、职业男装、精品男鞋	GDGE、Fecd. Cieson、AAA、Gekyllowen、Gugginuk、Georginaniya、Polo.Aristocracy、GXG、LEE、波士登、繁莹、寒布仕、骆驼、鳄鱼恤、路易保罗、欧咪啦、圣雪绒、皮皮狗、兆君、群工羊绒、鹿王、海螺、开开、春竹、七匹狼、宏观、沃伦、纤夫、梵高迪邦、雅戈尔、马诺伦萨、特特、Jack&Jones、ESPRIT、Jamesking、Sheraton、Forter、Playboy、Fecd. Cieson、Camel、Crocodile、AAA、U.S POLO ASSN、SMART、Keavote、Cardil、Gekyllowen、Gugginuk、Daishu、GEORGINANIYA、Playboy、Bogeaseni、Braxton、Polo.aristocracy、Yev. Rowland、GXG、LEE、Unisex
3F	儿童用品	童装、孕妇装、婴儿用品、儿童玩具、流行女装、鞋	Biel Blell、Kako、Ivy House、Twins Kids、Balae、Gb、Biyo Biyo、Huayuan、Thono、Mieec、Dadida、Miss、Ere、Barradiae、博迪小熊、孩之宝、卡酷动画、巴拉巴拉、博士蛙、哈利波特、笑咪咪、雅多、安奈儿、十月妈咪、丽婴房、福太太、维吉尼亚、秀、凯迪米莱、安魅力、加莉得、网球王子、哈哈小店、澳贝、斯乃纳、小天使、博迪小熊、莱柯、秋儿、La Chapelle、adidas kids、NIKE kids、Disney
2F	女士精品	女士内衣、羊绒衫、帽子、泳衣、流行女装	VERO MODA、p2s、ONLY、ESPRIT、E. Land、Honeys、Funnylove、Basic House、艾格、宛丽、秀怡、诺基亚、黛安芬、豪门、舒雅、三枪、恒源祥、毕加索、菊花、芬狄诗、曼芬妮、桑扶兰、雅朵、兰卓丽、伊丝艾拉、古今、英第爱纳、闺中物语、朵彩、良幸、企鹅、上海牌、雪马、凤凰、金兔、开开、恒源祥、春竹、达吉斯、安莉芳、秀伊、箱子、艾尔玛丝、淑女屋、维尼熊、丹羽、歌瑞 洛特
1F	流行名品	化妆用品、流行女鞋、箱包、黄金珠宝	Cne、Basto、Iix Viix、Olay、Aupres、Za、Reronica、Vanssi、Eln、U.S. POLO ASSN、Bovegagny、Misty、Bosslon、Royalmaine、VS、Boss Sunwen、Divun、奥卡索、BELLE、ST. SAT、格雷西蒙、美宝莲、欧莱雅、相宜本草、TeenMix、福瑞德、索菲娅、法拉利、奇敏、自然堂、东华美钻、西贝

假日百货经营服装品牌分布特点:

服装品牌经营面积约7755平方米。其中,最大店铺为GXG,占地150平方米;最小店铺为舒雅,占地20平方米;平均服装品牌经营面积为每家53平方米。经营服装品牌共147家,其中经营男装37家,经营女装43家,经营童装18家。经营服装风格包括时尚、基本、职业、休闲、运动。

主要消费者年龄为20～50岁。

经营的服装产品单品价格在20～6000元之间,其中主要单品价格为199～899元。

2.9 浦东新区服装零售商圈

区域简介

2.9.1 浦东新区简介

中文名称	浦东新区
外文名称	Pudong New District
下辖地区	12 个街道办事处,24 个镇（潍坊新村街道,陆家嘴街道,周家渡街道,塘桥街道,上钢新村街道,南码头路街道,沪东新村街道,金杨新村街道,洋泾街道,浦兴路街道,东明路街道,花木街道,川沙新镇,高桥镇,北蔡镇,合庆镇,唐镇,曹路镇,金桥镇,高行镇,高东镇,张江镇,三林镇,惠南镇,周浦镇,新场镇,大团镇,康桥镇,航头镇,祝桥镇,泥城镇,宣桥镇,书院镇,万祥镇,老港镇,南汇新城镇）
政府驻地	上海市浦东新区世纪大道 2001 号
地理位置	长江入海口交汇处,上海市东部
面　　积	1210 平方公里
人　　口	常住人口 517.50 万人（2011 年）
著名景点	东方明珠,上海科技馆,金茂大厦,环球金融中心,野生动物园
机场:	上海浦东国际机场
身份证区划	310115
战略规划	聚焦金融
主要商业区	八佰伴商圈,陆家嘴商圈

　　浦东新区是上海的一个副省级市辖区,范围包括黄浦江以东到长江口之间巨大的三角形区域,南面与奉贤、闵行接壤,西面与徐汇、黄浦、虹口、杨浦、宝山 6 区隔黄浦江相望,北与崇明隔长江相望。在 20 世纪 80 年代,"宁要浦西一张床,不要浦东一间房"是当时老百姓的共识,黄浦江把上海分成了两个世界:浦西就是上海,浦东只是从外滩遥遥远眺的一片农田菜地。1990 年后中国政府进入"开发浦东"的实质阶段,浦东成为上海经济的引擎,亦被誉为中国三个增长极之一,地区面貌日新月异。2009 年因南汇并入浦东新区,郊区面积急剧扩

大,大浦东城市化之路依旧漫长。

2010年全区生产总值达到4707.52亿元,比上一年增长12.4%。地方财政收入达到425.40亿元,比上一年增长12.0%。社会消费品零售总额达到1036.88亿元,比上一年增长20.6%;商品销售总额达到7594.61亿元,比上一年增长26.9%。全社会固定资产投资完成1432.30亿元,与上一年基本持平。外贸进出口总额完成1865.62亿美元,比上一年增长34.2%。外商直接投资实际到位金额38.56亿美元,完成预期目标。

商圈分布

表2.9.2 浦东新区商圈分布及商场

商圈	商场	地址
八佰伴	巴黎春天(浦建店)	浦东新区浦建路118号
	96广场	浦东新区东方路796号
	第一八佰伴	浦东新区张杨路501号
	华润时代广场	浦东新区张杨路500号
	新梅联合广场	浦东新区浦东南路999号
	浦东嘉里城	浦东新区花木路1378号
三林上南	巴黎春天(成山店)	浦东新区成山路1993号
	浦东商场(成山店)	浦东新区成山路500号
	浦东商场(昌里店)	浦东新区昌里路337号
	中房金谊广场	浦东新区上南路4467号20号
惠南镇	浦东商场(南汇店)	浦东新区东门大街200号
金桥	金桥国际商业广场	浦东新区张杨路3611弄
川沙	绿地东海岸	浦东新区川沙路5558号
	浦东商场(川沙店)	浦东新区川沙路4825号
	浦东商场(华夏东路店)	浦东新区华夏东路2255号
花木	大拇指广场	浦东新区芳甸路199弄
	联洋广场	浦东新区芳甸路226号
陆家嘴	正大广场	浦东新区陆家嘴西路168号

A——八佰伴

浦东的购物商业圈是以浦东南路和张杨路为坐标轴,由第一八佰伴新世纪商厦和时代广场等商场为中心构成的。八佰伴以百货为主,而时代广场以时尚消费为主。时代广场的对面是八百伴,多年来在大多数的上海市民印象中,似乎浦东说得上的百货大楼只有八佰伴一家。八佰伴在上海的分店上海第一八佰伴,于1995年12月20日开始营业,建筑物命名为新世纪商厦,地址位于张杨路浦东南路路口,建筑面积约14万平方米,其中商场面积约 10 万平方米。从此"八佰伴"成为上海浦东新区的有名地标和重要商圈,多条公交线路以八佰伴为站名。上海第一八佰伴早已成为了浦东新区的一大地标,在这里形成了集餐饮、购物、娱乐于一体的商业圈。第一八佰伴如今依然是上海浦东新区零售营业额的领头羊,2006～2010 年,第一八佰伴连续四年成为上海零售单体百货全年销售总额第一。

图 2.9.1a　八佰伴商圈(巴黎春天)地图

图 2.9.1b　八佰伴商圈地图

图 2.9.2　三林上南商圈地图

图 2.9.3　惠南镇商圈地图

B——三林上南

浦东三林地区人口密集,但商业基础设施薄弱的区域,经过最近几年发展,此板块已初步发展成为以上南商圈中心的社区型商业中心,已有的大型商业设施有易初莲花、国美家电、九百家居等知名大卖场。目前正在修建的七彩购物中心将打造成为集购物、休闲、娱乐、餐饮、健身等为一体的大型综合性开放式的区域社区购物中心。

C——惠南镇

惠南镇距上海市中心人民广场约 48 公里。镇区四周原为惠南乡,东南为黄路镇(原二团区)界,现三乡镇即原南汇县城区及原二团区(南汇县第一区)已合并。

惠南镇是全县的商业中心之一。

D——金桥

上海市浦东新区金桥镇金桥镇地处上海浦东新区中部,南临张江高科技园区,北依黄浦江——上海市浦东新区金桥镇,西与陆家嘴金融贸易区相望,东接外高桥保税区和港区,是国家级开发区——金桥出口加工区的主要开发区域,行政管辖面积25.48平方公里,辖 7 个村、7 个居民区和 1 个国际社区,户籍人口总数2.8 万余人,流动人口 8.7 万余人,外籍居住人士 3 千余人。

图 2.9.4　金桥商圈地图

图 2.9.25　川沙商圈地图

图 2.9.6　陆家嘴商圈地图

金桥镇是一片经济发展活跃的土地,同时,也是一片适宜于居住和创业的温馨家园。具有欧陆风格的现代集镇,生活设施齐全、环境优美、百姓安居,镇域内绿化率达到 30% 以上。碧云社区是上海目前惟一通过国际 ISO1400 环境认证的居住区域,来自 20 多个国家和地区的境外人士居住上海浦东新区金桥镇在此。国际化的碧云社区与欧陆风格的金桥集镇已成为上海浦东两张亮丽的名片。

E——川沙

川沙镇位于上海市浦东新区东南,镇域面积 59.48 平方公里,镇辖 33 个行政村,23 个居民委员会。有各类工商、企事业单位近 5200 家。常住流动户籍总人口 15.5 万。其中,非户籍人口超过 35%,在川沙居住的浦东新区各镇机关企事业单位干部、管理人员约占全镇总人口的 15%,浦东周边地区到川沙就学的学生约占川沙在校学生的 15%。

按照新的城市发展规划,将建设川沙新城,规划范围包括原川沙集镇及浦东运河以东、川杨河以南、川南奉公路以西、迎宾大道以北地块,用地面积 20.4 平方公里。川沙新城是外环线以外地区的核心城区,以旅游服务、临空服务配套和历史文化为特色,人口规模约在 30 万人。随着川沙发展规划的实施到位,经过若干年努力,川沙将成为继陆家嘴之后的一个浦东中心城的辅中心。

F——陆家嘴

陆家嘴金融贸易区是中国上海的主要金融中心区之一,位于浦东新区的黄浦江畔,面对外滩。整个金融贸易区总面积共有 28 平方公里,其中规划开发地区为 6.8 平方公里,已有约 100 座大厦落成。1990 年,中国国务院宣布开发浦东,并在陆家嘴成立全中国首个国家级金融开发区。经营人民币业务的外资金融机构,必须在陆家嘴金融贸易区开设办事处,因此陆家嘴是不少外资银行的总部所在地。陆家嘴地区又有大陆家嘴、小陆家嘴、陆家嘴金融贸易区之说。小陆家嘴:"浦东南路、东昌路内",陆家嘴金融贸易区:"南浦大桥－龙阳路、杨浦大桥－罗山路内",即内环浦东部分。未来,陆家嘴金融城商圈内的小陆家嘴商圈除了正大广场、国金中心等大型商业设施外,

东扩将按照"一道三区两板块"的布局进行规划。依托浦东逐渐成为小陆家嘴区域写字楼市场的有益补充,具有较大的发展潜力。

商场分析

1）巴黎春天（浦建店）

表 2.9.3　巴黎春天（浦建店）概况

中文名称	巴黎春天浦建店
外文名称	无
所属集团	香港新世界集团
所属国家	中国
地　　址	上海市浦东新区浦建路 118 号
区　　域	浦东新区
商　　圈	上海塘桥商圈
营　　业	10:00 ～ 22:00
电　　话	021-51925333
网　　址	http://www.nwds.com.hk/
总 楼 层	B1 ～ 5F
建筑面积	约 46000 平方米
服装经营面积	4703 平方米
建设时间	2007 年 9 月
公交线路	地铁 4 号线, 公交 119、581、610、629、785、787、814、929、974、992 路等
停车位数量	300 个
消费者年龄范围	0 ～ 60 岁
服装产品价格范围	69 ～ 6690 元
经营全部品牌数量	155 个
经营服装品牌数量	113 个
服装展示指数	★★★★☆
交通指数	★★★★★
环境指数	★★★☆☆
价格指数	★★★☆☆
时尚指数	★★★☆☆
人气指数	★★★★☆

上海巴黎春天浦建店位于上海浦东新区塘桥地区,浦建路和临沂北路交汇处,毗邻南浦大桥。该店建于地铁4号线塘桥站之上,前往地铁6号线信步可达,附近亦有40多条公交线路,交通便利。周边中高档小区林立,消费潜力巨大。

表 2.9.4 巴黎春天浦建店经营定位与品牌分布表(2012 年)

楼层	楼层定位	经营内容	具体品牌
5F	综合	时尚折扣馆、床上用品、家居、VIP 贵宾室、顾客服务中心	
4F	综合	餐饮 职业男装 运动	Arrow, Presance, Boton, Kaiser, G2000, Fair Whale, Daniel Hechter, Regatta Club, Nautica, Googio, V.One, Saint Care, Timberland, Playboy, Omiger, V&C, Boss Sunwen, Goldion, Joeone, Sartore, Asilin, Baniss, Auton&Neal, Yev Rowland, PUMA, CONVERSE, PONY, adidas, NIKE, Columbia, Mizuno, CROCS, CROWN, 小巴辣子, 洋葱餐厅
3F	综合	餐饮 童装	AZONA, Peoleo, Mind Bridge, Emely, Yigue, M.Teng, Mikibana, Read Me, Eitie, 简兮, 春竹羊绒, Cadidl, Jessie, Show Long, Erdos, Iif, Liren Village, Cielblell, Sandwich, Pollfily, 一茶一坐, Embry Form, Aimer, 古今, Wacoal, Triumph, Maniform, Micky Mouse, Ivy House, Angel Cat Sugar, Twin Kids, Pepco, Nike Kids, Ibaby, Gb, Les Enphants, E.land Kids, Yaduo, Pencil Club, Boshiwa, Fanapal, Paw in Paw, Alphabet, LEGO, Tds 玩具店, Bob Dog
2F	女装	休闲女装 职业女装	Casio, Fiyta, ESPRIT, UNIQLO, Ochirly, La Chapelle, Honeys, ONLY, VERO MODA, Jack&Jones, SELECTED, S.Deer, Etam, Bear Two, bossini, b+ab, Izzue, Fairy Fair, UGIZ, H&T, Baleno, Ebase Princess, Klein Plus, 自然元素, Fandecit, K.Style, She's, Feel Collection
1F	综合	眼镜 饰品 护肤品 女鞋	宝岛眼镜, Sofina, Avene, Aupres, L'Oreal, Camenae, Juju, 佰草集, YUE SAI, Olay, Revlon, Max Factor, The Face Shop, DHC, Maybelline, Za, TISSOT, 面包新语, COSTA, 老凤祥, 周大生, 周大福, 张铁军翡翠, 千禧之星, 潮宏基珠宝, 金伯利钻石, Mitia, KissCat, E-Blan, BATA, Comely, Basto, TATA, BELLE, ST&SAT, Teenmix, 奥卡索, Aokang, C.Banner, HARSON, Seasonal Winds, Clanks, STACCATO, GEOX, Joy&Peace, 西村名物
B1	综合	烟酒、保健、餐饮、超市	

巴黎春天浦建店经营服装品牌分布特点:

服装品牌经营面积约 4703 平方米。其中,最大店铺为 UNIQLO,占地 213 平方米。最小店铺为古今,占地 19 平方米。平均服装品牌经营面积为每家 42 平方米。经营服装品牌 113 家,其中经营男装 40 家,经营女装 51 家,经营童装 23 家。经营服装风格包括时尚、基本、职业、休闲、运动。

主要消费者年龄为 18 ～ 60 岁。

经营的服装产品单品价格在 69 ～ 6690 元之间,其中主要单品价格为 128 ～ 3180 元。

2）96 广场

表 2.9.5　96 广场概况

中文名称	96 广场
外文名称	96 Plaza
所属集团	上海陆家嘴金融贸易区开发股份有限公司
所属国家	中国
地　　址	上海浦东新区东方路 796 号
区　　域	浦东新区
商　　圈	上海八佰伴商圈
营　　业	10:00 ～ 22:00
电　　话	021-61659696
网　　址	http://www.plaza96.com.cn/
总 楼 层	B1 ～ 3F
建筑面积	近 66000 平方米
服装经营面积	825 平方米
建设时间	2008 年 11 月
公交线路	地铁 2 号、4 号、6 号线,公交 219、522、597、609、610、792、798、871、961、970 路等
停车位数量	300 个
消费者年龄范围	0 ～ 60 岁
服装产品价格范围	30 ～ 2299 元
经营全部品牌数量	71 个
经营服装品牌数量	18 个
服装展示指数	★★★☆☆
交通指数	★★★☆☆
环境指数	★★★☆☆
价格指数	★★★☆☆
时尚指数	★★★☆☆
人气指数	★★★☆☆

　　96 广场位于东方路和世纪大道交叉口,广场总建筑面积达 6.6 万平方米,分为地上 3 层与地下 2 层。1 层为品牌专卖及休闲餐饮;2 ～ 3 层主要为特色餐饮、时尚服饰以及专业美容、形象设计等休闲服务项目;地下 1 层则布置了大型综合零售、健身中心、电玩游乐等;地下 2 层为大型停车场。红砖灰瓦的外立面,围合式的街道格局,96 广场极具海派特色的建筑风格为高楼群聚的陆家嘴金融贸易区增添了别样的光彩。与周围商

场有所不同,96广场是陆家嘴商圈惟一一个开放式的商业休闲广场。主题化的广场、饶有情趣的空间设计,宜人尺度的低容量建筑,无不营造着亲切、温暖、人性化的购物休闲环境。

表 2.9.6　96 广场经营定位与品牌分布表(2012 年)

楼层	楼层定位	经营内容	具体品牌
3F	综合	餐饮、形象	蒂梵尼造型,渝信川菜,望湘园
2F	综合	餐饮	Carrera,Bk Nail Salon,纯彩,吾米粥,Tairyo Teppanyaki,汉拿山,H. G. Soup, Taste From Chongqing,上海会馆,广州蕉叶,楚炫堂,烹大师,合点寿司,烧肉达人,Elooming,The Soup Expert,九龙冰室,Ochirly,麟轩,H&M
1F	综合	超市、餐饮 男装、女装	Viscap,H&M,adidas,TATA,BELLE,俏江南,Krorayna,Batra,Bebea,新九龙城,COSTA COFFEE,Burger King,Haagen-Dazs,Watson,巴黎三城,JOINTEK,HERBORIST,MR. STONE,家有好面,LENSCRAFTERS,JSCODE,老克勤,WAGAS,Epicengre,Cat,Clanks,Teenmix,一伍一拾,Lily,Tapenade,FIVE PLUS,Ochirly,Ichido,ONLY,VERO MODA,DHC,Samsonite,Omey
B1	综合	童装、娱乐	Belleden,Museetlatinum,Cymboree,上海歌城,上海咕噜咕噜文化俱乐部,Tom's World,Vivian,宝大祥,Hello Kitty,青少年儿童购物中心,Chabel,Will's

96 广场经营服装品牌分布特点:

服装品牌经营面积约 825 平方米。其中,最大店铺为 H&M,占地 100 平方米;最小店铺为 TeenMix,占地 9 平方米;平均服装品牌经营面积为每家 46 平方米。经营服装品牌 18 家,其中经营男装 5 家,经营女装 13 家,经营童装 15 家。经营服装风格包括时尚、休闲、运动。

主要消费者年龄为 16 ～ 60 岁。

经营的服装产品单品价格在 30 ～ 2299 元之间,其中主要单品价格为 199 ～ 1169 元。

3) 第一八佰伴

表 2.9.7　第一八佰伴概况

中文名称	第一八佰伴
外文名称	NEXTAGE
所属集团	上海百联集团股份有限公司
所属国家	中国
地　　址	浦东新区张杨路 501 号
区　　域	浦东新区
商　　圈	上海八佰伴商圈
营　　业	9:30 ～ 22:00

电　　话	021-58360000
网　　址	http://www.bldybbb.com/
总 楼 层	1～10F
建筑面积	近 14.4 万平方米
服装经营面积	10767 平方米
建设时间	1992 年
公交线路	地铁 2 号、9 号线，公交 01、82、86、119、130、522、607、630、746、789 路等
停车位数量	200 个
消费者年龄范围	0～60 岁
服装产品价格范围	29～19000 元
经营全部品牌数量	432 个
经营服装品牌数量	248 个
服装展示指数	★★★★☆
交通指数	★★★★★
环境指数	★★★★☆
价格指数	★★★☆☆
时尚指数	★★★☆☆
人气指数	★★★☆☆

　　上海第一八佰伴有限公司是经国务院批准成立的国内第一家中外合资大型商业零售企业，1992 年 9 月 28 日成立之初是由上海市第一百货商店、日本八佰伴流通集团和香港八佰伴国际联合投资设立的，中方占注册资本的 45%，外方占 55%，后由于外方投资者先后倒闭和清盘，其所持的合资公司股权分别转让。目前，公司注册资本 7500 万美元，其中上海百联集团股份有限公司占 64%，香港昌合有限公司占 36%。

　　上海第一八佰伴有限公司所属的新世纪商厦位于浦东陆家嘴金融贸易区内，总建筑面积 14.4 万平方米，商场面积 10.8 万平方米，是集购物、娱乐、餐饮及办公楼为一体的多功能、现代化、综合性商业大厦。其别具一格的建筑曾荣获上海市商业建筑最佳建筑形象称号、建国 50 周年经典建筑铜奖和浦东开发开放十年建筑金奖，是浦东十大标志性建筑物之一。1995 年 12 月 20 日，新世纪商厦开门迎客，当日曾创下一天光临同一店铺 100 多万客人的吉尼斯世界记录。

表 2.9.8　第一八佰伴经营定位与品牌分布表（2012 年）

楼层	楼层定位	经营内容	具体品牌
10F	娱乐	休闲娱乐	新世纪影城，南梦宫，星巴克咖啡
9F	餐饮	餐饮	新旧茶餐厅，避风塘，顺风大酒店，大渔
8F	综合	童装 休闲男装 休闲女装 孕妇装	Vivandlul, Sovior, Alphabet, 樱桃小丸子, Miffy, Bean Pole, Mashimaro, Bodi Bear, Kubeiland, Bear Famania, Snoopy, Yaduo, Paw in Paw, E. land Kids, Nicholas&Bears, Les Enphants, Gb, 芙儿优, Combi, Allo&Lugh, Nike Kids, adidas Kids, 十月妈咪, Labi Baby, Piyo Piyo, 哥比兔, Armaten, Kingkow, ELLE, Baby De Mode, Ivy House, Smiling, Osh Kosh, Ouch, Bob Dog, Annil, Sanrio, Boshiwa, Jeep, 卡通天地, Levi's, Daniel Hechter, Curly Sue, 经典泰迪, Celden, Fanapal, Barbie, Mickey Mouse, 海绵宝宝, 小猪班纳, Hello Kitty, Toy Royal, Barbie Collector, 奥迪双钻, 星月玩具

楼层	楼层定位	经营内容	具体品牌
7F	综合	电器	上海友谊商店，Kitchen Spring, Irculon, Mf, Fussler, Fjitalian Life Store, Fagor, Zwilling, Miele, Samsung, Philips, Sony, Cav Audio, Harman, Bowers&Wilkins, Bose, 南部铁器, Irest, Inada, Osim, Panasonic, Sanyo, Rongtai, Thermos, Berghoff, Wusthof, Corelle, Woll, Jimix, Silit, Philips, Tonze, Tiger, Barun, Canon
6F	综合	眼镜 首饰 娱乐 休闲男装 休闲女装	Tittot, Mosers, Kosta Boda, 中银金行, Hers Jade, 泰源丰, 和玉缘·和田玉, 上海造币有限公司, Parker, Ars Mundi, Narumi, Tales, Lladro, Miracle Dynasty, Reone, Huaguang Ceramics, Millennium Star, Splendia, Temix, Mabelle, I DO, 中钞国鼎, Elephant, Jewelry, Jinya Jewelry, Mitia, 张铁军翡翠, 老庙黄金, 老凤祥, Kasen, Fuanna, Luolai, Mendale, Esprit, Gephran, Menglan, Esteem, Fumi, Violet, Spiral, Betta, Mjbaby, Jinjie, Hansilk, Calvin Klein, Royalcover, Maomao, Whinny, Mobo, Mercury, Jalice, N.H., Phoenix, Sapphire, Bemco, Tempur, Sheridan, Sant, Formosa, 茂昌眼镜, Millefiori,
5F	运动	运动服饰 休闲服装	adidas, NIKE, G-STAR RAW, Levi's, Replay, 三叶草, LEE, Devil Nut, GXG, Mark Fairwhale, Five Plus, Teenie Weenie, ONLY, Jack&Jones, Plory, Etam, Esprit, Jeep, New Balance, Rapido, Evisu, CONVERSE, ROXY, Columbia
4F	综合	休闲男装 休闲女装	Kwun Kee Tailor, Bogea Seni, Tony Wear, Good Luck Gladius, G|Y Goldlion, Ganudilo h Holidays, Fllorinteno, Jefulei, Yev. Riwland, Cardydony, Fapai, Francepal, Munsingwear, Nautica, Hazzys, Lacoste, Bean Pole, Scofiele, Renoma, Gornia, Galaxy, Le Saunda, Suitcase Salon, Shoe Salon, Diplomat, Ace, Samsonite, Crown, Eminent, Skap, Braun Buffel, Zoteno, Mephisto, Geox, Clanks, ECCO, Europe Shoes, Didiboy, Vskonne, Loxio, Frognie Zila, Lavico, Valent Coupean, Roberta Di Camerino, ELLE, Boss Sunwen, Boni, Menhardum, Callisto, Follnsi, Goldlion Goldlabel, Carlo Castello, Intermezzo, Ninoriva, Leo, Safclin, Lampo Uomo, Granchiodioro, Beverly Hills Polo Club, Babei, Santa Barbara Polo&Racquet Club, Sartore, Dumuid
3F	综合	休闲女装	Rime, Calvin Klein Jeans, Lacoste, b+ab, E-land, VERO MODA, Ochirly, Basic House, 淑女屋, ESPRIT, Bean Pole, Roem, Koradior, Lily, Kako, Dazzle, Olive Des Olive, Izzue, YIGUE, Edela, Prich, Edemega, iimk, Siqin, Page One, ENC, Miss Sixty, ARMANI Jeans, DKNY Jeans, Comely, Kisscat, C. Banner, ST&SAT, 奥卡索, Safiya, HARSON, Nine West, Joy&Peace, Staccato, Millie's, Teenmix, Cameido, Clanks, BATA, AEE, BELLE, Kadina, E-Blan, 安莉芳, La Clover, Enweis, Mani Form, Aimer, Triumph, 古今, Wacoal
2F	综合	休闲,职业 男装 休闲,职业 女装	Crocus, Bliss, Folli Follie, 220Ctobre, Sierli, D. Nada, Read-Me, Esoul, Eve Ny, Yiner, L'azza, Meachcal, Sunview, Gooyen, 蔓楼兰, Erdos, Maxmara, Max&Co., adains b., 国大药房, 珍妮花, Lottusse, Calvin Klein, Pennyblack, Ouniya, Fayun, Junbo, Soir Dolce, Lancy From 25, Song of Song, Louisa M, White Collar, Naersi. Ling, Lilly, L'orfeo, Luxman, My Teno, Marella, D&G, Casio, m. Tsubomi, Didier Parakian, Marisfrolg, Decoster, EP, Jorya, Gant, Ports, Viviniko, The Ophile, V. Grass, Buou Buou, Prolivon, 亨得利钟表, Royal Selangor, 利快, Sobber, Lovhome, Heenoor, Parsons Music, Tayohya, Wedgwood, Red Apple, Dian, Hirgihply, Bnx, Icicle, Beauvillon, Ein, Oyana, Mojo s.Phine
1F	综合	配饰 护肤品	Canali, Cartier, Montblanc, Armani Collezioni, Daks, Swarovski, Coach, Hermès, Jaeger-Le Coultre, Rolex, Zzegna, Omega, Longines, Zenith, Tasaki, Chow Sang Sang Jewwllery, Tommy Hilfiger, Dunhill, BALLY, Cerruti 1881, Durban, Autason, 宝石城集团, Clinique, Dior, Biotherm, Fancl, Benefit, SK-II, Bobbi Brown, M.A.C, Giorgio Armani, Anna Sui, Borghese, Noevir, La Mer, Lancome, Chanel, Guerlain, Estee Lauder, Clarins, SHU UEMURE, The History of Whoo, Laneige, KOSE, Episteme, Shiseido, Kanebo, SISLEY, Tonino Lamborghini, TAG Heuer, IWC, 周大福, TSL, VERSACE, Gievens&Hawkes, David Mayer Naman, Verri, Paul&Shark, Aquascutum, Kent&Curwen, Boss

第一八佰伴经营服装品牌分布特点:

服装品牌经营面积约 10767 平方米。其中,最大店铺为 Calvin Klein Jeans,占地 161 平方米。最小店铺为 SKAP,占地 5 平方米。平均服装品牌经营面积为每家 43 平方米。经营服装品牌 248 家,其中经营男装 88 家,经营女装 131 家,经营童装 44 家。经营服装风格包括时尚、基本、职业、休闲、运动。

主要消费者年龄为 20 ～ 60 岁。

经营的服装产品单品价格在 29 ～ 19000 元之间,其中主要单品价格为 99 ～ 9800 元。

4) 华润时代广场

表 2.9.9　华润时代广场概况概况

中文名称	华润时代广场
外文名称	Times square
所属集团	香港华润集团有限公司
所属国家	中国
地　　址	上海市浦东新区张杨路 500 号
区　　域	浦东新区
商　　圈	上海八佰伴商圈
营　　业	10:00 ～ 22:00
电　　话	021-58368888
网　　址	http://www.crcsh.com/
总 楼 层	1 ～ 10F
建筑面积	51000 平方米
服装经营面积	3918 平方米
建设时间	1997 年
公交线路	地铁 2 号线、9 号线,公交 01、36、43、86、119、130、171、218、451、522 路等
停车位数量	200 个
消费者年龄范围	30 ～ 50 岁
服装产品价格范围	129 ～ 47980 元
经营全部品牌数量	89 个
经营服装品牌数量	47 个
服装展示指数	★★★★☆
交通指数	★★★★★
环境指数	★★★☆☆

价格指数	★★★☆☆
时尚指数	★★★☆☆
人气指数	★★★★☆

华润时代广场座落于浦东陆家嘴金融贸易区,由香港华润(集团)有限公司投资1.2亿美元兴建的集百货、娱乐、餐饮、展示、办公等为一体的综合性智能大厦。以时尚、舒适、高贵、典雅的购物环境,吸引了诸多国际顶级品牌第一次入驻浦东。华润时代广场坐落于上海市浦东新区陆家嘴金融贸易区商业繁华地带,地理位置优越,交通便捷。有逾20余条公交车、地铁2号线等交通线路通过,临近复兴东路隧道、南浦大桥、延安东路隧道、大连西路隧道以及兴建中的明珠高架轨道交通。周围有众多高级住宅区和梅园、竹园等居民小区,常住人员超过六十万。商场部分为1～10层裙楼,总建筑面积51,000平方米,拥有现代欧洲建筑风格以及一流的硬件设施。建立在3楼的高30米的中庭阳光空间,折射出楼宇古典的建筑风韵。

表 2.9.10　华润时代广场经营定位与品牌分布表(2012 年)

楼层	楼层定位	经营内容	具体品牌
10F	餐饮	餐饮	川国演义
9F	餐饮	餐饮	翡翠皇宫酒家
8F	餐饮	餐饮	外婆家,翡翠皇宫酒家
7F	餐饮	餐饮	小南国日式烧烤,致真酒家,王品台塑牛排,京都薇薇
6F	综合	娱乐 教育	EF, UIB, Steinway Sons, Tom Lee Music, Beauty Farm, Frona's Prince, Fastrackids, Fastrack English, Le Gras Studio
5F	综合	教育 娱乐	Tera Wellness Club, Siha, Omi Yakiniku, Beauty Farm, Palaispa, 华润时代宝贝乐园, Hancare
4F	综合	餐饮	Levarza, Psalter, Yiner, Cosi Moda, Figaro, Passion, Eitie, Tina Gia, Koradior, Artis, Vormir, Arrail, Vip Club, Arrcarr, Salon, Arong, Samsonite, 吉祥斋, 七色麻, Hui, Naersi Ling
3F	综合	休闲女装 职业女装	Atrium Cafe, Episode, 23区, Marisfrolg, Jorya, Jarya Weekend, Insun, Anmani, Liu. Jo, Nexy. Co, Moiselle, Nine West, Louisa M, ICB, L'OISEAU BLEU, 思源, Deleor, Perfect Sharp, Re Young Your Life, ESPRIT, Aritni, Bernini, Laine
2F	综合	保健 美发	GUCCI, Crcara, Tru Trussardi, Tangy Collection, Marie France Bodyline, 史云逊健发中心, Song of Song, Marc Cain, Le • Varza, Jefen by Frankie, Luxman, Shangrilai Salon, ESCADA, MAXMARA
1F	综合	餐饮 手表	Tru Trussardi, GUCCI, MAXMARA, ESCADA, Alexandre, Tag Heuer, OMEGA, TIMECITY, Haagen-Dazs, Brooks Brothers, Jet8, Braccialini, Marina Rinaldi, Corneliani, Giada

华润时代广场经营服装品牌分布特点:

服装品牌经营面积约3918平方米。其中,最大店铺为MAXMARA,占地200平方米。最小店铺为L'OISEAU BLEU,占地9平方米。平均服装品牌经营面积为每家85平方米。经营服装品牌47家,其中经营男装4家,经营女装43家,经营童装0家。经营服装风格包括时尚、基本、休闲。

主要消费者年龄为30～50岁。

经营的服装产品单品价格在129～47980元之间,其中主要单品价格为488～27130元。

5）新梅联合广场

表 2.9.11　新梅联合广场概况

中文名称	新梅联合广场
外文名称	SHINMAY
所属集团	上海兴盛集团有限公司
所属国家	中国
地　　址	上海市浦东新区浦东南路 999 号
区　　域	浦东新区
商　　圈	上海八佰伴商圈
营　　业	10:00 ～ 22:00
电　　话	021-60456288
网　　址	http://shinmay.metroer.com/
总　楼　层	1 ～ 4F
建筑面积	20000 平方米
服装经营面积	1903 平方米
建设时间	2005 年
公交线路	地铁 9 号、2 号线，公交 01、66、86、119、630、791、795、870、911 路等
停车位数量	100 个
消费者年龄范围	0 ～ 60 岁
服装产品价格范围	29 ～ 4598 元
经营全部品牌数量	63 个
经营服装品牌数量	30 个
服装展示指数	★★★☆☆
交通指数	★★★★★
环境指数	★★★☆☆
价格指数	★★★☆☆
时尚指数	★★★☆☆
人气指数	★★★★☆

　　新梅联合广场位于上海市浦东南路 999 号。由南北两座高 160 米的 38 层塔式主楼及连接的裙楼构成，是融行政公寓、办公、商业、餐饮等多功能为一体的综合性建筑。新梅联合广场总建筑高度约 156 米，总建筑面积约 11 万平方米，汇融现代高端商务、顶级配套公寓及品牌卖场等多功能于一体的现代建筑，为陆家嘴国际金融贸易中心"全能型"商务平台。

表 2.9.12 新梅联合广场经营定位与品牌分布表(2012 年)

楼层	楼层定位	经营内容	具体品牌
4F	餐饮	餐饮	西堤牛排,禾绿寿司,上上谦,泰妃阁,厚味香辣馆,COCO 壹番屋
3F	综合	餐饮 休闲女装 护肤品	三千丝,纽悦伊人,LIZZIE,EUROMODA,YISELLE,LOGIN,WOO HAIR,MU,甜言物语,港丽,LOCK&LOCK,V.ROSE,艾维庭,Hotwind,SHISEIDO,ME&CITY
2F	综合	教育 休闲男女装	SEVEN DAYS,DHC,SAK & CO.,SUREN HANDMADE,SAVWIS,ADEN,UNIQLO,PURCOTTON,KLEIN PLUS +,OFUON,ME&CITY,6IXTY 8IGHT,ENID,B.R.J,IDF,YIYAYO,OIKOS,英孚教育
1F	综合	餐饮 休闲女装 化妆品	Dickies,G-STAR RAW,味千,MOSCOT,Tapenade,test-tube,Stella Luna,Rosebullet,Nice Claup,Oniaral,bread n butter,Revlon,MAX FACTOR,JUJU,Swatch,WAGAS,FCUK,b+ab,5cm,Katie Judith,tout a coup,IZZUE,Maybelline

新梅联合广场经营服装品牌分布特点:

服装品牌经营面积约 1903 平方米。其中,最大店铺为 Dickies,占地 170 平方米;最小店铺为 KLEIN PLUS +,占地 25 平方米;平均服装品牌经营面积为每家 63 平方米。经营服装品牌 30 家,其中经营男装 8 家,经营女装 28 家,经营童装 2 家。经营服装风格包括基本、休闲、时尚。

主要消费者年龄为 18 ~ 50 岁。

经营的服装产品单品价格在 29 ~ 4598 元之间,其中主要单品价格为 88 ~ 1699 元。

6)大拇指广场

表 2.9.13 大拇指广场概况

中文名称	大拇指广场
外文名称	无
所属集团	上海证大集团
所属国家	中国
地 址	上海市浦东新区芳甸路 199 弄
区 域	浦东新区
商 圈	上海花木商圈
营 业	10:00 ~ 22:00
电 话	021-50339899
网 址	http://www.zendai.com/
总 楼 层	1 ~ 2F
建筑面积	近 110000 平方米

服装经营面积	1668 平方米
建设时间	2005 年 3 月
公交线路	184、640、花木一路、987、815、东周线
停车位数量	100 个
消费者年龄范围	0～60 岁
服装产品价格范围	68～1698 元
经营全部品牌数量	38 个
经营服装品牌数量	29 个
服装展示指数	★★★☆☆
交通指数	★★★★★
环境指数	★★★☆☆
价格指数	★★★☆☆
时尚指数	★★★☆☆
人气指数	★★★★☆

　　证大·大拇指广场由上海证大投资（集团）有限公司、上海爱建信托投资有限公司联合投资、并由上海证大商诚房地产开发有限公司开发的综合性商业广场。2003 年被市商委等有关部门列为"上海十大社区商业示范点之一"，浦东新区"一号工程"，2004 年被中华工商联合会评为中国商铺 100 强。项目占地近 5.3 万平米，建筑面积逾 11 万平米，融购物、休闲、娱乐、美食、度假(四星级酒店)、艺术于一体，成为上海规模最大、功能最全的复合式社区&区域型商业中心。

　　大拇指广场是证大集团开发的第一个商业项目，在开发理念上继续秉持了"艺术地产"的一贯风格。同时，因 2003 年斥巨资收藏了法国超现实主义艺术大师恺撒的传世名作——"大拇指"雕塑，为弘扬人文艺术精神，同时表明证大集团意欲开发一流商业项目的信心与决心，整个项目命名为"大拇指广场"。　项目于 2003 年10 月开工建设，于 2005 年年中全部竣工，并于当年 7 月 9 日全面开张。证大·大拇指广场业态主要设有：大型超市(法国家乐福，世界零售业巨头。)、主题商场、休闲娱乐（好乐迪音乐娱乐公司）、艺术中心（上海证大现代艺术馆）、五星级酒店(委托美国著名酒店管理集团 Carlson 旗下的 Raddision 品牌经营管理。)等，是上海地区规模最大、功能最全的复合式社区与区域商业中心。

表 2.9.14　大拇指广场经营定位与品牌分布表(2012 年)

楼层	楼层定位	经营内容	其体品牌
2F	综合	运动 童装	NIKE FACTORY STORE,JSCODE,BOSHIWA,Harry Potter,Bob builder,网球王子,BABY2, adidas, NewBalance, ASICS, FILA, PlayBoy,李宁,CONVERSE,KARL KANI, LEE, Levi's, Clumbia, CROCS, OZARK, CAT, Mizuno,THE NORTH FACE,回力,Diplomat, Victoria Cross, Samsonite
1F	综合	餐饮 休闲女装	ONLY, VERO MODA, Jack&Jones, LASCOTE OUTLET, BATA, GEOX, STARBUCKS,Ichido, Cold Stone, Watsons, Beauty Factory

　　大拇指广场经营服装品牌分布特点：

　　服装品牌经营面积约 1668 平方米。其中,最大店铺为 NIKE FACTORY STORE,占地 368 平方米。最小店铺为 Bob builder,占地 18 平方米。平均服装品牌经营面积为每家 58 平方米。经营服装品牌 29 家,其中经营男装 19 家,经营女装 20 家,经营童装 6 家。经营服装风格包括基本、休闲、运动、时尚、礼服。

主要消费者年龄为 18 ～ 60 岁。

经营的服装产品单品价格在 68 ～ 1698 元之间,其中主要单品价格为 118 ～ 749 元。

7) 浦东嘉里城

表 2.9.15　浦东嘉里城概况

中文名称	浦东嘉里城
外文名称	Kerry Parkside
所属集团	嘉里集团
所属国家	中国
地　　址	上海市浦东新区花木路 1378 号
区　　域	浦东新区
商　　圈	上海八佰伴商圈
营　　业	10:00 ～ 22:00
电　　话	021-50338155
网　　址	http://www.kerryparkside.com/zh-hans
总 楼 层	B1 ～ 3F
建筑面积	近 45000 平方米
服装经营面积	1402 平方米
建设时间	2011 年 1 月
公交线路	地铁 7 号线,花木一路
停车位数量	100 个
消费者年龄范围	0 ～ 60 岁
服装产品价格范围	30 ～ 3660 元
经营全部品牌数量	82 个
经营服装品牌数量	16 个
服装展示指数	★★★☆☆
交通指数	★★★★★
环境指数	★★★★★
价格指数	★★★★☆
时尚指数	★★★★★
人气指数	★★★★☆

浦东嘉里城是一座融合商业及居住的灵运之城,汇聚办公楼、公寓、酒店和商场,展现出一派活力四射的和谐生活。浦东嘉里城办公楼造型优雅,位置优越;完善的交通网络四通八达,更可便捷抵达浦东国际机场。写字楼总高43层,建筑面积92000平方米,现代建筑的非凡气派与世纪公园的恬然景致相得益彰,遥相呼应。它集合各种先进设施设备与科技、通讯系统,由专业团队管理运营,使现代商务轻松便捷浦东嘉里城位于浦东花木核心地段,是该地区目前规模最大的综合性发展项目。项目包括国际化商场、甲级办公楼、五星级酒店以及高级服务式公寓,于2010年第四季度竣工并陆续开幕。投资约5亿美元的上海浦东嘉里中心,为总建筑面积将达 33 万平方米的多功能建筑群,将成为浦东新国际博览中心区域的崭新地标。

表 2.9.16　浦东嘉里城经营定位与品牌分布表(2012 年)

楼层	楼层定位	经营内容	具体品牌
2F	综合	休闲男女装家居	H&M, Masaki Matsuka, Akasakatei, Boocup, Food Fusion, I-BABY, 699, Vale Restaurant, Krorayna, Muji, California Pizza Kitchen, Tony Studio, Shanghai Min, Samsonite, Moleskine, South Beauty, Pacific Coffee Company, Kids Land, CHICKEEDUCK, adidas, Lollipop, COCO-MAT, Harbor House, 琉璃时光 SPA
1F	综合	休闲女装家居餐饮	GAP, Roem, Calvin Klein, Motivi, Paraderm, Test-Tube, Casio, H&M, 面包新语, Shanghai Dim Swm, Aniseed Pho, New York Style Pizza, Cuffz, Franck Provost Paris, I-Family, MIJI
B1F	综合	餐饮饰品	Sundanpul.Se, Mothercare, Okaidi, Jade.Cuisine, Pankood, Relish&Share, Yolota, Paris Miki, Simplemill, Watami, Herbis&Spices, Emoi, 宅の人, Ole', Zandie's, Subway, Baskin Robbins, Tenfu's Tea, Secret Recipe, 快乐柠檬, Berry Bear, 宝珠奶酪, Max Curry, Tableau, 摩提工房, 西树泡芙, 味千拉面, Top Cellar, Photomi, Reetoo Art Studio, Aunbis, Lapis Laculi, Rich Life, Omey, Soisoi, Hotwind, 雷诺瓦, Whs, Eplaza, Iris Life, Watson, Mirafab, Hipanda

浦东嘉里城经营服装品牌分布特点:

服装品牌经营面积约1402平方米。其中,最大店铺为GAP,占地400平方米;最小店铺为CHICKEEDUCK,占地18平方米;平均服装品牌经营面积为每家93平方米。经营服装品牌16家,其中经营男装5家,经营女装11家,经营童装7家。经营服装风格包括基本、休闲、时尚、职业。

主要消费者年龄为20 ～ 60 岁。

经营的服装产品单品价格在30 ～ 3660 元之间,其中主要单品价格为169 ～ 3090 元。

8) 联洋广场

表 2.9.17　联洋广场概况

中文名称	联洋广场
外文名称	无

所属集团	上海联洋集团有限公司
所属国家	中国
地　　址	上海市浦东新区芳甸路 226 号
区　　域	浦东新区
商　　圈	上海 花木商圈
营　　业	10:00～22:00
电　　话	021-68540688
网　　址	无
总 楼 层	1～3F
建筑面积	近 58000 平方米
服装经营面积	2231 平方米
建设时间	2010 年 1 月
公交线路	花木 1 路、东周线、640、815、987 路
停车位数量	300 个
消费者年龄范围	0～60 岁
服装产品价格范围	59～2480 元
经营全部品牌数量	41 个
经营服装品牌数量	23 个
服装展示指数	★★★☆☆
交通指数	★★★☆☆
环境指数	★★★★☆
价格指数	★★★☆☆
时尚指数	★★★☆☆
人气指数	★★☆☆☆

　　联洋广场于 2008 年圣诞节前隆重开业，是一家融餐饮、购物、娱乐、商务功能于一体的商业中心。这也是继成功运营联洋新社区之后，联洋集团持有的第一个大型商业地产项目。

表 2.9.18　联洋广场经营定位与品牌分布表(2012 年)

楼层	楼层定位	经营内容	具体品牌
3F	综合	童装	I-baby,爱婴室,欣美,TAYOHYA,Osim,迪宝玩具,Honey West,Mendale,西瓜庄园,Pur Cotton,Me&City Kids
2F	综合	女鞋 休闲女装	TATA,TeenMix,GEOX,Senda,JOY&PEACE,Ochirly,OASIS,La Chapelle,Lily,La gogo,Embry Form,Triumph,许留山,Riz Cober,Oct Mami,Arrow
1F	综合	护肤品 餐饮	ZARA,Promod,ASOBIO,COSTA,有金人家,OMEY,LENSCRAFTERS,茗钻坊,SEPHORA,STACCATO,BELLE,BASTO,millie's,Clanks

联洋广场经营服装品牌分布特点:

服装品牌经营面积约 2231 平方米。其中,最大店铺为 ZARA,占地 735 平方米。最小店铺为 TATA,占地 26 平方米。平均服装品牌经营面积为每家 97 平方米。经营服装品牌 23 家,其中经营男装 3 家,经营女装 11 家,经营童装 2 家。经营服装风格包括基本、职业、时尚。

主要消费者年龄为 20～60 岁。

经营的服装产品单品价格在 59～2480 元之间,其中主要单品价格为 149～1480 元。

9) 巴黎春天(成山店)

表 2.9.19 巴黎春天(成山店)概况

中文名称	巴黎春天
外文名称	无
所属集团	香港新世界集团
所属国家	中国
地　　址	上海市浦东新区成山路 1993 号
区　　域	浦东新区
商　　圈	上海上南地区商圈
营　　业	10:00～22:00
电　　话	021-60871111
网　　址	http://www.nwds.com.hk/
总 楼 层	B1～3F
建筑面积	近 38000 平方米
服装经营面积	5444 平方米
建设时间	2010 年 4 月
公交线路	86、161、604、730、970 路
停车位数量	450 个
消费者年龄范围	0～60 岁
服装产品价格范围	69～6280 元
经营全部品牌数量	152 个
经营服装品牌数量	104 个
服装展示指数	★★★★☆

交通指数	★★★☆☆
环境指数	★★★☆☆
价格指数	★★☆☆☆
时尚指数	★★★★☆
人气指数	★★★★☆

香港新世界百货—上海巴黎春天成山店位于浦东新区成山路 1993 号,毗邻 2010 上海世博会会址,是距离世博会浦东地区展馆最近的大型综合百货商场。核心商圈覆盖四大成熟小区,包括大华、昌里、南新和绿川。众多中高档楼盘座落于此,住宅居民数目达 26 万户。

表 2.9.20 巴黎春天成山店经营定位与品牌分布表(2012 年)

楼层	楼层定位	经营内容	具体品牌
3F	综合	运动服饰 休闲男女装 职业男装童装	Mulinsen, Crocodile, Montagut, Louda Polo, Road Mate, Camel, Apple, Boss Sunwen, American Touraster, Diplomat, Goldion, Delsey, Pal Ongaco, Playboy, Babei, Giuseppe, James King, Joeone, Sartore, T&G, Asilin, Baniss, Crocodile, Auton&Neal, Yev Rowland, Jiova Lino, Romon, 浩沙内衣, 猫人, Zippo, Lava, 墨迹人, Tony Jeans, Samuel&Kevin, Levi's, PUMA, CONVERSE, bossini, 361°, New Balance, adidas, NIKE, Micky Mouse, Ivy House, Angel Cat Sugar, Twin Kids, Pepco, NIKE Kids, Ibaby, gb, piyo piyo, Les Enphants, Angel, Pigeon
2F	综合	休闲男女装 职业男女装	Embry Form, Aimer, Gujin, Fandecie, Triumph, Ordifen, Maniform, Yiselle, 思薇雅, Sorella, Luck, Doland, Tggc, Max Lulu, Savwis, K.Fair, Anna Lice, Kako, Caufil, Emely, Yigue, Faiosh, V.Grass, M.Teng, Baleno, Passages, F.Ny, Lily, Naivee, Peoleo, La Chapelle, Honeys, ONLY, VERO MODA, Jack&Jones, SELECTED, ME&CITY, S.Deer, Etam, La gogo, Bear Two, Et Boite, Idf, Open Box, Show Long, Satchi, Gillivo, Misty
1F	综合	眼镜 女鞋 护肤品 饰品	Kisscat, E-blan, BATA, Comely, Basto, BELLE, Hang Ten, ST&SAT, Teenmix, 奥卡索, Aokang, C.banner, HARSON, Seasonal Winds, 西村名物, Basic House, ESPRIT, Tennie Wennie, Five Plus, E.land, UNIQLO, Ochirly, 宝岛眼镜, Chcedo, Aupres, L'Oreal, Olay, Revlon, Max Factor, The Face Shop, Maybelline, Za, TISSOT, Starbucks, Lillian, Watsons, 老庙黄金, 亚一金店, 黄金历史, 周大生, 中国黄金, 周大福, 张铁军翡翠, 千禧之星, 潮宏基珠宝, 金伯利钻石, Mitia, Casio, Ceya, 天时达
B1	综合休闲	餐饮 食品 家居 洗衣 改衣 时尚折扣等	

巴黎春天成山店经营服装品牌分布特点:

服装品牌经营面积约 5444 平方米。其中,最大店铺为 UNIQLO,占地 611 平方米。最小店铺为奥卡索,占地 15 平方米。平均服装品牌经营面积为每家 52 平方米。经营服装品牌 104 家,其中经营男装 31 家,经营女装 60 家,经营童装 12 家。经营服装风格包括时尚、基本、职业、休闲。

主要消费者年龄为 20 ~ 60 岁。

经营的服装产品单品价格在 69 ~ 6280 元之间,其中主要单品价格为 119 ~ 1680 元。

10) 浦东商场(成山店)

表 2.9.21　浦东商场(成山店)概况

中文名称	浦东商场
外文名称	Pu Dong Emporium
所属集团	上海浦东商场股份有限公司
所属国家	中国
地　　址	上海市浦东新区成山路 500 号
区　　域	浦东新区
商　　圈	上海上南地区商圈
营　　业	10:00 ～ 21:30
电　　话	021-58802500
网　　址	http://www.pdsc.com.cn/
总 楼 层	1 ～ 3F
建筑面积	近 18000 平方米
服装经营面积	2942 平方米
建设时间	2007 年 11 月
公交线路	782、583、980、604、973、815 路
停车位数量	100 个
消费者年龄范围	0 ～ 60 岁
服装产品价格范围	45 ～ 4800 元
经营全部品牌数量	81 个
经营服装品牌数量	59 个
服装展示指数	★★☆☆☆
交通指数	★★★★☆
环境指数	★★★☆☆
价格指数	★★★☆☆
时尚指数	★★★☆☆
人气指数	★★☆☆☆

上海市浦东商场股份有限公司创建于1960年,是上海历史最悠久的社区百货公司之一,目前拥有五家10000平方米以上的百货连锁店。

表2.9.22　浦东商场(成山店)经营定位与品牌分布表(2012年)

楼层	楼层定位	经营内容	具体品牌
3F	综合	家居 运动服饰 休闲服饰	Plory, NIKE, Giordano, Bsx, Jack&Jones, GXG, Tony Jeans, Baleno, G2000, Samuel&Kevin, Giuseppe, 马克华菲, Hang Ten, Playboy, adidas, Anta, PUMA, KAPPA, 乔丹体育, Reebok, Mizuno, bossini, Georgimaniya, Polo Aristocracy, Santa Barbara Polo, W-Peng, 维科家纺, 恒源祥, 毕加索
2F	综合	童装 休闲女装	ESPRIT, La Chapelle, Honeys, VERO MODA, ONLY, Mind Bridge, Snoopy, Bear Two, H&T, Etam, E. land, Teenie Weenie, P&F, Ko. Shish, Pepco, NIKE Kids, Labi Baby, Les Enphants, E. land Kids, New Balance Kids, Annil, Paw in Paw, 帝高羊绒, 春竹羊绒, 金兔羊毛, ISE, 安莉芳, 婷美, Chilier, 古今
1F	饰品	饰品 眼镜 手表	L'oreal, Za, Maybelline, 老庙黄金, Watson, OMEY, Kisscat, FBL, C. banner, Ray, Daphne, Chcedo, Olay, 宝岛眼镜, 老凤祥, Temix, 维多利亚, CASIO, CITIZEN, 天时达

浦东商场成山店经营服装品牌分布特点:

服装品牌经营面积约2942平方米。其中,最大店铺为Teenie Weenie,占地170平方米。最小店铺为古今,占地10.5平方米。平均服装品牌经营面积为每家50平方米。经营服装品牌59家,其中经营男装31家,经营女装42家,经营童装5家。经营服装风格包括时尚、基本、职业、休闲、运动。

主要消费者年龄为20～60岁。

经营的服装产品单品价格在45～4800元之间,其中主要单品价格为79～2280元。

11)浦东商场(昌里店)

表2.9.23　浦东商场(昌里店)概况

中文名称	浦东商场
外文名称	Pu Dong Emporium
所属集团	上海浦东商场股份有限公司
所属国家	中国
地　　址	上海市浦东新区昌里路337号
区　　域	浦东新区
商　　圈	上海　上南地区商圈

营　　业	10:00～22:00
电　　话	021-58801906
网　　址	http://www.pdsc.com.cn/company/index.asp
总 楼 层	1～3F
建筑面积	近 12000 平方米
服装经营面积	2850 平方米
建设时间	1999 年
公交线路	公交 82、83、86、454、576 区间、604、781、786、787、974 路,沪塘线,地铁 7 号线
停车位数量	100 个
消费者年龄范围	0～60 岁
服装产品价格范围	39～5200 元
经营全部品牌数量	129 个
经营服装品牌数量	91 个
服装展示指数	★★☆☆☆
交通指数	★★★☆☆
环境指数	★★★☆☆
价格指数	★★★☆☆
时尚指数	★★★☆☆
人气指数	★★☆☆☆

上海市浦东商场股份有限公司创建于 1960 年,是上海历史最悠久的社区百货公司之一,目前拥有 5 家 10000 平方米以上的百货连锁店。

表 2.9.24　浦东商场(昌里店)经营定位与品牌分布表(2012 年)

楼层	楼层定位	经营内容	具体品牌
3F	综合	童装 职业男装	Royal Sonny, Bear Famania, Pepco, Boshiwa, Bodi Bear, Bob Dog, Labi Baby, Barbie, adidas kids, Snoopy, New Balance, Lejia Toys, NBA Kids, Nike Kids, Annil, Angel Cat Sugar, Smiling, Pencil Club, Balabala, Les Enphants, Yeehoo, Giuseppe, 帝高羊绒, Erdos, Pipigou, 金兔羊毛, 欧咪啦羊绒毛, Cardil, 培罗蒙, Playboy, Deancarlo, Georgimaniya, 八仟代, Metro Messe, Polo Aristocracy, Btkt, Cartelo, Santa Barbara Polo, James Kingdom
2F	综合	中老年服饰 运动服饰	Giordano, adidas, GXG, Jack&Jones, 美特斯邦威, Jeanswest, Baleno, bossini, Semir, YISHION, Psg, Eastern Camel, Nike, 乔丹, ANTA, US. POLO. ASSN, Playboy, Mizuno, CONVERSE, Reebok, Edela, Etam Weekend, Snoopy, Maniform, Ordifen, 雅朵, Gujin, Honeys, D. Yoo Lady, 福太太, Yigue, La gogo, Jsfr, Bear Two, Sierli, Show Maker, D. Bass, Joubo
1F	综合	饰品 女鞋 护肤品	ST&SAT, C. banner, Kisscat, Comely, 奥卡索, TeenMix, BELLE, TATA, 老凤祥, 老庙黄金, 周大福, 东华美钻, 周大生, 翠轩, 诺红珠宝, CITIZEN, TISSOT, CASIO, Ceya, OMEY, Daphne, Ray, 西村名物, Olay, Loreal, Herborist, Revlon, Maybelline, Cogi, 相宜本草, Za, Avene, Aupres, ONLY, VERO MODA, E. land, Teenie Weenie, Etam, X-GE, PUCCA, ISE, Runmoon, SHUE&EUE

浦东商场昌里店经营服装品牌分布特点:

服装品牌经营面积约 2850 平方米。其中,最大店铺为 Jack&Jones,占地 110 平方米。最小店铺为金兔羊毛,占地 8.75 平方米。平均服装品牌经营面积为每家 31 平方米。经营服装品牌 91 家,其中经营男装 38 家,经营女装 58 家,经营童装 14 家。经营服装风格包括时尚、基本、职业、休闲、运动。

主要消费者年龄为 20 ～ 60 岁。

经营的服装产品单品价格在 39 ～ 5200 元之间,其中主要单品价格为 79 ～ 2280 元。

12) 浦东商场(南汇店)

表 2.9.25　浦东商场(南汇店)概况

中文名称	浦东商场
外文名称	Pu Dong Emporium
所属集团	上海浦东商场股份有限公司
所属国家	中国
地　　址	上海市浦东新区东门大街 200 号
区　　域	浦东新区
商　　圈	上海惠南镇商圈
营　　业	10:00 ～ 22:00
电　　话	021-38022999
网　　址	http://www.pdsc.com.cn/company/index.asp
总 楼 层	1 ～ 4F
建筑面积	近 10000 平方米
服装经营面积	2030 平方米
建设时间	2010 年
公交线路	浦东 8 路、惠南 4 路、惠南 2 路、龙临专线
停车位数量	150 个
消费者年龄范围	0 ～ 60 岁
服装产品价格范围	39 ～ 4990 元
经营全部品牌数量	103 个
经营服装品牌数量	67 个
服装展示指数	★★☆☆☆
交通指数	★★★☆☆
环境指数	★★★
价格指数	★★★☆
时尚指数	★★★☆
人气指数	★★☆☆☆

上海市浦东商场股份有限公司创建于 1960 年,是上海历史最悠久的社区百货公司之一,目前拥有五家 10000 平方米以上的百货连锁店。

表 2.9.26　浦东商场南汇店经营定位与品牌分布表(2012 年)

楼层	楼层定位	经营内容	具体品牌
4F	综合	家居 童装	鸿润羽绒家纺,NIKE Kids,Royal Sonny,New Balance,Us Baby,Whinny,Veken,Salin,老爷车家纺,大玩家超乐场,Pencil Club,Pretty Tiger,Yaduo,Harry Potter,笑咪咪
3F	男装	休闲男装	Bossini,Polo Aristocracy,Playboy,Sailaulond,百圣鸟,Btkt,Jeanswest,G2000,LEE,GXG Jeans,GXG,Denizen,Fairwhale,G2 Man,Metersbonwe,Giordano,S&K,Peixiang,Metro Messe,W.Peng,雷特尼,Baleno
2F	女装	休闲女装	Basic House,贵夫人,Joubo,福太太,Eayoon,La.Go.Go,Honeys,VERO MODA,ONLY,FANDECIE,Embry Form,Anerli,Aidaini,Gujin,P&F,Snoopy,Cielbleel,Ise,Runmoon,La Chapelle Sport,F.NY
1F	综合	饰品 女鞋 手表 化妆品	Olay,L'oreal,Aupres,Zippo,Maxfactor,Chcedo,Inoherb,Maybelline,Herborist,Za,Neutrog,Proya,Natural Beauty,Omay,Doxa,Nobel,Titoni,Ernest Borel,TISSOT,Casio,老凤祥银楼,老庙黄金,亚一金店,Temix,Chowtaiseng,Goldlion,U.S POLO ASSN,Watsons,Daphne,Shoe Box,Walker Shop,Kisscat,Arnold Palmer,Camel,Cartelo,Comely,ST&SAT,Iixviix,C.Banner,Basto,Harson,Teenmix,TATA,Doson,BELLE

浦东商场南汇经营服装品牌分布特点:

服装品牌经营面积约 2030 平方米。其中,最大店铺为 VERO MODA,占地 120 平方米。最小店铺为 FANDECIE,占地 8 平方米。平均服装品牌经营面积为每家 30 平方米。经营服装品牌 67 家,其中经营男装 22 家,经营女装 19 家,经营童装 8 家。经营服装风格包括时尚、基本、职业、休闲。

主要消费者年龄为 20 ～ 60 岁。

经营的服装产品单品价格在 39 ～ 4990 元之间,其中主要单品价格为 105 ～ 2390 元。

13) 金桥国际商业广场

表 2.9.27　金桥国际商业广场概况

中文名称	金桥国际商业广场
外文名称	Jin Qiao Life Hub
所属集团	香港崇邦集团
所属国家	中国
地　　址	上海市浦东新区张杨路 3611 弄
区　　域	浦东新区

商　　圈	上海金桥商圈
营　　业	10:00 ～ 22:00
电　　话	021-20233000
网　　址	http://www.jinqiaojinqiao.com/
总 楼 层	1 ～ 4F
建筑面积	近 180000 平方米
服装经营面积	2644 平方米
建设时间	2009 年 12 月
公交线路	地铁六号线,公交 638,791,993,573,85,716,843 路,上川专线、施崂专线、新川专线等
停车位数量	1200 个
消费者年龄范围	0 ～ 60 岁
服装产品价格范围	19 ～ 2299 元
经营全部品牌数量	156 个
经营服装品牌数量	48 个
服装展示指数	★★★★☆
交通指数	★★★☆☆
环境指数	★★★☆☆
价格指数	★★★☆☆
时尚指数	★★★☆☆
人气指数	★★☆☆☆

　　金桥国际商业广场位于上海市金桥路张杨路。总占地近 6 万平方米,坐落于地铁六号线云山路站与金桥路站之间,距离地铁六号线金桥路站仅 50 米远,为目前沿线唯一的大型商业中心。总建筑体量达 18 万平方米的金桥国际商业广场,打造成金杨地区最大的一站式购物中心。

　　金桥国际商业广场紧邻浦东碧云国际社区,在周边 6 公里半径辐射范围之内还涵括了联洋社区、证大家园、外高桥保税区等数十个大型涉外住宅和商务园区,作为购物中心核心区域,这一片区内的核心辐射人群达到 75 万人,而随着地铁六号线与地铁二号线、地铁四号线的延伸拓展,在新上海城商圈之外,该项目主力辐射浦东约 170 万人口。

表 2.9.28　金桥国际商业广场经营定位与品牌分布表(2012 年)

楼层	楼层定位	经营内容	具体品牌
8 座 4F	餐饮	餐饮	迈泰,川食公馆
8 座 3F	综合	运动服饰	SPORT 100,Godly
8 座 2F	综合	综合	SPORT 100,Bologo,Yi Xiu Su Shi
8 座 1F	综合	餐饮	SPORT 100,麦当劳
7 座 3F	餐饮	餐饮	釜山料理,望湘园,赤坂亭
7 座 2F	教育	教育家居	居适家,美吉姆国际儿童教育中心,龙门客栈,旺池

续表

楼层	楼层定位	经营内容	具体品牌
7座1F	综合	餐饮 女鞋 护肤品	Honeys, Daphne, Kitty House, 1001 Noodles House, COSTA COFFEE, Plory, T. EN, Zkungfu, Cold Stone, Basic House, Emoi, Lily, Chamate, Honeymoon Dessert, Eland, Just Bb
6座3F	餐饮	餐饮	天虹海鲜酒家
6座2F	餐饮	餐饮	小南国
6座1F	综合	银行,超市,餐饮	百丽,汉堡王,罗森,健乐士,茶矿,招商银行,中国银行,食其家
5座1F	综合	餐饮,数码	苹果电子数码,美仕唐纳滋,哈根达斯
3座5F	娱乐	娱乐	高点保龄球馆,高点台球馆
3座4F	餐饮	餐饮	Saizeriya, Dolar Shop, Jeawa Restaurant, John Steak
3座2F	综合	餐饮,服饰	EBT, PAPA JOHN'S, C&A
3座1F	综合	餐饮,服饰	Mannings, Gripz, C&A, Nautica, PAPA JOHN'S, Dickies, adidas Originals, WAGAS, GY
2座4F	娱乐	娱乐	上海歌城
2座3F	综合	餐饮,娱乐	New York Skin Solution, Mentor, Folkjar Restaurant, Istyle Dance Carnival, London Weight Management, Perfectshape, Yun Nam Hair Care, Jsw Joy. Spirits&Wine, Isun Nail Salon
2座2F	综合	综合	Hotwind, Bi Feng Tang, FIVE PLUS, Coco1chibanya, Simplemill, Yoobaa Frozen Yogurt Bar
2座1F	综合	休闲服饰	V-ONE, THE COFFEE BEAN, JOJO, Owenwong, Ochirly, ONLY, Unisex, Bi Feng Tang, Jack&Jones, VERO MODA
1座4F		餐饮	Cartoony World, Suwumuyang, Laoma Rice-Flour Noodles, Bakery Kitchen, Hunan Ambrosia, Neolithic, Repeatedly, Xi Bei You Mian Cun
1座3F	综合	护肤 教育	Model Universe, Disney English, Cartoony World, Thinkthink, Combaby, Spa Shining, Go Club, Great Art School
1座2F	综合	童装 餐饮	Etam, Schiesser, Sinaina, Ivy House, Best Pais, Twinkids, Bdebed, Baby Q, UNIQLO, Boshiwa365, Beborn, Nike Kids, Iris Life, Kids Land, KFC, Maniform, Yiselle, Toonsiand, Bobdog, Oct Mami, Chicco, Yeehoo, Mothercare
1座1F	综合	餐饮 饰品	Bao Dao, Paris Miki, A Ji Dou, Eyes, Isgoogol, Purcotton, Ajisen Ramen, DQ, KFC, Teenie Weenie, Etam, Teenmix, Laofengxiang, Missha, Rich Life, Crocs, Aming, Mochi Sweets, Eland Kids, UNIQLO, TATA, 3D-Gold, Bingkee, Herborist, Asim, For Me Pharmacy, Paris Baguette, Chez Choux

金桥国际商业广场经营服装品牌分布特点:

服装品牌经营面积约 2644 平方米。其中,最大店铺为 Hotwind,占地 150 平方米。最小店铺为 Beborn,占地 9 平方米。平均服装品牌经营面积为每家 55 平方米。经营服装品牌 48 家,其中经营男装 16 家,经营女装 23 家,经营童装 11 家。经营服装风格包括时尚、基本、运动、休闲。

主要消费者年龄为 20 ～ 60 岁。

经营的服装产品单品价格在 19 ～ 2299 元之间，其中主要单品价格为 79 ～ 1999 元。

14) 中房金谊广场
表 2.9.29　中房金谊广场概况

中文名称	中房金谊广场
外文名称	J-Mall
所属集团	中房置业股份有限公司
所属国家	中国
地　址	上海市浦东新区上南路 4467 号 20 号
区　域	浦东新区
商　圈	上海三林镇商圈
营　业	10:00 ～ 22:00
电　话	021-50181818
网　址	http://www.shzfzy-sl.com/
总楼层	1 ～ 4F
建筑面积	近 88000 平方米
服装经营面积	3639 平方米
建设时间	2010 年 9 月
公交线路	沪海专线、986 区间、周南线、174 路、沪塘专线、万周线、576、755、三林 1 路、784 等
停车位数量	700 个
消费者年龄范围	0 ～ 60 岁
服装产品价格范围	49 ～ 2380 元
经营全部品牌数量	68 个
经营服装品牌数量	36 个
服装展示指数	★★★★☆
交通指数	★★★☆☆
环境指数	★★★☆☆
价格指数	★★★☆☆
时尚指数	★★★☆☆
人气指数	★★☆☆☆

中房金谊广场处于市区通往浦东机场的两条快速通道－中环线与外环线（S20 之间），距卢浦大桥 5 公里，南浦大桥 6 公里；距世博园区 4.5 公里。中房金谊广场东靠金谊河畔，西接上南路，南接永泰路，东临三林塘，紧贴地铁 11 号线。

中房金谊广场位于上南路 4677 号，总计五层，定位为社区中心家庭购物广场，总建筑面积为 8.8 万平方。中房金谊广场用地面积约 2.5 公顷，总建筑面积约 86952 平方米；地上五层，建筑面积约 50332 平方米；地下二层，建筑面积约 36620 平方米；设地上、地下停车库，共计约 700 个停车位。

表 2.9.30　中房金谊广场经营定位与品牌分布表（2012 年）

楼层	楼层定位	经营内容	具体品牌
5F	虚位以待	虚位以待	
4F	餐饮	餐饮	金源坊，品尚豆捞，吉利士南洋餐厅，汉韵唐风，越味风，武贞烧肉，董大师金牌稻香蛙
3F	综合	家居 童装 教育	AUSSINO，维科家纺，我享我家，可音可早教中心，思乐得生活馆，adidas，NIKE，Piyo Piyo，Labi Baby，Boshiwa，les enphants，Bob Dog，Pencil Mini，Disney，Me&City Kids，公主馋甜品小站
2F	综合	餐饮 护肤品 女鞋	Honeys，Eurocraft，摩茜摩，Snoopy，Me&City，Vorlacte，Puris，Robe De Tisse，M.K，Cartelo，90°炭烧咖啡小站，黛梦妮美甲，Pucca，James Kingdom，青山洋服，SELECTED，Meters Bonwe，Gujin，Bonny，美思，Yiselle，三枪，西村名物，E-blan，C.banner，美丽佳人，Safiya，ST&SAT
1F	综合	餐饮 休闲男女装	Starbucks，龙记，Watsons，UNIQLO，满记甜品，VERO MODA，Jack&Jones，ONLY，Lux Sea，亚一金店，张铁军翡翠，老庙黄金，凯露珠宝，巴黎三城，Candie's，La Chapelle，Tangline

中房金谊广场经营服装品牌分布特点：

服装品牌经营面积约 3639 平方米。其中，最大店铺为 UNIQLO，占地 525 平方米。最小店铺为 James Kingdom，占地 22 平方米。平均服装品牌经营面积为每家 101 平方米。经营服装品牌 36 家，其中经营男装 10 家，经营女装 26 家，经营童装 6 家。经营服装风格包括时尚、基本、职业、休闲、运动、礼服。

主要消费者年龄为 20 ～ 60 岁。

经营的服装产品单品价格在 49 ～ 2380 元之间，其中主要单品价格为 79 ～ 1680 元。

15）绿地东海岸

表 2.9.31　绿地东海岸概况

中文名称	绿地东海岸
外文名称	Max-Mall
所属集团	绿地集团
所属国家	中国

地　　　址	上海市浦东新区川沙路 5558 号
区　　　域	浦东新区
商　　　圈	上海川沙商圈
营　　　业	10:00 ～ 22:00
电　　　话	021-58989953
网　　　址	http://www.maxmall.com.cn/
总 楼 层	B1 ～ 3F
建筑面积	近 48449 平方米
服装经营面积	588 平方米
建设时间	2010 年 6 月
公交线路	地铁 2 号线,上川专线、新川专线、川奉专线
停车位数量	120 个
消费者年龄范围	20 ～ 60 岁
服装产品价格范围	31 ～ 638 元
经营全部品牌数量	42 个
经营服装品牌数量	9 个
服装展示指数	★★★★☆
交通指数	★★★☆☆
环境指数	★★★☆☆
价格指数	★★★☆☆
时尚指数	★★★☆☆
人气指数	★★☆☆☆

　　金豫百货携手绿地集团,在浦东重镇川沙镇新城区打造东上海近郊商业地标——绿地东海岸国际广场。项目以 14 万平米的庞大商业体量,囊括了国际星级酒店、甲级 /LOFT 办公、体验式商业等多元化业态。项目商业面积达 48449 平米,以中高档的商品定位、贴心规范的服务及优良的设施环境,带给消费者集品牌零售、特色餐饮、休闲娱乐、文化教育于一体的区域型购物中心。

表 2.9.31　绿地东海岸经营定位与品牌分布表(2012 年)

楼层	楼层定位	经营内容	具体品牌
1F	综合	运动服饰 餐饮	KAPPA, Brand Jordan, Reebok, New Balance 折扣店李宁,Erke, adidas, NIKE,丸来丸去,萧茶,吉家客,食金汤,永和豆浆,叮叮香辣蟹,OMEY,韩林炭烤,恒记甜品,和惠日式烤肉,夏图烟酒,DQ,西树工房,云晓光头烧烤,101 粥店,包旺锅贴,秀餐厅,呷哺呷哺,棒约翰,乐滋滋甜品,淮海青少年,万宁,雷允上,简朴森面包,一伍一拾,麦当劳,珠圆芋润,天使园,地中海家纺,川流不息,喜士多,快乐柠檬,老凤祥银楼,了布得

绿地东海岸经营服装品牌分布特点:

　　服装品牌经营面积约 588 平方米。其中,最大店铺为 KAPPA,占地 100 平方米;最小店铺为天使园,占地 6 平方米;平均服装品牌经营面积为每家 65 平方米。经营服装品牌 9 家,其中经营男装 8 家,经营女装 9 家,经营童装 0 家。经营服装风格包括运动、休闲。

主要消费者年龄为 20 ～ 60 岁。

经营的服装产品单品价格在 31 ～ 638 元之间,其中主要单品价格为 59 ～ 368 元。

16) 浦东商场(川沙店)

表 2.9.33　浦东商场(川沙店)概况

中文名称	浦东商场
外文名称	Pu Dong Emporium
所属集团	上海浦东商场股份有限公司
所属国家	中国
地　　址	上海市浦东新区川沙路 4825 号
区　　域	浦东新区
商　　圈	上海川沙商圈
营　　业	10:00 ～ 22:00
电　　话	021-68397911
网　　址	http://www.pdsc.com.cn/company/index.asp
总 楼 层	1 ～ 4F
建筑面积	近 12000 平方米
服装经营面积	2055 平方米
建设时间	2009 年
公交线路	188、977、新川专线、申川专线、611、塘川线
停车位数量	150 个
消费者年龄范围	0 ～ 60 岁
服装产品价格范围	30 ～ 4990 元
经营全部品牌数量	137 个
经营服装品牌数量	90 个
服装展示指数	★★☆☆☆
交通指数	★★★☆☆
环境指数	★★★☆☆
价格指数	★★★☆☆
时尚指数	★★★☆☆
人气指数	★★☆☆☆

上海市浦东商场股份有限公司创建于 1960 年，是上海历史最悠久的社区百货公司之一，目前拥有五家 10000 平方米以上的百货连锁店。

表 2.9.34　浦东商场川沙店经营定位与品牌分布表（2012 年）

楼层	楼层定位	经营内容	具体品牌
3F	综合	休闲男装 运动 家居	Polo Aristocracy, Georgimaniya, Younger, Metro Messe, Playboy, Btkt, Cardil, Jack&Jones, LEE, GXG, Fairwhale, Metersbonwe, Yishion, Playboy, Giordano, Semir, Baleno, S&K, Can Torp, adidas, Lining, Vans, Cat, NIKE, CONVERSE, Anta, Sailaulond, 顶呱呱, 三枪, 朵彩, Pierre Cardin, 网球王子, Followme, Snoopy, Disney, Baby Bear, Annil, 安徒生, Balabala, TAYOHYA, Ogawa, Yinge, 老爷车家纺, 奥力福家纺, 鸿润羽绒家纺, Whinny, Maomao, 闵光家纺, Mlily, Labi Baby, US Baby, Royal Sonny
2F	女装	休闲 运动 职业	VERO MODA, X-GE, ONLY, UGIZE, Shizhi, Levu'su, La.Go.Go, Mecox Lane, ES, 贵夫人, 福太太, Joubo, Shue&Eue, Ise, Snoopy, Ve De Vone's, Cielbleel, Esq, Unu, Peoleo, Fandecie, Chiato, Aidaini, Gujin, Embry Form, Honeys, Etam, Casablank, La Chapelle Sport, Basic House, Funny Love, D.Yoo, Runmoon, P&F, A.G.Milan
1F	综合	饰品 女鞋 护肤品	Natural Beauty, Watsons, Colour Zone, Herborist, Noherb, Anna Sui, Maxfactor, Maybelline, Olay, Aupres, Za, Yue Sai, Proya, Neutrogena, Aqualabel, BELLE, TATA, ST&SAT, Doson, C.Banner, Harson, Teenmix, Basto, Vanssi, Iixviix, Kadina, Qiannv, Daphne, Kisscat, Comely Shop, Cartelo, Camel, Xingerda, Senda, Sheridan, Hr, Beverly Hills Polo Club, US POLO ASSN, Misty, Goldlion, Chowtaiseng, Victoria, 中国黄金, 德容珠宝, Elephant Jewelry, 老凤祥银楼, Temix, Splendia, 老庙黄金, 亚一金店

浦东商场（川沙店）经营服装品牌分布特点：

服装品牌经营面积约 2055 平方米。其中，最大店铺为 GXG，占地 90 平方米。最小店铺为朵彩，占地 8 平方米。平均服装品牌经营面积为每家 23 平方米。经营服装品牌 90 家，其中经营男装 28 家，经营女装 36 家，经营童装 8 家。经营服装风格包括时尚、基本、职业、休闲、运动。

主要消费者年龄为 0 ～ 60 岁。

经营的服装产品单品价格在 30 ～ 4990 元之间，其中主要单品价格为 99 ～ 2390 元。

17）浦东商场（华夏东路店）

表 2.9.35　浦东商场（华夏东路店）概况

中文名称	浦东商场
外文名称	Pu Dong Emporium
所属集团	上海浦东商场股份有限公司
所属国家	中国

地　　址	上海市浦东新区华夏东路 2255 号
区　　域	浦东新区
商　　圈	上海川沙商圈
营　　业	10:00 ～ 22:00
电　　话	021-68392580
网　　址	http://www.pdsc.com.cn/company/index.asp
总 楼 层	1 ～ 4F
建筑面积	近 10000 平方米
服装经营面积	2025 平方米
建设时间	2008 年
公交线路	公交 977、922、991、993、611 路,申川线、高川线、东川线、方川线、施崂专线、沪川线等
停车位数量	120 个
消费者年龄范围	0 ～ 60 岁
服装产品价格范围	30 ～ 6000 元
经营全部品牌数量	140 个
经营服装品牌数量	104 个
服装展示指数	★★★★☆
交通指数	★★★☆☆
环境指数	★★★☆☆
价格指数	★★★☆☆
时尚指数	★★★☆☆
人气指数	★★☆☆☆

　　上海市浦东商场股份有限公司创建于 1960 年,是上海历史最悠久的社区百货公司之一,目前拥有 5 家 10000 平方米以上的百货连锁店。

表 2.9.36　浦东商场华夏东路店经营定位与品牌分布表(2012 年)

楼层	楼层定位	经营内容	具体品牌
4F	综合	运动 童装	乔丹体育,李宁, Anta, Can. Torp, Vans, Reebok, Spipa, The North Face, Ozark Gear, CONVERSE, Cba, Mizuno, Ebobe, Pencil Club, Annil, Pretty Tiger, Disney, Dadida, New Balance, NIKE,兄弟猫, adidas, Eland Kids, Yaduo,笑咪咪, Popco, Baby Bear, Harry Potter
3F	综合	休闲男装 箱包	Jack&Jones, GXG, GXG1978, Fazeya, Plory, Fairwhale, Tony Jeans, Esprit, Levi's, LEE, Bossini, S&K, Metersbonwe, Baleno, Giordano, Richini, Langevite, Btkt, US POLO ASSN, Zhouyan, Giuseppe, Gekyllowen, V·One Men, Polo Aristocracy, Ever Generatiny, Playboy, Georgimaniya
2F	综合	孕妇装 休闲男女装 运动服饰	Ko. Shish, H&T, La Chapelle, ONLY, ETAM, Honeys, ES, La Chapelle Sport, Esprit, E-Land, VERO MODA, Pasquier, Show Maker, Yigue, Pink Mary,三枪, Underlook, Tianxiang,十月妈咪, Andecie, Embry Form, Anerli, Aidaini, Flower's Show, Chiato, Rose Maid, Gujin, Evinzo,捷菲妮, F. NY, Shue&eue, Siare's, Runmoon, Cielblell, Funny Love, Etam, X-GE, Ise, P2S

续表

楼层	楼层定位	经营内容	具体品牌
1F	综合	饰品 女鞋 男鞋	Chow Tai Fook Jewellery, Splendia, Temix, 中国黄金, 老凤祥银楼, Fiyta, Titoni, Enicar, TISSOT, Goldlion, 艺思居, Camenae, Aupres, Maybelline, Corel, Za, Chcedo, Omay, Olay, Divum, U. S. POLO, Boss Sunwen, Pierre Cardin, Boze Dadny, Crown, Daphne, Cartelo, Fortei, Sheridan, Hang Ten, Apple, C. Banner, Harson, St&Sat, Xingerda, Vanssi, BELLE, Comely, Walker Shop, Doson, Fuguiniao, Teenmix, Huapai, TATA

浦东商场经营服装品牌分布特点:

服装品牌经营面积约 2025 平方米。其中,最大店铺为 ESPRIT,占地 60 平方米。最小店铺为 Sheridan,占地 6 平方米。平均服装品牌经营面积为每家 18 平方米。经营服装品牌 104 家,其中经营男装 41 家,经营女装 52 家,经营童装 14 家。经营服装风格包括时尚、基本、职业、休闲、运动。

主要消费者年龄为 0 ～ 60 岁。

经营的服装产品单品价格在 30 ～ 6000 元之间,其中主要单品价格为 99 ～ 2880 元。

18) 正大广场

表 2.9.37　正大广场概况

中文名称	正大广场
外文名称	Super Brand Mall
所属集团	泰国正大集团
所属国家	泰国
地　　址	上海市浦东新区陆家嘴西路 168 号
区　　域	浦东新区
商　　圈	上海陆家嘴商圈
营　　业	10:00 ～ 22:00
电　　话	021-68877888
网　　址	http://www.superbrandmall.com/index/index_cn.asp
总 楼 层	B3 ～ 10F
建筑面积	近 243200 平方米
服装经营面积	11681 平方米

建设时间	2002 年 1 月
公交线路	地铁 2 号线,公交 81、82、85、583、774、798、870、971、985、993 路等
停车位数量	800 个
消费者年龄范围	0 ～ 60 岁
服装产品价格范围	45 ～ 8800 元
经营全部品牌数量	205 个
经营服装品牌数量	132 个
服装展示指数	★★★★☆
交通指数	★★★☆☆
环境指数	★★★☆☆
价格指数	★★★☆☆
时尚指数	★★★☆☆
人气指数	★★★★☆

正大广场是由泰国正大集团旗下的上海帝泰发展有限公司投资兴建的大型国际化都会购物中心,坐落在被称为"东方华尔街"的上海浦东陆家嘴黄金地段,总建筑面积接近 25 万平方米,地上 10 层、地下 3 层,是正大集团在中国最大的投资项目之一。在拥有丰富国际运营经验之管理团队的带领下,正大广场经过一年多的悉心调整和经营,已经成为名副其实的华东地区最具规模的"现代家庭娱乐及购物中心",并拥有大批忠实的家庭消费者。

表 2.9.38　正大广场经营定位与品牌分布表(2012 年)

楼层	楼层定位	经营内容	具体品牌
10F	餐饮	餐饮	俏江南
9F	餐饮	餐饮	小南国
8F	餐饮	餐饮	爱晚亭酒家,避风塘,COCO 壹番屋,王品台塑牛排,DQ 冰淇淋（冰雪皇后）,韩林炭烤,好乐迪 HAOLEDI,合点寿司,吉野家,居食屋和民料理,肯德基精选,龙凤誉点,鹿港小镇,南翔 1900,薇尼天使,味千拉面,星美正大电影城,小金牛越南餐厅 BB1,优芭,洋葱餐厅
7F	运动服饰	运动服饰	Royal Elastics, Mlb, NIKE, adidas, Ozark, Salomon, Reebok, Converse, Cat, Mizuono, Black Yak, Nikko, Kolumb, Jack Wolfskin, Northland, The North Face, Columbia
6F	综合	餐饮 童装	葡京制造,唐宫海鲜舫,阿拉丁儿童摄影,梦百合,渝乡人家,adidas Kids, Gb, Tom's World, Osim,楚炫堂, Ecoh,张生记酒家,泓叶汤馆,汇美舍, E. Land Kids, Celden, Mothercare, les enphants, Yeehoo, US Baby, I-Baby, Barbie
5F	综合	餐饮 摄影 休闲女装 休闲男装	Mcdonald's, KFC, Burger King, Levi's, Able Jeans, Test-Tube, Edwin, Roem, Teenie Weenie, LOVE&LOVE, Mind Bridge, JNBY, a02, Renoir Puzzle, Hot-Wind, Hello Kitty, Lalabobo, Vence Exchange, Retro Gallery, Peach John, Nylon Link, Marie Morrie, Cube Sugar, Iimk, Nice Claup, Tutuanna, Luv Symbols,皇家摄影,代官山,蔡家食谱,新素代,廊亦舫,食之秘,必胜客

续表

楼层	楼层定位	经营内容	具体品牌
4F	综合	电器 男鞋 运动服饰	Casio, Crocs, Didiboy, Camel Active, 富临轩, Gornia, Hoperise, Le Cop Sportit, Satchi, Samsonite, South Memory, Timberland, Suunto, Vicutu, ECCO, ELLE Homme, Fila, GXG, Hardrive, NAUTICA, Roots, ZIPPO, TOUGH, Vskonne, Toy Rus, New Balance
3F	综合	休闲男装 休闲女装 餐饮	Zukka, Baleno, 鼎泰丰, Salon Esprit, ICICLE, Lavazza, La Fee Naraboutee, Nexy.Co, Talbots, Tina Gia, Muji, UNIQLO, YIGUE, Charles&Keith, Tokyo Style, Ebase, 吉祥斋, Daidoh, Masfer.Su, ONLY, VERO MODA, Jack Jones, Tngt, STARBUCKS, Wacoal, Triumph, Embry Form, Mani Form, Enweis, Fandecie, Aimer, Gujin, Audrey, 欣姿芳, Ordifen, Bailian
2F	综合	餐饮 休闲男女装	Roem, ESPRIT, GAS, H&M, I DO, Le Saunda, Ochirly, Stroili Oro, W.S.M., Yellow Earth, Guess, Hiroshima, Mango, Honeys, Lens Crafters, Fairwhale, Next, 小南国日式烧烤, Eva Ouxiu, C.Banner, Kisscat, Millie's, Joy&Peace, Nine West, Bata, TATA, BELLE, Basto, Staccato, St&Sat, 西村名物, Aee, Teemix, E-Blan, Red Earth, 佰草集, Za, Revlon, A.Fu, Marubi, THE FACE SHOP, Oilily, Past&Future, Hilly, Daniel Hechter, Gillivo, W.Land
1F	综合	饰品 餐饮 手表	Zara, adidas, C&A, Folli Follie, Hazzys, Hengdali, 潮宏基珠宝, La Mia, Promod, Kiehl's, Sephora, Starbucks, Ichido, CK Jeans, Enzo, Hilifiger Denim, Haagen-Dazs, H&M, Lacoste, Novo, Skechers, TISSOT, Fancl
B1	综合	超市 家居 眼镜 银行	宝岛眼镜, 极宝斋, 青兰工舍, 全家, 屈臣氏, 瑞尔齿科, 思泳杰, 特力屋, 氧气生活, 中国银行, 中国工商银行
B2	综合	餐饮 家电 洗衣 家居	博朗, 贝儿多爸爸, 巴贝拉, 柴田西点, 蛋蛋屋, DQ冰淇淋（冰雪皇后）, 多乐星, 东京可恋, 福奈特, 飞利浦, 广良兴, 惠谊家纺, 捷安特, 酷圣石, 凯盛家纺, 咖啡天使, 莉莲蛋挞, 朗豪餐厅, 老叔冷面, LEHE奶茶, 摩提工坊, 名甲物语, 面包新语, 每日新鲜, 美珍香, 奈依尔, 内野, 欧森丹尔, OQO, 瑞莱, 彩花束, 松下, 食尚食屋, 膳魔师, 赛百味, 舒雅, Tempur, 唐饼家, Toni&Guy, 甜沁, 许留山, 小城故乡, 玺燕, 卜蜂莲花超市, 一针一线, 宜芝多, 玉房酒家, 岩岛成, 云南美食园, 御便当, 争鲜涮涮锅, 争鲜回转寿司, 正大生活馆
B3	综合	洗车 会所	美车堂, 塞纳烟草会所

正大广场经营服装品牌分布特点：

服装品牌经营面积约 11681 平方米。其中，最大店铺为 TNGT，占地 330 平方米。最小店铺为 Triumph，占地 16 平方米。平均服装品牌经营面积为每家 88 平方米。经营服装品牌 132 家，其中经营男装 57 家，经营女装 91 家，经营童装 11 家。经营服装风格包括时尚、基本、职业、休闲、运动、礼服。

主要消费者年龄为 20 ～ 60 岁。

经营的服装产品单品价格在 45 ～ 8800 元之间，其中主要单品价格为 99 ～ 2998 元。

2.10　闵行区服装零售商圈

区域简介

2.10.1　闵行区简介

中文名称	闵行区
外文名称	Minghang District
下辖地区	3 个街道、9 个镇、1 个市级工业区（莘庄工业区，古美路街道，江川路街道，新虹街道，浦江镇，马桥镇，吴泾镇，梅陇镇，虹桥镇，华漕镇，颛桥镇，七宝镇，莘庄镇）
政府驻地	莘庄镇沪闵路 6258 号
地理位置	上海地域腹部
面　　积	372 平方公里
人　　口	98.48 万人（2011 年）
著名景点	七宝古镇、七星滑雪场、锦江乐园、热带风暴、闵行体育公园
火 车 站	上海虹桥站
著名学府	华东师范大学、交通大学农业与生物学院、交通大学农业与生物学院、上海师范大学表演艺术学院、上海东海学院、上海电机学院
身份证区划	310112

闵行区位于整个上海的地域腹部，形似一把"钥匙"，黄浦江纵贯其南北，分区为浦东、浦西两部分，东与徐汇区、浦东新区相接；南靠黄浦江与奉贤区相望；西与松江区、青浦区接壤；北与长宁区、嘉定区毗邻；虹桥国际机场位于区境边沿。闵行是上海市主要对外交通枢纽，西南地区重要的工业基地、科技及航天新区。作为上海最靠近市中心的郊区之一，闵行的城市化程度较高、进度较快。

2011 年全年批发和零售业实现增加值 120.58 亿元，比上年增长 20.9%。全年实现社会消费品零售总额 500.21 亿元，比上年增长 13.7%，全区社会消费品零售总额首次突破 500 亿元。特色商圈能级不断提升。2011 年，全区 13 个购物中心实现营业收入 144.68 亿元，同比增长 8.5%，其中，吴中路一条街、上海友谊南方商城有限公司、七宝商城、仲盛购物中心等 6 家规模较大的商业中心实现营业收入超亿元，共实现营业收入 139.87 亿元，占全部购物中心营业收入的 96.7%。

商圈分布

表 2.10.2　闵行区商圈分布及商场

商圈	商场	地址
莘庄	凯德龙之梦购物中心(闵行广场)	闵行区沪闵路 6088 号
	莲花国际广场	闵行区沪闵路 7866 弄
七宝	巴黎春天(七宝店)	闵行区七莘路 3755 号巴黎春天内（近沪星路）
	七宝购物广场	闵行区七莘路 3655 号（近沪星路）
	汇宝购物广场	闵行区漕宝路 3509 号（近七莘路）
虹莘路	百联南方购物中心	闵行区沪闵路 7388 号南方商城内（近莲花路）
	漕宝购物中心	闵行区漕宝路 1574 号

图 2.10.1　莘庄商圈地图

A——莘庄

　　莘庄镇位于上海市中心城区的西南部,是闵行区政府所在地,毗邻上海虹桥机场,东临梅陇镇,南与颛桥镇交界,西濒松江区,北与七宝镇接壤,距上海关港深水码头仅 6 公里,经外环线 10 分钟可达虹桥机场、45 分钟可直达浦东国际机场。沪杭高速、沪昆铁路穿越镇域东西,外环线跨越莘庄立交贯通镇域南北,地铁 1 号线、轻轨 5 号线起始站衔接于此,板块内有主要道路 320 国道沪闵公路,高速公路 A4、A8、外环线,是上海市西南地区重要的交通枢纽区域。

　　莘庄商业圈气氛逐渐浓厚。大型的商场莘庄仲盛、莘庄商务区、莘庄地铁上盖、绿地蓝海写字楼等商业配套,逐渐将莘庄向大型综合性商业区靠拢。作为上海西南门户,莘庄的交通配套较成熟。除既有 1、5 号线外,还将有金山支线、沪杭客专南联络线、规划轨交 17 号线组成五线换乘的一体化交通枢纽。人口导入重镇,有较大的消费群体。

图 2.10.2　七宝商圈地图

B——七宝

　　正在崛起的七宝商圈逐渐改写着徐家汇商圈以西没有"像样"的商业群落这一老印象。历经多年发展,七宝的整体住商环境在向更高层次迈进;核心商圈逐渐北移,进而七莘路的北段商业也越来越受到广大投资者青睐。

　　七宝的黄金商业走廊七莘路,有"闵行的南京路"之称。以七莘路为主轴的七宝商圈可分为三段:南段为七宝老街商圈,以中小商家规模的旅游商业为特色;中段以漕宝路、七莘路交叉口为核心,轨道交通 9 号线站点出口旁,星钻城、汇宝购物广场等商业项目毗邻而立;以星站路、七莘路为圆心的北段商圈在三者之中定位最高,汇集凯德置地嘉茂广场、家乐福和巴黎春天等著名强势品牌。

图 2.10.3　虹莘路商圈地图

C——虹莘路

上海闵行区顾戴路虹莘路,为规划中的上海轨道交通十二号线的地下车站。轨道交通 12 号线虹莘路站至顾戴路站区间隧道长度约 1 公里,盾构自虹莘路站出发,经东苑半岛花园等多个小区,并在穿越新泾港后进入顾戴路站。据介绍,从七莘路站至浦东金海路站的轨交 12 号线,全长约 40 公里,纵贯中心城区"西南—东北",预计 2014 年建成。

商场分析

1)凯德龙之梦购物中心(莘庄店)

表 2.10.3　凯德龙之梦购物中心(莘庄店)概况

中文名称	凯德龙之梦购物中心
外文名称	MINNANG PLAZA
所属集团	凯德商用
所属国家	新加坡
地　　址	闵行区沪闵路 6088 号
区　　域	闵行区
商　　圈	上海莘庄商圈
营　　业	10:00 ～ 22:00
电　　话	021-33236060
网　　址	无
总 楼 层	B2 ～ 4F
建筑面积	近 70000 平方米
服装经营面积	9903 平方米
建设时间	2011 年
公交线路	地铁 1 号线,闵行 12 路,莘龙线、徐闵线,虹桥枢纽 4、5 路,150、747、700、166 路、闵行 20 路
停车位数量	1300 个
消费者年龄范围	0 ～ 50 岁
服装产品价格范围	39 ～ 17200 元
经营全部品牌数量	191 个

经营服装品牌数量	83 个
服装展示指数	★★★☆☆
交通指数	★★★★★
环境指数	★★★☆☆
价格指数	★★★☆☆
时尚指数	★★★☆☆
人气指数	★★★★☆

　　凯德龙之梦闵行广场总建筑面积约 19.65 万平方米,由一座多层的综合性购物广场及一栋 32 层高的办公楼组成。该购物中心于 2011 年 6 月开业,出租率已达约 98.0%。I. T. 旗下的 b＋ab、5cm、izzue,时尚女装 bread n butter,永乐家电、好乐迪KTV、乐购等等均已入驻。2011 年 8 月,凯德商用以 42 亿元增持上海虹口、闵行龙之梦两处商用物业的 50% 股份。而此前,凯德商用旗下的中国入息基金和中国孵化基金已分别持有上述两项目各 50% 的权益。至此,凯德商用已实现对两物业的 100% 控股。凯德商用增持将巩固公司在上海的地位,并强化租赁实力,更能够把握上海零售与办公楼房地产领域增长所带来的机遇。

表 2.10.4　凯德龙之梦购物中心莘庄店经营定位与品牌分布表(2012 年)

楼层	楼层定位	经营内容	具体品牌
4F	综合	餐饮、娱乐、美甲、摄影、纤体、美容、养生会所	新辣道、Jolyvia、STA、Perfeg Shate、Arcz、Liguo、爱乐游、釜山料理、爱手爱脚甲文化、铁板烧日本料理、赤坂亭、一茶一坐、战锅时代、海上国际影城、星宝宝专业儿童摄影、Toys
3F	综合	男装、女装、箱包、鞋、餐饮	避风塘、Izod、Kolumn、G2000 Men、Hosa、NIKE、adidas、Maxwin、Heilan Home、Golf、Able Jeans、NIKE、adidas、V-one、JAA、L2、南翔 1900、Metersbone、Estonae、Joeone、Youngor、The Suit、Jeep、Jameskingdom、小巴辣子川菜、洋葱餐厅香港菜
2F	综合	男装、女装、鞋子、箱包、饰品、餐饮	E. P、Harzest Festival、SELECTED、VERO MODA、Maniform、Fandecie、Hotwind、Me&City、Net、La Chapelle、Gujin、Backstag、Maochang Optical、Hum、a02、Fairwhale、Aderans、Schiesser、Broadcast、Yigue、Spot、Honey Moon Dessert、Kelly、2%、Ib、More Hat、望湘园、兴旺茶餐厅、米兰秀、元利香辣蟹、吉田、Unisex、Zippo、Tony Jones、禾绿回转寿司
1F	综合	男装、女装、化妆品、鞋子、箱包、、饰品、餐饮、珠宝、手表、内衣、电脑	NIKE、adidas、LEE、Jack Worsskin、Reebok、Paraderm、Breadtalk、中华美钻、b+ab、Spenth、Myphosis、Saead、TOUGH Jeansmith、G-Spar Raw、Calvin Kleinjeans、Calvin Klein Underwear、LOVE&LOVE、Edp、Jnby、Bread n Butter、HagDazs、adiads、red earth、Ochirly、Roem、Jack&Jones、Izzue、K. A. T、Only、Mabelle、Staccato、金伯利钻石、Teenie Weenie、星巴克咖啡、I DO、TISSOT、Basic House
B1	综合	男装、女装、化妆品、鞋子、箱包、美发、饰品、餐饮	Young Hair Dresser、Mizoo、Watsons、欧美药妆、喜多丽、牛蛙风暴、Don Matin I Taris、唐饼家、艾手爱脚甲文化、许留、索菲蜜斯冰淇淋、Dairy Queen、Aokang、TESCO、E-BRA、Yiselle、Hanor、Angel Garden、Yearcon、Daghne、Charcoal Hot Pot、Jourmet Noodles House、Aussino、Paris Miki、Haoledi KTV、Cosmart、Citylife、Josiny、Iceason、KFC、全家、呀咪咖喱屋、Bally Tree、Somi、Hui Lau Shan Healthy Dessert、Susie、Family Mart、Durger King
B2	综合	超市、药店、化妆品、家居、箱包、饰品、茶叶、玩具	Kungfu、TESCO、Deyi Tharmacy、Teng Min Yan Giu、Mixbox、Bee Garden In The Forest、健康生活、竹叶青、兴参、小杨生煎、行家、淑女屋、丘家粉馆、台金兰、桂都、妯娌老鸭粉丝馆、芋贵人、Saizeriya、永乐生活电器、权味、德益大药房、Papa John's、Xiabu Xiabu、Utc、Yang's Fried Dumpling、Ajidou、Marinoorlanbi、一代眼镜、妯娌老鸭粉丝馆、可颂坊、手工杂粮坊、斗牛士牛排餐厅、狮子山香港餐厅、箸味三样菜、贵都台湾美食、Yidoyo、Hello Kitty、Lucasnswdy

凯德龙之梦购物中心莘庄店经营服装品牌分布特点:

服装品牌经营面积约 9903 平方米。其中,最大店铺为 E.P,占地 600 平方米。最小店铺为 Schiesser,占地 15 平方米。平均服装品牌经营面积为每家 120 平方米。经营服装品牌 83 家,其中经营男装 43 家,经营女装 55 家,经营童装 0 家。经营服装风格包括时尚、休闲、职业、运动。

主要消费者年龄为 20 ～ 50 岁。

经营的服装产品单品价格在 39 ～ 17200 元之间,其中主要单品价格为 499 ～ 4590 元。

2) 莲花国际广场

表 2.10.5 莲花国际广场概况

中文名称	莲花国际广场
外文名称	无
所属集团	上海碧恒实业有限公司
所属国家	中国
地 址	闵行区沪闵路 7866 弄
区 域	闵行区
商 圈	上海 南方商城商圈
营 业	10:00 ～ 22:00
电 话	021-54132772
网 址	无
总 楼 层	B1 ～ 4F
建筑面积	5 万平方米
服装经营面积	6108 平方米
建设时间	2011 年
公交线路	地铁 1 号线,古美环线、徐闵夜宵线、莲卫专线、上石线、莲朱专线、徐闵线、卫梅线、莲石专线、莲金专线、莲枫专线等
停车位数量	500 个
消费者年龄范围	0 ～ 60 岁
服装产品价格范围	25 ～ 15400 元
经营全部品牌数量	78 个

经营服装品牌数量	37 个
服装展示指数	★★★★★
交通指数	★★★★★
环境指数	★★★★★
价格指数	★★★★★
时尚指数	★★★★★
人气指数	★★★★★

莲花国际广场由上海碧恒实业有限公司投资开发,国际专业物业管理公司狮城怡安(mps)将为莲花广场提供全面、专业、的国际化物业综合服务。建筑总面积近 10 万平方米、商业部分莲花广场近 5 万平方米。

四周便利的交通是莲花国际广场的一个亮点,处于莲花路商圈的核心地段,四周交通发达,出行便捷,坐靠地铁 1 号线莲花路站,约 27 条公交线路分布在其周围,沪闵高架更是作为城市动脉快速连接外、中、内环线。这些都将促使莲花国际广场迅速成长为南上海的一个新时尚坐标。

表 2.10.6　莲花国际广场经营定位与品牌分布表(2012 年)

楼层	楼层定位	经营内容	具体品牌
4F	餐饮	餐饮	顺丰大酒店
3F	综合	女装、鞋、餐饮、饰品、箱包	Vicky、Ri Shang Famous Drand、Mugen Oppical、Kapino、Share Way、KonZen、Yansi、奢空间、东方体育、旅行者、七彩坊、Another、衣品堂、Largess、蜀府、品尚豆捞、汉拿山、威尔逊、珍品唐、麦田
2F	综合	男装、女装、鞋、箱包、饰品、餐饮、美容、美甲	Rennozen、Nep、E.S.T、海澜之家、TKF、Schwarzkopf Profession All、Cipylife、Fandecie、古今、袅晴丝、进巍美甲、James Kingdom、谷乐滋意式屋、宏福记、洋服の青山、空铺、Bingkee、Hotwind、Lizzie、La Chapelle、Elsmorr、香榭俪舍
1F	综合	男装、女装、化妆品、箱包、鞋、手表	UNIQLO、E.P、Rosebullet、Motivi、Millenniu m Spar、Herborisp、Watsons、Lao Feng Xiang Gewellery、Casio、CP、F.NY、GeN、天梭、Roem、Crocs、Eland、Seven Days、哥弟、丰收日、Le Saunda
B1	综合	餐饮、家居、童装、营业厅、超市、眼镜、药店	苏宁电器、中国联通、博士蛙 365、我享我家、爱天使、小杨生煎、妈妈好孩子、都可茶饮、东新宿食、恒记甜点、巴贝拉、美式眼镜、西藏朵森格、格格屋、品东西家居

莲花国际广场经营服装品牌分布特点:

服装品牌经营面积约 6108 平方米。其中,最大店铺为 La Chapelle,占地 1200 平方米。最小店铺为 Mugen Oppical,占地 8 平方米。平均服装品牌经营面积为每家 170 平方米。经营服装品牌 37 家,其中经营男装 9 家,经营女装 30 家,经营童装 1 家。经营服装风格包括时尚、职业、休闲。

主要消费者年龄为 20 ～ 50 岁。

经营的服装产品单品价格在 25 ～ 15400 元之间,其中主要单品价格为 379 ～ 2789 元。

3) 巴黎春天 (七宝店)

表 2.10.7　巴黎春天 (七宝店) 概况

中文名称	巴黎春天
外文名称	无
所属集团	香港新世界百货集团
所属国家	中国
地　　址	闵行区七莘路 3755 号巴黎春天内 (近沪星路)
区　　域	闵行区
商　　圈	上海七宝商圈
营　　业	10:00 ～ 22:00
电　　话	021-60760000
网　　址	http://www.nwds.com.hk/
总 楼 层	B1 ～ 4F
建筑面积	36550 平方米
服装经营面积	9708 平方米
建设时间	2005 年
公交线路	轨道交通 10 号线,748 路、七宝 1 路、91 路,莘北专线,虹桥枢纽 4 路
停车位数量	50 个
消费者年龄范围	0 ～ 60 岁
服装产品价格范围	55 ～ 2298 元
经营全部品牌数量	161 个
经营服装品牌数量	135 个
服装展示指数	★★★☆☆
交通指数	★★★★★
环境指数	★★★☆☆
价格指数	★★★☆☆
时尚指数	★★★☆☆
人气指数	★★★★☆

上海巴黎春天七宝店位于闵行区七莘路。七莘路为该区最主要商业街道,邻近有乐购大卖场、家乐福、来福士广场等大型商场。七宝店周边各式商店、餐饮及消闲娱乐设施林立,附近交通四通八达,人流量大,消费潜力无限。

表 2.10.8　巴黎春天七宝店经营定位与品牌分布表（2012 年）

楼层	楼层定位	经营内容	具体品牌
4F	综合	童装、家居、玩具	Pepco、Yaduo、Bear Famania、Me&City、30shiwa、adidas、Babie、Camel Kids、Noyoke、Reverie、ESPRIT、Veken、Mercury、Luolai、Angel、丽婴房、Twinkids、Annil、Ivy、Harry Potter、Balabala、我爱宝宝、Peacrll Club、Lego、Hello Kitty、Hongli Dynasty Restaurant
3F	综合	男装、女装、箱包、鞋	Stlected、CONVERSE、Puma、Zuoan、NIKE、adidas、New Balance、361°、乔丹、Erke、Hosa、Maoren、Schiesser、LUORIYA、Baniss、Cardeendino、Omiger、Leo Park、A&N、Sartore、Palongaco、Baoluoshijia、Babei、AAA、Crocodile、Sheridan、Playboy、Kolumb、李宁、Anta、Laea、Kangaroos、宜而爽、James King、Giuseppe、Yijianbang、Playboy、Cardanro、Oceania Roo、Pacbjieson
2F	综合	女装、箱包	Missk、Yigue、M.TeNT、K.A.K.O、Bellvilles、Iiasol、Show Long、Emely、Zooz、Renodia、Pukka、Tggc、Doland、Laoma Rice-Flour Noodles、甜蜜蜜、Rosemaid、Aimer、Gujin、Bonny、Wacoal、P&F、Ghm、Cobo、Gillivo、Cimona、Max LuLu、Calr、Broadcast、Viscap、Gogirl、淑女屋、Bossini、La Chapelle、Fayee、Ood、Herrera、Snoopy
1F	综合	男装、女装、化妆品、鞋	OLAY、L'oreal、Maybelline、老凤祥、老庙黄金、中国黄金、周大生、St.Chic、Casio、Bulanting、Basto、Geraisimon、Baleno、Me&City、千百度、Fbl、ST&SAT、HARSON、STACCATO、Eblan、BELLE、BATA、Comely、Le Saunda、Camenae、VICHY、Reacheer、Aupres、TISSOT、Max Factor、Vanssi、Titoni、Prada、Ozark、太阳舞
B1	综合	男装、女装、箱包、鞋	Samuel&Kelin、Astro Doy、G2000、Etam、VERO MODA、ONLY、Honeys、Jack&Jones、Ochirly、Ozark、Samsnite、Comely、Skap、Ninewest、Bri、ST&SAT、cbanner、Kisscat、Le Saunda、BELLE、Aokang、Vanssi

巴黎春天七宝店经营服装品牌分布特点：

服装品牌经营面积约 9708 平方米。其中，最大店铺为 ONLY、Jack&Jones，均占地 400 平方米；最小店铺为 LUORIYA，占地 10 平方米；平均服装品牌经营面积为每家 72 平方米。经营服装品牌 135 家，其中经营男装 48 家，经营女装 66 家，经营童装 16 家。经营服装风格包括时尚、职业、休闲、基本。

主要消费者年龄为 0 ～ 60 岁。

经营的服装产品单品价格在 55 ～ 5980 元之间，其中主要单品价格为 299 ～ 1390 元。

4）凯德七宝购物广场

表 2.10.9　凯德七宝购物广场概况

中文名称	凯德七宝购物广场
外文名称	无
所属集团	凯德商用
所属国家	新加坡

地　　址	闵行区七莘路 3655 号（近沪星路）
区　　域	闵行区
商　　圈	上海七宝商圈
营　　业	10:00 ～ 22:00
电　　话	021-64790606
网　　址	无
总 楼 层	1F ～ 4F
建筑面积	40000 平方米
服装经营面积	10680 平方米
建设时间	2006 年
公交线路	地铁 10 号线，公交 173、748、776、911、91 路，上朱线、古华线、徐梅线、沪商专线、七宝 1 路等
停车位数量	约 1000 个
消费者年龄范围	0 ～ 60 岁
服装产品价格范围	39 ～ 2689 元
经营全部品牌数量	89 个
经营服装品牌数量	41 个
服装展示指数	★★★★☆
交通指数	★★★☆☆
环境指数	★★★☆☆
价格指数	★★★☆☆
时尚指数	★★★☆☆
人气指数	★★★★☆

　　凯德七宝购物广场原名嘉茂购物广场·七宝，位于上海市七莘路 3655 号，处于七莘路与沪青平公路交叉点，沿七莘路两侧展开，自沪青平高速至"万科城市花园"，与上海旅游热点小镇七宝老街为临，是上海西区最大的购物广场之一。凯德七宝购物广场距离虹桥机场 10 分钟车程，距外环线 5 分钟车程。从沪青平高速公路，可直接到达沿线高级别墅区。从吴中路可直接到达古北、虹桥等高档涉外商圈，仅需 10 分钟车程。轨道交通9 号线（申松线）从漕宝路可直接到达徐家汇商圈，仅 5 分钟车程。从七莘路可直接到莘庄镇商圈。

　　凯德七宝购物广场以时尚家庭生活购物广场，以社区家庭为单位的各年龄段人群，月收入水平中等以上。它是集时尚、休闲、餐饮为一体的 "一站式"休闲购物广场。购物广场融合了大型超市、品牌专卖店、美容健身、休闲游乐、幼儿园地、中外快餐、特色餐饮、KTV 等，一应俱全。

表 2.10.10　凯德七宝购物广场经营定位与品牌分布表（2012 年）

楼层	楼层定位	经营内容	具体品牌
4F	综合	童装、摄影、餐饮、少儿教育	Pankoo、Shufu Restaurant、川起每一刻、七八九火锅、Lijia baby、Alabdinlamp、Elipe Baby
3F	综合	童装、超市、KTV、游乐园、餐饮、娱乐	Tom's world、大光明影城、七喜轮滑 & 钢琴、酷易买、4D 迷你影院、小天才、反斗乐园、宝大祥青少年儿童购物中心、Haoledi KTV、O.C.P.mami Mapernity

续表

楼层	楼层定位	经营内容	具体品牌
2F	综合	男装、女装、化妆品、鞋、箱包、餐饮、药店、奶茶、超市、美发茶叶、太阳镜	李宁、Vision、卡普汀时尚数码、Herdal Heaven、Cloth Scenery、Pea Fcene、Shoe Box、Daphne、Matchinc、Fast Fish、Bee Garden in The Forest、家乐福、群峰茶叶、好实惠自选餐、秦之味、瀛川、宝燕餐厅、狮子山印象、竹纤维家居生活馆、UNIQLO、Baleno、ebase、F&K、Astroboy、狮子山香港餐厅、BIK、七匹狼、Daphne Collection、Daphne Life、Paris Miki、Giordano
1F	综合	男装、女装、化妆品、鞋、箱包、餐饮、药店、奶茶	Ppt、Maochang Optical、宝岛眼镜、Basic House、Mgs、Unisex、神像参茸、Aee、Giordano、Bread n Butter、Lillian Cake、Coco、Laiyifen、Happylemon、Dailyfresh、Omey、Huachang Jewelry、Big Pack、Jack&Jones、Hotwind、VERO MODA、LEE、GXG、Starbucks Coffee、Taraderm、Ajisen、永富茶餐厅、Aichon、Xiabuxiabu、蜀天上、Papa John's、Gome、Omey、华昌银楼、A Ming、天喔一佳、Watsons、la Chapelle、Maochang Opctial、UNIQLO

凯德七宝购物广场经营服装品牌分布特点：

服装品牌经营面积约 10680 平方米。其中，最大店铺为宝大祥青少年儿童购物中心，占地 4000 平方米。最小店铺为七匹狼，占地 10 平方米。平均服装品牌经营面积为每家 260 平方米。经营服装品牌 41 家，其中经营男装 16 家，经营女装 25 家，经营童装 9 家。经营服装风格包括时尚、基本、休闲、职业。

主要消费者年龄为 0 ～ 50 岁。

经营的服装产品单品价格在 39 ～ 2689 元之间，其中主要单品价格为 239 ～ 668 元。

5）汇宝购物广场

表 2.10.11　汇宝购物广场概况

中文名称	汇宝购物广场
外文名称	无
所属集团	兆丰国际集团
所属国家	中国
地　　址	闵行区漕宝路 3509 号（近七莘路）
区　　域	闵行区
商　　圈	上海 七宝商圈
营　　业	10:00 ～ 22:00
电　　话	021-54858889-655
网　　址	http://www.famos-square.com/

总 楼 层	B1～4F
建筑面积	3 万平方米
服装经营面积	8389 平方米
建设时间	2007 年
公交线路	地铁 9 号线,公交 87、91、92、92b、735、748、803、911、953 路、七宝 1 路、七宝 2 路,宝钱线
停车位数量	150 个
消费者年龄范围	0～60 岁
服装产品价格范围	39～4290 元
经营全部品牌数量	197 个
经营服装品牌数量	139 个
服装展示指数	★★★☆☆
交通指数	★★★☆☆
环境指数	★★★★☆
价格指数	★★★☆☆
时尚指数	★★★☆☆
人气指数	★★★☆☆

　　汇宝购物广场由兆丰国际集团投资组建的大型综合性百货商场,地处七宝镇商业中心区域及九号地铁线出口,与众多商业网点、商务中心相毗邻,商业气息浓厚,拥有得天独厚的发展优势。商场定位时尚流行,以年青时尚一族、中高收入新家庭以及外来高收入人群为主要消费对象,以构筑梦想新空间为主旨,力争成为七宝及至上海西南时尚流行百货的新地标。

表 2.10.12　汇宝购物广场经营定位与品牌分布表(2012 年)

楼层	楼层定位	经营内容	具体品牌
4F	综合	男装、鞋、箱包	李宁、NIKE、PUMA、Iscat、Seven Stars、Camel Active、Unisex、Youngor、RT、Dezun、Septwolves、Lilanz、Harson、Diplomat、Polo Meisdo、Ecko、Pierre Cardin、Cartelo、劳克斯、Ziagram、Esprit、Tony Wear、Jack&Jones、adidas、Mizuno、Konwe、Anta、SELECTED、Tony Wear、Cardeendino、Omiger、Sartore、Giuseppe、Romon
3F	综合	女装、童装、家居、鞋、箱包、饰品	ZOKE、Pipigou、帝高羊绒、Herbal Heaven、Occur、Muray、Pocppe、K. Maya、Show Long、Tarroudi、Allure Noir、Bellvillef、Siare's、Ere、Emi's、du Monde、Gennie's、Gujin、Aimer、Triumph、Maniform、Bailian、Arpiliei、Xiongmeimao、淑女屋、Maomao、Lilume、Tayohya、Z. M. F、亲亲宝贝儿童摄影、Les Enphants、Piyopiyo、BabyArt、反斗乐园、亲亲宝贝儿童摄影、Bobdog、Oshkosh B'gosh、NIKE KIDS、Chaber、Prich、Apanage、k. a. k. o、Eitie、M2、M. Teng、Yukarichaa、Anna Lice、Ete、Mecox Lane、BELLE、Annil
2F	综合	男装、女装、鞋、箱包、饰品	Esprit、E. Land、JNBY、Fitwell、Chic Zone、Rimmel、Colour Zone、Pure&Mild、Smely Sweetie、Gogirl、Liren Village、CielBlell、Betty Boot、Lusetr、Corona、Jong、淑女屋、F. NY、ITL、Teenie Weenie、Ugiz、Nice Claup、iimk、Epam Weekend、H. P、Bossini、Es、Draxpon、I. P. Zone、Angel Garden、Tapenade、Iori、ONLY、VERO MODA、ESPRIT、JNBY、Chic Zone、Gogirl、Citylife、Armersy、Casio、Bossini、O&Ladies、Akualani、Giordano、Ebase、Baleno、S&K、Feel100%、美特斯邦威、Jeanswest

续表

楼层	楼层定位	经营内容	具体品牌
1F	综合	女装、化妆品、鞋	Burberry、Olay、Chando、Mamonde、Paraberm、YUE-SAI、Cogi、L' oreal、Za、Codo、Dilaks、Fed、le saunda、Comely、Couber.G、St.CHIC、Eblan、Studioa、Harson、Radina、Atpbr-a、Senda、Aupres、Maybelline、Dhzs、潮宏基、TISSOT、L' oreal、Kanebo、La Roche-Posay、VICHY、Dhzs、Yue-Sai、Chow Tai Fook Jewellery、Avene、TATA、BELLE、TATA、Walkshop、Qiannv、Staccato、Walkshop、Basto
B1	综合	餐饮、男装、饰品	Chinese Famous Snack、甘亩仓、Aming、Tenwow Ika、Laiyifen、唐饼家、Bee Cheng Hiang、Natural Elements、Baodao、Omey、Watsons、Iceason、快乐柠檬、欧特麦、丸来玩趣、Beard Papa's、Mochisweets

汇宝购物广场经营服装品牌分布特点：

服装品牌经营面积约 8389 平方米。其中，最大店铺为 E.LAND，占地 250 平方米。最小店铺为 Fitwell、Chic Zone、Rimmel、Colour Zone，均占地 10 平方米。平均服装品牌经营面积为每家 60 平方米。经营服装品牌 139 家，其中经营男装 42 家，经营女装 84 家，经营童装 10 家。经营服装风格包括时尚、职业、休闲、运动。

主要消费者年龄为 0 ～ 50 岁。

经营的服装产品单品价格在 39 ～ 4290 元之间，其中主要单品价格为 399 ～ 1390 元。

6）百联南方购物中心（包括友谊商城）

表 2.10.13　百联南方购物中心（包括友谊商城）概况

中文名称	百联南方购物中心
外文名称	BAI LIAN NAN FANG SHOPPING MALL
所属集团	百联集团置业有限公司
所属国家	中国
地　　址	闵行区沪闵路 7388 号南方商城内（近莲花路）
区　　域	闵行区
商　　圈	上海南方商城商圈
营　　业	10:00 ～ 22:00
电　　话	021-64120800
网　　址	http://www.blnanfmall.com/
总 楼 层	B1 ～ 5F
建筑面积	68000 平方米

服装经营面积	23485 平方米
建设时间	2006 年
公交线路	地铁 1 号线,公交 162、166、703b、704b、712、720、747、753、757、闵行 3 路,东闵线、莲金线、莲石线等
停车位数量	420 个
消费者年龄范围	0 ~ 60 岁
服装产品价格范围	99 ~ 18500 元
经营全部品牌数量	236 个
经营服装品牌数量	159 个
服装展示指数	★★★☆☆
交通指数	★★★☆☆
环境指数	★★★★☆
价格指数	★★★☆☆
时尚指数	★★★☆☆
人气指数	★★★☆☆

整个购物中心目前共有新、老大楼两幢建筑,外加附属面积约 1 万平方米的地面停车场。其中老楼(即购物中心) 定位为大众消费场所,整个建筑包括地上 5 层,地下局部 1 层,拥有近 10 万平方米的建筑空间,在布局上以家乐福超市、友谊百货主力店,最大程度地满足了周边居民的日常消费的需要,130 余家品牌特色专卖店涵盖了服装、小百货、大小家电、通讯器材、体育用品等多种经营项目,满足了人们的个性化消费需求,中、西餐饮、咖啡馆、游乐城等成了人们聚会、休闲的理想场所,药店、邮局、银行、旅行社、洗衣店、美容美发等一系列社区服务项目,更是为居民生活提供了便利。新楼(即友谊商城)则是在原有的购物中心经营模式基础上,从品牌提升、错位经营的角度考虑,新建的一幢拥有地下 2 层室内停车场和地上 9 层营业场所,面积将近 7 万平方米的建筑,除了百货作为主力业态外,还包括好乐迪、苏浙汇、世纪友谊影城等。

表 2.10.14　百联南方购物中心(包括友谊商城)经营定位与品牌分布表(2012 年)

楼层	楼层定位	经营内容	具体品牌
5F	综合	家居、箱包、餐饮	KFC、香锅拌、蜀菜行家、大和生煎、汤姆熊欢乐世界、玩具百宝盒、法兰瓷、汉深精瓷、上欣源、Parker、迪信通、惠谊家纺、水星家纺、Royalcover、淑女屋、罗莱家纺、富安娜、瑞典空气净化器、Papa John's、苏州汤包馆、Korean Restaurant、Xin Hua Bookstore、Fissler、Wmf、Tayohya、Tioneer、Sanyo、Samsnite、Acepene、Best Friend Music Co.Lkd、Mine、Meng Ale、Dinosaur Textile、Tiger、Draun、Philips
4F	综合	男装、女装、鞋、箱包、饰品,数码、泳衣、娱乐、餐饮	ERKE、Levo、乔丹、Playboy、Jack Wolfskin、Dunlop、Ozark、NewBalance、Fila、Vans、Le Coq Sportif、Speedo、Young Park、Yolo、Pony、LEE、PUMA、Levi's、CONVERSE、The NORTH FACE、Lacoste、Columbia、Apple Shot、Levi's、adidas、NIKE、Anta、Kolumb、Diditone、Paris Miki、永乐
3F	综合	男装、女装、鞋、箱包、饰品	Etboite、淑女屋、Broadcast、Jack&Jones、Sierli、Baleno、ESPRIT、Scofield、CK Jeans、Rouge Diamant、Figaro、Finity、Lilly、Jessica、伴渡、Icb、Millie's、Staccato、墨达人、Braxton、Take-it、Tate One、Giordano、Viscat、Samuel&Kevin、金叁塔、Top Ploria、Marissrolg、23 区、I、Dunnu、Beauvillon、Starly、Ecq、Wacoal、Triumph、Pinkmary、OudiFu、Biba、Read-Me、Dissona、Dilaks、Titikaka、Staccato、Joy&Peace

续表

楼层	楼层定位	经营内容	具体品牌
2F	综合	男装、女装、鞋、箱包、饰品、超市	YIGUE、a02、Teenie Weenie、Prich、Cocodeal、Five Plus、Only、Yigue、家乐福、Kent&Curwen、CK、Charriol（正在装修）、Aquascutum、Gieves&Hawkes、Daniel Hechter、Bossunwen、Schiesser、Viction、Cambridge、Volo、Kadier、Citylise、ElsMorr、JNBY、Ebase、Vero Moba、Ochirly、Trussardi、Chrisdien Deny、Picasso、Gant、Lacospe、Marldoro Classics、Ashworth、Scofield、Wolsey、Nautica、Jeep、London Fog、Renoma、Giovanni Valentino、Daniel Hechter
1F	综合	男装、女装、化妆品、鞋、箱包、饰品	Fapai、Fortei、Bossert、Georgedano、Soier's、Koradior、Kako、明智梵顺、Buoubuou、Ep、Keying、Esoul、Li、Fandecie、Mandiefen、Ace、Schiesser、Ordifen、Goldlion、Playboy、Johnbordon、Joeone、Yev•Rowland、Fortuna Pensare、Fordoo、Selon、Passer、Paulshark、Diplomat、Beverlyhillspoloclub、Brs、Comely、Eblan、Apple、Tony Johnson、Goldlion、Sheraton、亨得利、无良材眼镜、金艺华、老庙黄金、老凤祥银楼、亚壹金店、城隍珠宝、中国黄金、六福珠宝、L'oreal、VICHY、Aupres、Olay、Kickers、Yuesai、Za、Revlon、Maxfactor、COGI、Mamonde、Calvin Klein、Sk&Sak、Basto、Cover、Harson、Sendan、BELLE、Bata、Staccato、TATA、Daphne、Teenmix、Kadina、Fed、McDonald's、益寿格、Nokia、Htc、Sansung、Paris、Sephora、Taraberm、Sakurakodo、永和大王

百联南方购物中心经营服装品牌分布特点：

服装品牌经营面积约 23485 平方米。其中，最大店铺为 Young Park（扬派亲子购物乐园），占地 8000 平方米。最小店铺为 Schiesser，占地 6 平方米。平均服装品牌经营面积为每家 147 平方米。经营服装品牌 159 家，其中经营男装 76 家，经营女装 120 家，经营童装 2 家。经营服装风格包括时尚。

主要消费者年龄为 0 ～ 50 岁。

经营的服装产品单品价格在 99 ～ 18500 元之间，其中主要单品价格为 599 ～ 1880 元。

7）漕宝购物中心

表 2.10.15　漕宝购物中心概况

中文名称	漕宝购物中心
外文名称	无
所属集团	新世界易买得
所属国家	韩国
地　　址	闵行区漕宝路 1574 号
区　　域	闵行区
商　　圈	上海万源城／东兰路商圈

营　　业	10:00～22:00
电　　话	021-61541234
网　　址	无
总 楼 层	B1～3F
建筑面积	5万平方米
服装经营面积	3895平方米
建设时间	2010年
公交线路	地铁9号线,南佘专线,公交763,92B,752,548,205路
停车位数量	600个
消费者年龄范围	0～60岁
服装产品价格范围	30～2480元
经营全部品牌数量	65个
经营服装品牌数量	38个
服装展示指数	★★★☆☆
交通指数	★★★☆☆
环境指数	★★★☆☆
价格指数	★★★☆☆
时尚指数	★★★☆☆
人气指数	★★★☆☆

　　易买得漕宝店是新世界易买得在上海的第12号店,全国第25号店,它延续了易买得超市环境舒适、购物便利、服务人性化的一贯优良传统。为满足周边社区内外籍人士的需求,易买得漕宝店还引进了种类丰富的进口产品,是周边居民购物的首选场所。

　　漕宝购物中心地处目前上海人气最旺的大虹桥地区,紧邻地铁9号线,毗邻中、外环匝口,辐射龙柏、古北、虹桥、航华、七宝等地区,是新世界易买得倾力打造的首家百货业态的大型购物中心,漕宝购物中心集易买得大型超市、服饰、餐饮、休闲娱乐为一体的大型生活购物广场。

表2.10.16　漕宝购物中心经营定位与品牌分布表(2012年)

楼层	楼层定位	经营内容	具体品牌
3F	综合	童装、家居	Mei-Yu Kids Music&Dancing Int'l Edu. Institute、Wrought、Juno Hair、Disney English、Everlasting、Hola、Baiker、Me&City Kids、Bobdog、E.Land Kids、爱尚跆拳道、E-Land、芝麻开门、卡通尼乐园、樱桃小丸子、韩真金枪鱼、耐克童装、丽婴房、Twinkids、Paw in Paw、易牙祭、宝贝城
2F	综合	男装、女装、童装、鞋、餐饮、饰品、箱包	Baleno、Etam、Et Boite、Bellvilles、La Chapelle、Fouth Memory、Hanlin Korean Restaurant、Big Long Now、Ya Dian Fang、Spicy Hot Pot、A Ji Dou、Ajisen Noodle、KFC、Fandecie、Bodypops、空铺、EBRA、Eblin、堡狮龙、adidas、Hotwind、She'smiss、Ebase、莫丽菲尔、拉夏贝尔、Nike360、NIKE、堡狮龙
1F	综合	男装、女装、箱包、餐饮、鞋、	Teenie Weenie、Jack&Jones、ONLY、星巴克、Roem、冰雪皇后、宝岛眼镜、UNIQLO、Paris Bagutte、KFC、The Face Shop、Samsnite、星期六、Precis
B1	超市	超市	易买得

漕宝购物中心经营服装品牌分布特点：

服装品牌经营面积约 3985 平方米。其中,最大店铺为 adidas,占地 360 平方米。最小店铺为阿吉豆,占地 45 平方米。平均服装品牌经营面积为每家 115 平方米。经营服装品牌 38 家,其中经营男装 9 家,经营女装 16 家,经营童装 10 家。经营服装风格包括时尚、休闲、运动。

主要消费者年龄为 20 ～ 50 岁。

经营的服装产品单品价格在 39 ～ 2480 元之间,其中主要单品价格为 119 ～ 599 元。

2.11 宝山区服装零售商圈

区域简介

2.11.1 宝山区简介

中文名称	宝山区
外文名称	Baoshan District
下辖地区	3 个街道、9 个镇、1 个工业区(吴淞街道、友谊路街道、张庙街道、罗店镇、大场镇、杨行镇、月浦镇、罗泾镇、顾村镇、高境镇、庙行镇、淞南镇、宝山城市工业园区)
政府驻地	密山路 5 号
地理位置	上海市北部
面　　积	300 平方公里
人　　口	89.51 万人(2011 年)
著名景点	顾村公园、临江公园
火 车 站	上海南站
著名学府	上海市宝山实验学校、宝钢新世纪学校
身份证区划	310113
战略规划	钢铁生产与港口集装箱进出口基地
主要商业区	大华商圈,淞宝商圈,顾村商圈,庙行商圈

宝山区是上海市辖区,位于上海市北部。它东北濒长江,东临黄浦江,南与杨浦、虹口、闸北、普陀4大中心城区毗连,西与嘉定区交界,西北隅与江苏省太仓市为邻,横贯中部的蕴藻浜将全区分成南北两部,吴淞大桥、蕰川路大桥、江杨路大桥、沪太路大桥横跨其上,是扼守上海的北大门。全境东西长17.5公里,南北宽约23.08公里,区域面积293.71平方公里。总面积425.18平方公里,人口59.07万人。宝山是重要的钢铁生产基地、港口集装箱生产和出口基地及能源、水源、副食品生产、供应基地;同时也是与闵行同为城市化较快的郊区之一。

2011年全区实现批发和零售业增加值90.51亿元,比上年增长12.0%。实现社会消费品零售总额382.06亿元,增长15.6%。其中,批发和零售业实现零售额357.55亿元,增长15.8%;住宿和餐饮业实现零售额24.51亿元,增长13.3%。电子商务等新型业态发展迅速,实现零售额22.52亿元,增长90.2%。全区实现商品销售总额2381.29亿元,增长15.0%。市场成交额511.88亿元,增长16.1%。

商圈分布

表2.11.2　宝山区商圈分布及商场

商圈	商场	地址
大华	大华虎城嘉年华广场	宝山区大华路518号（近大华二路）
	巴黎春天（宝山店生活馆）	宝山区真华路888号（近大华一路）
淞宝	安信商业广场	宝山区牡丹江路1211-1258号（近安信商业广场）
友谊路	宝钢商场	宝山区友谊路211号宝钢商场内（近牡丹江路）
美兰湖	美兰湖奥特莱斯	宝山区沪太路6655号(美兰湖口)
庙行	万达广场（宝山店）	宝山区一二八纪念路878弄（近共康路地铁站）
	万达百货（宝山店）	宝山区一二八纪念路878弄（近共康路地铁站）

图2.11.1　大华商圈地图

A——大华

大华社区备有完善的商业配套,形成了多级多重的服务网络系统。大华社区的商业形态构成表现为一个五重的商业服务体系:包括建筑面积达28万平方米的大华虎城商业广场;真华路中段大华行知公园和秦森休闲广场形成的商业圈;以九百大卖场为核心的华灵路—新沪路节点商业圈,以及行知路—真金路节点商业圈等;大华二路、大华三路、行知路等路段的集中型商铺带;以及分布在若干居住小区的商业店铺。

图 2.11.2　淞宝商圈地图

图 2.11.3　友谊路商圈地图

图 2.11.4　美兰湖商圈地图

图 2.11.5　庙行商圈地图

B——淞宝

淞宝商圈是体现繁荣繁华宝山都市形象的区域性商业中心和高增值、强辐射的现代商务航运服务业集聚区。重点是发展和提升购物娱乐休闲、时尚流行展示、品牌商品专业专卖店、中外特色餐饮、宾馆酒店服务、体育医疗健身；商务办公服务、专业航运商务服务、企业和职业中介服务，以及设计研发、教育培训、创意产业、广告传媒、生态旅游等现代服务业功能。区域总商业营业面积约 50 万平方米，商务面积约 40 万平方米。

C——友谊路

友谊路是上海市宝山区的一条东西向主干街道。牡丹江路向南延伸前是宝山镇第 2 主干道，仅次于牡丹江路。早期宝山镇（现友谊路街道）的规模大约在友谊路两侧。友谊路东起东林路临江公园，西至同济路，过同济路后是友谊西路直至宝钢。大约 1997 年后线路延伸过宝钢铁路直通蕴川路，2002 年后再拓宽路面。2006 年，轨道交通 3 号线北延伸段开通，在同济路友谊路附近有友谊路站；2007 年，轨道交通 1 号线北延伸段二期开通，在蕴川公路友谊路附近有友谊西路站。

D——美兰湖

美兰湖景区就位于上海市宝山区罗店北欧新镇内，它以纯生态绿色环境、茂密的森林覆盖、清新自然的空气、浓缩的北欧精华建筑群落为特色，它被誉为"北上海最美丽的地方"。景区以美轮美奂的美兰湖为中心，四周建有北欧风格三层不等的围合式建筑。有：亦购亦游的奥特莱斯购物广场和集餐饮、娱乐、休闲一体的北欧风情街；北欧城堡般的五星级美兰湖皇冠假日酒店；北上海顶级会议地标性建筑美兰湖国际会议中心。

E——庙行

庙行重点在共和新路、长江西路口进行商圈和组团式的商业规划，调整大型购物中心、大卖场、专业化商业街、专卖店、连锁店等业态。4 万平方米的共和小区商业中心建成，北斗星开张营业，纪蕴路特色商业步行街已作好前期规划，相应的配套建设餐饮、娱乐、综合服务设施以及足够的地面、地下停车场等也已建好，庙行今后将成为上海市民能快速到达、方便停靠、满意消费的商贸重镇。

商场分析

1）大华虎城嘉年华广场

表 2.11.3　大华虎城嘉年华广场概况

中文名称	大华虎城嘉年华广场
外文名称	无
所属集团	大华（集团）有限公司
所属国家	中国
地　　址	宝山区大华路 518 号（近大华二路）
区　　域	宝山区
商　　圈	上海　大华商圈
营　　业	10:00 ～ 22 :00
电　　话	021-66399270
网　　址	无
总 楼 层	B1 ～ 1F
建筑面积(M²)	不详
服装经营面积	575 平方米
建设时间	2011 年
公交线路	轨道交通 7 号线（大华三路站），公交 762、547、766、937、510、737、830、107、517、112 路等
停车位数量	有，数量不详
消费者年龄范围	0 ～ 20 岁
服装产品价格范围	99 ～ 799 元
经营全部品牌数量	14 个
经营服装品牌数量	14 个
服装展示指数	★★★★☆
交通指数	★★★★★
环境指数	★★★★☆
价格指数	★★★☆☆
时尚指数	★★★☆☆
人气指数	★★★★☆

　　大华虎城商业中心位于大华二路，是此区域面积最大的商业中心。总占地面积达百万平方米，内设有乐购、肯德基、必胜客、吴越人家、永乐家电、澳洲广场、数码电影院、光大银行等商业设施。

表 2.11.4　大华虎城嘉年华广场经营定位与品牌分布表（2012 年）

楼层	楼层定位	经营内容	具体品牌
1F	精选童装	童装、婴儿用品	丽婴房、拉比、US BABY
B1	精选童装	童装、婴儿用品	雅多、小猪班纳、卡通天地、芭比、派克兰帝、艾娃库、adidas、NIKE、巴拉巴拉、泡泡鲁、Paw

虎城嘉年华广场经营服装品牌分布特点：

服装品牌经营面积约 575 平方米。其中，最大店铺为 US BABY，占地 45 平方米；最小店铺为小猪班纳，占地 40 平方米。平均服装品牌经营面积为每家 41 平方米。经营服装品牌 14 家，其中经营男装 0 家，经营女装 0 家，经营童装 14 家。经营服装风格包括基本。

主要消费者年龄为 0 ～ 20 岁。

经营的服装产品单品价格在 99 ～ 799 元之间，其中主要单品价格为 199 ～ 429 元。

2) 巴黎春天（宝山店）

表 2.11.5　巴黎春天（宝山店）概况

中文名称	巴黎春天
外文名称	无
所属集团	巴黎春天百货
所属国家	中国
地　　址	宝山区真华路 888 号（近大华一路）
区　　域	宝山区
商　　圈	上海大华商圈
营　　业	10:00 ～ 22:00
电　　话	021-36351000
网　　址	http://www.nwds.com.hk/
总 楼 层	B1 ～ 5F
建筑面积	约 39000 平方米
服装经营面积	7120 平方米
建设时间	2010 年 1 月
公交线路	107、517、547、944、766、112、937 路
停车位数量	有
消费者年龄范围	0 ～ 50 岁
服装产品价格范围	79 ～ 4660 元

经营全部品牌数量	205 个
经营服装品牌数量	134 个
服装展示指数	★★★★☆
交通指数	★★★★★
环境指数	★★★★☆
价格指数	★★★☆☆
时尚指数	★★★☆☆
人气指数	★★★★☆

上海巴黎春天宝山店位于普陀区、宝山区和闸北区三区交界处的大华虎城范围内,集购物、休闲、娱乐、餐饮、文化、公寓式酒店、商务办公楼和综合服务等多功能于一体的上海北区大型社区商业服务中心即将全面呈现;商场周边公交线路众多,轨道交通 7 号线、11 号线近期逐一竣工开通,超过 7000 平方米的地下停车库,使购物休闲更为便捷。

表2.11.6　巴黎春天(宝山店)经营定位与品牌分布表(2012年)

楼层	楼层定位	经营内容	具体品牌
5F	家居用品	流行男装、流行女装、运动鞋、家居用品	骆驼、欢腾、奥康、奥卡索、兰道夫、锐步、李宁(折扣店)、安踏(折扣店)、傲胜、荣泰、日本富士、生态家、乐淘小铺、象印、猫猫家纺、维科家纺、幻之曲、神鹅家纺、宏润羽绒家纺、亚光家纺、诺依曼、New Balance、Jack&Jones(特卖会)、VERO MODA、G2000
4F	休闲男装	男士正装、男士休闲服饰、精品配饰、男士皮鞋皮件、男士内衣、运动服装及运动用品、牛仔休闲服饰、户外休闲服饰及用品、箱包	班尼路、左岸、金利来、皮尔卡丹、九牧王、威尔逊、Ozark、NIKE、adidas、Didi Boy、Yev. Rowland、Miger、Vicutu、Polo Aristocracy、Regatta Club、Gold Shark、Babet、Nautica、levi's、Me&City、G2000、NIKE Training、Frogniczla、Boss Sunwen、Tani、Samsonite、Benato、Arture、Baniss、Playboy、Plomat、Fortei
3F	童装用品	女士正装、女士内衣、配饰、童装、玩具、婴儿用品	黛安芬、爱慕、安莉芳、优尚美、鱼、贝拉维拉、安乃安、英卢、巴布豆、好孩子、婴儿房、小天使、乐高、常春藤、亦谷、臣枫、美之藤、索菲亚、明兰、曼妮芬、奥黛莉、嘉里奥、犁人坊、莱珂、福太白、镶蕾、十月妈咪、Emely、Read me、Show Long、adidas kids、Twin Kids、Harry Potter、Nike Kids、ELLE、Why、MR Classic、Big&Small、Show Maker
2F	潮流女装	流行女装、休闲男装	淑女屋、箱子、VERO MODA、Jack&Jones、ONLY、Mind Bridge、Go Girl、Basic House、UGIZ、Ochirly、Lily、Me&City、Honeys、Etam、a02、Gozo、Jojo、E. Land、Scat、SELECTED、S•Deer、F•NY、Hnt、W-tu、ESPRIT
1F	女士精品	化妆品、女鞋、珠宝金饰、钟表眼镜、药房	UNIQLO、圣伽步、卡迪娜、千百度、ST&SAT、HARSON、BELLE、思加图、莱尔斯丹、爱意、奥康、卡文、歌黛、康莉、伊伴、百思图、四季风、宝曼妮、奥卡索、天美意、西村名物、格雷西蒙、依思高、森达、欧莱雅、欧珀莱、美宝莲、露得清、薇姿、理肤泉、佰草集、雅漾、嘉媚乐、天梭、天王表、卡西欧、罗西尼、老庙黄金、老凤祥、周大福、东华美钻、周大生、中国黄金、千禧之星、Hush Puppies、Bata、ECCO、TATA、Kisscat、Cne、Chic、Couber. G、Safyia、Za、Mango
B1	精选美食	休闲小食、酒、保健品、屈臣氏	上海味道、丸来丸去、冰雪皇后、满记甜品、莉莲蛋挞、快乐柠檬、C 多多、一樽牛排、回力、杰尔古德、安宝儿、李宁、屈臣氏、狮子山香港餐厅、有家好面馆、爱呷爱呷、食其家、尚品小笼、小杨生煎、拿渡麻辣香锅、老妈米线、妯娌老鸭粉丝馆、捞烫工坊、桂林米粉、三商巧福、新石器烤肉、Redmango、W'blackking、Swisswin

巴黎春天宝山店经营服装品牌分布特点：

经营服装品牌 134 家,服装品牌经营面积约 8440 平方米。其中,最大店铺为优衣库,占地 300 平方米;最小店铺为回力,占地 20 平方米。平均服装品牌经营面积为每家 63 平方米。经营服装品牌共 101 家,其中经营男装 36 家,经营女装 92 家,经营童装 11 家。经营服装风格包括时尚、基本、职业、休闲、运动。

主要消费者年龄为 0 ～ 50 岁。

经营的服装产品单品价格在 79 ～ 4660 元之间,其中主要单品价格为 199 ～ 899 元。

3) 安信商业广场

表 2.11.7　安信商业广场概况

中文名称	安信商业广场
外文名称	无
所属集团	安信集团
所属国家	中国
地　　址	宝山区牡丹江路 1211 ～ 1258 号（近安信商业广场）
区　　域	宝山区
商　　圈	上海淞宝商圈
营　　业	10:00 ～ 22:00
电　　话	021-66595555
网　　址	无
总 楼 层	1 ～ 3F
建筑面积	148197 平方米
服装经营面积	2160 平方米
建设时间	2007 年 8 月
公交线路	轨交 3 号线(宝杨路站),公交 116、176、508、728、849、848 路,宝杨码头专线
停车位数量	806 个
消费者年龄范围	20 ～ 50 岁
服装产品价格范围	65 ～ 3435 元
经营全部品牌数量	40 个
经营服装品牌数量	33 个
服装展示指数	★★★★☆
交通指数	★★★★☆

环境指数	★★★☆☆
价格指数	★★★☆☆
时尚指数	★★★☆☆
人气指数	★★★☆☆

安信商业广场地处牡丹江路两侧,紧临白玉兰绿化广场、宝山体育中心等市政设施。北起海江路,南至永乐路,沿街长 420 米,两侧深度 30 ～ 70 米,与牡丹江路平行两侧各有一条辅路,形成完善的交通流线,是宝山区不可多得的商务景观发展地块。整个项目规划占地约 57000 平方米,总建筑面积超过 14 平方米。建有大型综合大卖场、星级酒店、高级写字楼、众多各类专卖店、商铺、运动城、艺术廊、酒楼、酒吧、咖啡店,并配套银行、洗衣店、电影院、汽车陈列室等诸多生活服务配套设施。

表 2.11.8　安信商业广场经营定位与品牌分布表(2012 年)

楼层	楼层定位	经营内容	具体品牌
3F	餐饮	餐饮	红辣椒、新鸳鸯精菜馆
2F	时尚运动	运动装、餐饮、数码用品	李宁、鸿星尔克、新辰数码、源泰东南亚风味餐厅、棒约翰、North Face、Berghaus、Ozark、Umbro、Kailas
1F	休闲运动	运动装、休闲女装、餐饮、超市	屈臣氏、杉杉、诸氏方圆、安之伴、曼妮芬、影儿、雅戈尔、KFC、GXG、LEE、NIKE、adidas、Wrangler、Cabbeen、Kappa、Levi's、Lotto、Nike360、adidas SC、Hosa、TTISS、CONVERSE、Playboy、Highness、Lightness、Vifille、EP、Jack&Jones

安信商业广场经营服装品牌分布特点:

服装品牌经营面积约 2160 平方米。其中,最大店铺为 NIKE,占地 100 平方米;最小店铺为 PlayBoy,占地 30 平方米;平均服装品牌经营面积为每家 65 平方米。经营服装品牌 33 家,其中经营男装 24 家,经营女装 27 家,经营童装 0 家。经营服装风格包括基本、职业、休闲、运动。

主要消费者年龄为 20 ～ 50 岁。

经营的服装产品单品价格在 65 ～ 3435 元之间,其中主要单品价格为 199 ～ 759 元。

4）宝钢商场

表 2.11.9　宝钢商场概况

中文名称	宝钢商场
外文名称	无
所属集团	宝钢钢铁总厂

所属国家	中国
地　　址	宝山区友谊路 211 号宝钢商场内（近牡丹江路）
区　　域	宝山区
商　　圈	上海友谊路商圈
营　　业	10:00 ～ 22:00
电　　话	021-56691785
网　　址	http://www.baosteel.com/index.htm
总 楼 层	1 ～ 4F
建筑面积	6000 平方米
服装经营面积	1225 平方米
建设时间	1985 年 9 月
公交线路	地铁 3 号线,公交 322、769、952B、116、172、508、728、849 路,宝山 7、8、15 路,宝杨码头专线、永罗线、祁宝线
停车位数量	不详
消费者年龄范围	20 ～ 40 岁
服装产品价格范围	69 ～ 2690 元
经营全部品牌数量	66 个
经营服装品牌数量	51 个
服装展示指数	★★★★☆
交通指数	★★★★★
环境指数	★★★☆☆
价格指数	★★★☆☆
时尚指数	★★★☆☆
人气指数	★★★★☆

　　上海长江口商城股份有限公司宝钢商场,地处宝山区牡丹江路商业街,位于黄金广场北面,创建于 1985 年 9 月,与宝山钢铁总厂一期工程投产同时开业、共同发展的宝山区首家大中型百货商场。营业面积约有 4600 平方米。主要经营:百货、食品、服装、文化用品、体育用品、通讯器材、照相器材、黄金饰品等商品。是宝山区首家销售超亿元商场。

表 2.11.10　宝钢商场经营定位与品牌分布表(2012 年)

楼层	楼层定位	经营内容	具体品牌
4F	职业男装	职业男装	海螺、培罗蒙、杉杉、Playboy、Playboy Phyisical、Dunlop、Metro Messe、Pres Ance、Catlonech
3F	休闲女装	休闲女装、运动女装、女士内衣	欧迪芬、达吉斯、艾得米兰、猫人、三枪、佐丹奴、班尼路、霸狮滕、I.P.Zone、Kasd、Edela、Fabby、Cdasc、M2
2F	运动潮流	运动装、运动鞋、职业男鞋、休闲女装、箱包、手表、笔	箱子、卡西欧、派克、Etam、ES、Kg、Diplomat、Goldlion、La Chapelle、Texwood、NIKE、LEE、Levi's、GUESS

楼层	楼层定位	经营内容	具体品牌
1F	女士精品	流行女鞋、化妆用品、饰品、保健	千百度、清妃、艾文莉、佰草集、美宝莲、自然堂、雅漾、高丝、雷允上、翠轩、维多利亚、巴黎三城、COMELY、Doson、CNE、ST&SAT、TATA、KissCat、HANG TEN、SAFIYA、SHERIDAN、Pierre Cardin、Playboy、BELLE、TeenMix、Clanks、Lacoste、ECCO、CK

宝钢商场经营服装品牌分布特点：

服装品牌经营面积约 1225 平方米。其中，最大店铺为班尼路，占地 40 平方米。最小店铺为猫人，占地 15 平方米。平均服装品牌经营面积为每家 24 平方米。经营服装品牌 51 家，其中经营男装 17 家，经营女装 42 家，经营童装 0 家。经营服装风格包括时尚、基本、职业、休闲、运动。

主要消费者年龄为 20 ～ 40 岁。

经营的服装产品单品价格在 69 ～ 2690 元之间，其中主要单品价格为 199 ～ 899 元。

5）美兰湖奥特莱斯

表 2.11.11　美兰湖奥特莱斯概况

中文名称	美兰湖奥特莱斯
外文名称	Outlets
所属集团	奥特莱斯(中国)有限公司
所属国家	中国
地　　址	宝山区沪太路 6655 号(美兰湖口)
区　　域	宝山区
商　　圈	上海 美兰湖商圈
营　　业	10:00 ～ 21:00
电　　话	021-56590781
网　　址	http://www.outletcn.com/
总 楼 层	1F
建筑面积	约 30000 平方米
服装经营面积	1760 平方米
建设时间	2009 年
公交线路	地铁 7 号线
停车位数量	1200 个
消费者年龄范围	20 ～ 40 岁

服装产品价格范围	39 ～ 1080 元
经营全部品牌数量	18 个
经营服装品牌数量	17 个
服装展示指数	★★★★☆
交通指数	★☆☆☆☆
环境指数	★★★☆☆
价格指数	★★★☆☆
时尚指数	★★☆☆☆
人气指数	★★☆☆☆

以汇聚世界名品折扣商品而闻名的"品牌直销购物中心"——奥特莱斯,2009 年 1 月 18 日正式落户宝山罗店新镇美兰湖,这是继青浦、普陀之后在北上海开业的第三家由知名品牌高度集聚的奥特莱斯"。美兰湖奥特莱斯的品牌主要分布在 A、B 两区,包括耐克、阿迪达斯、LACOSTE 等种知名品牌,可以满足不同层次"品牌追星族"的消费需求。2009 年年底营运的地铁 7 号线站点就在美兰湖附近,同时依托罗店新镇与老镇旅游资源新开通的"美兰湖·旅游线路",将为一个观光、购物、休闲、娱乐的去处。

表2.11.12　美兰湖奥特莱斯经营定位与品牌分布表（2012年）

楼层	楼层定位	经营内容	具体品牌
1F	休闲运动	运动装、休闲装、鞋、箱包、咖啡吧	Reebok、New Balance、Baseman、Ozark、K-swiss、Euro Moda、Du Monde、Acrosier、Playboy、Kolumb、Erke、Telent、Sweet Years、Fafoli、伊诺咖啡、莱特妮丝、NIKE、adidas

美兰湖奥特莱斯经营服装品牌分布特点:

服装品牌经营面积约 1760 平方米。最大店铺为莱特妮丝,占地 300 平方米;最小店铺为 Fafoli,占地 20 平方米;平均服装品牌经营面积为每家 104 平方米。经营服装品牌 17 家,其中经营男装 12 家,经营女装 11 家,经营童装 0 家。经营服装风格包括职业、休闲、运动。

主要消费者年龄为 20 ～ 40 岁。

经营的服装产品单品价格在 39 ～ 1080 元之间,其中主要单品价格为 99 ～ 439 元。

6）万达广场（宝山店）

表 2.11.13　万达广场（宝山店）概况

中文名称	万达广场

外文名称	Wanda Plaza
所属集团	万达集团
所属国家	中国
地　　址	宝山区一二八纪念路 878 弄（近共康路地铁站）
区　　域	宝山区
商　　圈	上海 庙行商圈
营　　业	10:00 ～ 22:00
电　　话	021-61738888
网　　址	http://plaza.wanda.cn/
总 楼 层	B1 ～ 6F
建筑面积	170000 平方米
服装经营面积	2985 平方米
建设时间	2012 年 6 月
公交线路	公交 701、916、95 路,地铁 1 号线(共康路下)
停车位数量	1658 个
消费者年龄范围	0 ～ 40 岁
服装产品价格范围	38 ～ 4999 元
经营全部品牌数量	94 个
经营服装品牌数量	42 个
服装展示指数	★★★★☆
交通指数	★★★☆☆
环境指数	★★★★☆
价格指数	★★★☆☆
时尚指数	★★★☆☆
人气指数	★★★★☆

　　宝山万达广场位于宝山共康高境板块,紧邻地铁 1 号线及南北高架,总建筑面积 30 万平方米,是一个集商业广场、产权旺铺、写字楼、小户型办公产品等为一体的大型城市综合体项目。其中,商业广场面积约 17 万平方米,集合大型超市、万千百货、万达影城、大歌星 KTV、大玩家电玩城、以及数百家餐饮、服饰、精品品牌。

表 2.11.14　万达广场(宝山店)经营定位与品牌分布表(2012 年)

楼层	楼层定位	经营内容	具体品牌
6F	餐饮	餐饮	丰收日
5F	电影城	电影城	万达影城
4F	美食餐饮	餐饮	酷圣石、板长寿司、斗香园、肯德基、麦当劳、德庄、望湘园、小杨生煎、东北风、觉味、南翔 1900、蜀江烤鱼、糖糖正正、味食尚、一茶一坐、大歌星
3F	家居精品	家居、鞋、美容护理、影音电子、餐饮	Hi Panda、Paul Frank、AJIDOU、Shiny Crystal、Paris Miki、Crocs、Footmark、SHOE MARKER、VANS、MOSCHNER、Orange Up Salon、U-SHOW、ABC COOKING、Basis Home、DORAEMON、Hotwind、kids land、Lovely Lace、MERRY NEST、Watsons、Westlink、ONEZERO、Asia Table、DOLAR SHOP、BIFENGTANG、星动力、美克美家

续表

楼层	楼层定位	经营内容	具体品牌
2F	休闲精品	休闲男装、休闲女装、饰品、餐饮、美容	Five Plus、GEN、GXG、gxg 1987、H & M、LEE、Marks & Spencer、MO & Co、NAVIGARE、collectpoint、retrogallery、TEENIE WEENIE、TRENDIANO、PEACEBIRD、UNIQLO、ZARA、SU、Shine Accessories、SASA、Pizza Hut
1F	时尚精品	休闲男装、休闲女装、时尚女装、手表、餐饮	adidas、Calvin Klein Jeans、Dazzle、ENC、FILA、GUESS、H & M、LACOSTE、Marks & Spencer、MOTIVI、novo plus、Ochily、OVS、SCOFIELD、TOMMY HILFIGER、UNIQLO、ZARA、CHARLES & KEITH、AGATHA、CASIO、Folli Follie、TISSOT、LOVE & LOVE、Morellato、Häagen-Dazs、Pizza Hut、STARBUCKS
B1	超市	超市	沃尔玛

万达广场(宝山店)经营服装品牌分布特点:

服装品牌经营面积约 2985 平方米。其中,最大店铺为 ZARA,占地 360 平方米;最小店铺为 Dazzle,占地 30 平方米;平均服装品牌经营面积为每家 71 平方米。经营服装品牌 42 家,其中经营男装 24 家,经营女装 27 家,经营童装 4 家。经营服装风格包括时尚、职业、休闲、运动。

主要消费者年龄为 20 ～ 40 岁。

经营的服装产品单品价格在 38 ～ 4999 元之间,其中主要单品价格为 298 ～ 798 元。

7) 万达百货(宝山店)

表 2.11.15　万达百货(宝山店)概况

中文名称	万达百货
外文名称	WANDA DEPT. STORE
所属集团	万达集团
所属国家	中国
地　　址	宝山区一二八纪念路 878 弄(近共和新路)
区　　域	宝山区
商　　圈	上海 庙行商圈
营　　业	10:00 ～ 22:00
电　　话	36568216
网　　址	http://www.vans-china.com.cn
总 楼 层	1 ～ 4F
建筑面积	约 25000 平方米

服装经营面积	1225 平方米
建设时间	2012 年 6 月
公交线路	95、95 区间、159、312、701、705、719、726、849、916 路
停车位数量	1658 个
消费者年龄范围	20 ～ 50 岁
服装产品价格范围	38 ～ 4900 元
经营全部品牌数量	114 个
经营服装品牌数量	103 个
服装展示指数	★★★★☆
交通指数	★★★☆☆
环境指数	★★★★☆
价格指数	★★★☆☆
时尚指数	★★★☆☆
人气指数	★★★★☆

2012 年 6 月 29 日,上海宝山万达广场开业,这是万达广场在 2012 年开业的首个项目,而作为其主力店的万达百货,同样也是 2012 年开业的第一家店,是全国第 41 家店,也是以万达百货的名称开业的第一家门店,即万千百货改名万达百货后首家开业门店。

上海宝山万达百货是落户上海的第三家门店,总建筑面积约 2.5 万平方米。定位于万千时尚店,将提供运动休闲、精品时尚、新潮少女装、名媛服饰、商务绅士、儿童、家居等不同的商业主题,主要经营品牌服饰、名表、珠宝等主流商品。并邀请国际知名商业顾问公司担纲动线和空间设计,将其打造成国内一流的高档时尚百货店。

2012 年 5 月份,万达集团决定将旗下的万千百货更名为万达百货,万达集团官方的说法是基于品牌的考虑,但是业界认为万千百货的更名是万达加大力度发展百货业的征兆。

表 2.11.16　万达百货(宝山店)经营定位与品牌分布表(2012 年)

楼层	楼层定位	经营内容	具体品牌
4F	休闲男装	休闲男装、男鞋	墨达人、集杰、萨托尼、九牧王、乔治白、袋鼠、威狮里诺、虎都、洛莎蒂、Jasonwood、Unisex、Me&City、Jack Walk、Esprit、Jack&Jones、Cabbeen、Fairwhale、Kuhle、SELECTED、Miger、Cardeendino、Poloaristocracy、Vskonne、Younger、Keluote、Cartelo、Le.Saunda
3F	休闲女装	休闲女装、女士内衣	凯迪·米拉、拉谷谷、雪儿、曼妮芬、古今、婷美、伊丝艾拉、猫人、奥黛莉、秀秀、诗凡诗、伊芙丽、悠歌、上流家族、欧梦达、玲珑、Bevolo、T.en、La Chapelle、Tggc、Bonny、Bodypops、Kasd、Es、Prich、Kg、Idf
2F	流行女装	流行女装	La Chapelle、Es、Baby Fox、Olive Des Olive、Jacki、a02、L.S.E、Plastic Island、Etam、Ise、Snoopy、VERO MODA、Only、Scat、E.land、Esprit、Cielblell、D.Yoo、Honeys、Me&City、嘉莉泽、箱子、夏朵
1F	女士精品	流行女鞋、化妆用品	自然堂、莫施、佰草集、莱尔斯丹、千百度、康莉、奥卡索、太阳舞、法拉莉、西村名物、富贵鸟、Za、Ecco、Clarks、Hush Puppies、Jccollezione、Kisscat、TATA、Kiss Kitty、Bata、Vichy、Za、Maybelline、L'oreal、Olay、AUPRES、Rimmel、Revlon、ECCO、Clarks、Hush Puppies、Bata、JC Collezione、le saunda、KissCat、TATA、ST&SAT、AEE、Collection、Vanssi、Fel、Eblan、TeenMix、Kiss Kitty、Basto、BELLE

万达百货宝山店经营服装品牌分布特点:

服装品牌经营面积约 4260 平方米。其中,最大店铺为 ESPRIT,占地 55 平方米;最小店铺为嘉莉泽,占地 30 平方米;平均服装品牌经营面积为每家 41 平方米。经营服装品牌 103 家,其中经营男装 25 家,经营女装 50 家,经营童装 0 家。经营服装风格包括时尚、基本、休闲。

主要消费者年龄为 20 ~ 50 岁。

经营的服装产品单品价格在 38 ~ 4900 元之间,其中主要单品价格为 399 ~ 799 元。

2.12 嘉定区服装零售商圈

区域简介

2.12.1 嘉定区简介

中文名称	嘉定
外文名称	Jiading District
下辖地区	辖 3 街道 7 镇 1 新区 1 市级工业区(新成路街道、嘉定镇街道、真新街道、安亭镇、华亭镇、南翔镇、马陆镇、徐行镇、外冈镇、江桥镇、菊园新区、嘉定工业区)
政府驻地	博乐南路 111 号
地理位置	上海西北部
面　　积	459 平方千米
人　　口	56.2 万人(2011 年)
著名景点	孔庙、秋霞圃、古猗园、浏河岛、高尔夫俱乐部、东方巴黎俱乐部。
体育设施	F1 赛车场
身份证区划	310114
战略规划	上海未来三大新城之一
主要商业区	嘉定镇、南翔、嘉定城区、菊园新区、安亭、真新新村、新城、丰庄、江桥、马陆

　　嘉定位于中国大陆经济龙头——上海的西北部的郊区之一,是建设中的上海国际汽车城所在地。东与宝山、普陀两区接壤;西与江苏省昆山市毗连;南襟吴淞江,与闵行、长宁、青浦三区相望;北依浏河,与江苏省太仓市为邻。建县于南宋嘉定十年,距今已有780多年的历史,是名副其实的江南历史文化名城。2008年底总人口103.42万。这里民风纯朴、文风鼎盛、风光秀丽、人杰地灵,素有"教化嘉定"的美称。近年来,在改革浪潮中,嘉定凭着特殊的区位条件和历史、人文、基础设施等方面的诸多优势,吸引了海内外众多的外商前来投资创业,成为投资沃土。

　　2011年我区实现商品销售总额852.1亿元,同比增长21.7%;实现社会消费品零售额350.7亿元,同比增长44.4%。限额以上企业作为主要推动力,共实现商品销售总额510.2亿元,占全区商品销售总额的59.9%,同比增长53.9%;实现社会消费品零售额174.3亿元,同比增长126.1%。从商品分类看,吃的商品实现社会消费品零售额83.5亿元,同比增长13.0%;穿的商品14.7亿元,同比增长12.2%;用的商品224.9亿元,同比增长66.6%;烧的商品27.7亿元,同比增长31.5%。在商贸、百货类企业及京东、新蛋等电子商务类企业的推动下,用的商品出现较快增长。新兴的电子商务发展迅猛,全年在地经营电子商务企业实现商品销售额86.7亿元,同比增长77.6%。电子商务作为新兴产业,市场拓展迅速,潜力得到进一步发掘。

商圈分布

表 2.12.2　嘉定区商圈分布及商场

商圈	商场	地址
嘉定镇	罗宾森购物广场	城中路 138 号
	嘉定商城	清河路 48 号
	中鸿百货	清河路 2 号
江桥	嘉莲华国际商业广场	曹安路 2188
	万千百货	华江路 988 号

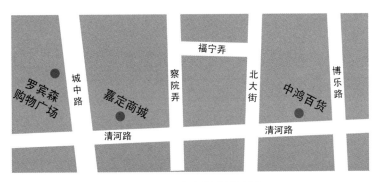

图 2.12.1　嘉定镇商圈地图

A——嘉定镇

　　嘉定镇古称练祁,因练祁河得名。置县时属春申乡。明正德年间易名州桥市。明万历至清康熙年间复称练祁市,属守信乡。清嘉庆以后,本县以厂设治,练祁市别为一厂,时称城区或县城。民国3年(1914)改称城市。民国17年改称嘉定市。县城冠以嘉定为名,乃由此始。民国17年,设市乡行政局,嘉定市设局于城市。民国35年,称城镇,翌年改称疁城镇。解放后设城厢镇,西境由外城河延伸至高僧桥,域境3.48平方公里,计2500余户,1.2万余人。

图 2.12.2　江桥商圈地图

B——江桥

　　江桥镇面临着史无前例的开发机遇。列为上海市"十五"期间重点培育和发展的新兴物流产业基地之一"西北物流(江桥)园区"和 1.45 亿元的市政基础设施投入已经陆续到位。江桥华江居住区以新思路规划、新理念开发,采用低密度、低容积率和高绿化率方式开展多期连续开发,力争成为"郊区城市化"的典范。4600 亩中将引入江桥镇政府的行政中心、高尔夫球场、江桥镇文化展示生活馆和大面积的商业、休闲、购物场所,从而确立了自己城市次副中心的地位,起到促进江桥、链接嘉定真正桥梁作用。

商场分析

1)嘉定商城

表 2.12.3　嘉定商城概况

中文名称	嘉定商城
外文名称	无
所属集团	嘉宝集团
所属国家	中国
地　　址	清河路 48 号
区　　域	嘉定区
商　　圈	上海嘉定镇商圈
营　　业	10:00 ～ 22:00
电　　话	021-59910666
网　　址	http://www.shangcheng1998.com/
总 楼 层	1 ～ 5F
建筑面积	近 24300 平方米
服装经营面积	2818 平方米
建设时间	1998 年
公交线路	地铁 11 号线,菊安线、嘉定 13、9、1、2 路,北嘉线、沪唐线、沪嘉线等

停车位数量	无
消费者年龄范围	20～60 岁
服装产品价格范围	79～3580 元
经营全部品牌数量	115 个
经营服装品牌数量	79 个
服装展示指数	★★★☆☆
交通指数	★★☆☆☆
环境指数	★★★☆☆
价格指数	★★★☆☆
时尚指数	★★☆☆☆
人气指数	★★★☆☆

上海嘉定商城有限公司是嘉定供销合作总社全资国有企业,成立于 1998 年 1 月 23 日,占地 13 亩,总建筑面积 24300 平方米,经营面积 12000 平方米,整个商城由主楼、辅楼两部分组成。主楼高 8 层(不含地下室 1 层),地下 1 层为数码广场,1～5 层为商场,6～7 层为商务办公楼,8 层为娱乐场所。

商城经过 10 多年的商品结构调整,始终坚持错位经营的思路,从而完成了从传统型、综合型百货商场向中高档"穿着"商品为主的都市型、时尚型主题广场的转型。调整后的商场整体环境更加舒适,专厅面积得到扩展,品牌档次有能力提升。

表 2.12.4　嘉定商城经营定位与品牌分布表(2012 年)

楼层	楼层定位	经营内容	具体品牌
5F	运动	运动服饰	NIKE, PlayBoy, 李宁, New Balance, Fraspens, Anta, Umbro, Zippo,
4F	综合	休闲男装 女士休闲 女士内衣	Montagut, APPLE, Ednbo, Cartelo, US. POLO. ASSN, Misty, Caleriacn, Satchi, Bonny, Wacoal, Enweis, Maniform, Gujin, Audrey, Joubo, Yante Tree, Evinzo, Pipigou, Erdos
3F	女装	休闲女装	Tennie Wennie, VERO MODA, ONLY, Mekar, 1SE, Cielb Lell, La Chapelle, T. EN, F. NY, Bellvilles, P2S, Peoleo, E. Land, Etam, Calilona, ES, ESPRIT, Snoopy, Calvin Tracy
2F	综合	男装,箱包	US. POLO. ASSN, Georgimaniya, Metro Messe, Youngor, Polo&Silver, Joeone, Du Muiel, Yanano, Cartelo, Jinsihu, Goldion, Yarn Boss, Tony Jeans, Royal Piecadn, Njal, Frendaniel, ESPRIT, Jack&Jones, GXG, Kuhle, Jex Homme, K. ai, Tedelon,
1F	护肤品	化妆品,手表	Maybelline, Pure&Mild, Yue Sai, Olaychcedo, Carslansooryehan, Loreal, Omeytissot, Citizen, Casio, BELLE, TATA, Senda, City Sunday, C. banner,

嘉定商城经营服装品牌分布特点:

服装品牌经营面积约 2818 平方米。其中,最大店铺为 NIKE,占地 74 平方米;最小店铺为 Maniform,占地 15 平方米;平均服装品牌经营面积为每家 31.3 平方米。经营服装品牌 73 家,其中经营男装 35 家,经营女装

43家,经营童装0家。经营服装风格包括时尚、基本、职业、休闲、运动。

主要消费者年龄为20～50岁。

经营的服装产品单品价格在79～3580元之间,其中主要单品价格为389～1080元。

2) 嘉莲华国际广场

表2.12.5 嘉莲华国际广场概况

中文名称	嘉莲华国际广场
外文名称	Carnival international plaza
所属集团	上海沙河实业发展有限公司
所属国家	中国
地　　址	曹安路2188号
区　　域	嘉定区
商　　圈	江桥商圈
营　　业	10:00～21:00
电　　话	021-69119288
网　　址	无
总　楼　层	1～3F
建筑面积	近48000平方米
服装经营面积	512平方米
建设时间	2007年
公交线路	地铁11号、13号线,公交947、950、561、860区间、340、740、860路,嘉江专线、陆安专线、翔华线、北安区间、旅游6号线B、北安线
停车位数量	735个
消费者年龄范围	20～50岁
服装产品价格范围	69～449元
经营全部品牌数量	25个
经营服装品牌数量	12个
服装展示指数	★★☆☆☆
交通指数	★★☆☆☆

环境指数	★★★☆☆
价格指数	★★★☆☆
时尚指数	★★☆☆☆
人气指数	★☆☆☆☆

嘉莲华国际商业广场总建筑面积 48000 平方米。地下停车场和地面共设有近 1000 个停车位。沃尔玛将占据 19000 多平方米的经营面积,其余部分的皆为底层商铺。

表 2.12.6　嘉莲华国际广场经营定位与品牌分布表(2012 年)

楼层	楼层定位	经营内容	具体品牌
1F	综合	综合	GIALEN, 老凤祥, 乔丹, 贵人鸟, EYES, CASIO, MEXICAN, 李宁, ANTA, cache cache, ERKE, 361°, Xtep, EASTERN CAMEL, COGI, COLOR ZONE, MEIFUBAO, Carslan, SQSM, HEILAN HOME, DAPHNE

嘉莲华国际商业广场经营服装品牌分布特点:

服装品牌经营面积约 512 平方米。其中,最大店铺为 HEILAN HOME,占地 82.5 平方米。最小店铺为 eastern camel,占地 28 平方米。平均服装品牌经营面积为每家 42.7 平方米。经营服装品牌 12 家,其中经营男装 10 家,经营女装 11 家,经营童装 0 家。经营服装风格包括时尚、基本、职业、休闲、运动。

主要消费者年龄为 20 ～ 50 岁。

经营的服装产品单品价格在 69 ～ 1380 元之间,其中主要单品价格为 119 ～ 419 元。

3) 罗宾森购物广场

表 2.12.7　罗宾森购物广场概况

中文名称	罗宾森购物广场
外文名称	Robinsons Galleris
所属集团	菲律宾顶峰控股集团
所属国家	菲律宾
地　　址	城中路 138 号
区　　域	嘉定区
商　　圈	上海 嘉定镇商圈
营　　业	10:30 ～ 21:30
电　　话	59915168

网　　址	无
总 楼 层	B1 ～ 4F
建筑面积	近 14 万平方米
服装经营面积	587 平方米
建设时间	2006 年
公交线路	地铁 11 号线,公交菊安线、嘉定 13 路、9 路、1 路、2 路,北嘉线、沪唐线、沪嘉线等
停车位数量	0 个
消费者年龄范围	0 ～ 60 岁
服装产品价格范围	30 ～ 1099 元
经营全部品牌数量	94 个
经营服装品牌数量	21 个
服装展示指数	★★☆☆☆
交通指数	★★★☆☆
环境指数	★★☆☆☆
价格指数	★★☆☆☆
时尚指数	★★☆☆☆
人气指数	★★★★☆

　　罗宾森购物广场是由菲律宾顶峰控股集团(菲律宾上市的最大综合性商业公司之一)投资开发,其力求打造具有国际视野的时尚购物中心,为消费者带来时尚、活力的购物新体验。它位于嘉定区中心城中路与清河路的交接处,占地 35800 平方米,总建筑面积 14 万平方米,一期建商业面积近 6 万平方米,二期建住宅面积约 8 万平方米。一期拟投资 3 亿人民币。

表 2.12.8　罗宾森购物广场经营定位与品牌分布表(2012 年)

楼层	楼层定位	经营内容	具体品牌
4F	综合	休闲娱乐,餐饮	H3 健身会所,傣妹,七福神,韩林炭烤,一麻一辣,田季干锅牛蛙,多利川菜,食用主义,传奇台球,大地数字影院,
3F	综合	婴儿用品,床上用品、摄影	卡通尼乐园,东方刺绣,南方寝饰,嘉加梦家纺,花雨伞,太湖雪,爱尚家,品生活,贝纯儿童购物中心,安娜婚纱摄影,欧梵,叮咚琴行,爱婴室,
2F	综合	餐饮,休闲女装,书店	Xinhua Bookstore,Mekar(无吊牌),Lingtex,Kbb,豆捞,W.S.M,Me&City,Mingdian,Yysports,班尼路,Cache Cache,Samuel&Kevin,Tonlion,Maniform,
1F	综合	餐饮,休闲男装休闲女装,配饰	靓甲吉屋,避风塘,留夫鸭,汉玉堂,南翔小笼,三汤面,鼎火麻辣烫,国牛,多喜爱,美承,恒记甜品,屈臣氏,奇爽,丸来丸趣,豪大大鸡排,肯德基,来伊份,天谊茶业,福满香,萧茶,OMEY,Paraderm,ESPRIT,Jack&Jones,ONLY,GXG.1978,La.Go.Go,La Chapelle,T.EN,VERO MODA,三 Colour,Herborist,Maxfactor,Gf,Frufe,Zippo,Bell Prncess,Lisalulu,Jingjing Jewellery,TISSOT,Titoni,Ernest Borel

　　罗宾森购物广场经营服装品牌分布特点:

　　服装品牌经营面积约 587 平方米。其中,最大店铺为班尼路,占地 80 平方米;最小店铺为唐狮,占地 20

平方米；平均服装品牌经营面积为每家27.9平方米。经营服装品牌21家，其中经营男装11家，经营女装15家，经营童装0家。经营服装风格包括时尚、基本、职业、休闲、运动。

主要消费者年龄为0～50岁。

经营的服装产品单品价格在30～1099元之间，其中主要单品价格为169～498元。

4）万千百货（现万达百货）

表2.12.9　万千百货（现万达百货）概况

中文名称	万千百货
外文名称	Wanda department store
所属集团	万达集团
所属国家	中国
地　　址	华江路988号
区　　域	嘉定区
商　　圈	江桥商圈
营　　业	10:00～22:00
电　　话	60767239
网　　址	http://www.vans-china.com.cn/
总 楼 层	1～5F
建筑面积	近12000平方米
服装经营面积	3592平方米
建设时间	2007年
公交线路	公交992、975路、浦卫线、塘邵专线、周康10路、龙大专线、1001、周康3路、1002、浦卫专线
停车位数量	1500
消费者年龄范围	0～60岁
服装产品价格范围	39～5160元
经营全部品牌数量	237个
经营服装品牌数量	146个
服装展示指数	★★★★☆
交通指数	★★★★☆
环境指数	★★★☆☆

价格指数	★★★☆☆
时尚指数	★★★☆☆
人气指数	★★★★☆

万千百货成立于2007年5月8日,是中国商业地产龙头企业万达集团下属五大支柱产业(商业地产、高级酒店、电影院线、连锁百货、旅游度假)之一。截止到2011年底万千百货已开业门店数达40家,经营面积约70万平方米,年销售近百亿元。

2012年7月25日,万千百货更名为"万达百货"的新品牌战略发布会在北京举行。万达集团宣布,万千百货正式更名为万达百货。目前,全国40家万千百货已完成全部店名及店招牌、导示系统的更换。

表2.12.10　万千百货(现万达百货)经营定位与品牌分布表(2012年)

楼层	楼层定位	经营内容	具体品牌
5F	运动	运动装备	Fuanna, Bravo, Veken, Mlily, Honren, Tayohya, Nike Kids, Pigeon, Sunroo, les Enphants, COMBI, LEGO, Auby, gb, Annil, Majic, Smiling, Alphabet, Twin Kids, Boshiwa, Baby2, Bob Dog, Camel, 李宁, New Balance, NIKE, Cartelo, Telent, CONVERSE, adidas, Swiss
4F	男装	休闲男装 职业男装	Bossini, ESPRIT, Jack&Jones, So Basic, Eratat, Me&City, Kuhle, Zuoan, Chris&Roeder, Septwolves, Vlon, SELECTED, SATCHI, Sartore, Cardeenino, PlayBoy, Lilanz, V. H. P. G POLO, Fairwhale, Rosefoke, Daishu, Btkt, Wisedragon, W. Peng, ZIPPO, Underlook, Pierre Cardin, Cartelo, Beverly Hills Polo Club, Lacoste, Crorodile, Londa Polo, Pecd Jieson, Can Torp, Evk, 开开, 三枪, 恒源祥, 毕加索
3F	女装	成熟女装 职业女装	Tggc, Kasd, Evinzo, S. W. Lady, Jy, Rime, 犁人坊, Atsugi, For Girls, Fairy Fair, Bell Villes, Show Long, Stephanie, Joyo, Pst, Prodi, 艺之蝶, Bailian, Gujin, Bonny, Fandecie, Yiselle, Audrey, Embry Form, Maniform, Miiow, 梦至超, Show Maker, Frank Story, Kako, Du Monde, Connie&Co, New Found, Kg, Poxu, Mengshanu
2F	女装	休闲女装 童装	Eland Kids, Snoopy, Honeys, T. EN, La Chapelle, Baby Fox, Etam, ONLY, VERO MODA, ESPRIT, Lisa. Lisa, F&K, Oujieni, Passaces, Fay-Fayee, Gzl, Dd & Mn, Akualani, Winnie The Pooh, La. Go. Go, Teenie Weenie, Mind Bridge, Etam Weekend, Idf, Rupsapsa, Shue&Eue, Cielblell, X-GE, Beth Legend, Corona, Openbox, H&T, Joyne, Ders, Candy Cat, Ck Storm, Lovski, Zibao, Mee Too, Ying Feng
1F	女鞋饰品	潮流女鞋 首饰	Le Saunda, Kadina, Eblan, Basto, TATA, Fbl, Iixviix, Doson, Aller-a, Walker Shop, Teenmix, BELLE, Kiss Kitty, Senda, Chiao, Mierli, Esko, Daphne, Josiny, Couber. G, ST & SAT, C. Banner, Harson, Kisscat, Aliafant, Pull Urban Life, Fido, Cartelo, Oris, Emile Chouriet, Fiyta, Ball, Raymond Weil, 晴彩眼镜, 潮宏基珠宝, 老凤祥, 周大生, 千禧之星, 天宝龙凤, 老庙黄金, 金大福珠宝, 翠轩, 张铁军翡翠, 亚一金店, Splendia, Geya, Expool, Seget, Dkny, Fossil, Tianwang, Ebohr, Casio, Guess, Ubskin, Avene, La Roche-Posay, VICHY, Olay, Yoya, Natural Beauty, Neutrogena, Za, DHC, Maybelline, Revlon, Maxfactor, Herborist, Mamonda, Rimmel

万千百货经营服装品牌分布特点:

服装品牌经营面积约3592平方米。其中,最大店铺为梦至超,占地78平方米;最小店铺为IDF,占地12

平方米;平均服装品牌经营面积为每家 24.6 平方米。经营服装品牌 146 家,其中经营男装 35 家,经营女装 89 家,经营童装 17 家。经营服装风格包括时尚、基本、职业、休闲、运动。

主要消费者年龄为 0 ～ 50 岁。

经营的服装产品单品价格在 39 ～ 5160 元之间,其中主要单品价格为 264 ～ 891 元。

5) 中鸿百货

表 2.12.11　中鸿百货概况

中文名称	中鸿百货
外文名称	无
所属集团	中鸿集团
所属国家	中国
地　　址	清河路 2 号
区　　域	嘉定
商　　圈	嘉定镇
营　　业	10:00 ～ 22:00
电　　话	021-59526118
网　　址	无
总 楼 层	1 ～ 3F
建筑面积	近 60000 平方米
服装经营面积	1123.5 平方米
建设时间	2009 年
公交线路	地铁 11 号线,菊安线,嘉定 13、9、1、2 路,北嘉线、沪唐线、沪嘉线等
停车位数量	有,数量不详
消费者年龄范围	0 ～ 60 岁
服装产品价格范围	118 ～ 4320 元
经营全部品牌数量	24 个
经营服装品牌数量	21 个
服装展示指数	★★★☆☆
交通指数	★★★☆☆
环境指数	★★☆☆☆
价格指数	★★☆☆☆

时尚指数	★☆☆☆☆
人气指数	★★☆☆☆

表 2.12.12　中鸿百货经营定位与品牌分布表（2012 年）

楼层	楼层定位	经营内容	具体品牌
2F	综合	休闲男装、休闲女装	A. Yilian, BELL VILLES, TAGLINE, muguoguomu, G. DENBOLUO, PPGZ, LINCTEX, EVINZO, 梦舒雅，靓珂，EASDUN, XIADANNI, PLANDOO,
1F	综合	童装、休闲男装、休闲女装	WATSONS, boshiwa, cache cache, La Chapelle, HEILAN HOME, LA GO GO, Harry Potter, bob builder, BABY2, 美特斯邦威

中鸿百货经营服装品牌分布特点：

服装品牌经营面积约 1123.5 平方米。其中，最大店铺为 La Chapelle，占地 144 平方米；最小店铺为 Xiadanni，占地 21 平方米；平均服装品牌经营面积为每家 53.5 平方米。经营服装品牌 21 家，其中经营男装 7 家，经营女装 15 家，经营童装 5 家。经营服装风格包括基本、时尚、休闲、运动。

主要消费者年龄为 0 ～ 50 岁。

经营的服装产品单品价格在 29 ～ 1380 元之间，其中主要单品价格为 159 ～ 451 元。

2.13　金山区服装零售商圈

区域简介

2.13.1　金山区简介

中文名称	金山区
外文名称	Jinshan District
下辖地区	9 个镇及 1 个街道 1 个工业区（石化街道、金山卫镇、朱泾镇、枫泾镇、亭林镇、吕巷镇、廊下镇、漕泾镇、山阳镇、张堰镇、金山工业区金山第二工业区）
政府驻地	金山卫镇老卫清路 288 号
地理位置	上海市的西南门户、杭州湾畔
面　　积	586 平方公里

人　口	73.24 万人（2011 年）
著名景点	大金山、小金山、浮山
火　车　站	金山高铁北站、金卫东站、山阳站、金山北火车站、金山卫火车西站
著名学府	华东理工大学
身份证区划	310116
战略规划	城乡一体的现代化的上海南翼滨海新城
主要商业区	卫清西路、石化卫零路

　　金山地处上海西南,南濒杭州湾,北连松江、青浦两区,东邻奉贤区,西与浙江省平湖、嘉善接壤。随着杭州湾跨海大桥的通车,使得金山在上海南翼辐射长三角的"桥头堡"区位优势进一步凸显。金山区拥有丰富的土地资源、23.3 公里的海岸线以及建深水港的天然条件,这些构成了其得天独厚的地理优势、环境优势和经济辐射优势。中国著名的特大型企业——中国石化上海石油化工股份有限公司和上海化学工业区一部分坐落于区内。金山区陆地总面积 611 平方公里,常住人口 73 万,辖 9 镇 1 街道及金山工业区,是长三角经济区域中心。

　　2011 年,金山区实现社会消费品零售额 250.9 亿元,同比增长 17.4%;2011 年以来社会零售总额增速始终维持在 17% 以上,成为拉动全区第三产业发展的重要动力。

商圈分布

表 2.13.2　金山区商圈分布及商场

商圈	商场	地址
卫清西路	百联金山购物中心	金山区卫清西路 168 弄 99 号
	东方商厦	金山区卫清西路 168 弄 99 号
石化卫零路	瑞鑫百货	金山区石化卫零路 555 号
	石化百货	金山区卫零路 85 号

A——卫青西路

图 2.13.1　卫青西路商圈地图

B——石化卫零路

图 2.13.2　石化卫零路商圈地图

商场分析

1）百联金山购物中心

表 2.13.3　百联金山购物中心概况

中文名称	百联金山购物中心
外文名称	无
所属集团	上海百联(集团) 有限公司
所属国家	中国
地　址	金山区卫清西路 168 弄 99 号
区　域	金山区
商　圈	上海卫青西路商圈
营　业	10:00 ～ 22:00
电　话	021-57953333
网　址	http://www.bljsmall.com/
总 楼 层	B1 ～ 4F
建筑面积	8.5 万平方米
服装经营面积	2160 平方米
建设时间	2010 年
公交线路	莲卫专线、石梅线
停车位数量	500 个
消费者年龄范围	0 ～ 60 岁
服装产品价格范围	40 ～ 2280 元
经营全部品牌数量	58 个
经营服装品牌数量	33 个
服装展示指数	★★★☆☆
交通指数	★★★★★
环境指数	★★★☆☆
价格指数	★★★☆☆
时尚指数	★★★☆☆
人气指数	★★★★☆

　　百联金山购物中心位于卫清西路 188 号，是一个集时尚购物、休闲餐饮、文化娱乐和社区服务于一体的多功能购物中心。它占地面积约 37000 平方米，总建筑面积约 85000 平方米。

　　百联金山购物中心共分 A、B、C 三大片区。A 区为东方商厦，经营面积 11627 平方米。其中，1 楼有化妆品、黄金珠宝、钟表礼品、女鞋女包、食品日用等,其中女鞋女包占 49%;2 楼以女装为主,还有女性日用品、针织内衣、钟表礼品等;3 楼男装占到 82%,还有针织内衣、男鞋男包、箱包专卖等。B、C 区为购物中心。其中地下 1 楼是经营面积 10759 平方米的世纪联华大卖场;1 楼为专业专卖店、品牌折扣店、时尚品牌店、餐饮等,其中屈臣氏、居适家等品牌企业也在其中;2 楼经营面积达 8642 平方米,为儿童休闲娱乐、品牌折扣店、时尚品牌店、餐饮、文化教育等,其中包括汤姆熊欢乐世界、宝大祥青少年儿童购物中心等;3 楼经营面积 8163 平方米,时尚品牌店、影院、休闲娱乐、健身中心、餐饮等,包括设有 7 个放映厅的星美国际影城、好乐迪量版式 KTV、一兆韦德健身等;4 楼有经营面积达 3000 平方米的丰收日大酒店入驻其中。

表 2.13.4　百联金山购物中心经营定位与品牌分布表(2012 年)

楼层	楼层定位	经营内容	具体品牌
3F	综合	早教、美发、影院、健身、酒店	好乐迪、培正逗点、高田美发、星美影院、一兆韦德、思南私房菜、豆捞金坊、丰收日大酒店
2F	综合	餐饮、服装、眼镜	汤姆熊欢乐世界、牛排餐厅、大腕鱼、韩林餐厅、雅点舫餐厅、Yyades、La Chapelle、Basic House、Etam、SELECTED、VERO MODA、茂昌眼镜、ESPRIT、TeenieWeenie、Eland、ONLY、Jack&Jones、Gather、Jewels、Plory、Fairwhale、gxg、Wrangler、konzen、Levi's、LEE、Osim 家居
1F	综合	化妆品、男女装、餐饮	Sony、生活家电馆 .60、Lottusse、NIKE、adidas、Mercury、屈臣氏、皇冠、Maropolo、永和大王、避风塘、Oco、必胜客、Nautica、Lacoste、Beanpole、GEOX、ECCO、Ozark、Northland、Clanks、Munsingear

百联金山购物中心经营服装品牌分布特点:

服装品牌经营面积约 2160 平方米。其中,最大店铺为 ESPRIT,占地 100 平方米;最小店铺为 La Chapelle,占地 40 平方米;平均服装品牌经营面积为每家 65 平方米。经营服装品牌 33 家,其中经营男装 13 家,经营女装 18 家,经营童装 2 家。经营服装风格包括时尚、职业、休闲、运动。

主要消费者年龄为 20 ~ 40 岁。

经营的服装产品单品价格在 40 ~ 2280 元之间,其中主要单品价格为 699 元。

2) 瑞鑫百货

表 2.13.5　瑞鑫百货概况

中文名称	瑞鑫百货
外文名称	无
所属集团	上海瑞鑫百货有限公司(简称瑞鑫百货) 上海烟草集团金山烟草糖酒有限公司
所属国家	中国
地　　址	金山区石化卫零路 555 号
区　　域	金山区
商　　圈	上海 石化卫零路商圈

营 业	10:00 ~ 22:00
电 话	021-67241111
网 址	http://www.rxbh.cn/html/
总 楼 层	1F ~ 4F
建筑面积	12500 平方米
服装经营面积	1630 平方米
建设时间	1999 年
公交线路	莲石专线、石化 7 线、石化 9 线
停车位数量	200 个
消费者年龄范围	20 ~ 40 岁
服装产品价格范围	99 ~ 2608 元
经营全部品牌数量	112 个
经营服装品牌数量	84 个
服装展示指数	★★★☆☆
交通指数	★★★★★
环境指数	★★★☆☆
价格指数	★★★☆☆
时尚指数	★★★☆☆
人气指数	★★★★☆

上海瑞鑫百货有限公司(简称瑞鑫百货)是由上海烟草集团金山烟草糖酒有限公司全额投资于 1999 年 9 月正式运行的全资公司。瑞鑫百货位于金山区石化主干道卫零路卫清路口,占地 4500 平方米,总建筑面积 15850 平方米,楼高 7 层,玻璃幕墙结构,其中 1 ~ 4 层为营业区域,面积达 12500 平方米左右。瑞鑫百货地处金山石化地区的咽喉要道,相距区政府约 1000 米,距莘奉金高速公路只有 10 分钟车程,通过高速公路到达上海市区只需半小时。周围有山龙、山鑫、棕榈湾、三岛龙洲苑、辰凯、东礁、东泉等新建居民小区 10 余处,固定常住人口十几万,目前尚在不断发展中。周围还有大卖场、欧洲商业城等一批规模化的商业设施。这里正在形成金山区的政治、经济文化中心。

表 2.13.6 瑞鑫百货经营定位与品牌分布表(2012 年)

楼层	楼层定位	经营内容	具体品牌
4F	综合	家居、鞋子	Wpeng、Playboy、李宁、老裁缝家纺、乔丹、Eral、惠谊家纺、恒源祥、Erke、Avia、Converse、网球王子、Ebobe、Annil、NIKE、adidas
3F	男装	男装	博尼、多彩、三枪、Metro Messe、Njal、雅戈尔、Henry Grant、Longevily、Bruce Bear、Dumuiel、Leop Ark、太子龙、Cartelo、Captaino、Goldion、Bogeaseni、Playboy、九牧王、Volga Deeno、Rgimaniya、Cardi、V One Men、凯蒂龙驰、红蜻蜓、Jack&Jones、Cartelo、Apple、Laoks、Pecd Jieson、Fortei
2F	女装	女装	Basic House、ONLY、Eitie、Red Dragonfly、古今、Etam、VERO MODA、箱子、F.NY、ES、Etam、Yantetree、卡沙布兰卡、Ag Milan、Ten、Peoleo、伊丝艾拉、婷美、浩影、Sino、La Chapelle
1F	综合	化妆品、珠宝首饰、鞋、箱包	Cartelo、p f、金象、城隍、一翠堂、香港宝明、Goldion、京圣、Wanlima、新锦山、老庙黄金、维多利亚、Temixo、鸥美药妆、Olay、柏莱雅、TISSOT、Cyma、Cityzen、Nobel、瑞士英纳格、Casio、Pure Mild、自然堂、Divum、Aqua、AUPRES、奥卡索、瑞俪、BELLE、Harson、St & Sat、Geraisimon、Kisscat、Saidi、康莉、千百度、City Sunday、TATA、富贵鸟、索菲亚、天美意

瑞鑫百货经营服装品牌分布特点:

服装品牌经营面积约 1630 平方米。其中,最大店铺为 ONLY,占地 80 平方米;最小店铺为 PlayBoy,占地 10 平方米;平均服装品牌经营面积为每家 20 平方米。经营服装品牌 84 家,其中经营男装 22 家,经营女装 31 家,经营童装 0 家。经营服装风格包括时尚、职业、休闲、运动、基本。

主要消费者年龄为 20 ~ 40 岁。

经营的服装产品单品价格在 99 ~ 2608 元之间,其中主要单品价格为 599 元。

3) 石化百货

表 2.13.7　石化百货概况

中文名称	石化百货
外文名称	无
所属集团	上海石化百货有限公司　上海金山实业投资发展有限公司
所属国家	中国
地　　址	金山区卫零路 85 号
区　　域	金山区
商　　圈	上海石化卫零路商圈
营　　业	10:00 ~ 22:00
电　　话	021-57953333
网　　址	http://shihuabaihuo.com.cn/
总 楼 层	1F ~ 5F
建筑面积	10000 平方米
服装经营面积	1980 平方米
建设时间	2001 年
公交线路	公交 103、104、100、116 路地面车
停车位数量	180 个
消费者年龄范围	20 ~ 40 岁
服装产品价格范围	139 ~ 2680 元
经营全部品牌数量	85 个
经营服装品牌数量	79 个
服装展示指数	★★★☆☆
交通指数	★★★★★
环境指数	★★★☆☆
价格指数	★★★☆☆
时尚指数	★★★☆☆
人气指数	★★★★☆

上海石化地区商业贸易总公司百货公司,是上海市金山区具有标志性,集购物、餐饮、休闲为一体,极富现代气息的大型百货零售商厦。

石化百货地处杭州湾北岸,依托国家重要的化工生产基地上海石化,有优美绵长的海岸线,交通便捷,不仅有沪杭、松金多条高速公路通往浙江平湖,嘉兴等地,还建有车客渡码头直达宁波镇海、舟山等地。石化百货现有经营面积达1万平方米。

表 2.13.8　石化百货经营定位与品牌分布表(2012 年)

楼层	楼层定位	经营内容	具体品牌
5F	综合	家居、男装、女装	水星、Eral、Ladylike、罗莱家纺、南方寝饰、兔皇山羊绒、帝高羊绒、群工羊绒、Mimly、郑尔每斯、金三塔、飞马、三枪、宜而爽、朵彩
4F	男装	男装	James King、Frendaniel、C R、Btkt、金狐狸、Gekyllowen、Mulinsen、培罗蒙、Play Boy、Crot Alld、Cartelo、乔治白、Pl Wolf、苹果、喜来登、Boss Sunwen
3F	综合	男装、女装、鞋	G2000、卡帕、Pony、佐丹奴、班尼路、Cba、Psg、Bossini、Gxg、Jack & Jones、Fairwhale、NIKE、adidas、CONVERSE、LEE
2F	女装	女装	Mindbridge、La Chapelle、Lily、Collection、Kmaya、Gemn、Agmilan、飘雪、贵夫人、Joubo、高氏杰、浪漫宣言、Kako、贝拉维拉、Ise、Yigue、Cc and Dd、Open Box、Mzfs、Snoopy、X-ge、Face Jl、Ethe、ONLY、VERO MODA
1F	鞋	鞋	Kisscat、康莉、City Sunday、Kadina、西村名物、Anuopama、俏琳 人青妮、ks、千百度、富贵鸟、TATA、TeenMix、HARSON、BELLE

石化百货经营服装品牌分布特点:

服装品牌经营面积约1980平方米。其中,最大店铺为VERO MODA和La Chapelle,占地50平方米;最小店铺为ks,占地10平方米;平均服装品牌经营面积为每家25平方米。经营服装品牌79家,其中经营男装35家,经营女装39家,经营童装0家。经营服装风格包括时尚、职业、休闲、运动、基本。

主要消费者年龄为20～40岁。

经营的服装产品单品价格在139～2680元之间,其中主要单品价格为499元。

2.14　松江区服装零售商圈

区域简介

2.14.1　松江区简介

中文名称	松江区

外文名称	Songjiang District
下辖地区	4 个街道、11 个镇（岳阳街道、永丰街道、方松街道、中山街道、泗泾镇、佘山镇、车墩镇、新桥镇、洞泾镇、九亭镇、泖港镇、石湖荡镇、新浜镇、叶榭镇、小昆山镇）
政府驻地	园中路 1 号
地理位置	上海市西南部
面　积	605 平方公里
人　口	57.92 万人（2011 年）
著名景点	唐经幢、兴圣教寺塔、进教之佑圣母大殿和佘山天文台
轨道交通	9 号线
著名学府	松江大学城（东华大学、上海外国语大学、上海外贸学院、上海立信会计学院、华东政法大学、上海工程技术大学、复旦视觉艺术学院）
身份证区划	310117
战略规划	中等规模的现代化新型城市
主要商业区	松江新城商圈

松江区位于上海市西南，黄浦江上游。松江古称华亭，别称云间，唐天宝十年（公元 751 年）置华亭县，后改称松江县，上海开埠前，松江是上海地区政治、经济、文化中心。历史上曾有"苏（苏州府）松（松江府）财赋半天下"之美誉。

2011 年实现批发零售贸易额增加值 98.59 亿元，比上年增长 10.1%，在第三产业增加值中所占比重为 31.2%，比上年提高 0.2 个百分点。实现社会商品销售总额 963.98 亿元，比上年增长 25.1%，增幅比上年提高 8.1 个百分点。实现社会消费品零售额 342.12 亿元，比上年增长 17.1%，增幅比上年提高 0.7 个百分点，其中，吃的商品零售额 122.71 亿元，增长 16.8%；穿的商品零售额 27.90 亿元，增长 18.7%；用的商品零售额 156.12 亿元，增长 17.4%；烧的商品零售额 35.39 亿元，增长 15.9%。规模效应不断凸显，全年限额以上商业企业实现社会消费品零售额 140.83 亿元，比上年增长 17.6%，占全区消费品零售额的比重为 41.2%，比上年提高 0.2 个百分点。私营个体经济占据主导地位，全年私营个体经济实现社会消费品零售额 266.49 亿元，比上年增长 17.8%，所占比重比上年提高 0.5 个百分点。

商圈分布

表 2.14.2　松江区商圈分布及商场

商圈	商场	地址
松江老城	松江商城	松江区中山中路 168～188 号（近庙前街）
	平高世贸中心	松江区中山中路 71～83 号
	第一百货（松江店）	松江区中山中路 98～116 号
	鹿都国际商业广场	松江区松汇中路 568 号
松江新城	开元地中海商业广场	松江区新松江路 925 号（人民北路口）

图 2.14.1　松江老城商圈地图

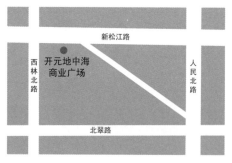

图 2.14.2　松江新城商圈地图

A——松江老城

沪松公路以西、沪杭铁路以北、沪杭高速以南的区域都是松江老城区的范围。老城区板块多集中在中山二路、中山中路上，由"岳阳休闲广场"、"华亭老街"、"中山二路商业街"、"方舟休闲广场"等组成。老城区是目前松江人口主要聚居的地区，也是松江商业和生活设施主要集中的地区，商业环境成熟、人气较旺。以中山中路为核心的商业街最为繁华，"华亭老街"则为集观光旅游与休闲购物为一体的特色商业街。

B——松江新城

新城板块多集中在核心区，由"开元地中海"、"安信生活广场"、"松江购物中心"、"松江商业广场"、"珠江新城商业休闲街"、"东明商城"、"泰晤士小镇商业街"、"松江新城罗马商业街"等组成。它们分别为社区商铺、特色商业街、购物中心、星级酒店、写字楼等类型。

商场分析

1）松江商城

表 2.14.3　松江商城概况

中文名称	松江商城
外文名称	SONGJIANG SHANGCHENG
所属集团	上海松江商业发展有限公司
所属国家	中国
地　　址	松江区中山中路 168～188 号（近庙前街）
区　　域	松江区
商　　圈	上海松江老城商圈
营　　业	09:30～21:00
电　　话	021-57711274
网　　址	http://www.sjsc188.com/index.html

总 楼 层	1～3F
建筑面积	近 15000 平方米
服装经营面积	4181 平方米
建设时间	1995 年 9 月
公交线路	地铁 9 号线,松江 4 路、松江 29 路
停车位数量	不详
消费者年龄范围	20～50 岁
服装产品价格范围	45～1980 元
经营全部品牌数量	120 个
经营服装品牌数量	56 个
服装展示指数	★★★★☆
交通指数	★★★★★
环境指数	★★★★☆
价格指数	★★★☆☆
时尚指数	★★★☆☆
人气指数	★★★☆☆

海松江商城座落在千年古城松江最繁华的商业街——中山中路,拥有 4 层楼面 15000 余平方米的营业场所,集购物休闲、餐饮娱乐为一体,是松江区商业地产标志性建筑和百货零售企业的旗舰。

它于 1995 年 9 月 16 日正式开业,迄今实现销售近 35 亿元,各项收入 4 亿多元,完成综合经济效益 6000 多万元,上缴税金 4500 万元,是全国供销合作总社和上海市零售商业系统的销售百强企业。

2006～2011 年,松江商城在松江商业发展有限公司的大力支持下,对商城进行了两大一小的三次改造装修,使商城的外观形象和内部设施得到质的提升。商城朝着"打造松江地区档次最高的百货商场"这一目标努力,吸引一批国内外知名品牌落户商城,为松江市民提供了高质量、高品位的优质服务和舒适的购物消费环境。

表 2.14.4　松江商城经营定位与品牌分布表(2012 年)

楼层	楼层定位	经营内容	具体品牌
3F	精品男装馆	绅士正装、商务休闲、羊毛羊绒、生活寝具、家居服装	红蜻蜓、九牧王、鳄鱼、七匹狼、花花公子、雅戈尔、培罗蒙、衣语、印秀堤、三枪、华歌尔、伊丝艾拉、卡莎布兰卡、卡佳拉、纳薇、杜蒙、唯一、天堂伞、古今、曼妮芬、Jack & Jones、GXG、SELECTED、Dumuiel、Georgimaniya、Lagogo、VERO MODA、Etam、i. s. e、Snoopy、Tonyjeans
2F	潮流女装馆	经典淑女、时尚少女、文胸内衣、配饰其他	斯尔丽国际皮革馆、胖太太、高氏洁、姿托丽、爱慕、古今、华歌尔、生活寝具主题馆、凯帝龙驰、班尼路、布鲁斯金熊、乔治白衬衫、稻草人、爱登堡、ES、Etam、E. Land、Scat、La Chapelle、Teenieweenie、Only、Jeans、Tony、Lamode、Genio、Konzen、LEE、Henry、Grant、Godlion
1F	时尚名品馆	黄金珠宝、美容化妆、钟表礼品、品牌鞋柜、箱包皮具	维多利亚、华意翡翠、名烟名酒、骆驼、西村名物、富贵鸟、百丽、千百度、皮尔卡丹、卡西欧、瑞士梅花、天梭、乐想通讯、金至尊、周大生、东华美钻、老凤祥、亚一金店、金大福、高姿、天美意、森达、思贝蒂、赛蒂、卡帝乐鳄鱼、泊美、登喜路、迪莱克斯、苹果、自然堂、美宝莲、欧莱雅、佰草集、欧美药妆、卡西欧、金至尊、老庙黄金、东华美钻、老凤祥银楼、Godlion、Fjdo、Basto、Kisscat、TATA、ONLY、AUPRES

松江商城经营服装品牌分布特点：

服装品牌经营面积约 4181 平方米。其中,最大店铺为斯尔丽国际皮草馆,占地 300 平方米;最小店铺为赛蒂,占地 10 平方米;平均服装品牌经营面积为每家 75 平方米。经营服装品牌 56 家,其中经营男装 27 家,经营女装 31 家,经营童装 0 家。经营服装风格包括时尚、基本、职业、休闲。

主要消费者年龄为 20 ～ 50 岁。

经营的服装产品单品价格在 45 ～ 1980 元之间,其中主要单品价格为 89 ～ 499 元。

2) 平高世贸中心

表 2.14.5　平高世贸中心概况

中文名称	平高世贸中心
外文名称	Pinggao World Trade Center
所属集团	上海平高房产开发有限公司
所属国家	中国
地　　址	松江区中山中路 71 ～ 83 号
区　　域	松江区
商　　圈	上海松江老城商圈
营　　业	10:00 ～ 21:30
电　　话	021-57820879
网　　址	http://www.pinggao77.com/
总 楼 层	B1 ～ 5F
建筑面积	近 25000 平方米
服装经营面积	2230 平方米
建设时间	2010 年
公交线路	地铁 9 号线,松江 22 路、松朱线
停车位数量	500 个
消费者年龄范围	0 ～ 60 岁
服装产品价格范围	39 ～ 1980 元
经营全部品牌数量	44 个
经营服装品牌数量	28 个
服装展示指数	★★★★☆
交通指数	★★★★★
环境指数	★★★☆☆
价格指数	★★★☆☆
时尚指数	★★★☆☆
人气指数	★★★★☆

平高世贸中心地处历史文化古城松江,是松江中山中路最繁华的商业中心,为松江标志性建筑。平高世贸中心商城集购物、餐饮、休闲娱乐为一体。商城流线型空间带来完美的视觉享受,精心规划设计的楼层风格与主题,彰显个性与时尚,使它将成为松江地区设施最先进、配套最齐全、环境最优雅的时尚百货商城。

表 2.14.6　平高世贸中心经营定位与品牌分布表(2012 年)

楼层	楼层定位	经营内容	具体品牌
5F	餐饮娱乐	餐饮、娱乐	釜山料理、MEGA
4F	可爱童装	童装童鞋、婴童用品	健康煮、迪士尼、阿杰邦尼、法纳贝尔、嗒嘀嗒、芝麻开门、铅笔俱乐部、安奈尔、富罗迷、力果、丽婴房、皇家宝贝、me&city、JOJO、TWIN KIDS、kids land
3F	精品男装	时尚男装、休闲鞋、休闲女装	Playboy、adidas、CONVERS、SPORTICA、UNISEX、yigue、ARMERSY、杉杉
2F	潮流女装	时尚女装、童装、饰品、玉器	九品工匠、太平鸟、彩轩、Me & City、TEERDIYA、La Chapelle、ESPRIT
1F	珠宝美容	黄金珠宝、美容化妆	老凤祥、东华美钻、欧美药妆
B1	精选美食	冷饮、快餐店、饭馆、超市	屈臣氏、冰雪皇后、四季干锅、味千拉面、棒约翰、呷哺呷哺、fulltown's coffee

平高世贸中心经营服装品牌分布特点:

服装品牌经营面积约 2230 平方米。其中,最大店铺为 ESPRIT,占地 500 平方米;最小店铺为安奈尔,占地 15 平方米;平均服装品牌经营面积为每家 80 平方米。经营服装品牌 28 家,其中经营男装 8 家,经营女装 9 家,经营童装 15 家。经营服装风格包括时尚、基本、职业、休闲、运动。

主要消费者年龄为 0 ～ 60 岁。

经营的服装产品单品价格在 39 ～ 1980 元之间,其中主要单品价格为 109 ～ 599 元。

3) 第一百货 (松江店)

表 2.14.7　第一百货(松江店)概况

中文名称	第一百货
外文名称	SHANGHAI DIYI BAIHUO SONGJIANG STORE
所属集团	上海百联集团股份有限公司
所属国家	中国
地　　址	松江区中山中路98 ～ 116 号
区　　域	松江区

商　　圈	上海松江老城商圈
营　　业	09:30 ~ 21:00
电　　话	021-57713090
网　　址	http://www.bldysj.com/index.php
总 楼 层	1 ~ 5F
建筑面积	6400 平方米
服装经营面积	998 平方米
建设时间	1994 年 12 月
公交线路	地铁 9 号线,沪松线,松江 7 路
停车位数量	有,数量不详
消费者年龄范围	0 ~ 50 岁
服装产品价格范围	45 ~ 2880 元
经营全部品牌数量	51 个
经营服装品牌数量	43 个
服装展示指数	★★★★☆
交通指数	★★★★☆
环境指数	★★★☆☆
价格指数	★★★☆☆
时尚指数	★★☆☆☆
人气指数	★★★☆☆

　　上海第一百货松江店有限公司位于松江区主要商业街中山中路 96 ~ 116 号,近谷阳路。交通便捷,公交有松线 3 线、4 线、7 线、17 线停靠。它为 5 层建筑,建筑外墙玻璃幕墙,各商场有自动电梯连接,是一个以经营服饰为主体、面向社区的中型百货商店。它于 1994 年 12 月 18 日开业,1998 年 11 月转制为上海市第一百货商店股份有限公司独资企业,2003 年 11 月成为百联集团、百联股份有限公司成员企业。

表 2.14.8　第一百货松江店经营定位与品牌分布表(2012 年)

楼层	楼层定位	经营内容	具体品牌
5F	可爱童装	童装童鞋、婴童用品	小猪班纳、博士蛙、丽婴房、皇家宝贝、Carpotree
4F	精品男装	商务男装、休闲牛仔、衬衫内衣	雅戈尔、法国百胜鸟、威鹏、培罗蒙、卡帝乐鳄鱼、乔奇阿玛尼、圣罗马、詹姆士、Joe One
3F	经典女装	淑女时装、羊绒羊毛、针织服饰	诗织、莱珂、福太太、皮皮狗羊绒、可可贝利、美加美、Show Long
2F	潮流女装	流行女装、女士内衣、饰品	曼妮芬、卡莎布兰卡、古今、La Chapelle、BELLVILLES、Etam、ES、Ten、Lily、Snoopy、i.s.e、Honeys、kg、Triumph
1F	时尚名品	黄金珠宝、时尚女鞋	奥卡索、天美意、康莉、中国黄金、天宝龙凤、老凤祥、夏一金店、老庙黄金、周大福、欧莱雅、BELLE、ST&SAT、Olay、TATA、KissCat

第一百货(松江店)经营服装品牌分布特点:

服装品牌经营面积约 998 平方米。其中,最大店铺为雅戈尔,占地 60 平方米;最小店铺为康莉,占地 10 平方米;平均服装品牌经营面积为每家 23 平方米。经营服装品牌 43 家,其中经营男装 9 家,经营女装 23 家,经营童装 5 家。经营服装风格包括时尚、基本、职业、休闲。

主要消费者年龄为 0 ~ 50 岁。

经营的服装产品单品价格在 45 ~ 2880 元之间,其中主要单品价格为 199 ~ 499 元。

4) 鹿都国际商业广场

表 2.14.9　鹿都国际商业广场概况

中文名称	鹿都国际商业广场
外文名称	LUDU　INTERNATIONAL　PLAZA
所属集团	上海鹿都房地产开发有限公司
所属国家	中国
地　　址	松江区松汇中路 568 号
区　　域	松江区
商　　圈	上海松江老城商圈
营　　业	09:30 ~ 21:00
电　　话	021-57820606
网　　址	无
总 楼 层	B1 ~ 4F
建筑面积	约 77000 平方米
服装经营面积	5216 平方米
建设时间	2008 年
公交线路	地铁 9 号线(松江新城站)
停车位数量	500 个
消费者年龄范围	0 ~ 50 岁
服装产品价格范围	29 ~ 1000 元
经营全部品牌数量	79 个
经营服装品牌数量	50 个
服装展示指数	★★★★☆
交通指数	★★★★☆
环境指数	★★★☆☆
价格指数	★★☆☆☆
时尚指数	★★★☆☆
人气指数	★★☆☆

鹿都国际商业广场位于松江中山中路的核心地段,交通便捷,距市中心仅约 39 公里。北侧即为松江商业中心中山中路,西侧为明清古镇风格庙前路步行街,南侧邻近旅游胜地——醉白池,以及松江唯一市重点中学——松江一中,东侧靠谷阳南路直通沪杭高速松江进出口站。鹿都国际商业广场所在区域为松江迄今为止最繁华的商业宝地,辐射区域内 50 万长住人口、10 万松江大学城师生。

表 2.14.10　鹿都国际商业广场经营定位与品牌分布表(2012 年)

楼层	楼层定位	经营内容	具体品牌
4F	餐饮娱乐	餐饮、电影院	霞逸桌球风暴、季德佬酒楼、维斯顿牛排餐厅、围炉、麦颂、百特喜餐厅、韩林碳烤、左岸国际影城
3F	超市	超市	家乐福超市
2F	精品家居	时尚男装、运动休闲、家居用品、黄金珠宝、快餐、游乐场、超市	快鱼、春心乐园、鄂尔多斯毛绒巡回展、保罗、圣达菲、361°、乔丹、皇妹、肯德基、花花公子、卡西欧、一伍一拾、花花公子、老凤祥银楼、玛瑞吉家居、达芙妮、法艾兰、laimantia、howiu、ppgirl、shoebox、z.m.n.
1F	时尚潮流	流行女装、女士内衣、时尚女鞋、箱包饰品、手表、眼镜	川香居、小顽童、韩依派、精灵宝贝、淑女坊、肯德基、花花公子、卡西欧、欧美药妆、绝代佳人、歌诗玛、倩丝莉、海澜之家、苹果、邻家女孩、宝岛眼镜公司、马连奴奥兰迪、银之梦、亮点、卡帝乐鳄鱼、红豆、塞飞洛、丝雨桐、卓诗尼、红蜻蜓、swisswin、Zuoan、Me & City
B1	运动地带	运动男装、休闲女装、运动鞋、饰品	真维斯、佐丹奴、鸿星尔克、乔丹体育、零码折扣店、柏仙多格、堡狮龙、高邦、班尼路、互动地带、达芙妮、可趣可奇、森马、佐罗世家、NIKE、adidas、CONVERSE、S & K、KAPPA、PlayBoy

鹿都国际商业广场经营服装品牌分布特点:

服装品牌经营面积约 5216 平方米。其中,最大店铺为鄂尔多斯毛绒巡回展,占地 500 平方米;最小店铺为亮点,占地 20 平方米;平均服装品牌经营面积为每家 104 平方米。经营服装品牌 50 家,其中经营男装 31 家,经营女装 25 家,经营童装 3 家。经营服装风格包括时尚、基本、职业、休闲、运动。

主要消费者年龄为 0 ～ 50 岁。

经营的服装产品单品价格在 29 ～ 1000 元之间,其中主要单品价格为 69 ～ 419 元。

5) 开元地中海商业广场

表 2.14.11　开元地中海商业广场概况

中文名称	开元地中海商业广场
外文名称	KAI YUAN MED
所属集团	开元旅业集团
所属国家	中国

地　　址	松江区新松江路 925 号（人民北路口）
区　　域	松江区
商　　圈	上海松江新城商圈
营　　业	09：30 ～ 22：00
电　　话	021-37668088
网　　址	无
总 楼 层	1 ～ 4F
建筑面积	26800 平方米
服装经营面积	6850 平方米
建设时间	2006 年
公交线路	地铁 9 号线松(江大学城站下)，松江 14、9、11、20、5、3 路，沪松线、松环 4 线
停车位数量	1000 个
消费者年龄范围	0 ～ 50 岁
服装产品价格范围	25 ～ 1860 元
经营全部品牌数量	77 个
经营服装品牌数量	40 个
服装展示指数	★★★★☆
交通指数	★★★★★
环境指数	★★★★☆
价格指数	★★★☆☆
时尚指数	★★★☆☆
人气指数	★★★★☆

　　开元地中海商业广场地处于松江新城中心，是松江地区新的商圈地标，集合了乐购大卖场、地中海影院、地中海书城、KTV、MAXPLAY 电玩、JUST 健身中心、SPA、休闲快餐、咖啡、糕点、酒吧、数码广场、服装专卖、家居饰品、彩妆、美容美发等众多商铺。自 2006 年开业以来，逐渐形成集聚众多餐饮、休闲、娱乐的大型商业中心。

表 2.14.12　开元地中海商业广场经营定位与品牌分布表（2012 年）

楼层	楼层定位	经营内容	具体品牌
4F	娱乐休闲馆	餐饮、娱乐、电影院、书店	地中海影城、唯一娱乐、秦庄、新华书店
3F	数码家居馆	数码家电、餐饮、娱乐	地中海数码城、苏宁电器、小资汇、日式料理、避风塘、拿渡麻辣香锅、传奇桌球、渔家傲、巴比隆烤肉
2F	餐饮休闲馆	时尚女装、童装、家居用品、饰品、餐饮	冰雪皇后、鲜芋仙、巴黎三城、一茶一坐、棒约翰、贵族世家牛排、傣妹火锅、韩梨苑、村夫烤鱼、东瀛一休烧、巧心思手工巧克力坊、禾苑餐厅、妈妈好孩子、童梦奇缘、吞云小莳、韦博国际英语、红豆居家、兔美居家、Doland、i.s.e、Eitie、Cocoon、izzen

续表

楼层	楼层定位	经营内容	具体品牌
1F	流行时尚馆	男士衬衫、流行女装、基础内衣、化妆用品、箱包、餐饮	两岸咖啡、施华布朗、印巴文化、贝拉维拉、乔治白衬衫、雅戈尔、谭木匠、欧迪芬、仙履奇缘潮流馆、影儿时尚会所、秋水伊人、谷邦、古今、曼妮芬、阿玛施、蜀娱养生香辣馆、欧美药妆、屈臣氏、味千拉面、星巴克、莫丽菲尔、zolle、eral、NIKE、ONLY、SELECTED、GXG、Jack & Jones、VERO MODA、YIGUE、Schiesser、Joe One、Jessimode、She's、Ten、Vigoss、Apple Shop、UNIQLO、La Chapelle、Swatch

开元地中海商业广场经营服装品牌分布特点：

服装品牌经营面积约 6850 平方米。其中，最大店铺为 UNIQLO，占地 1200 平方米；最小店铺为欧迪芬，占地 12 平方米；平均服装品牌经营面积为每家 171 平方米。经营服装品牌 40 家，其中经营男装 13 家，经营女装 29 家，经营童装 2 家。经营服装风格包括时尚、基本、职业、休闲、运动。

主要消费者年龄为 0 ～ 50 岁。

经营的服装产品单品价格在 25 ～ 1860 元之间，其中主要单品价格为 89 ～ 499 元。

2.15　青浦区服装零售商圈

区域简介

2.15.1　青浦区简介

中文名称	青浦区
外文名称	Qingpu District
下辖地区	3 个街道办事处（夏阳街道、盈浦街道、香花桥街道），8 个镇（朱家角镇、赵巷镇、徐泾镇、华新镇、重固镇、白鹤镇、练塘镇、金泽镇、赵屯镇）
政府驻地	外青松公路 6300 号
地理位置	上海市西部
面　　积	676 平方公里
人　　口	108.10 万人（2011 年）

著名景点	朱家角古镇、上海东方绿洲、大观园、淀山湖
火 车 站	无
著名学府	无
身份证区划	310229
战略规划	产城一体、水城融合
主要商业区	奥特莱斯商圈、公园路商圈

青浦区位于上海市西部,太湖下游,黄浦江上游。东与闵行区毗邻,南与松江区、金山区及浙江嘉善县接壤,西连江苏省的吴江、昆山两市,北与嘉定区相接。以青浦镇为中心,东部河江交错,西部湖荡群集,内河航运具有天然优势,可通行 50～300 吨货船,是江浙沪的重要水上通道。青浦水系丰富,农业较发达。区内白鹤镇是西气东输管道的终点。境内有全国重点文物保护单位的福泉山遗址和江南水乡古镇朱家角镇。亦有近年来在淀山湖边新建的大观园和东方绿舟公园等。

2011 年,全年共实现社会消费品零售总额 299.2 亿元,比上年增长 19.4%。限额以上企业共完成销售 98.9 亿元,占总数的 33%,同比增长 22%,其中:限额以上餐饮业实现营业额 5.5 亿元,同比增长 56.7%;限额以上零售企业完成销售 89.7 亿元,同比增长 22%。各大商业圈继续保持平稳势头,商业集中集聚度稳步提高。其中,赵巷奥特莱斯品牌直销广场全年实现零售额 21.1 亿元,比上年增长 21.7%;徐泾永业购物中心实现零售额 5 亿元,比上年增长 8%;盈浦桥梓湾商圈实现零售额 7.5 亿元,增长 15%,赵巷吉盛伟邦品牌家具直销广场注册在新城开发区内的 45 个展位实现销售 8.9 亿元,比上年增长 58.8%。四个商业中心共实现零售额 42.5 亿元,比上年净增 8.4 亿元,增长 24.6%,拉动全区社会消费品零售总额增长 3.4 个百分点。

商圈分布

表 2.15.2 青浦区商圈分布及商场

商圈	商场	地址
公园路	东方商厦	青浦区公园路 700 号
	上海桥梓湾购物中心	青浦区公园路 666 号
	成泰百货	青浦区青松路 1 号
奥特莱斯	奥特莱斯	青浦区沪青平公路 2888 号

图 2.15.1 公园路商圈地图

A——公园路

公园路商圈位于青浦中心城区,主打中档商品的零售,和上海五大古典名园之一的曲水园相接,南临公园路,北接环城河与三元路,西邻城中路。商圈内主要零售商场为东方商厦、桥梓湾购物中心、国美家电大卖场、来天华酒楼、成泰百货等。交通便利快捷,且位于城区中心,人流聚集,是青浦百姓购物的主要选择。

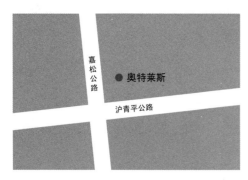

图 2.15.2　奥特莱斯商圈地图

B——奥特莱斯

上海奥特莱斯品牌直销广场是一座国际化、现代化、时尚化的生态型综合购物广场。它坐落于沪青平高速公路赵巷出口处 200 米,南靠佘山国家旅游度假区,西临淀山湖、朱家角、周庄等著名江南水乡风景区,距市中心人民广场 26 公里,车程仅 30 ～ 40 分钟。广场地处同三高速、沪青平高速、嘉金高速、沪宁高速和沪杭高速路网中央,优越的交通位置极大地方便了本市及江浙两省的消费者前来休闲购物。广场占地面积 16 万平方米,总建筑面积约 11 万平方米。广场拥有能停放 1200 余辆机动车的大型停车场,可容纳 500 辆车的地下车库及旅游巴士专属的停车位。

商场分析

1）东方商厦青浦店

表 2.15.3　东方商厦青浦店概况

中文名称	东方商厦青浦店
外文名称	ORIENT SHOPPING CENTRE
所属集团	上海友谊集团股份有限公司
所属国家	中国
地　　址	青浦区公园路 700 号
区　　域	青浦区
商　　圈	公园路商圈
营　　业	9:30 ～ 21:30
电　　话	021-59723999
网　　址	http://www.bldfqp.com/index.php
总 楼 层	B1 ～ 4F
建筑面积	近 12000 平方米
服装经营面积	2600 平方米
建设时间	2005 年
公交线路	青浦 1 路、青浦 3 路、青浦 9 路
停车位数量	300 个
消费者年龄范围	20 ～ 60 岁

服装产品价格范围	100 ～ 6000 元
经营全部品牌数量	119 个
经营服装品牌数量	72 个
服装展示指数	★★★☆☆
交通指数	★★★★☆
环境指数	★★★☆☆
价格指数	★★★☆☆
时尚指数	★★★☆☆
人气指数	★★★☆☆

东方商厦青浦店位于上海青浦中心城区,与上海四大名园之一的曲水园毗邻而居,是百联集团在郊区开设的第一家东方商厦连锁百货门店。商厦建筑面积约为 1.2 万平米,共有 4 个楼层。目前经营商品主要包括化妆品、黄金珠宝、钟表眼镜、男女服装、针织内衣、皮具箱包、儿童用品、滋补保健品、工艺礼品、小家电、床上用品、居家用品、文化办公用品、烟酒等。

表 2.15.4　东方商厦青浦店经营定位与品牌分布表(2012 年)

楼层	楼层定位	经营内容	具体品牌
4F	绅士男装馆	职业装、休闲装	ESPRIT、斯可飞得、博斯绅威、克蕾斯丹妮、金利来、Nautica、U.S.POLO ASSN、外交官、佛伦斯、莎驰、金利来、曼富图、威斯康尼、佛朗尼齐拉、狮道芬堡、萨托尼、Carmel、Tony Jeans、Tony Wear、Jack & Jones、Pierre Cardin
3F	高级女装馆	休闲装、职业装	舒朗、芭蒂娜、V.Grass、斯尔丽、Pllc、Eayon、欧妮雅、迪贝丝、Show Maker、莱迪雅、Tggc、鄂尔多斯、福太太、帝高羊绒、梦特娇、繁莹、璐帕莎、全兔羊绒、鹿王羊绒、爱黛妮、Ealio、索菲娅、雅莹、珂莱蒂尔、Allsking、锦杰、慧宜家坊、罗莱家坊.
2F	休闲女装馆	休闲装	欧时力、衣恋、Bear Two、淑女屋、西格、VERO MODA、La Chapelle、p2s、Etam、Jojo、史努比、Teenie Weenie、ESPRIT、亦谷、Lily、Basic Houes、Honeys、ONLY、Five Plus、卡莎布兰卡
1F	珠宝鞋包馆	饰品、鞋包	周大福、资生堂、欧莱雅、老庙黄金、亚一金店、老凰祥、新锦山珠、Aupres、Aqua Sprina、美宝莲、露华浓、玉兰油、苏菲娜、美丽宝、Daphne、思加图、康莉、Linaier、情女、千百度、Boze Dandy、菲安妮、莱尔斯丹、99hr、ST & SAT、BELLE、TATA、HARSON、GEXO、KissCat、ECCO
B1	休闲皮具馆	休闲装	宝石、Lavelido、卡帕、耐克、阿迪达斯、匡威、探路者、李维斯、诺诗兰、哥伦比亚、欢腾、GXG、皮尔·卡丹、佐丹奴、空间、洛赛克斯、吉普

东方商厦经营服装品牌分布特点:

服装品牌经营面积约 2600 平方米。其中,最大店铺为淑女屋,占地 50 平方米;最小店铺为索菲亚,占地 20 平方米;平均服装品牌经营面积为每家 35 平方米。经营服装品牌 72 家,其中经营男装 32 家,经营女装 52 家,经营童装 0 家。经营服装风格包括时尚、职业、休闲、运动。

主要消费者年龄为 20 ～ 40 岁。

经营的服装产品单品价格在 100 ～ 5400 元之间,其中主要单品价格为 269 ～ 698 元。

2）桥梓湾购物中心

表 2.15.5　桥梓湾购物中心概况

中文名称	桥梓湾购物中心
外文名称	Qiaozi Bay Shopping Centre
所属集团	云湖集团
所属国家	中国
地　　址	青浦区公园路 666 号
区　　域	青浦区
商　　圈	公园路商圈
营　　业	10:00 ～ 21:00
电　　话	021-69711995
网　　址	无
总 楼 层	1F
建筑面积	近 61500 平方米
服装经营面积	1012 平方米
建设时间	2005 年
公交线路	青浦 1 路、青浦 2 路、青浦 3 路、青浦 5 路、青浦 9 路、青浦 11 路,朱徐线、徐蒸线、青商线、沪青线等
停车位数量	无
消费者年龄范围	0 ～ 40 岁
服装产品价格范围	50 ～ 1500 元
经营全部品牌数量	31 个
经营服装品牌数量	31 个
服装展示指数	★★★☆☆
交通指数	★★★★☆
环境指数	★★★☆☆
价格指数	★★★☆☆
时尚指数	★★★☆☆
人气指数	★★★☆☆

　　桥梓湾购物中心是青浦老城区改造的重要项目,开发商云湖集团公司在设计中体现秉承传统、追求现代的创意,将商业利益与社会追求、文化传承、风貌延续等诸多因素糅合起来,与曲水园、城隍庙、现代购物、休闲中心融合一体,展示当地历史、文化、人文等因素和时尚现代商业的氛围。

表 2.15.6　桥梓湾购物中心经营定位与品牌分布表（2012 年）

楼层	楼层定位	经营内容	具体品牌
1F	休闲馆	休闲、时尚、运动	e 尚女、邻家女孩、fg. 风格、零库存时尚、曾文、淘真乐、麦考林、伊芙嘉、cc.dd、蓝威龙、Eastem、极美度、啊依莲、美特斯邦威、森马、以纯、意尔康、高邦、拜丽德、依纳轩儿、左丹奴、温纯、爱居兔、花花公子、卡帝乐鳄鱼、倩丝莉、红蜻蜓、老人头、红蜻蜓、百世吉、左罗世家

桥梓湾购物中心经营服装品牌分布特点：

服装品牌经营面积约 1000 平方米。其中，最大店铺为麦考林，占地 40 平方米；最小店铺为蓝威龙，占地 28 平方米。平均服装品牌经营面积为每家 32 平方米。经营服装品牌 31 家，其中经营男装 15 家，经营女装 15 家，经营童装 1 家。经营服装风格包括时尚、基本、休闲。

主要消费者年龄为 16 ～ 40 岁。

经营的服装产品单品价格在 50 ～ 1500 元之间，其中主要单品价格为 129 ～ 489 元。

3) 成泰百货

表 2.15.7　成泰百货概况

中文名称	成泰百货
外文名称	无
所属集团	上海成泰百货有限公司
所属国家	中国
地　　址	青浦区青松路 1 号
区　　域	青浦区
商　　圈	青松路商圈
营　　业	9:00 ～ 21:00
电　　话	021-59738777
网　　址	无
总 楼 层	B1 ～ 1F
建筑面积	32833 平方米
服装经营面积	1300 平方米
建设时间	2007 年

公交线路	青浦 1 路
停车位数量	180 个
消费者年龄范围	0 ～ 40 岁
服装产品价格范围	100 ～ 7000 元
经营全部品牌数量	52 个
经营服装品牌数量	33 个
服装展示指数	★★★☆☆
交通指数	★★★★☆
环境指数	★★★☆☆
价格指数	★★★☆☆
时尚指数	★★★☆☆
人气指数	★★★☆☆

　　成泰百货是青浦地区规模宏大,集购物、娱乐、休闲于一体,按照青浦一流、上海优秀标准设计策划的大中型百货商场。成泰百货地理位置十分优越,位于公园路与青松路十字路口交汇处,雄居上海青浦区繁华的商业中心,隔街了望青浦汽车站,与上海农工商超市也仅百米之远。

表 2.15.8　成泰百货经营定位与品牌分布表(2012 年)

楼层	楼层定位	经营内容	具体品牌
1F	流行时尚馆	休闲女装	Zuorini、Ginsanzi、crot.alid、春竹、企鹅、恒源祥、卡丹雷杰、登喜路、凤凰、卡帝乐、us baby、abc、labi baby、open sesame、玛米玛卡、Dadia、安奈儿、小猪班纳、阿杰邦尼、雅多、笑咪咪、海螺、琢木鸟、U.S. POLO ASSN
B1	经典基础馆	童装、休闲装	m2、ES、Etam、La gogo、Ise、红蜻蜓、埃迪拉、巴比鹤、百芙伦、艾格周末、法妮、拉夏贝尔、诗织、麦克、水调歌头、卡迪米拉、依贝艺、玖帛、靡页、风华依莲、美加美、斯尔丽、晖萌、帕兰朵、风光无限、安妮微儿、伊姿、海姬耶

　　成泰百货经营服装品牌分布特点:

　　服装品牌经营面积约 1300 平方米。其中,最大店铺为 Etam,占地 40 平方米;最小店铺为恒源祥,占地 30平方米;平均服装品牌经营面积为每家 35 平方米。经营服装品牌 33 家,其中经营男装 12 家,经营女装 29 家,经营童装 12 家。经营服装风格包括时尚、基本、职业、休闲、运动。

　　主要消费者年龄为 0 ～ 40 岁。

　　经营的服装产品单品价格在 100 ～ 7000 元之间,其中主要单品价格为 159 ～ 799 元。

4）百联奥特莱斯（青浦店）

表 2.15.9　百联奥特莱斯（青浦店）概况

中文名称	奥特莱斯
外文名称	OUTLETS
所属集团	上海百联（集团）有限公司
所属国家	中国
地　　址	青浦区沪青平公路 2888 号
区　　域	青浦区
商　　圈	奥特莱斯商圈
营　　业	9:30 ～ 21:30
电　　话	021-59756060
网　　址	http://www.bloqp.com/
总 楼 层	1F ～ 3F
建筑面积	近 11 万平方米
服装经营面积	15215 平方米
建设时间	2006 年
公交线路	沪青专线、沪青盈专线、沪朱专线、上朱线、嘉松线、青黄专线、徐蒸线
停车位数量	1296 个
消费者年龄范围	20 ～ 40 岁
服装产品价格范围	100 ～ 80000 元
经营全部品牌数量	223 个
经营服装品牌数量	198 个
服装展示指数	★★★★☆
交通指数	★★★☆☆
环境指数	★★★★☆
价格指数	★★★★☆
时尚指数	★★★☆☆
人气指数	★★★★☆

　　青浦奥特莱斯所在广场整体建筑呈现代时尚的欧美风情,与优美自然生态景观相结合,打造出了轻松愉悦的购物环境,营造出了清新优雅的休闲氛围。目前广场拥有250余家商铺、450多个国内外品牌。A区拥有30多个商铺,主要经营国际大牌的折扣商品;B区和C区主要经营国际知名运动休闲品牌、国际二线品牌以及国内著名品牌;广场内设有餐饮休闲区,有避风塘、星巴克、吴越人家、肯德基等10余家餐饮企业。此外,TOD'S、POLO RALPH LAUREN、COACH、CK等品牌。

表2.15.10　奥特莱斯经营定位与品牌分布表(2012年)

区	区定位	经营内容	具体品牌
C区	经典基础馆	休闲装、羊绒衫、折扣店	卡纷、ELLE、喜来登、游子老鸭粉丝馆、凯撒、马天奴、Renee Von、I、朗姿、安娜丽斯、Kako、安莉芳、夏娃的诱惑、喜来登、鸵鸟、W.Doubleudot、淑女屋、Lilly、Louisa Jewel、Marisfrolg、23区、Ipenna、Jorya、Rime、洲克、卡利亚里、敦奴、米茜尔、莱克斯蔓、Nota、Rex、Jeep、路易沙美、奥利维.格兰、斯尔丽国际皮草馆、舒雅、娜尔思、法典娜、罗茜奥、Palongaco、保罗丹尼、袋鼠、杰尼·卡罗、Sarchi、翰马仕、卡帝乐鳄鱼、Boss Sunwen、保罗世家、C&R、Van Gelis、Good Luck Gladius、Carl Weters、Sartore、Baromon、Boss Sunwen、报喜鸟、Cardeendino、度文、Basic House、Ochirly、NIKE工厂店、凯普狄诺、adidas折扣店、肯德基、麦当劳、李宁工厂店、CROCS、Callaway、Wilson、CONVERSE、Camel Active、Timberland、Hush Puppies、GXG、Merrell、NORTHLAND、Fila、Jeep、乔丹折扣店、Karl Kani、群工羊绒、春竹羊绒、帝高羊绒、雪莲、德爵羊绒、皮皮狗羊绒、鄂尔多斯、.
B区	休闲运动馆	休闲装、运动装	THE NORTH FACE、Jack Wolfskin、Lafuma、ozark gear、ELLE homme、Byford、Evisu、Calvin Klein Jeans、Rockport、Mephisto、Canudilo、Mercedes-Benz、hr、le saunda、Sixty、macy by marc、max co、NOVO、G-star raw、Le Coqsportif、Reebok、Haagen-Dazs、Tommy Hilfiger、Armani Exchange、DKNY、Marni、foeei foeei、NIKE、Lacoste、Iceason、Again、Diesel、Ports、Clanks、Juicp Couture、Ascot Chang、Nine West、Lacoste、Vskonne、Renoma、Lampo uomo、Braun Buffel、Chrisdien Deny、geox、adidas、ashworth、new balance、PUMA、Mizuno、Lotto、Apple shop、Levi's、KAPPA、NIKE Golf、zoten、skap、Daniel Hechter、jojo、SATCHI、roberta camerino、sff、Durban、Moschino、Gieves Hawkes、Polo Ralph Lauren、Munsing wear、Byblos、Maison Mode outlet、Lottusse、Cerruti 1881、oind、tankus、Calvin Klein、Samsnite、AVE、Chrisdien Deny、八千代、斯尔丽国际皮草馆
A区	精品潮流馆	包袋、休闲装、时尚女装	Gant、Y-3、SCOFIELD、Swarovski、Calvin Klein、Aquascuturn、Marlboro classics、Mores、KENT & CURWEN、Givenchy、Autason、Versace、Canali、Dunhill、Cerruti 1881、Hugo Boss、Bally、Zegna、Armani、Maxmara、Paul Shark、Brooks Brothers、Tru Trussardi、Stjohn、David Mayer naman、Escada、Adolfo Dominguez、Daks.、Verri、Tod's、Burberry、Starbucksi.t.、Coach、Columbia、Colour eighteen、Jessica、lloyd、Quiksilver、Lavico Milano、Nautica、Wolsey、ECCO、Sankelloff、GUESS、Walent Coupeau、Bean Pole、Callisto、Leo、Goldlion、Toi&Moi、exr、LEE、Paul Frank、K Swiss、Cloahe、Louis royer

　　奥特莱斯经营服装品牌分布特点:

　　服装品牌经营面积约15215平方米。其中,最大店铺为adidas,占地300平方米;最小店铺为Dunhill,占地30平方米;平均服装品牌经营面积为每家80平方米。经营服装品牌198家,其中经营男装127家,经营女装115家,经营童装0家。经营服装风格包括时尚、基本、职业、休闲、运动。

　　主要消费者年龄为20～40岁。

　　经营的服装产品单品价格在100～80000元之间,其中主要单品价格为150～7000元。

2.16 奉贤区服装零售商圈

区域简介

2.16.1 奉贤区简介

中文名称	奉贤区
外文名称	Fengxian District
下辖地区	8镇(南桥、海湾、庄行、金汇、奉城、四团、青村、柘林)
政府驻地	南桥镇解放东路168号
地理位置	位于长江三角洲东南端,地处上海市南部,南临杭州湾,西北枕黄浦江,与闵行区隔江相望,东、东北与浦东新区接壤,西、西北分别与金山区、松江区相邻,南与杭州湾中的浙江省嵊泗县滩浒乡相望。
面　　积	687平方公里
人　　口	46.3万人(2011)
著名景点	碧海金沙水上乐园
火 车 站:	海湾火车站、浦东铁路海湾站货场
著名学府	华东理工大学(奉贤校区)、上海师范大学(奉贤校区)、上海应用技术学院(奉贤校区)
身份证区划	310120
战略规划	打造全中国最大的海上旅游基地
主要商业区	奉贤区南桥镇

　　奉贤区位于长江三角洲东南端,地处上海市南部,南临杭州湾,西北枕黄浦江,与闵行区隔江相望,东、东北与浦东新区接壤,西、西北分别与金山区、松江区相邻,南与杭州湾中的浙江省嵊泗县滩浒乡相望。境内有31.6公里杭州湾海岸线,13公里黄浦江江岸线。人口108.35万人,下辖8镇,分别是南桥、海湾、庄行、金汇、奉城、四团、青村、柘林,辖区内还有上海市工业综合开发区(奉浦)、上海市化学工业区奉贤分区、上海市临港产业开发区奉贤分区、浦东新区星火开发区、上海市农工商现代农业园区和市级奉贤现代农业开发区等。南桥镇为区政府所在地。2000年以前,由于奉贤偏远的地理位置,得不到一个与上海中心城区或其他上海郊区相应的发展,以致至今在上海各区县的经济实力都位于较低水平,仅高于交通更加不便的崇明县。2004年以

后,奉贤区开始积极培育以游艇旅游为主要项目来,并与附近的金山区致力打造全中国最大的海上旅游基地。

　　2011年,全区实现增加值570亿元,五年年均增长16.1%。地方财政收入52亿元,年均增长18.2%。年主营业务收入500万元及以上工业企业总产值1545亿元,年均增长18.5%。全社会固定资产投资总额262亿元,年均增长16.2%,其中工业固定资产投资总额123亿元,年均增长11.8%。社会消费品零售总额290亿元,年均增长17.4%。外贸直接出口总额55亿美元,年均增长24.3%。

商圈分布

表 2.16.2　奉贤区商圈分布及商场

商圈	商场	地址
南桥	百联南桥东方商厦	奉贤区南桥镇百齐路 588 号
	百联南桥购物中心二期	奉贤区南桥镇百齐路 589 号

A——南桥

图 2.16.1　南桥商圈地图

商场分析

1) 百联南桥东方商厦

表 2.16.3　百联南桥东方商厦概况

中文名称	百联南桥东方商厦
外文名称	BAILIAN NANQIAO SHOPPING CENTER
所属集团	上海百联(集团)有限公司
所属国家	中国

地　　址	南桥镇百齐路 588 号
区　　域	奉贤区
商　　圈	上海奉贤区南桥
营　　业	10:00 ～ 22:00
电　　话	33611267
网　　址	无
总 楼 层	1F ～ 5F
建筑面积	4.8 万平方米
服装经营面积	10684 平方米
建设时间	2008 年
公交线路	南梅线, 莘南线, 沪海专线
停车位数量	3000 个
消费者年龄范围	0 ～ 60 岁
服装产品价格范围	99 ～ 100000 元
经营全部品牌数量	283 个
经营服装品牌数量	196 个
服装展示指数	★★★☆☆
交通指数	★★★☆☆
环境指数	★★★☆☆
价格指数	★★★☆☆
时尚指数	★★★☆☆
人气指数	★★★★☆

2008 年 1 月 19 日,由百联股份与上海百货理事会永久副理事长单位——上海南方国际购物中心有限公司联手打造的百联南桥购物中心及东方商厦奉贤店闪亮开业。百联南桥购物中心及东方商厦奉贤店位于奉贤区南桥镇,是建设中的奉贤"南方国际购物广场"一期主体项目之一。百联南桥购物中心总建筑面积近 4.8 万平方米,分地上 5 层、地下 1 层。

表 2.16.4　百联南桥东方商厦经营定位与品牌分布表(2012 年)

楼层	楼层定位	经营内容	具体品牌
5F	综合	女装、童装、鞋	NIKE、LEE、Levi's、墨达人、APPLESHOP、PEAK、WVANGLER、Kappa、李宁、adidas、UMBRO、Converse、PONY、PUMA、NIKE、ZOKE、号手、Summit、哥伦布、5-STREET、KAKL KANI
4F	综合	童装、家居、鞋	好乐迪、MASHIMARO、NIKEKIDS、prettytiger、雅多、安奈尔、SNOOPY、PEPCO、宜贝、E. LAND. KIDS、Boshia、ONELE TOM、丽婴房、皇家宝贝、拉比、十月妈咪、英乐、亲子乐园、OSHKOSH、BodiBear、Bear famania、旋动酷地带、PIYOPIYO、DISNEY、COMBI、Followme、哈哈影像馆、ESPRIT、惠谊家纺、ALLSKING、gb、巴布豆、Panasonic、格雷诗家纺、名充家居、ROCALCOVER、佳丽斯、百丽丝家纺、赛诺、LIFEPOLVER、BEMCO、Tiger

续表

楼层	楼层定位	经营内容	具体品牌
3F	综合	男装、鞋、箱包	ZOTENO、CROCDDICE、APPLE、Claijss、SHEKIOAN、CARTELO、GEOX、CHRISDIEN、Peny、CYBOKG、UTC、POLOMEISDD、FOLUNSI、USPOLO. ASSN、Voylux、BOSSSUNWEN、GATHER JEWELS、STACHI、ECCO、U. S. POLO、SELECTED、DUMUIEL、PRESENCE、FOLUWSI、SARTORE、JOEONE、GEKYLLOWEN、BY、地牌、纤夫、MENSCH、海螺、SELON、SCHIESSER、UNDERLOOK、ARROW、PICASSO、Jeep、POLO、doright、1828、GOODLUCK、NAUTICA、DEZUN、L2、ESPRIT、U. S. POLO. ASSN、FAIRWHALE、Yev. RowLand、Jack & Jones、Bonito & shark、John. Doron、U. S. A. PALO WEAR、NANJKEN、Forgnie zila、VSKONNE、FAPAI、Z. IAGRAM、GIUSEPPE、PALONGACO、雅戈尔、歌弟、三枪、柒牌、CARDEENDINO、BAREI、JIOVA LINO、VALENTCOUPEAU、狮道芬堡
2F	综合	女装、箱包	YIGUE、ESPRIT、F. NY、Ochirly、a02、naivee、La Chapelle、Etam、EIFFEL、金利来、Basic House、KAISEK、OATIA、天王表、ONLY、VERO MODA、琳姿、INTOUCH、shoiadoll、bonny、曼妮芬、古今、SNOOPY、ES、鄂尔多斯、皮皮狗羊绒、梦特娇、凤凰、兆君、金兔、伊利欧、hosa、Triumph、undercovregirl、奇丽尔、美标、ZI、ENWEIS、帕兰朵、Embry From、艾黛妮、fandecie、DBASS、RED&PURDLE、EDEMEGA、YIDU、和音、X-GE、AG. MILAN、SIARES、LEOCLCB、UIVIKON、Casablank、i. S. E、lagogo、YAOLY、watsons、菲依妮妮、LUXMAN、JIEWEIXIW、DUNNU、明智梵顺、KAKO、福太太、AnnaLice、YUKAKICHAA、37度、YASAWO、KOSHISH、VSVELSUS、BOZEDADNY、SBPRC、FOLIO、DILAKS、Ealio
1F	综合	化妆品、男女装、饰品、酒、餐饮、手表	周大福、周大生、味千拉面、永和大王、APHKODITE、UNIQLO、Josing、中华五粮液专卖、icenson、名酒、屈臣氏、红蜻蜓、SAIDI、HangTen、Cameido、瑞士名表、Zippo、COMELY、Sapiniere、VANSSI、倩女、SISAT、FGN、BASTO、千百度、HARSON、菲柏丽尔、TATA、BELLE、EBLAN、KISSCAT、天宝龙凤、老庙黄金、亚一金店、中国黄金、MAXFACTOR、SOOYEHAN、MYBELLINE、DIVUM、REVLON、自然堂、西村名物、Parker、mojer、佰草集、自然美、素媚来、世纪名钟廊、za、露得清、阿玛尼、Mamondn、SOFINA、CITIZINE、KOSE、ONLY、AUPRES、LOKEAL、奥卡索、老凤祥、天美意、维多利亚、THE FACE SHOP、AVENE、BOREL、CYMA、Calvin Klein、ENICAR、TISSOT、MIDO、BOBGHESE、东华美钻、米蒂亚珠宝、名牌珠宝

百联南桥购物中心经营服装品牌分布特点:

服装品牌经营面积约 10684 平方米。其中,最大店铺为 ESPRIT,占地 250 平方米;最小店铺为 SCHIESSER,占地 10 平方米;平均服装品牌经营面积为每家 55 平方米。经营服装品牌 196 家,其中经营男装 56 家,经营女装 99 家,经营童装 8 家。经营服装风格包括时尚、职业、休闲、运动、礼服。

主要消费者年龄为 0 ～ 50 岁。

经营的服装产品单品价格在 99 ～ 2758 元之间,其中主要单品价格为 600 元。

2)百联南桥购物中心二期

表 2.16.5　百联南桥购物中心二期概况

中文名称	百联南桥购物中心二期
外文名称	无

所属集团	上海百联(集团)有限公司
所属国家	中国
地 址	南桥镇百齐路 589 号
区 域	奉贤区
商 圈	上海奉贤南桥
营 业	10:00 ～ 22:00
电 话	012-33611268
网 址	无
总 楼 层	B1 ～ 5F
建筑面积	5 万平方米
服装经营面积	3422 平方米
建设时间	2010 年
公交线路	南梅线、莘南线、沪海专线
停车位数量	3000 个
消费者年龄范围	0 ～ 40 岁
服装产品价格范围	69 ～ 12000 元
经营全部品牌数量	53 个
经营服装品牌数量	34 个
服装展示指数	★★★☆☆
交通指数	★★★☆☆
环境指数	★★★☆☆
价格指数	★★★☆☆
时尚指数	★★★☆☆
人气指数	★★★★☆

　　2010 年 9 月 30 日,百联南桥购物中心全新升级开业仪式在百联南桥购物中心二期隆重举行。全新亮相的百联南桥购物中心作为奉贤地区商业龙头,将成为上海郊区规模最大、功能最多、品牌最齐、服务最好、档次最高的一站式购物中心。二期开业后总面积 11.71 万平方米。它在原有购物、餐饮、娱乐的功能上,补充和完善更多综合服务功能。

表 2.16.6　百联南桥购物中心二期经营定位与品牌分布表(2012 年)

楼层	楼层定位	经营内容	具体品牌
5F	综合	餐饮、美容、教育、超市	江南茶人、汉中唐、蔓舍陀、爱乐国际少儿英语
4F	综合	餐饮、影城	顺风大酒店、九牛一品、PAPA JOHN's、上海国际影城、Night talking、韩林碳烤

楼层	楼层定位	经营内容	具体品牌
3F	综合	餐饮、家居、书店、娱乐	斗牛士、博士蛙、谷丰年、Lock&Lock、水星家纺、精锐1对1、新华书店、海音琴行、AK147台球俱乐部、南桥乐盛保龄球馆、蹦蹦乐园、蜀府、新融拍卖公司、蒙自源过桥米线、幸乐日式料理烤肉
2F	综合	男装、女装、鞋	国美电器、一伍一拾、陌生人、JOHN&Jing、蒙卡莉娜、璐帕莎、JIEDAI、HOPERISE、GXG、KonZEN、baoshi、HWT、欢腾、左丹奴、柏仙多格、福斯特、UNISEX、TOI&MOI、FADAI out lets、Footzone、I.S.3、LILY、Hongs、Amquist、PuuA、NOVIA、谭木匠
1F	综合	化妆品、女装、箱包、饰品	CUCCI、DOLICE&GABBANA、E.Land、VERSACE、Pretty valley、Tianwang、GASIO、TOMMY、HILFIGER、FIYIA、许留山、来伊份、KFC、Teenie Weenie、BURBERRY、Roem、吴良才眼镜、LACOSTE、La Chapelle、Candie's、避风塘、OMEY、巴黎三城、林清轩、国大药房、大娘水饺、悸动、第一食品
B1	超市	超市	世纪联华

百联南桥购物中心二期经营服装品牌分布特点：

服装品牌经营面积约3422平方米。其中，最大店铺为Boshiwa（博士蛙），占地380平方米；最小店铺为NOVIA，占地8平方米。平均服装品牌经营面积为每家100平方米。经营服装品牌34家，其中经营男装13家，经营女装16家，经营童装2家。经营服装风格包括 时尚、职业、休闲、基本。

主要消费者年龄为20～40岁。

经营的服装产品单品价格在69～12000元之间，其中主要单品价格为400元。

2.17 崇明县服装零售商圈

区域简介

2.17.1 崇明县简介

中文名称	崇明县

外文名称	Chongming County
下辖地区	三岛(崇明、长兴、横沙)、16个镇(城桥镇、堡镇、新河镇、庙镇、竖新镇、向化镇、三星镇、港沿镇、中兴镇、陈家镇、绿华镇、港西镇、建设镇、新海镇、东平镇、长兴镇)、2个乡(新村乡、横沙乡)
政府驻地	城桥镇人民路68号
地理位置	长江入海口
面　　积	1186平方公里
人　　口	68.8万人(2011年)
著名景点	东滩,西沙湿地,国家森林公园
轮　渡：	宝杨路码头(客轮、快船)、吴淞码头、石洞口码头(车客渡)
著名学府	上海市崇明中学、上海外国语大学贤达人文经济学院崇明校区
身份证区划	310230
战略规划	国家可持续发展实验区
主要商业区	城桥新城商圈

　　崇明县,现隶属上海市,位于长江入海口,全县地势平坦,由崇明、长兴、横沙三岛组成。其中,崇明岛是世界上最大的河口冲积岛,也是中国第三大岛。县内除汉族外,还有蒙古族、回族等少数民族居住。崇明有1300多年的历史,文化、历史底蕴深厚。崇明县也是中国上海市所辖唯一的一个县。"崇"取高义,"明"取清明义,"崇明"意为高出水面而又平坦宽阔的明净平地。

　　2011年,全县社会消费品零售总额54.7亿元,比上年增长18.4%,比年度计划提高3.4个百分点。从分行业看,零售业在总量及增长速度方面均领先其他行业,实现零售总额47.1亿元,比上年增长18.6%,占全社会消费品零售总额的85.5%；批发业实现消费品零售额2.4亿元,比上年增长16.0%,住宿业实现消费品零售额2.0亿元,比上年增长17.3%；餐饮业实现消费品零售额3.2亿元,比上年增长16.9%。全县集市贸易成交额9.4亿元,比上年增长33.4%。

商圈分布

表2.17.2　崇明县商圈分布及商场

商圈	商场	地址
城桥新城	上海博澜精品商厦	崇明县八一路328号（近人民路）

图 2.17.1　城桥新城商圈地图

A——城桥新城

　　该商圈业态布局方面,以中小型超市、专业专卖店、传统百货、便利店、小市场等满足本地居民日常生活消费的业态为主,缺少大卖场、购物中心、现代百货店等高层次现代商业业态。商业用地分布较为集中,商住地在各类用地中所占比例最大,体现崇明商业与居住关系密切的特点。

293

商场分析

1）上海博澜精品总汇

表 2.17.3　上海博澜精品总汇概况

中文名称	上海博澜精品商厦
外文名称	无
所属集团	崇明县百货有限公司
所属国家	中国
地　　址	崇明县八一路 328 号（近人民路）
区　　域	崇明县
商　　圈	上海城桥新城商圈
营　　业	09:00 ～ 21:00
电　　话	021-59611350
网　　址	无
总 楼 层	1 ～ 3F
建筑面积	近 10000 平方米
服装经营面积	1518 平方米
建设时间	2006 年
公交线路	城桥 1 路、南同专线、南裕专线区间、南牛线
停车位数量	无
消费者年龄范围	20 ～ 60 岁
服装产品价格范围	19 ～ 10000 元
经营全部品牌数量	48 个
经营服装品牌数量	28 个
服装展示指数	★★★★☆
交通指数	★☆☆☆☆
环境指数	★★★☆☆
价格指数	★★★☆☆
时尚指数	★★★☆☆
人气指数	★★★☆☆

　　上海博澜精品商厦地处南门繁华的八一路步行街上，地理位置优越。虽只有 3 楼，但建筑面积有 1 万平方米左右，购物之余能随意在周围找到休息场所、餐厅、娱乐等。

表 2.17.4　上海博澜精品总汇经营定位与品牌分布表（2012 年）

楼层	楼层定位	经营内容	具体品牌
3F	都市型男	西装衬衫、羽绒服、羊绒衫	GEOKGIMANIYA、YARNBOSS、CRADENDINO、Baroman、STELVIP、花花公子、波司登、凯撒、春羊绒
2F	秋冬时尚	休闲羽绒、高贵皮草、时尚女装	凯撒、伊斯莱濛、凡妮、轩、蒙特斯威、高梵、庄驰、浪莎、赛兰、杭丝绸、冰洁、雁皇、天乙珠宝、KAJA
1F	新潮少女	休闲女装、休闲男装、箱包、流行休闲鞋、化妆品、香水	natural beauty、QAOPSUHA、ROSE'S、KOSE、L'Oearl、elina、AVPRES、MRRUB、Neutrogena、adidas、远足皮鞋、City Sunday、hangten、Anuopama、XingEKDA、MAYBELLIA、CHANPO、NO.1 JENE、HALCYON、ZA、LANSUR、CARTELO、ZIBEIIK、BELLE、Goldlion

博澜精品商厦经营服装品牌分布特点：

服装品牌经营面积约 1185 平方米。其中，最大店铺为凯撒，占地 200 平方米；最小店铺为兴尔达、浪莎，占地各 15 平方米；平均服装品牌经营面积为每家 42 平方米。经营服装品牌 28 家，其中经营男装 11 家，经营女装 23 家，经营童装 0 家。经营服装风格包括时尚、基本、职业、休闲。

主要消费者年龄为 20 ～ 60 岁。

经营的服装产品单品价格在 19 ～ 10000 元之间，其中主要单品价格为 199 ～ 1288 元。

3 案 例

案例一

案例名称	城市奥特莱斯：传统奥特莱斯中国本土化的有效途径
案例大类	市场大类
研究分支	流通环节
案例类型	绿色米兰广场——中心城区的奥特莱斯，奢侈品折扣销售王国
面临问题	传统奥特莱斯定位远郊，如何适应中国的城市交通和消费者的购物习惯
解决方案	改变传统奥特莱斯选址远郊模式，把奥特莱斯搬进中心城区
案例过程	2008年，上海米岚城市奥莱企业管理有限公司总裁罗欣根据中国城市交通状况和消费者消费特点，提出城市奥特莱斯模式，并开始筹建上海首家城市奥特莱斯——绿色米兰广场，旨在把奥特莱斯搬进中心城区，免去消费者长途驾车奔赴远郊购物的劳累之苦和交通堵塞之痛，通过引入买手制和渠道新建，实现奥特莱斯与中国国情的有效结合。
实施结果	2012年9月15日，绿色米兰广场正式开业。绿色米兰广场，坐落于国权路39号，上海首家以意大利特色为主，具有欧洲风情的主题式城市奥特莱斯，地处上海市五角场城市副中心繁华商业地段，以国际知名品牌展示和折扣销售为经营特色，集购物、休闲、娱乐、餐饮、办公为一体的多功能、现代化的商业综合体广场。 开业至今，客流量稳步增加，营业额不断攀高，知名度越来越大。截止12月底，营业额达6018万元。实践证明，城市奥特莱斯具有非常大的发展潜力和生命力，是奥特莱斯本土化的有效途径。
问题引出	1）为什么国外的绝大多数奥特莱斯选址于郊区且运行的良好？ 2）城市奥特莱斯选址城市中心如何模式制胜？ 3）绿色米兰广场正式营业后的良好业绩说明了什么？未来发展潜力如何？为什么引发了业界和有关部门的普遍关注？
个案步骤	1）国外奥特莱斯引入中国后，除了少数奥特莱斯经营状况良好外，大多数经营惨淡，状况不佳，业内人士一直在思索奥特莱斯本土化的有效模式。 2）上海米岚城市奥莱企业管理有限公司总裁罗欣，结合自己国内外的多方考察，提出城市奥特莱斯模式，引入买手制，让国际知名奢侈品牌买手直接在绿色米兰广场开设买手店，削减中间流通环节，大幅降低了流通成本，为让利消费者创造了空间。同时，引入买手制，相当于从奢侈品厂家直接拿货，货源和品质都有保证。除了引入买手制之外，绿色米兰广场通过渠道新建，选址城市副中心，利用休眠限制地产，降低物业租金成本，为让利消费者进一步创造条件。上述两大创新模式是绿色米兰广场成功的核心关键所在。 3）在绿色米兰广场获得初步成功之后，在电子商务发展的如火如荼的形势下，上海米岚城市奥莱企业管理团队积极探索"同城网购"＋"跨城连锁"模式，争取在上海市九大商圈内各开设一家城市奥特莱斯商场，同时完善网上商场建设，然后推向长三角城市群乃至全国，完成跨连锁布局，最终完成"同城网购"＋"跨城连锁"的格局。目前，中国奥特莱斯业内人士对绿色米兰广场的模式都十分关注，有关部门的领导也纷纷前去视察指导，关于其媒体报道常见诸报端、互联网等媒体。
核心难点	1）如何选址，城市奥特莱斯定位中心城区，众所周知，我国城市市中心租金高昂，如何利用闲置地产或其他恰当机会，获得合适的经营场地，是城市奥特莱斯选址的一大难点。 2）如何获得充足的品牌买手资源，没有充足的知名品牌买手资源，奥特莱斯最终会沦为二三线品牌折扣销售地，失去了奥特莱斯的独特魅力——名牌展示和折扣销售。
学习思考	1）国内有意向开设奥特莱斯商场的地区和企业是否可以借鉴这一做法，从中国的实际国情出发，从消费者的消费习惯角度考虑，不再盲目地选址城市郊区，选址城市中心的城市奥特莱斯模式是否更适合中国的国情？ 2）从绿色米兰广场进驻上海杨浦五角场商圈这一具有创新意义的举动，正式营业仅3个月就获得了6千万元的营业额，足以说明城市奥特莱斯模式的强大的生命力和潜力。这种复制的可能性有多大？推广起来能否顺利进行？

案例二

案例名称	恒源祥,不一样的商业生态系统
案例大类	市场大类
研究分支	品牌经营
案例类型	"轻资产"特许经营模式
面临问题	转制后的民族品牌如何进行品牌经营,开拓适合自己的经营之道?
解决方案	在国内率先首家实施品牌特许经营的轻资产模式,着力打造品牌的知名度与美誉度。
案例全程	1991年,恒源祥考察并确定第一家加盟工厂,到2012年底加盟工厂已突破了110家。1998年开始,恒源祥进行了自有专用渠道的建设。2005年,在公司确立"全国化、差异化"的市场战略后,开始打破原有升级授权模式,改为地级单位授权。 2012年恒源祥网店有了大幅度的增长,地级区域和县级区域的网店综合到达率都有所上升。从产业布局的角度看,综合专卖的增长趋势尤为明显,网络的组合趋势也逐步凸显。
实施结果	公司成功地探索实践出了一条品牌经营之路,充分利用品牌的无形资产,调动和组合社会有形资产;运用以品牌为载体的知识产权授权体系,组成特许生产和特许经营的战略联盟,充分实现了跨越式的规模化经营和快速发展。
问题引出	特许经营的优势和特点是什么? 恒源祥的成功规模化经营依托的核心是什么?
个案步骤	目前恒源祥所开展的模式是一种更加务实,更加注重效果的企业组织与经营形式。它不仅能为企业建立强大稳定的销售网络,同时还能形成强大的纺织服装市场调研能力、产品开发能力和品质控制能力,为其生产企业提供先进的技术与管理指导。 恒源祥的成功发展得益于联合体商圈的建立。恒源祥制定了联合体的中长期发展规划和战略目标。然后按照省、直辖市划分,下设联合体区域分会,各分会分别是区域市场游戏规则的制定中心。目前,恒源祥已经在全国26个省份设立了联合体分会,负责所在省份的市场管理和协调,进行相对的"区域自治"。此外,联合体还设置了绒线、针织、服饰和家纺等7个产业委员会;广告、打假、传播、培训、网络、调研6个专业委员会。这些组织,包括集团的职能部门和产品公司为联合体所做的主要工作是服务和管理的输出。
理论依据	特许经营,即一种规模化、低成本的智慧型商业扩张形式。无形资产管理,将企业的无形资产,如知识产权(包括商标、企业信誉和专利等)、组织管理、市场和人力加以充分利用,使其资本化、市场化,从而最有效地组合社会现有资源,达到迅速提升共同价值的目的。
核心难点	无形资产管理:如何结合实际情况,利用无形带动有形? 庞大的虚拟商圈——联合体的持续发展需要构建怎样的平台?
人为假设	如果不走虚拟商圈建设的道路,恒源祥是否能实现目前的规模集聚化效应?对于中国市场的地区差异,如何进行应对?
分析结论	拥有强大的渠道和庞大的网络是恒源祥得益于虚拟商圈模式的显著优势。在地区化差异方面,恒源祥制定了特许经营的CIS系统,在全国部分城市建立样板店,同时加强市场设计力度,特别是对中小城市特许经营模式的探讨。努力实现网络不重叠,着力于进一步提升合作伙伴的市场控制能力;要求加盟工厂、经销商与公司实现网上沟通,逐步实现恒源祥对加盟工厂、经销商的电子商务建立区域性的经销商联谊会以形成区域性的物流中心和营销中心。 不仅如此,在联合体商圈中最重要的销售渠道管控上,恒源祥采取的是经销商"分级管理"与销售终端"矩阵式管理",建立了恒源祥特色的经销商"星级系统",每年定时召开不同主题、概念的全国恒源祥经销商大会。
学习思考	恒源祥这种以虚拟商圈为核心的经营模式,或许将代表商圈经营的未来发展趋势。 在未来,恒源祥的品牌管理和经营理念,是否能为更多中国自主品牌所借鉴,吸引更多消费者对品牌从认知走向信仰?

案例三

案例名称	"绝代佳人"让中国文化融入品牌定位中
案例大类	市场大类
研究分支	流行元素
案例类型	绝代佳人——做文化的设计师品牌
面临问题	在市场众多丝巾围饰品牌中如何脱颖而出？
解决方案	让中国文化对接时尚元素融入产品设计中
案例全程	2009年绝代佳人启动文化战略,与苏州画家协会联手开发设计丝巾围饰产品,其中有手绘、中国盘扣、指环羊绒等,将原本运用在服装上的文化元素首次设计使用在丝巾围饰上。
	有了核心产品选址渠道也是能否成功的关键,绝代佳人在传统街边店铺和百货的基础上又与国内外知名商业地产开发商合作,选择进驻目前市场口碑很好,消费者认知度较高的 shopping mall,如与凯德商用、恒隆地产、麦格理国际地产、万达商业地产等。
实施后果	2009年,绝代佳人产品一经推出好评如潮,迅速占领市场,引发消费者购买热潮。通过市场检验2010年绝代佳人确立了"产品设计,文化先行"的战略规划,并以2010上海世博会为契机,在原有产品系列基础上又推出了中国四大名绣(苏绣、粤绣、湘绣、蜀绣)系列、与旅美画家进行跨界合作系列、中国传统文化元素系列,这些设计不是简单的元素堆砌,而是通过艺术创新和加工再与当前社会流行元素对接,设计创作出符合当前消费者审美观念又能富含深厚历史文化底蕴的丝巾围饰产品,在2010世博年的销售中受到中外消费者的喜爱和好评,并且获得了国家政府部门颁发的表彰奖励! 对于进驻凯德商用、恒隆地产、万达商业地产、麦格理国际地产这些商业新兴地产,绝代佳人当年销售业绩就有很大增长,在2012年市场大环境不好的情况下,这些地产销售渠道还保持较高增长,这也是公司按照市场发展,按照消费者的需求不断自身进行渠道优化,最后有一个较好的市场销售表现。
问题引出	1) 为什么绝代佳人推出的"产品设计,文化先行"战略能够获得巨大成功？ 2) 文化元素与流行时尚对接为丝巾围饰市场带来怎样的影响？ 3) 当绝代佳人设计的产品一经推出,如何让消费者了解明白其中的内涵和寓意,进而热爱喜欢？ 4) 如果没有渠道升级,销售能否有较大增长？
个案步骤	1) 拥有10年丝巾围饰设计经验,8年丝巾围饰品牌运作经验,重新规划品牌发展战略; 2) 与苏州画家协会联手开发设计丝巾围饰产品,其中有手绘、中国盘扣、指环羊绒,将原本运用在服装上的文化元素首次设计使用在丝巾围饰上,一经推出收到市场热烈欢迎。 3) 当设计通过市场检验,绝代佳人确立了"产品设计,文化先行"的战略规划,并在原有产品系列基础上又推出了中国四大名绣系列、与旅美画家跨界合作系列、中国传统文化元素系列,这些设计不是简单的元素堆砌,而是通过艺术创新和加工再与当前社会流行元素对接,设计创作出符合当前消费者审美观念又能富含深厚历史文化底蕴的丝巾围饰产品。 4) 按照现在国家消费结构升级,市场人民生活水平的提高,品牌公司必须紧密跟随市场的脚步,不断进行渠道升级,自身的定位准确了增长是肯定的。
理论依据	中国文化,亦叫华夏文化、华夏文明,即汉族文化,汉文化。且流传年代久远,地域甚广,以文化圈概念亦被称为"汉文化圈"。中国文化不但对韩国、日本,对东南亚、南亚一些国家如菲律宾、新加坡、越南等国家和地区都产生了深远的影响,随着中国国力的强盛,随着中国国际地位的提高,世界各国包括亚洲、欧洲在内的一些国家都对中国文化给予了高度的认同和重视,将中国文化提炼应用到设计当中会引起广大消费者的共鸣和喜爱。 国家城镇化脚步加快,1980、1990年后出生的消费者成长起来,这些都是新兴地产繁荣的保证。
核心难点	1) 绝代佳人从一个传统丝巾围饰品牌形象转型为提倡及运用中国文化元素的设计师品牌形象,需要借助自身素养的提升以及外界体验和宣导来引导消费者; 2) 从传统产品开发设计到引入战略思想指导品牌发展与设计理念,是在经过对市场的充分调研和深悉消费者需求的基础上的。
人为假设	1) 如果没有导入文化战略,绝代佳人在消费者心中的品牌形象是否还会和现在一样？ 2) 如果仅仅在设计上进行调整研发,没有采用文化元素对接,目前绝代佳人是否还能取得这样的成功？
分析结论	1) 绝代佳人在导入文化战略之后,不仅吸引到高端客户,对品牌整体形象也有显著提升,证明了中国本土配饰类产品也可以走高端路线,从而也为绝代佳人的传统形象带来了新的生命力。 2) 目前绝代佳人能够取得成功,很大程度上是因为她将中国文化元素与时尚完美结合,有自己的个性树立了品牌的灵魂,她的产品从社会名流人士的日常生活和聚会着装搭配到馈赠亲朋好友的礼品都是非常受到欢迎的,因此也正是这些高档消费群体的示范效应使绝代佳人这个品牌在市场上迅速传播,当消费者选购丝巾围饰首先想到绝代佳人,正是因为这种成功未来绝代佳人将会坚定的持续这条道路。

附表：商场综合信息汇总表

附表 1　黄浦区商圈分布及商场指数

行政区域	商圈	商场	地址	服装展示指数	交通指数	环境指数	价格指数	时尚指数	人气指数
黄浦区	南京东路	百联世茂国际广场	黄浦区南京东路 819 号	★★★★☆	★★★★★	★★★★☆	★★★☆☆	★★★☆☆	★★★★☆
		置地广场	黄浦区南京东路 409～459 号	★★★☆☆	★★★★★	★★★☆☆	★★★☆☆	★★★☆☆	★★★★☆
		上海时装商店	黄浦区南京东路 650～690 号	★★★☆☆	★★★★★	★★★☆☆	★★★☆☆	★★★☆☆	★★★★☆
		353 广场	黄浦区南京东路 353 号	★★★☆☆	★★★★★	★★★☆☆	★★★☆☆	★★★☆☆	★★★★☆
		宏伊国际广场	黄浦区南京东路 299 号	★★★★☆	★★★★★	★★★☆☆	★★★☆☆	★★★☆☆	★★★★☆
		永安百货	黄浦区南京东路 635 号	★★★☆☆	★★★★★	★★★☆☆	★★★☆☆	★★★☆☆	★★★☆☆
		东方商厦	黄浦区南京东路 800 号	★★★★☆	★★★★★	★★★☆☆	★★★☆☆	★★★☆☆	★★★★☆
		恒基名人购物中心	黄浦区南京东路 300 号	★★★★☆	★★★★★	★★★★☆	★★★★☆	★★★★☆	★★★☆☆
		宝大祥青少年儿童购物中心	黄浦区南京东路 685 号	★★★★☆	★★★★★	★★★☆☆	★★★☆☆	★★★☆☆	★★★★☆
		第一百货商店	黄浦区南京东路 830 号	★★★★☆	★★★★★	★★★☆☆	★★★☆☆	★★★☆☆	★★★★☆
	人民广场	来福士广场	黄浦区西藏中路 278 号	★★★★☆	★★★★★	★★★☆☆	★★★☆☆	★★★☆☆	★★★★☆
		新世界城	黄浦区南京西路 2～68 号	★★★☆☆	★★★★★	★★★☆☆	★★★☆☆	★★★☆☆	★★★★☆
		迪美购物中心	黄浦区人民大道 221 号	★★★☆☆	★★★★★	★★☆☆☆	★★☆☆☆	★★☆☆☆	★★★★☆
		香港名店街	黄浦区人民大道 9 号	★★★★☆	★★★★★	★★☆☆☆	★★☆☆☆	★★☆☆☆	★★★★☆
	淮海路	无限度广场	卢湾区淮海中路 138 号	★★★☆☆	★★★☆☆	★★★☆☆	★★★☆☆	★★★☆☆	★★★★☆
		香港新世界广场	卢湾区淮海中路 300 号	★★★☆☆	★★★☆☆	★★★☆☆	★★★☆☆	★★★☆☆	★★★☆☆
		中环广场	卢湾区淮海中路 381 号	★★★★☆	★★★★☆	★★★★☆	★★★★☆	★★★★☆	★★★★☆
		东方商厦淮海店	卢湾区淮海中路 755 号	★★★☆☆	★★★★☆	★★★☆☆	★★★☆☆	★★★☆☆	★★★☆☆
		二百永新	黄埔区淮海中路 887 号	★★★☆☆	★★★★☆	★★★☆☆	★★★☆☆	★★★☆☆	★★☆☆☆
		OPA 百货	卢湾区淮海中路 900 号	★★☆☆☆	★★★☆☆	★★★☆☆	★★★☆☆	★★★☆☆	★★☆☆☆
		九海百盛	卢湾区淮海中路 918 号	★★☆☆☆	★★★☆☆	★★☆☆☆	★★☆☆☆	★★☆☆☆	★★★★☆
		巴黎春天淮海店	卢湾区淮海中路 939 号	★★★☆☆	★★★☆☆	★★★☆☆	★★★☆☆	★★★☆☆	★★★☆☆
		锦江迪生商厦	卢湾区长乐路 400 号	★★★★☆	★★★★☆	★★★★☆	★★★☆☆	★★★☆☆	★★★★☆
		新天地南里商场	卢湾区兴业路 123 弄 1～7 号	★★★☆☆	★★★★☆	★★★☆☆	★★★★☆	★★★★☆	★★★★☆
		新天地时尚	卢湾区马当路 245 号	★★★☆☆	★★★★☆	★★★☆☆	★★★★☆	★★★☆☆	★★★★☆
	打浦桥	日月光中心广场	卢湾区徐家汇路 618 号	★★★☆☆	★★★★☆	★★★☆☆	★★★★☆	★★★★☆	★★★★☆

附表2 徐汇区商圈分布及商场指数

行政区域	商圈	商场	地址	服装展示指数	交通指数	环境指数	价格指数	时尚指数	人气指数
徐汇区	徐家汇	太平洋百货徐汇店	徐汇区衡山路932号	★★★★☆	★★★★★	★★★☆☆	★★★☆☆	★★★☆☆	★★★★☆
		港汇恒隆广场	徐汇区虹桥路1号	★★★★★	★★★★★	★★★★★	★★★★★	★★★★★	★★★★★
		汇金百货	徐汇区肇嘉浜路1000号	★★★★☆	★★★★★	★★★☆☆	★★★☆☆	★★★☆☆	★★★☆☆
		东方商厦	徐汇区漕溪北路8号	★★★★☆	★★★★★	★★★☆☆	★★★☆☆	★★★☆☆	★★★★☆
		第六百货	徐汇区肇嘉浜路1068号	★☆☆☆☆	★★★★★	★☆☆☆☆	★☆☆☆☆	★☆☆☆☆	★★☆☆☆
		汇联商厦（天钥桥路店）	徐汇区天钥桥路40～90号汇联商厦内	★☆☆☆☆	★★★★★	★☆☆☆☆	★★☆☆☆	★☆☆☆☆	★★☆☆☆
		飞洲国际广场	徐汇区零陵路899号飞洲国际大厦内	★★★☆☆	★★★☆☆	★★★★☆	★★★☆☆	★★★☆☆	★★☆☆☆
		星游城	徐汇区天钥桥路580号	★★★☆☆	★★★☆☆	★★★☆☆	★★★☆☆	★★☆☆☆	★★☆☆☆
		光启城时尚购物中心	徐汇区宜山路425号	★★★☆☆	★★★★☆	★★★☆☆	★★★☆☆	★★★☆☆	★★☆☆☆
	上海南站	盛泰购物中心	徐汇区沪闵路9001～3号	★★★★☆	★★★☆☆	★★★☆☆	★★★☆☆	★★★☆☆	★★☆☆☆

附表3 长宁区商圈分布及商场指数

行政区域	商圈	商场	地址	服装展示指数	交通指数	环境指数	价格指数	时尚指数	人气指数
长宁区	中山公园	龙之梦购物中心	长宁区长宁路1018号	★★★★☆	★★★★★	★★★★☆	★★★☆☆	★★★☆☆	★★★★☆
		巴黎春天	长宁区长宁路823号	★★★★★	★★★★★	★★★☆☆	★★★☆☆	★★★☆☆	★★★★☆
	天山虹桥	友谊商城	长宁区遵义南路6号	★★★★☆	★★★★★	★★★★☆	★★★☆☆	★★★☆☆	★★★★☆
		百盛购物中心（虹桥店）	长宁区遵义路100号	★★★★☆	★★★★★	★★★☆☆	★★★☆☆	★★★☆☆	★★★☆☆
		百盛购物中心（天山店）	长宁区天山路789～889号	★★★★☆	★★★★★	★★★☆☆	★★★☆☆	★★★☆☆	★★★★☆
		汇金百货（虹桥店）	长宁区天山路900号	★★★★☆	★★★★★	★★★☆☆	★★★☆☆	★★★☆☆	★★★★☆
		上服商厦	长宁区茅台路567号	★★★★☆	★★★★★	★★★☆☆	★★★☆☆	★★★☆☆	★★★☆☆
	北新泾	百联西郊购物中心	长宁区仙霞西路88号	★★★★☆	★★★★★	★★★☆☆	★★★☆☆	★★★☆☆	★★★★☆
		馥邦购物中心	长宁区天山西路138号	★★★☆☆	★★★★★	★★★☆☆	★★★☆☆	★★★☆☆	★★★☆☆
		友谊百货	长宁区仙霞西路88号	★★★★☆	★★★★★	★★★☆☆	★★★☆☆	★★★☆☆	★★★★☆

附表4 静安区商圈分布及商场指数

行政区域	商圈	商场	地址	服装展示指数	交通指数	环境指数	价格指数	时尚指数	人气指数
静安区	南京西路	梅龙镇广场	静安区南京西路1038号	★★★★★	★★★★★	★★★★★	★★★★☆	★★★★☆	★★★★☆
		开欣商厦	南京西路819号	★★★☆☆	★★★★☆	★★★☆☆	★★★☆☆	★★☆☆☆	★★☆☆☆
		818广场	静安区南京西路818号	★★★☆☆	★★★★★	★★★☆☆	★★★☆☆	★★★☆☆	★★★☆☆
		金鹰国际购物中心	静安区南京西路1168号中信泰富广场4层	★★★★☆	★★★★★	★★★★☆	★★★★★	★★★★☆	★★★★☆
		久光百货	静安区南京西路1618号	★★★★☆	★★★★★	★★★★☆	★★★★☆	★★★★☆	★★★★☆
		恒隆广场	静安区南京西路1266	★★★★★	★★★★★	★★★★★	★★★★★	★★★★★	★★★★☆
		中信泰富广场	静安区南京西路1168号中信泰富广场内	★★★★☆	★★★★★	★★★★☆	★★★★☆	★★★★☆	★★★★☆
	曹家渡	悦达889广场	静安区万航渡路889号	★★★★☆	★★★★☆	★★★☆☆	★★☆☆☆	★★★☆☆	★★★☆☆

附表5　普陀区商圈分布及商场指数

行政区域	商圈	商场	地址	服装展示指数	交通指数	环境指数	价格指数	时尚指数	人气指数
普陀区	曹杨路	长风景畔广场	普陀区大渡河路178号（近云岭东路）	★★★☆☆	★★★☆☆	★★★☆☆	★★★☆☆	★★★☆☆	★★★★☆
		118广场	普陀区金沙江路1685号（近真北路）	★★★☆☆	★★★☆☆	★★★★☆	★★★☆☆	★★★☆☆	★★★★☆
		国盛时尚	普陀区大渡河路492号（近金沙江路）	★★★★☆	★★★☆☆	★★★★☆	★★★☆☆	★★★☆☆	★★★☆☆
		我格广场	普陀区武宁路101号（普雄路口）	★★★☆☆	★★★☆☆	★★★☆☆	★★★☆☆	★★★☆☆	★★★☆☆
		曹杨商城	普陀区兰溪路137号 曹杨商城内（近杏山路）	★★★☆☆	★★★☆☆	★★★☆☆	★★★☆☆	★★★☆☆	★★★☆☆
	中环	百联中环购物广场	普陀区真光路1288号 百联购物广场内（近梅川路）	★★☆☆☆	★★★☆☆	★★☆☆☆	★★☆☆☆	★★★☆☆	★★★☆☆
		东方商厦（百联中环店）	普陀区真光路1288号 白联购物广场内（近梅川路）	★★★☆☆	★★★☆☆	★★★☆☆	★★★★☆	★★★★☆	★★★☆☆
	长寿路	巴黎春天（陕西路店）	普陀区长寿路155号（近陕西北路）	★★★★☆	★★★★☆	★★★★☆	★★★★☆	★★★★☆	★★★★☆
		亚新生活广场	普陀区长寿路401号（近常德路）	★★★☆☆	★★★☆☆	★★★☆☆	★★★☆☆	★★★☆☆	★★★☆☆

附表6　闸北区商圈分布及商场指数

行政区域	商圈	商场	地址	服装展示指数	交通指数	环境指数	价格指数	时尚指数	人气指数
闸北区	大宁国际	大宁商业广场	共和新路1878～2008号	★★★★☆	★★★★☆	★★★☆☆	★★★☆☆	★★★☆☆	★★★☆☆
	大悦城	大悦城	西藏北路166号	★★★★☆	★★★★★	★★★★☆	★★★★☆	★★★★☆	★★★★☆
	不夜城	太平洋百货	天目西路218号	★★★☆☆	★★★★★	★★★☆☆	★★★☆☆	★★★☆☆	★★★★☆

附表7　虹口区商圈分布及商场指数

行政区域	商圈	商场	地址	服装展示指数	交通指数	环境指数	价格指数	时尚指数	人气指数
虹口区	四川北路	天兴百货	虹口区四川北路2118号	★★★☆☆	★★★☆☆	★★★☆☆	★★★☆☆	★★★☆☆	★★★☆☆
		东宝百货	虹口区四川北路1666号	★★★☆☆	★★★☆☆	★★★☆☆	★★★☆☆	★★★☆☆	★★★☆☆
		壹丰广场	虹口区四川北路1363号	★★★★☆	★★★☆☆	★★★★☆	★★★★☆	★★★★☆	★★★☆☆
		巴黎春天虹口店	虹口区四川北路1688号	★★★★☆	★★★★☆	★★★★☆	★★★☆☆	★★★☆☆	★★★★☆
		春天百货	虹口区四川北路521号	★★★☆☆	★★☆☆☆	★★☆☆☆	★★☆☆☆	★☆☆☆☆	★★★★☆
		嘉杰国际商业广场	虹口区四川北路1727弄	★★★☆☆	★★★★★	★★★★☆	★★★★☆	★★★★☆	★★☆☆☆
		凯德龙之梦购物中心	虹口区西江湾路388号	★★★★☆	★★★☆☆	★★★☆☆	★★★☆☆	★★★☆☆	★★☆☆☆
		凯鸿广场	虹口区四川北路1661号	★★★☆☆	★★★★★	★★★☆☆	★★☆☆☆	★★★☆☆	★★☆☆☆
	江湾镇	东方商厦	虹口区同丰路699号	★★★☆☆	★★★☆☆	★★★☆☆	★★★★☆	★★★★☆	★★★★☆
	临平路	瑞虹生活广场	虹口区临平路123号	★★★☆☆	★★★☆☆	★★★☆☆	★★★☆☆	★★☆☆☆	★★★★☆
		正大生活馆	虹口区新港路277号	★★★☆☆	★★★★☆	★★★☆☆	★★★☆☆	★★★☆☆	★★☆☆☆

附表 8　杨浦区商圈分布及商场指数

行政区域	商圈	商场	地址	服装展示指数	交通指数	环境指数	价格指数	时尚指数	人气指数
杨浦区	五角场	百联又一城购物中心	杨浦区淞沪路8号	★★★☆☆	★★★★★	★★★☆☆	★★★☆☆	★★★☆☆	★★★★☆
		万达广场	杨浦区邯郸路600号	★★★★☆	★★★★★	★★★☆☆	★★★☆☆	★★★☆☆	★★★★☆
		东方商厦(杨浦店)	杨浦区四平路2500号	★★★☆☆	★★★★★	★★★☆☆	★★★☆☆	★★★☆☆	★★★☆☆
		巴黎春天	杨浦区淞沪路1号	★★★★☆	★★★★★	★★★☆☆	★★★☆☆	★★★☆☆	★★★★☆
		大西洋百货	杨浦区翔殷路1128号	★★★☆☆	★★★★★	★★★☆☆	★★★☆☆	★★★☆☆	★★★☆☆
		特力时尚汇	杨浦区邯郸路600号	★★★★☆	★★★★★	★★★☆☆	★★★☆☆	★★★☆☆	★★★★☆
		宝大祥青少年儿童购物中心	杨浦区国宾路48号	★★★★☆	★★★★★	★★★☆☆	★★★☆☆	★★★☆☆	★★★★★
	控江路	假日百货	杨浦区鞍山路1号	★★★★☆	★★★★★	★★★☆☆	★★★☆☆	★★★☆☆	★★★☆☆

附表 9　浦东新区商圈分布及商场指数

行政区域	商圈	商场	地址	服装展示指数	交通指数	环境指数	价格指数	时尚指数	人气指数
浦东新区	八佰伴	巴黎春天(浦建店)	浦东新区浦建路118号	★★★★☆	★★★★★	★★★☆☆	★★★☆☆	★★★☆☆	★★★★☆
		96广场	浦东新区东方路796号	★★★☆☆	★★★☆☆	★★★☆☆	★★★☆☆	★★★☆☆	★★★☆☆
		第一八佰伴	浦东新区张杨路501号	★★★★☆	★★★★★	★★★★☆	★★★☆☆	★★★★☆	★★★★☆
		华润时代广场	浦东新区张杨路500号	★★★★☆	★★★★★	★★★★☆	★★★☆☆	★★★★☆	★★★★☆
		新梅联合广场	浦东新区浦东南路999号	★★★☆☆	★★★★★	★★★★☆	★★★☆☆	★★★★☆	★★★☆☆
		浦东嘉里城	浦东新区花木路1378号	★★★☆☆	★★★★★	★★★★★	★★★★☆	★★★★★	★★★★☆
	三林上南	巴黎春天(成山店)	浦东新区成山路1993号	★★★★☆	★★★☆☆	★★★☆☆	★★★☆☆	★★★☆☆	★★★☆☆
		浦东商场(成山店)	浦东新区成山路500号	★★☆☆☆	★★★☆☆	★★★☆☆	★★★☆☆	★★☆☆☆	★★★☆☆
		浦东商场(昌里店)	浦东新区昌里路337号	★★☆☆☆	★★★☆☆	★★★☆☆	★★★☆☆	★★☆☆☆	★★★☆☆
		中房金谊广场	浦东新区上南路4467号20号	★★★★☆	★★★☆☆	★★★☆☆	★★★☆☆	★★★☆☆	★★☆☆☆
	惠南镇	浦东商场(南汇店)	浦东新区东门大街200号	★★☆☆☆	★★★☆☆	★★★☆☆	★★★☆☆	★★☆☆☆	★★★☆☆
	金桥	金桥国际商业广场	浦东新区张杨路3611弄	★★★★☆	★★★☆☆	★★★☆☆	★★★☆☆	★★★☆☆	★★☆☆☆
	川沙	绿地东海岸	浦东新区川沙路5558号	★★★★☆	★★★☆☆	★★★☆☆	★★★☆☆	★★★☆☆	★★☆☆☆
		浦东商场(川沙店)	浦东新区川沙路4825号	★★★★☆	★★★☆☆	★★★☆☆	★★★☆☆	★★★☆☆	★★☆☆☆
		浦东商场(华夏东路店)	浦东新区华夏东路2255号	★★★★☆	★★★☆☆	★★★☆☆	★★★☆☆	★★☆☆☆	★★☆☆☆
	花木	大拇指广场	浦东新区芳甸路199弄	★★★☆☆	★★★☆☆	★★★☆☆	★★★☆☆	★★★☆☆	★★★★☆
		联洋广场	浦东新区芳甸路226号	★★★☆☆	★★★☆☆	★★★☆☆	★★★☆☆	★★★☆☆	★★★☆☆
	陆家嘴	正大广场	浦东新区陆家嘴西路168号	★★★★☆	★★★★☆	★★★★☆	★★★☆☆	★★★★☆	★★★★☆

附表 10　闵行区商圈分布及商场指数

行政区域	商圈	商场	地址	服装展示指数	交通指数	环境指数	价格指数	时尚指数	人气指数
闵行区	莘庄	莘庄凯德龙之梦购物中心	闵行区沪闵路6088号	★★★☆☆	★★★★★	★★★☆☆	★★★☆☆	★★★☆☆	★★★★☆
		莲花国际广场	闵行区沪闵路7866弄	★★★★★	★★★★★	★★★★★	★★★★★	★★★★★	★★★★★
	七宝	巴黎春天七宝店	闵行区七莘路3755号巴黎春天内（近沪星路）	★★★☆☆	★★★★★	★★★☆☆	★★★☆☆	★★★☆☆	★★★★☆
		七宝购物广场	闵行区七莘路3655号（近沪星路）	★★★★☆	★★★☆☆	★★★☆☆	★★★☆☆	★★★☆☆	★★★★☆
		汇宝购物广场	闵行区漕宝路3509号（近七莘路）	★★★☆☆	★★★☆☆	★★★☆☆	★★★☆☆	★★★☆☆	★★★☆☆
	虹莘路	百联南方购物中心	闵行区沪闵路7388号南方商城内（近莲花路）	★★★☆☆	★★★☆☆	★★★☆☆	★★★☆☆	★★★☆☆	★★★☆☆
		漕宝购物中心	闵行区漕宝路1574号	★★★☆☆	★★★☆☆	★★★☆☆	★★★☆☆	★★★☆☆	★★★☆☆

附表 11　宝山区商圈分布及商场指数

行政区域	商圈	商场	地址	服装展示指数	交通指数	环境指数	价格指数	时尚指数	人气指数
宝山区	大华	大华虎城嘉年华广场	宝山区大华路518号（近大华二路）	★★★★☆	★★★★★	★★★★☆	★★★☆☆	★★★☆☆	★★★★☆
		巴黎春天（宝山店生活馆）	宝山区真华路888号（近大华一路）	★★★★☆	★★★★★	★★★★☆	★★★☆☆	★★★☆☆	★★★★☆
	淞宝	安信商业广场	宝山区牡丹江路1211～1258号（近安信商业广场）	★★★★☆	★★★★☆	★★★☆☆	★★★☆☆	★★★☆☆	★★★☆☆
	友谊路	宝钢商场	宝山区友谊路211号 宝钢商场内（近牡丹江路）	★★★★☆	★★★★★	★★★☆☆	★★★☆☆	★★★☆☆	★★★★☆
	美兰湖	美兰湖奥特莱斯	宝山区沪太路6655号（美兰湖口）	★★★★☆	★☆☆☆☆	★★★☆☆	★★★☆☆	★★☆☆☆	★★☆☆☆
	庙行	万达广场（宝山店）	宝山区一二八纪念路878弄（近共康路地铁站）	★★★★☆	★★★☆☆	★★★★☆	★★★☆☆	★★★☆☆	★★★★☆
		万达百货	宝山区一二八纪念路878弄（近共康路地铁站）	★★★★☆	★★★☆☆	★★★★☆	★★★☆☆	★★★☆☆	★★★★☆

附表 12　嘉定区商圈分布及商场指数

行政区域	商圈	商场	地址	服装展示指数	交通指数	环境指数	价格指数	时尚指数	人气指数
嘉定区	嘉定镇	罗宾森购物广场	城中路138号	★★★☆☆	★★☆☆☆	★★★☆☆	★★★☆☆	★★☆☆☆	★★★☆☆
		嘉定商城	清河路48号	★★☆☆☆	★★☆☆☆	★★★☆☆	★★★☆☆	★★☆☆☆	★☆☆☆☆
		中鸿百货	清河路2号	★★☆☆☆	★★★☆☆	★★☆☆☆	★★☆☆☆	★★☆☆☆	★★★★☆
	江桥	嘉莲华国际商业广场	曹安路2188	★★★★☆	★★★★☆	★★★☆☆	★★★☆☆	★★★☆☆	★★★★☆
		万千百货	华江路988号	★★★☆☆	★★★☆☆	★★☆☆☆	★★☆☆☆	★☆☆☆☆	★★☆☆☆

附表 13　金山区商圈分布及商场指数

行政区域	商圈	商场	地址	服装展示指数	交通指数	环境指数	价格指数	时尚指数	人气指数
金山区	卫清西路	百联金山购物中心	金山区卫清西路168弄99号	★★★☆☆	★★★★★	★★★☆☆	★★★☆☆	★★★☆☆	★★★★☆
		东方商厦	金山区卫清西路168弄99号	★★★☆☆	★★★★★	★★★☆☆	★★★☆☆	★★★☆☆	★★★★☆
	石化卫零路	瑞鑫百货	金山区石化卫零路555号	★★★☆☆	★★★★★	★★★☆☆	★★★☆☆	★★★☆☆	★★★★☆
		石化百货	金山区卫零路85号	★★★☆☆	★★★★★	★★★☆☆	★★★☆☆	★★★☆☆	★★★★☆

附表 14　松江区商圈分布及商场指数

行政区域	商圈	商场	地址	服装展示指数	交通指数	环境指数	价格指数	时尚指数	人气指数
松江区	松江老城	松江商城	松江区中山中路168～188号（近庙前街）	★★★★☆	★★★★★	★★★★☆	★★★☆☆	★★★☆☆	★★★☆☆
		平高世贸中心	松江区中山中路71～83号	★★★★☆	★★★★★	★★★☆☆	★★★☆☆	★★★☆☆	★★★★☆
		第一百货（松江店）	松江区中山中路98～116号	★★★★☆	★★★★☆	★★★☆☆	★★★☆☆	★★☆☆☆	★★★☆☆
		鹿都国际商业广场	松江区松汇中路568号	★★★★☆	★★★★☆	★★★☆☆	★★☆☆☆	★★★☆☆	★★☆☆☆
	松江新城	开元地中海商业广场	松江区新松江路925号（人民北路口）	★★★★☆	★★★★★	★★★★☆	★★☆☆☆	★★★☆☆	★★★★☆

附表 15　青浦区商圈分布及商场指数

行政区域	商圈	商场	地址	服装展示指数	交通指数	环境指数	价格指数	时尚指数	人气指数
青浦区	公园路	东方商厦	青浦区公园路 700 号	★★★☆☆	★★★★☆	★★★☆☆	★★★☆☆	★★★☆☆	★★★☆☆
		桥梓湾购物中心	青浦区公园路 666 号	★★★☆☆	★★★★☆	★★★☆☆	★★★☆☆	★★★☆☆	★★★☆☆
		成泰百货	青浦区青松路 1 号	★★★☆☆	★★★★☆	★★★☆☆	★★★☆☆	★★★☆☆	★★★☆☆
	奥特莱斯	奥特莱斯	青浦区沪青平公路 2888 号	★★★★☆	★★★☆☆	★★★★☆	★★★★☆	★★★☆☆	★★★★☆

附表 16　奉贤区商圈分布及商场指数

行政区域	商圈	商场	地址	服装展示指数	交通指数	环境指数	价格指数	时尚指数	人气指数
奉贤区	南桥	百联南桥东方商厦	奉贤区南桥镇百齐路 588 号	★★★☆☆	★★★☆☆	★★★☆☆	★★★☆☆	★★★☆☆	★★★★☆
		百联南桥购物中心二期	奉贤区南桥镇百齐路 589 号	★★★☆☆	★★★☆☆	★★★☆☆	★★★☆☆	★★★☆☆	★★★★☆

附表 17　崇明县商圈分布及商场指数

行政区域	商圈	商场	地址	服装展示指数	交通指数	环境指数	价格指数	时尚指数	人气指数
崇明县	城桥新城	上海博澜精品商厦	崇明县八一路 328 号（近人民路）	★★★★☆	★☆☆☆☆	★★★☆☆	★★★☆☆	★★★☆☆	★★★☆☆

附录：中国品牌，上海"智"造

附录1：努力将上海打造成中国品牌运营中心

"十二五"期间，上海确立了以"创新驱动、转型发展"为主线的城市发展思路。都市产业纷纷转变经营方式、提高产品附加值，推动相应产业的升级，发展自主品牌已经成为我国企业未来的必由之路。也就是说，上海不能仅仅满足于成为世界著名品牌的商业入驻中心，还应努力塑造自己的自主品牌，那么，营造有利于上海自有品牌发展的市场氛围和土壤尤为重要。

一、大势所趋、市场推动，上海培育自主品牌的时机已经成熟

2011年7月，工业和信息化部、国家发展和改革委员会等6部门以工信部联科〔2011〕347号印发《关于加快我国工业企业品牌建设的指导意见》。该《意见》提出了品牌建设工作的总体目标为：到2015年，中国工业企业创新能力和品牌培育能力显著增强，工业企业品牌成长的市场环境明显改善。50%以上大中型工业企业制定并实施品牌战略，品牌产品市场占有率和品牌附加值显著提高。重点培育一批具有国际影响力的自主品牌。这一系列的政策充分说明了国家对于推进品牌建设的信心和决心。

产业层面，中国企业在品牌投入的资金普遍较低，缺少国际知名度比较高的品牌。根据联合国发展计划署统计，国际知名品牌在全球品牌中所占比例不到3%，但市场占有率却高达40%，销售额超过50%。而与此对应的是，目前参与国际市场的中国企业中，拥有自主品牌的不到20%，自主品牌出口额在出口总额中的比重不足10%，在全球100个最有价值品牌企业中，大部分企业在国际市场的销售额占全年销售额的50%以上，在中国即使一些知名度很高的企业，在海外销售额也不到10亿美金，也只占其销售额的10%左右。在中国经济已经无法利用出口带动产值的当前，中国的企业必须寻求一条新的发展路径，以品牌化经营代替以往的产品化经营模式。

对于当前的形式，中国众多的企业家早已意识到品牌建设的重要性，并已拥有自己的品牌发展规划，但具体执行的效果差强人意，总结下来主要有以下原因：(1)市场化资源配置不足(2)品牌服务需求与供应的不平衡(3)得不到有效的金融支持(4)国内知识产权保护的环境不理想。但是解决这些问题的综合配套服务并不理想。

二、集成优化，资源配置，品牌建设综合性服务平台建设迫在眉睫

欧美200多年的工业化发展过程中，服务业、金融业对实体经济的支撑生态比较完备。而中国企业的发展环境脱胎于计划经济。虽然前30年市场经济的发展，能够满足人民群众的一般生活需求和外向型出口的需要，但今后随着我们社会财富的积累、居民消费的升级，原来的产业生态面临很多结构性问题：企业发展模式的滞后、结构的不合理、人才的不足，以及金融业和服务业资源要素的配置衔接不好，而现有的产业生态不足以支撑我们的企业有效转型升级，迫切需要第三方平台能够优化和配置服务业、服务系统、金融资源。产业已经到了必须进行跨行业整合、资源重组的关键时期。

产业的品牌化、品牌资产化、品牌资产的金融化是企业发展的最终目标，品牌要素的集成优化、合理配置是实现这一目标的有效路径。那么，品牌要素的集成优化和合理配置更需要一个第三方的品牌建设综合服务平台去承载。

三、创新驱动、转型发展，首家品牌建设综合服务平台试点开始搭建。

为落实国家"十二五"文化改革发展规划纲要和国家工信部等七部委《关于加快我国工业企业品牌

建设指导意见》的文件精神,遵循国发《2011》38号文和中宣部《2011》49号文规定要求,2011年8月,在上海市委宣传部、市经信委、市政府发展研究中心等支持下,上海文化产权交易所与工信部中国中小企业品牌建设(上海)示范基地合作,在上海名仕街时尚创意园举行上海品牌交易中心揭牌仪式,中国第一个也是唯一与资本市场对接的品牌交易平台正式开始搭建。这一品牌交易平台以金融创新为核心,以服务创新为保障,以加强文化繁荣和产业发展融合为目的,通过品牌资产化和产业品牌化,大幅度提高中国企业品牌资产运营能力,实现上海及全国企业从OEM(中国制造)、ODM(中国设计)发展为OBM(中国品牌)的产业振兴目标。上海品牌交易中心的创新探索,得到了上海市各界的高度关注,今年5月30日出版的由韩正市长担任编审委员会主任的《上海经济年鉴•2012》(第28卷),上海品牌交易中心成立被列为"2011年上海城市十大创新热点",足以说明上海品牌交易中心在上海"创新驱动、转型发展"中的重要实践意义。

对上海品牌经济发展而言,推动品牌资产化,就是将品牌作为一种文化软实力,通过品牌资产为支撑的各种交易产品的挂牌交易,推动品牌融资、授权、转让市场的活跃,发挥品牌无形资产在企业经营中的要素作用,解决老品牌机制创新和创新品牌融资难的问题。推动产业品牌化,就是通过品牌交易,推动行业品牌无形资产向上海优势品牌企业聚集,通过品牌并购,推动上海优势品牌发展为全球品牌,集聚全国品牌资产汇聚上海。

目前上海品牌交易中心已完成了第三方交易平台的搭建,形成了一个品牌资产聚集的物理空间,储备了一批可挂牌交易的品牌资产,研究开发出了一套与品牌交易平台对接的品牌价值量化评估体系,与国际智慧品交易平台,法国、意大利顶级品牌服务机构等形成战略合作关系,为品牌交易平台的国际化运营做好了准备。该平台已经通过对国家工信部、国家质监总局、国家工商总局等国家机构层面的品牌战略政策和来自各产业地的产业振兴计划的资源对接,形成了一个资源池,并且搭建了包含多套金融工具和配置系统的平台,已经具备了为品牌资产提供系统集成服务的基础。

上海品牌交易中心正式运营后,会在服务上海本土品牌发展的同时面向全国,将更多优秀的品牌运营等核心部门引入上海、驻扎上海,推动上海品牌企业进一步提升,为中国品牌企业的做大做强助一臂之力。

附录2：上海世贸商城——以创新商业模式，推动中国"智"造

新一轮"十二五"规划中，上海建设"四个中心"的方向之一被明确为"上海国际贸易中心"。在市委市政府的战略布局中，虹桥地区作为"上海国际贸易中心"建设的重要承载区之一，承担着提升国际贸易中心服务功能和国际地位的主要责任。

而地处虹桥商务区核心的上海世贸商城，自1999年创办至今，不断以创新的商业模式和经营思路，在国内外纷繁复杂的大环境变化中始终保持稳步的提升和增长。目前已完善成为亚洲最大的集常年展示中心、展览馆和办公楼三位于一体的综合性展览中心和B2B贸易平台。因而被市政府授牌为上海惟一的"上海国际贸易常年展示交易中心"。

目前，常年展示中心里已入驻超过1200家国内外商务贸易机构。国外企业占比超过52%，主要集中在日、韩、欧、美等18个国家及地区，其中不乏法国家乐福、德国蒙迪尔、美国英特尔、日本伊藤忠时尚、芬兰通力电梯等国际著名跨国公司和地区总部，尤以纺织服装、礼品家居及进口食品企业为特色。30层甲A级智能办公楼则汇集了众多企业总部、贸易机构办事处和多国驻沪使领馆。每年，世贸商城展览馆和多功能会议中心会举办上百场展览会、大型会议、时尚发布等活动。

创新商业平台，转型中激发新增长点

在全球金融危机此起彼伏的当今，中国需求越来越受到来自世界各国的强烈关注。而中国社会消费意识的整体提高，伴随对进口商品消费力的增长以及中国进口商品关税降低等诸多有利形势，更成为国际商品在近几年大量涌入中国市场的催化剂。

在此背景下，多年致力于出口贸易B2B服务链的上海世贸商城，适时将战略重点转向积极引入中高端国际品牌。在国内搭建了首个以"常展、中展、短展"相结合为基础、以"四大业务推广手段"为辅的展示交易平台，同时整合办公贸易、时尚发布等实体平台配合网络平台辐射上海、长三角地区及全国，成为中国对接国际商贸不可替代的便捷通路。

常年展是指拥有2200个常年展示间、面积达20万平方米的展示空间，是中国第一家、亚洲规模最大、也是上海唯一形态的国际级专业常年展示交易中心。该中心汇集了服装、面辅料、礼品饰品、家居品、食品等产业的千家优秀供应商，通过整合丰富买家资源、制定进入市场策略、举办专业市场活动、细分产业品类，使常展中心的品质不断升级，形成了完整的产业链和男装品牌区、面辅料专区、日本品牌专区、牛仔面料区等具有相当规模和特色的产业区，赋予办公空间展示功能的同时，也令业务拓展事半功倍。

中期展是介于常年展示和短期展览会之间的中期展示交易市场，是展示交易平台的又一项功能。与多国机构展开合作，如韩国DOOTA、意大利中心G&G、日本TOKYO EYE、日本北陆纺织、日本GOOD GOODS JAPAN、上海中小企业精品展示中心等，是为诸多海内外多品牌集成项目和进口精品项目专门设立的展示体验中心平台。通过为企业提供展示、商务配对、商场试卖、媒体宣传来帮助企业打开中国市场的通路。

在37000多平方米的展览场地与多功能会议中心内，每年会举办上百场展览会及大型会议。同时，世贸商城还运用多年积累的平台买家资源和整合营销推广手段，策划举行自办短期展览会，是对进出口双向贸易展示和交易推广平台的一个重要补充，与常年展、中期展形成互动，彼此促进，共同发展。上海世贸商城目前较为成功的自办展有包括"中国（上海）国际礼品、家用品展览会"、"上海纺织服装展览会"、"上海国际物产展"、"NOVO上海国际品牌服装展览会"、"上海国际汽车改装博览会"等知名展会。

此外，鉴于拥有集中国内众多知名服装设计师工作室的"时尚设计师谷"、已经成熟的纺织服装产业

链、众多国际进口品牌体验中心入驻,世贸商城作为时尚发布平台的功能也日益凸显。网络平台方面,拥有中英日三个语言版本、日均访问量 3 万人次的网站,成为租户和展商及其产品最佳的网上展示平台。在新媒体营销平台的充分应用,也全面扩大了对于品牌的推广范围。

创新营销举措,深度挖掘产业增值潜能

有别于传统办公楼、专业市场和展览中心,世贸商城更注重于运用更多创新且切合实际的营销手段,帮助租户更好地拓展其业务和品牌推广。在推动产业链完善的过程中,创造更多的商机,也令产业增值得以实现。

以"精准服务"为宗旨,B-match 配对会在充分理解供应商和买家配对需求的基础上,为供应商和买家牵线搭桥、推荐和寻找合适的贸易伙伴,双方受益。五年来近百场配对累积了一大批忠实客户,帮助双方达成交易、成功进驻各大百货商场的案例不胜枚举。

借助世贸商城与各大百货商场之间的良好合作关系,通过定期举办各类产品的 Test — sale 百货试卖会,为海外品牌提供近距离与市场接触的机会。同时也是世贸商城"3+2"模式中 B2C 推广形式中的重要一环。

世贸商城联合多家国际权威机构,倾力打造了大讲堂这一传递行业前沿资讯的信息服务平台。4 年来,"世贸大讲堂"已举办了百余场专题讲座,超过 5000 位业内人士通过这一平台获取了行业信息。如今,"世贸大讲堂"已成为纺织服装等行业人士定期充电和交流的专属平台。

世贸商城精选国内外的展会和商务活动,策划全程商旅考察,邀请业内相关客户一同参访异地的展会和商务活动,同行交流的同时,收获丰富的行业资讯。五年来,共举行过 40 场"B-trip 买家行"活动,目的地从国内延伸至日本、韩国、新加坡、澳大利亚、中国台湾。

创新服务模式,全力打造价值商业

世贸商城在成功搭建其亚洲最大 B2B 国际贸易平台基础上,分析中高端国际品牌对中国市场的期望值和发展现状,不断探索开创进出口贸易链式延伸服务理念。在完善 3 大 B2B 服务模块,帮助国际品牌循序渐进推广中国业务的同时,提供 2 大直接对接零售终端的精准有效的 B2C 服务环节,继而形成一套完整的、稳步开拓市场的"3+2"服务模式。

3 大 B2B 服务模块包括:(1) 初期阶段,短展初探市场。参与世贸商城自办礼品展、物产展等,集中大范围接触产品经销代理商、百货零售和大买家,为整体策略作参考;(2) 商务配对,准确对接市场。世贸商城为品牌量身定制商务配对活动,以高效精准的一对一采购洽谈将产品平稳推入一级市场;(3) 中长期展示,深化推广。在世贸商城设立中长期展示空间,依托"国际贸易常年展示交易中心"功能,深入和立足中国市场。

2 大 B2C 服务环节:第一步,Offline 线下推广。参加"知名商场试卖会",更直观了解消费者对品牌新品的反响,为后期销售策略提供一手依据。第二步,Online 线上推广。第一步市场反应良好,则进入"阿里巴巴 + 淘宝网 + 东方电视购物"直接销售环节,短期打开市场销路,提高品牌知名度。B2C 服务是帮助品牌了解零售终端市场反应的试金石,也是让品牌在短期内迅速掌握一手商业价值的绝佳营销方式;同时也为产品的出货渠道增加了新通路。

创新商业模式,推动新生活方式

世贸商城"国际进口商品展示交易中心"的成立,主旨在于顺应时势,引进国际中高端品质商品,推广其所赋予生活的独特的高格调时尚方式,积极促进海内外贸易双方的高效合作与双赢格局。

　　目前,它已成功引进"日本亚洲精品馆"、"日本京都物产馆"、"红马环球食品馆"、"土耳其食品中心"、"加拿大食品馆"、"意大利兰博基尼奢品馆"、"马来西亚中心"、"泰国生活精品馆"以及中国"台湾精品馆"、"海上丝韵馆"等10余个国家和地区的进口消费品。品类涵盖各国最具代表性和高品质的食品酒类、家居用品、珠宝首饰、服装乃至高端商务礼品和奢侈品。它将依托世贸商城"3+2"创新服务模式,逐步发展成为海内外优质商品面向中国消费者市场的重要展示、推广与体验互动平台,同时也是中国零售渠道买手对接海外优质进口商品的采购中心。

　　在上海加快建设国际贸易中心的发展进程中,作为上海市"国际贸易常年展示交易中心"的上海世贸商城,拥有得天独厚的国际化资源运营优势。在不断探索中出台各种创新举措,世贸商城旨在逐步形成有效拉动海外进口优质商品规模聚集,中国市场一站式采购的集约化商业模式,以国际先进理念和科技成果对国内企业及市场快速步入低碳经济模式、提升国际话语权起到积极促进作用。

　　被历史机遇推向中国"十二五"大舞台的世贸商城,将承载起"上海国际贸易常年展示交易中心"赋予的历史重任,以打造"促进长宁区国际商贸交流的综合贸易服务公共平台"为核心目标,全力发展"国际贸易的展示交易平台"和"为国际贸易提供更便利的功能服务平台"。它在完善自身平台功能搭建的同时,也对中国商业价值创新和新生活方式起到持续推动作用——打造价值商业,引领品质生活,推动中国"智"造。

参考资料

[1]中国统计信息网,http://www.tjcn.org
[2]黄浦区政府网站,http://www.huangpuqu.sh.cn
[3]徐汇区政府网站,http://www.xuhui.gov.cn
[4]长宁区政府网站,http://www.changning.sh.cn
[5]静安区政府网站,http://www.jingan.gov.cn
[6]普陀区政府网站,http://www.ptq.sh.gov.cn
[7]闸北区政府网站,http://www.shzb.gov.cn
[8]虹口区政府网站,http://www.shhk.gov.cn
[9]杨浦区政府网站,http://www.shyp.gov.cn
[10]浦东新区政府网站,http://www.pudong.gov.cn
[11]闵行区政府网站,http://www.shmh.gov.cn
[12]宝山区政府网站,http://bsq.sh.gov.cn
[13]嘉定区政府网站,http://www.jiading.gov.cn
[14]金山区政府网站,http://jsq.sh.gov.cn
[15]松江区政府网站,http://www.songjiang.gov.cn
[16]青浦区政府网站,http://www.shqp.gov.cn
[17]奉贤区政府网站,http://fxq.sh.gov.cn
[18]崇明县政府网站,http://www.cmx.gov.cn
[19]百联世茂国际广场网站,http://www.blsmmall.com
[20]置地广场网站,http://www.landmark-sh.com
[21]上海时装商店网站,http://www.blszsd.com/
[22]353广场网站,http://www.plaza353.com
[23]宏伊国际广场网站,http://www.hongyiplaza.com
[24]永安百货网站,http://blyabh.blemall.com
[25]东方商厦网站,http://www.bldfnd.com
[26]宝大祥青少年购物中心网站,http://www.baodaxiang.com.cn
[27]第一百货商店网站,http://www.bldybh.com
[28]新世界城网站,www.newworldcoltd.com
[29]香港名店街网站,http://www.hkfss.cn
[30]东方商厦淮海店网站,http://bldfhh.blemall.com
[31]OPA百货网站,http://opa-shanghai.com/
[32]百盛购物中心网站,http://www.parkson.com.cn/
[33]新天地时尚网站,http:// www.xintiandistyle.com
[34]新世界百货公司中国有限公司网站,http://www.nwds.com.hk/
[35]太平洋百货网站,http://www.pacific-shanghai.com.cn
[36]港汇恒隆广场网站,http://www.grandgateway66.com
[37]汇金百货网站,http://www.xjh-sc.com
[38]东方商厦徐汇店网站,http://bldfxh.blemall.com
[39]上海徐家汇商城股份有限公司网站,http://www.xjh-sc.com
[40]盛泰购物中心网站,http://www.intimesh.com
[41]友谊商城网站,http://www.friendship-hongqiao.com
[42]汇金百货网站,http://www.huijinbaihuo.com/cn/
[43]上海服装集团网站,http://www.shanghai-garment.com
[44]百联西郊购物中心网站,http://www.blxjmall.com
[45]友谊百货网站,http://www.blyycn.com
[46]梅龙镇广场网站,http://www.westgatemall.com.cn
[47]818广场网站,http://www.mall818.com
[48]金鹰国际购物中心网站,http://sh.goodee.cn
[49]久光百货网站,http://www.jiu-guang.com

[50]恒隆广场网站,http://www.plaza66.com

[51]中信泰富广场网站,http://www.citicsquare.com

[52]悦达889广场网站,http://www.yueda889.com/

[53]长风景畔广场网站,http://www.parksideplaza.com.cn

[54]118广场网站,http://www.ngs1685.com

[55]曹杨商城网站,http://sh.esf.sina.com.cn

[56]百联中环购物广场网站,http://blzhbl.blemall.com

[57]东方商厦中环店网站,http://www.bldfzh.com/

[58]亚新生活广场网站,http://www.mm21.com.cn/

[59]大宁国际广场网站,http://www.daningdaning.com

[60]大悦城网站,http://www.shjoycity.com

[61]天兴百货网站,http://www.tianxing.sh.cn

[62]壹丰广场网站,http://www.oneprime.com.cn

[63]凯德龙之梦虹口店网站,http://www.hongkouplaza.com/cn

[64]东方商厦虹口店网站,http://www.bldfhk.com

[65]百联又一城购物中心网站,http://blyycbl.blemall.com

[66]万达广场五角场店网站,http://wjc.wanda.cn

[67]东方商厦杨浦店网站,http://www.bldfyp.com

[68]特力时尚汇网站,http://www.lifeplaza.com

[69]96广场网站,http://www.plaza96.com.cn

[70]第一八佰伴网站,http://www.bldybb.com

[71]华润时代广场网站,http://www.crcsh.com/

[72]新梅联合广场网站,http://shinmay.metroer.com

[73]大拇指广场网站,http://www.zendai.com/

[74]浦东嘉里城网站,http://www.kerryparkside.com/zh-hans

[75]浦东商场网站,http://www.pdsc.com.cn

[76]金桥国际商业广场网站,http://www.jinqiaojinqiao.com

[77]中房金谊广场网站,http://www.shzfzy-sl.com/

[78]绿地东海岸网站,http://www.maxmall.com.cn

[79]正大广场网站,http://www.superbrandmall.com

[80]汇宝购物广场网站,http://www.famos-square.com/

[81]百联南方购物中心网站,http://www.blnanfmall.com/

[82]宝钢商场网站,http://www.baosteel.com

[83]奥特莱斯(中国)有限公司网站,http://www.outletcn.com

[84]万达广场网站,http://plaza.wanda.cn

[85]万达百货网站,http://www.vans-china.com.cn

[86]嘉定商城网站,http://www.shangcheng1998.com

[87]百联金山购物中心网站,http://www.bljsmall.com/

[88]瑞鑫百货网站,http://www.rxbh.cn

[89]石化百货网站,http://shihuabaihuo.com.cn

[90]松江商场网站,http://www.sjsc188.com

[91]平高世贸中心网站,http://www.pinggao77.com

[92]第一百货松江店网站,http://www.bldysj.com

[93]东方商厦青浦店网站,http://www.bldfpq.com

[94]百联奥特莱斯广场青浦店网站,http://www.bloqp.com

上海纺织时尚产业集聚平台及创意园区名录

1. 国际时尚中心　　　地址：杨树浦路 2866 号　　　电话：60708208
2. M50 艺术产业园　　　地址：莫干山路 50 号　　　电话：62662398
3. M50 上海陶瓷文化产业园（卓维 700）　　　地址：黄陂南路 700 号　　　电话：51115588
4. M50 西郊文化休闲园（鑫桥）　　　地址：虹许路 731 号　　　电话：64061932
5. M50 半岛文化创意产业园　　　地址：淞兴西路 258 号　　　电话：56840736
6. 尚街 LOFT 时尚生活园　　　地址：嘉善路 508 号　　　电话：64715558
7. 尚街 LOFT 上海婚纱艺术产业园　　　地址：军工路 1436 号　　　电话：65485439
8. 尚街 LOFT 上海双创产业园（鑫灵）　　　地址：峨山路 613 号　　　电话：58891206
9. 尚街 LOFT 长宁会馆　　　地址：长宁路 546 号　　　电话：62116788
10. 尚街 LOFT 滨江时尚服饰园　　　地址：喜泰路 239 号　　　电话：51712011
11. 上海国际设计交流中心　　　地址：长阳路 1080 号　　　电话：35011030
12. 1930 国际设计园　　　地址：辽宁路 244 号　　　电话：65400200
13. 西岸创意园　　　地址：徐虹中路 20 号　　　电话：60913868
14. 智力产业园　　　地址：纪蕴路 588 号　　　电话：56401360
15. 景园创意园　　　地址：长寿路 652 号　　　电话：62771600
16. 东纺谷创意园　　　地址：平凉路 988 号　　　电话：55210011
17. 万宝外贸商务集聚中心　　　地址：新华路 660 号　　　电话：62806607
18. 汇智创意园　　　地址：胶州路 757 号　　　电话：62305726
19. H671 商务集聚区　　　地址：沪太路 671 号　　　电话：56539223
20. 三林世博创意园　　　地址：灵岩南路 295 号　　　电话：68421923
21. 海螺外贸商务集聚区　　　地址：中山西路 1277 号　　　电话：62703290*22
22. 纺运物流商务中心　　　地址：龙吴路 410 弄 87 号　　　电话：54359858
23. 上海纺织博物馆　　　地址：澳门路 158 号　　　电话：62996969*703
24. 上海国际服装服饰中心　　　地址：澳门路 158 号 810 室　　　电话：32530457
25. 上海国际时尚教育中心　　　地址：长寿路 652 号　　　电话：62776636

纺织集团时尚产业事业部提供

2013-1-24

后记

2008 年，当时正在为一个新创立的服装品牌企业服务，我们就毫不犹豫地把上海市场作为研究竞争对手与市场环境的标杆环境，因为这个市场的产品时尚度、营销敏锐度、定位细腻度，无一不引导着新兴的服装品牌。所以，我们带着三十几个人的小团队，跑遍了上海的各大商场，终于在繁杂的商场与品牌中，找到了合适的市场发展空间。这个项目完成之后，我们的团队精疲力竭但收获颇丰。从第二年开始，我们就每年对上海市服装零售商圈进行综合调查与研究。我们的研究视角不断扩大和深入，从 2009 年对上海市 20 个重点服装零售商圈的研究开始，到之后向新兴的特色服装零售商圈扩大，再到了 2012 年对上海市市区、郊区、郊县的服装零售商圈全面覆盖。回顾我们的数据，我们已经看到了上海服装零售商圈的变迁，从市中心集中模式到郊区化、多级商业中心并存，从上海服装品牌价格飙升到价格稳步回落，从商场经营的服装品牌产品定位一片休闲装到商场开始出现各种个性化的小众品牌……每年的数据分析都是一件很有意思的事情，从中可以看到时尚商业趋势、服装品牌发展的商机。这样的数据量，其实已经远超我们所需要的了，它已经基本够成了行业数据体系，而且还在不断更新。2012 年与上海服装行业的合作，正式把我们的数据体系介绍给了业内人士，在从业者面前，这些数据必定能够发挥它们的价值。

感谢上海市宝山区区长汪泓教授，她是我的博士生导师。作为管理学理论的实践者，她始终要求我站在更高的角度看待问题，并且督促我在实践中寻找问题的核心。

感谢东华大学出版社社长蒋智威副教授，他同时也是我的硕士生导师，他对服装营销的独特理解给了我很多的启发，并且亲力指导了本书的编写。本文的案例版式也是来源于他和万艳敏老师的多年案例分析教学经验。

感谢上海服装行业协会副秘书长袁炜，他的支持与促进使得本书终于呈现在读者面前。

感谢本书的责任编辑东华大学出版社谭英老师，她的细心与耐心给了我很大的帮助。

感谢参与本书数据整理的赵律、刘仲启、孔德佳、周周，以及在大热天里跑遍了大上海的梅元欣、王庆玲、赵焕、韩亚军、耿云飞、刘仲启、朱晓君、孙士强、朱佳骏、赵律、单隆翔、周周、袁丽娜、孔德佳、张李君、赵晓滢。

2012 年版作为《上海服装零售商圈白皮书》的第一本，体量巨大、编写时间紧迫，还有很多商圈与服装品牌调研数据未能在本书中做深入的探讨。加上编著者本人水平有限，如有疏漏差错，敬请谅解，我们将在 2013 年版中继续改善。欢迎来信探讨关于上海服装零售商圈和服装品牌的任何问题(jilabo@126.com)或关注新浪微博"上海零售商圈"。

上海工程技术大学 鲁 成

2013 年 1 月 9 日